Die Abschnitte 1.1.1. und 1.1.2.
wurden von Prof. Dr. Hugo Döbler
verfaßt.

Irmgard und Gerd Konzag

Basketball
spielend trainieren

Das komplette Übungssystem

Sportverlag Berlin

Konzag, Irmgard: Basketball – spielend trainieren : d. komplette
Übungssystem / Irmgard u. Gerd Konzag, [Ill.: Birgit Werwigh]. –
1. Aufl. – Berlin : Sportverl., 1991
NE: 2. Verf.:

ISBN 3-328-00463-7

© Sportverlag GmbH Berlin 1991
Erste Auflage
Illustrationen: Birgit Werwigh
Einbandgestaltung: Theodor Bayer-Eynck
Einbandfoto: M. Digiacomo / THE IMAGE BANK
Satz: IBV Satz- und Datentechnik GmbH, Berlin
Druck und Bindung: Druck- und Verlagsanstalt Wiener
Verlag Ges. m. b. H. Nachf. KG, Himberg/Austria

Inhaltsverzeichnis

Einführung

Die Erkenntnis, daß erfolgreiches Basketballtraining in hohem Maße auch spielgemäßes Training sein muß, hat sich längst durchgesetzt. Doch wie hat spielgemäße Gestaltung des Trainings im einzelnen auszusehen? Für eine Bundesligamannschaft zweifellos anders als für eine Nachwuchsmannschaft. Beim Erlernen neuer technisch-taktischer Elemente hat „spielnah" eine andere Bedeutung als in der Phase des Stabilisierens. Was unter bestimmten Verhältnissen die optimale Lösung ist, kann auf einer anderen Leistungsstufe oder einer anderen Etappe der Könnensentwicklung ein kapitaler Fehler sein.

Die Autoren haben sich deshalb dafür entschieden, nicht nur eine umfangreiche Sammlung spielnaher Übungsformen anzubieten, sondern sich zugleich bemüht, den Schlüssel für den souveränen Umgang mit dem Material mitzuliefern.

Fest steht, wer sich nur mit der Vermittlung von Spielfertigkeiten, mit Ball- und Laufwegen befaßt, bleibt an der Oberfläche. Spielübersicht, ja Spielwitz, taktische Cleverneß und hohe Effektivität auch bei gegnerischer Bedrängung, bei hohem Tempo und unter Zeitdruck haben letztlich auch viel zu tun mit Wahrnehmungsleistungen, mit Informationsverarbeitungsprozessen, mit Entscheidungsoptimierung. Deshalb wurde diesen Zusammenhängen ein gesonderter Abschnitt – 1.1. Spieltheoretische und spielmethodische Grundlagen für eine spielgemäße Basketballausbildung – gewidmet.

Diese Erkenntnisse schlagen sich in der anschließend erläuterten methodischen Konzeption für eine spielgemäße Ausbildung nieder.

Damit ist die sich anschließende Übungssammlung – sie nimmt naturgemäß den größten Teil des Buches ein – in einem besonderen Licht zu sehen: Sie stellt zunächst einen reichen Fundus an spielgemäßen Übungsformen dar, geordnet nach Ausbildungsabsicht und jeweiliger Stufe der Könnensentwicklung – eine Fundgrube für den Trainer, der immer neue Anregungen sucht. Darüber hinaus kann man sie getrost als praxisgerechte Veranschaulichung des eingangs vorgestellten Konzepts einer Methodik der spielgemäßen Ausbildung bezeichnen.

So können wir uns vorstellen, daß die einen Leser von dem mehr theoretischen Kapitel zur eigentlichen Übungssammlung vordringen, während andere bei der Beschäftigung mit den zahlreichen ausgewählten Übungs- und Spielformen angeregt werden, sich noch gründlicher mit den spieltheoretischen und -methodischen Grundlagen auseinanderzusetzen.

Die Verfasser

7

1. Spieltheoretische und spielmethodische Grundlagen für eine spielgemäße Basketballausbildung

1.1. Leistungsstrukturelle und handlungstheoretische Grundpositionen

Eine möglichst schnelle und wettspielnahe Leistungsentwicklung läßt sich im modernen Basketballtraining nur noch erreichen, wenn die dazu vorliegenden sportwissenschaftlichen Erkenntnisse genutzt werden. Dieses spezielle Wissen, das durch Verallgemeinerung der Erfahrungen der Praxis und gezielte wissenschaftliche Untersuchungen gewonnen wurde, bildet die Grundlage aller ernst zu nehmenden Ausbildungskonzepte.

Aus der Fülle dazu vorliegender sportwissenschaftlicher Erkenntnisse erscheinen uns für das spielnahe Training **drei Grundpositionen** besonders wichtig, die Ausgangspunkt und Voraussetzung der „Methodischen Grundlagen für ein spielgemäßes Ausbildungskonzept" (1.2.) darstellen. Das sind:

● die Analyse der Leistungsstruktur im Mannschaftssportspiel

● Standpunkte zur Spielfähigkeit und zum leistungswirksamen Spielverhalten sowie

● die Erläuterung der individuellen Handlungsfähigkeit in kooperativen Anforderungssituationen.

1.1.1. Zur Leistungsstruktur in Mannschaftssportspielen

Die Leistung in einem Mannschaftssportspiel wie Basketball ist nicht schlechthin als Summation von Wettspielergebnissen in Körben, Punkten oder Plazierungen zu verstehen. Will man ein Leistungsresultat richtig bewerten, muß man auch seine inneren und äußeren Entstehungsbedingungen aufdecken. Diese sind mehrdimensional und weisen im Sportspiel eine besonders ausgeprägte Verzahnung auf. Wir dürfen hier von einer Multistruktur der Leistung sprechen. Sie resultiert aus der physischen und psychischen Leistungsfähigkeit des einzelnen Spielers in ihrem integrativen Zusammenwirken im Rahmen der gesamten Mannschaft und deren kooperativer Leistungsfähigkeit, die als eine eigenständige Qualität nicht etwa als Summe, sondern vielmehr im Sinne einer Potenzierung von Einzelleistungen zu begreifen ist.

In welchem Umfang innere und äußere Entstehungsbedingungen in die Charakteristik und Wertung der basketballsportlichen Leistung einzubeziehen sind, zeigt bereits die Übersicht 1. Sowohl das Spielbinnenfeld wie das Spielumfeld stellen im Rahmen der Wettspielregeln an die Spieler allgemeine wie sportartspezifische Anforderungen.

Bei der näheren Kennzeichnung der **Leistungsstruktur** in den Mannschaftssportspielen haben wir zu unterscheiden:

– die Struktur der Wettkampfleistung,

– die Struktur der kollektiven Leistungsvoraussetzungen,

– die Struktur der individuellen Leistungsvoraussetzungen.

„Unter **Struktur der Wettkampfleistung** ist die aktuelle Struktur eines Leistungsvollzuges zu verstehen, wie sie sich aus den verschiedenen leistungsbestimmenden Kenngrößen ... oder Merkmalen und ihren Wechselbeziehungen ergibt. Sie ist eine Prozeßstruktur. Ihre Elemente können sehr unterschiedlich erfaßbar sein: ... vielfach noch in Form nicht direkt metrisch bestimmbarer Leistungscharakteristika (z. B. solcher leistungskennzeichnender Merkmale wie taktische Entscheidungen und Verfahrensweisen in ... Spielsportarten). Die Struktur der Wettkampfleistung in allen ihren wesentlichen Faktoren und Wechselbeziehungen ist in einem offiziellen Wettkampf kaum komplex zu erfassen." (SCHNABEL, 1981, S. 258)

Die Struktur der Wettkampfleistung wird wesentlich von den international verbindlichen Wettkampfbestimmungen geprägt und stellt sich als

Übersicht 1 Strukturmodell der Hierarchisierung der komplexen individuellen Sportspielleistung
(nach HOHMANN, A.; BRACK, R.)[1]

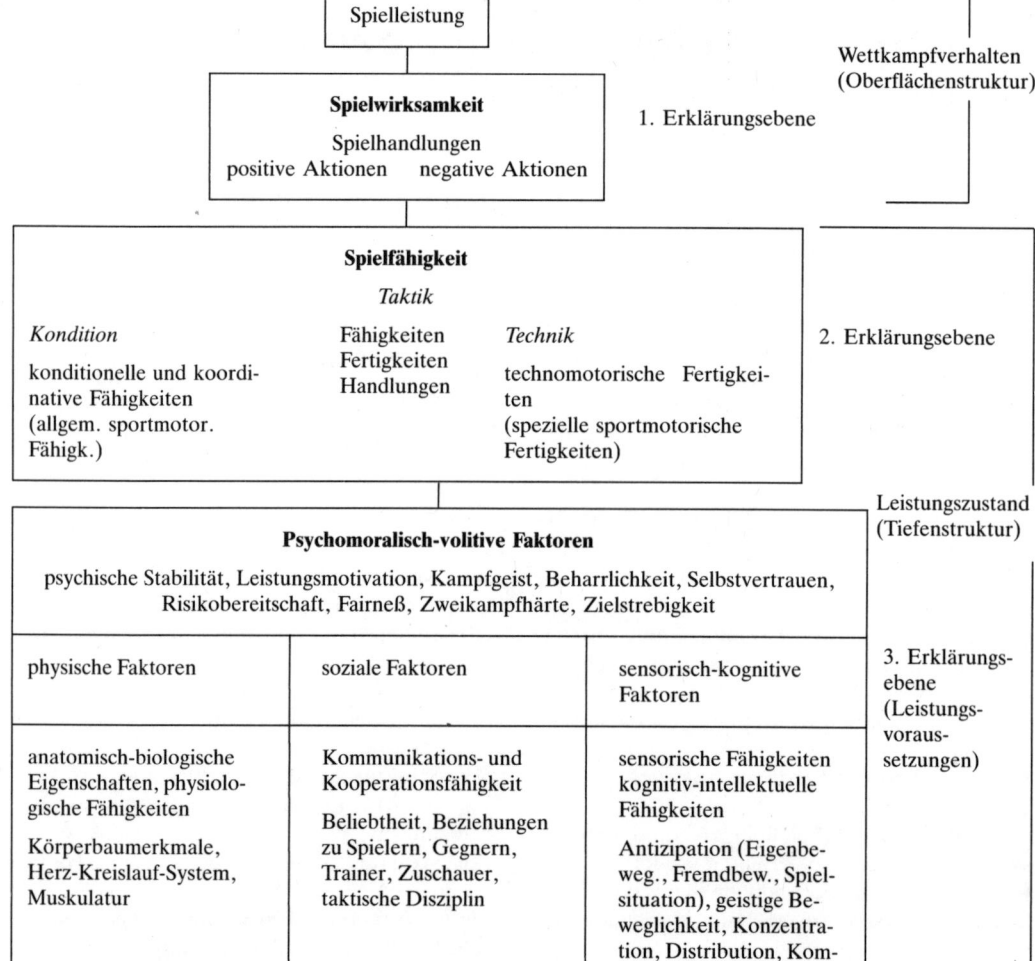

[1] Aus: HOHMANN, A.: Zur Struktur der komplexen Sportspielleistung, Verlag Czwalina, Ahrensburg, 1985, S. 68

„Ordnung wahrnehmbarer Spielhandlungen in Raum und Zeit" dar (STAPELFELD, 1989, S. 12). Sie ist von der Leistung des Gegners abhängig; Wettkampfleistungen in den Sportspielen sind also immer nur relative Leistungen.

Erfaßt (registriert bzw. gemessen) werden unter Nutzung moderner Technologien vor allem Lauf-, Sprung- und Wurfleistungen, Präzisionsleistungen, positionsspezifische technisch-taktische Handlungen in Ausführungs*art* und Häufigkeit, Standardaktionen, das Zweikampfverhalten, definierte gruppentaktische Handlungen oder auch Funktionsräume der Spieler.

Die **Struktur der kollektiven Leistungsvoraussetzungen** wird neben den individuellen technisch-taktischen und konditionellen Voraussetzungen der einzelnen Spieler sehr wesentlich vom Entwicklungsstand der sozialen und kooperativen Beziehungen innerhalb der Mannschaft bestimmt, die als „innere Bedingungen" (SCHELLENBERGER, 1981, S. 73 und 7) bzw. als „Tiefenstruktur" (HAGEDORN, 1981, S. 52) zu charakterisieren sind. Die Tiefenstruktur wird vor allem dadurch gekennzeichnet, wie die Abstimmung und das Anpassen im Mannschaftsverband funktionieren, und zwar auf der Grundlage der verbalen und nonverbalen Kommunikation (Zeichen, handlungsrelevante Signale), und wie die Kommunikationsbereitschaft ausgeprägt ist. Kooperation, die sich in Abstimmung und Anpassung von Handlungen äußert, führt bei einem entsprechenden konditionellen und technisch-taktischen Grundniveau der Spieler zu automatisierten gruppentaktischen Handlungen (Interaktionsketten, Standardaktionen). Das Niveau kollektiver Leistungsvoraussetzungen hängt sehr wesentlich von den Spielern ab, die die Spielkonzeption umsetzen. Die von der Spielkonzeption geforderte Paßfähigkeit (Ineinandergreifen, Sich-Ergänzen) der Spieler-Grundtypen (strategisch-taktisch akzentuierte Spieler = „Führungsspieler"; spieltechnisch akzentuierte Spieler; athletisch-kämpferisch akzentuierte Spieler) zu schaffen ist eine entscheidende Traineraufgabe. Das Formierungs- und Motivationsvermögen des Trainers hat deshalb für die Struktur der kollektiven Leistungsvoraussetzungen eine große Bedeutung. (STAPELFELD, 1989, S. 17ff.)

Als **Struktur der individuellen Leistungsvoraussetzungen** werden bezeichnet „die Ausprägung und die wechselseitigen Beziehungen der personalen Voraussetzungen, die den Menschen für bestimmte sportliche Leistungen mehr oder weniger geeignet machen". (SCHNABEL, 1981, S. 259)

Für die Sportspiele sind diese von HOHMANN/ BRACK in einem Strukturmodell dargestellt. (s. Übers. 1) Die dort gekennzeichneten ineinandergreifenden leistungsbestimmenden Faktorenkomplexe bilden die Grundlage für die angestrebte Spielfähigkeit, die wir als eine bestimmte sportspielspezifische Qualität verstehen.

1.1.2. Spielfähigkeit und leistungswirksames Spielverhalten

Aufbauend auf dem instruktiven Strukturmodell von HOHMANN/BRACK (s. Übers. 1) darf Spielfähigkeit nach unserer Auffassung nicht einfach als Summation von konditionellen, technisch-taktischen Fähigkeiten bzw. Fertigkeiten betrachtet werden. Außerdem würden dabei Begriffe wie Fähigkeit, Fertigkeit oder Leistung unter dem Begriff „Spiel**fähigkeit**" unzulässigerweise miteinander vermischt.

„Spielfähigkeit ist ein Komplex sportspielbezogener spezifischer Leistungsvoraussetzungen und Form der individuellen Handlungsfähigkeit entsprechend den variablen Wettspielbedingungen. Sie wird in ihrem Niveau vor allem bestimmt von der Qualität der Orientierungs- und Entscheidungsregulation, von der Handlungsschnelligkeit und situativen Zweckmäßigkeit der disziplinspezifischen Motorik (Handlungsprogrammentscheidung) sowie (in Mannschaftsspielen) vom Ausprägungsgrad der Kooperationsfähigkeit, um Spielsituationen kreativ und für den Gegner möglichst unberechenbar zu lösen. Die Spielfähigkeit bildet mit ihren dominanten Faktoren (Abb. 1 und Übersicht 2) die grundlegende Voraussetzung für ein leistungswirksames Spielverhalten, führt aber nur zu einer hohen individuellen Spielleistung bei gleichzeitiger und altersgemäßer Entwicklung allgemeiner und sportspielspezifischer (psychischer, motorischer, konditioneller) Teilfähigkeiten und -fertigkeiten." (DÖBLER/MAINKA/ WITT, 1989, S. 326f.)

Die **allgemeine Spielfähigkeit** ist weitgehend als spielerische Disposition vorhanden und entwickelt sich als **sportspezifische Spielfähigkeit** in der aktiven Auseinandersetzung mit dem sozialen Bedingungsgefüge eines Sportspiels. Das heißt, „die sportspielspezifischen Talente, also *der* Basketballer, *der* Fußballer, *der* Volleyballer, werden durch Leitbilder, Umwelteinflüsse und motivierende Erfolgserlebnisse immer erst *gemacht*." (HAGEDORN, 1990, S. 6)

Als **dominante Faktoren der Spielfähigkeit** bezeichnen wir besonders typische, aus der Hand-

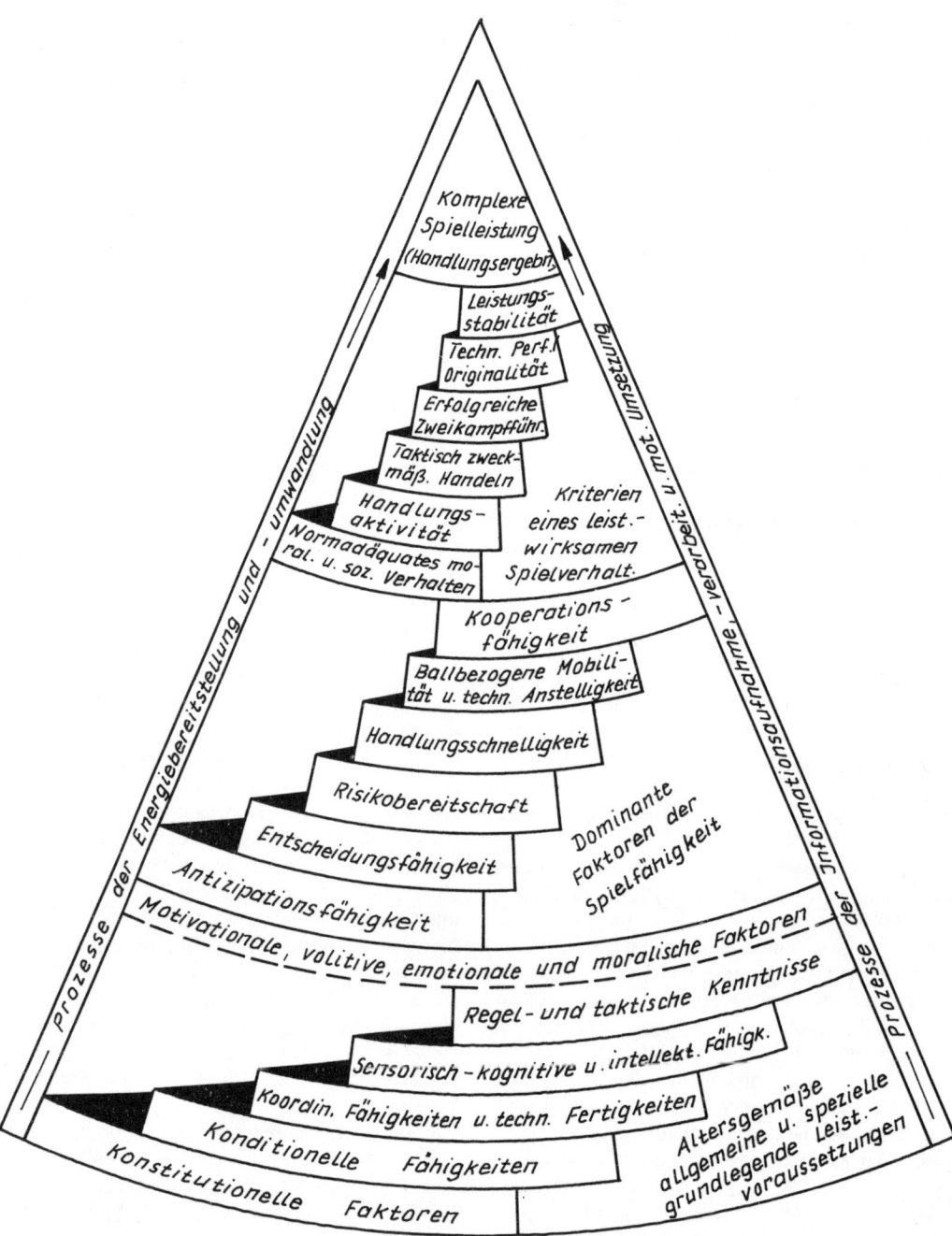

Abb. 1: Strukturmodell zur Spielfähigkeit

Übersicht 2   Dominante Faktoren der Spielfähigkeit

Basale Komponenten/Voraussetzungen
(Beziehungen, Abhängigkeiten)

1. Antizipationsfähigkeit
– Zielantizipation
– Programmantizipation (Handl.)
– Antizipation der Entwicklung von Spielsituationen

– Differenzieren komplexer Situationsreize
– Erkennen handlungsrelevanter Signale

2. Entscheidungsfähigkeit
– motorische Auswahlhandlung
– zeitlich-räumlicher Verlauf

– Antizipation
– taktische Kenntnisse
– operativ-kreative Verarbeitung von Erfahrungs-
  werten

3. Risikobereitschaft
– Risikopässe, -korbwürfe
– Positions-, Funktionswechsel
– außergewöhnliches (extremes) Handeln

– Entscheidungsfähigkeit
– Mut
– Verantwortungsbewußtsein

4. Handlungsschnelligkeit
– Einzelbewegungen
– Handlungsketten
– lokomotorische Bewegungen

– Reaktionsschnelligkeit
– Schnellkraft
– Beschleunigungsfähigkeit (maximale Bewegungs-
  frequenz)
– Ausprägungsgrad der Technik

5. Ballbezogene Mobilität und technische Anstelligkeit
– räumlich-zeitliche Koordination der Bewegungen
– Sicherheit der Ballbehandlung
– Neigung zu Täuschungshandlungen
– motorisches „Experimentieren"

– Ballempfinden
– koordinative Fähigkeiten
– Repertoire stabiler technischer Fertigkeiten
  (einschl. Finten)
– Handlungsschnelligkeit

6. Kooperationsfähigkeit
– interindividuelles Handeln (funktionelle Abstimmung und sinnvolle Koordination)
– Gruppentaktik/Mannschaftstaktik

– Kooperationsbereitschaft
– Kollektivität
– verbaler und nonverbaler Informationsaustausch
– taktische Prinzipien

lungsstruktur des Sportspielwettkampfes abgeleitete Fähigkeiten, die den talentierten Spieler vom weniger oder gar nicht talentierten (Nicht-) Spieler unterscheiden. Dabei sind der vollkommene Ausprägungsgrad dieser Faktoren, die Perfektion und Präzision motorischer Abläufe oder auch der Effektivitätsfaktor im Handlungsvollzug beim Erfassen von Fähigkeitsmerkmalen, also bei der Talentsichtung, keinesfalls die vorrangigen Kriterien. Sie gewinnen erst im Lernprozeß unter dem Aspekt des Lernfortschritts in der Zeiteinheit für die Talenterkennung an Bedeutung.

Entscheidend für die Beurteilung der Spielfähigkeit scheint uns zu sein, wie es der Handelnde versteht, einzelne Fähigkeiten aus dem ganzen Komplex qualitativer Besonderheiten verschiedener psychischer Prozesse miteinander zu koppeln, um die ganzheitliche Spielaufgabe zu lösen. Dabei können durchaus Fähigkeits-, Motivations- oder auch Sozialaspekte unterschiedlich akzentuiert hervortreten.

Die optimale Ausprägung der dominanten Faktoren der Spielfähigkeit bestimmt – bei einem notwendig hohen Niveau der grundlegenden Leistungsvoraussetzungen (s. Abb. 1 und Übers. 2) – sehr wesentlich die Qualität des objektivierbaren leistungswirksamen Spielverhaltens bzw. den Grad der Spielwirksamkeit.

Leistungswirksames Spielverhalten (s. Abb. 1 und Übersicht 3) bezeichnet die äußerlich sichtbare (wahrnehmbare) aktive, mitgestaltende Funktion des Spielers, gekennzeichnet durch ein leistungs- und ergebnisorientiertes Handeln im Wettkampf. Es widerspiegelt die Einstellung zur selbst übernommenen Aufgabe, den Grad der Einsatzbereitschaft und der geistigen und physischen Auseinandersetzung mit den spielverlaufsgemäßen und situationsadäquaten Anforderungen. Leistungswirksames Spielverhalten setzt grundsätzlich das bewußte (allgemeine) Leistungsverhalten voraus. Dieses äußert sich im Streben nach der Realisierung der Leistungsziele nach Zeit und Qualität, in der Nutzung aller hierfür notwendigen Bedingungen einschließlich der vollkommenen Ausschöpfung des eigenen sportlichen Leistungsvermögens sowie – wenn erforderlich – in der Schaffung weiterer notwendiger Leistungsvoraussetzungen.

Entsprechend der Persönlichkeitsrelevanz in der sportlichen Spieltätigkeit wird leistungswirksames Spielverhalten vor allem bestimmt durch
– den Ausprägungsgrad der Leistungsbereitschaft,
– die spezifischen psychisch-moralischen Qualitäten und

– durch die individuellen Verhaltensweisen (vgl. Übersicht 3)
in ihrem Bezug zur Mannschaft.

Eine Hauptbedingung für ein leistungswirksames Spielverhalten ist die totale Verfügbarkeit und schnellste Abruffähigkeit der notwendigen Leistungskomponenten sowie der Qualität der Beziehungen der Teilfaktoren untereinander, wobei die **Qualität der motorischen Abläufe (Technik)** und der **psychischen Regulation der inneren Handlung** im konkreten taktischen Anforderungsfeld des Wettspiels entscheidende Bestimmungsgrößen darstellen.

Die angestrebte Entwicklung der Spielfähigkeit und die Dynamik des leistungswirksamen Spielverhaltens müssen mit der geplanten Leistungsentwicklung in den entsprechenden Ausbildungsetappen und Anwendungsfeldern in Übereinstimmung gebracht werden. Dabei ist ein ausgewogenes Verhältnis zwischen Lerntraining (zur Ausprägung der individuellen und kollektiven Spielfähigkeit) und dem mannschaftlich orientierten Erfolgstraining anzustreben. Bei einseitiger Akzentuierung ist die Struktur des Bedingungsgefüges gestört, und es kommt zu Fehlentwicklungen bzw. Disproportionen, wodurch die angestrebte Leistung nicht zur rechten Zeit gewährleistet sein kann.

1.1.3. Individuelle Handlungsfähigkeit in kooperativen Anforderungssituationen des Basketballspiels

Gehen wir von der Leistungsstruktur der Sportspiele und speziell des Basketballspiels aus (Abschnitt 1.1.1.), dann wird an dem dort gezeigten Beziehungsgefüge (vgl. Übersicht 1) deutlich, daß es die taktische Determiniertheit der Spieltätigkeit ist, die eine besondere Herausforderung an eine wissenschaftlich begründete Ausbildungskonzeption darstellt. Es sind die zahlreichen Faktoren unmittelbar einwirkender und schwer zu berechnender, konträr agierender Gegner, fast ebenso schwer zu durchschauender Mitspieler, der überaus bewegliche, nicht leicht beherrsch- und berechenbare Ball und das hoch hängende, nur von einer Seite erreichbare, kleine Ziel – der Korb – in einem insgesamt sehr begrenzten Raum, die im Rahmen eines festgelegten Regelwerkes einschließlich differenzierter Zeitbegrenzungen einen relativ großen, äußerst variablen Handlungsspielraum schaffen, der das Basketballspiel

Übersicht 3   Kriterien des leistungswirksamen Spielverhaltens

Basale Komponenten/Voraussetzungen
(Beziehungen, Abhängigkeiten)

1. Normadäquates moralisches und soziales Verhalten
- Ausschöpfen der subjektiven Leistungsvoraussetzungen
- aktive, mitgestaltende Funktion
- bewußte Selbststeuerung

  → - Leistungsbewußtsein
  - Kampfeinstellung
  - Spielhaltung (Regelbewußtsein)
  - Kollektivität

2. Handlungsaktivität
- Anzahl positiver (effektiver) Angriffs- und Abwehraktionen

  → - spielspezifische Ausdauer
  - Handlungsschnelligkeit

3. Taktisch zweckmäßiges Handeln
- Umkehrspiel
- Erfüllung der Positionsanforderungen
- taktische Disziplin (taktische Konzeption)

  → - bewußte Handlungsregulation
  - Antizipation
  - Kooperationsfähigkeit
  - taktische Prinzipien

4. Erfolgreiche Zweikampfführung
- bewußte Selbststeuerung
- „aggressives" Verhalten

  → - Härteverträglichkeit
  - Risikobereitschaft/Mut
  - Antizipationsfähigkeit
  - Reaktionsfähigkeit
  - Kraftausdauer
  - konstitutionelle Faktoren

5. Technische Perfektion und Originalität
- Unberechenbarkeit im Handlungsvollzug
- motorische Variabilität
- Stileigenheiten

  → - operative Kreativität/Phantasie
  - Selbstbewußtsein
  - Risikobereitschaft
  - technische Perfektion

6. Leistungsstabilität
- gleichbleibend hohes konditionelles Niveau
- gleichbleibendes technisch-taktisches Niveau
- Kompensieren von Störeinflüssen
- dauerhafte Handlungsmotivation

  → - Belastungsverträglichkeit
  - Antriebsregulation
  - Ausprägungsgrad der leistungsbestimmenden
    Faktoren

zu einem der Sportspiele macht, die wohl die vielseitigsten Anforderungen an das gesamte leistende Persönlichkeitsinventar stellen.

Die Tätigkeit des Basketballspielers wird insgesamt durch die komplizierten Wechselbeziehungen physischer und psychischer, motorischer, taktischer und kooperativer Anforderungen bestimmt. Jeder dieser Bereiche ist an der Gesamtleistung des Spielers beteiligt und setzt sich aus einer sehr differenzierten Struktur der aus den spezifischen Tätigkeitsmerkmalen resultierenden Anforderungen des Basketballspiels zusammen, die jeweils ganz unterschiedlich von den einzelnen Spielern widergespiegelt und bewältigt werden. Dieser Gesamtprozeß muß ständig reguliert werden. Deshalb kommt der psychischen Regulation der Sportspieltätigkeit eine dominierende Bedeutung zu. Aus dieser Sicht sind die Handlungen des Basketballspielers – eingebettet in das soziale Beziehungsfeld mit seinen kooperativen Anforderungen und auf der Basis der biologischen Prozesse – als Einheit *motivationaler, volitiver, emotionaler* und nicht zuletzt auch *kognitiver* Prozesse im Rahmen der psychischen Handlungs- und Tätigkeitsregulation zu betrachten, die wir bekanntlich mit einem Denkmodell über Funktions- oder Struktureinheiten wie Orientierungs- und Gedächtnisregulation, Antriebsregulation, Aufmerksamkeits- und Zustandsregulation, Entscheidungsregulation, Ausführungs- und Kontrollregulation zu erklären versuchen. (vgl. Übersicht 4)

Diese Struktureinheiten der Handlungsregulation sind untereinander integrierte Systeme psychischer Abbilder, Prozesse, Zustände und Eigenschaften. Sie treten je nach den Anforderungen in differenzierter Weise in Erscheinung und weisen unterschiedliche Wechselbeziehungen zueinander auf. Hervorzuheben ist dabei, daß die einzelnen Funktionseinheiten kein zeitliches Nacheinander in der Handlungsregulation darstellen, sondern gleichzeitig ablaufen und in ihrer Einheit die psychische Regulation der Tätigkeit ausmachen.

Die **Orientierungs-** und die **Gedächtnisregulation** umfassen die psychischen Prozesse, die der Aufnahme äußerer und innerer bzw. der Reproduktion gedächtnismäßig gespeicherter Informationen (Erfahrungen) dienen, die für die Herausbildung des inneren, des kognitiven Modells der Handlung notwendig sind. (Übersicht 5) Grundlagen dafür sind

– die sensorische Informationsaufnahme (Wahrnehmung der Spielsituation),

Übersicht 4   Funktions- bzw. Struktureinheiten der Tätigkeits-/Handlungsregulation

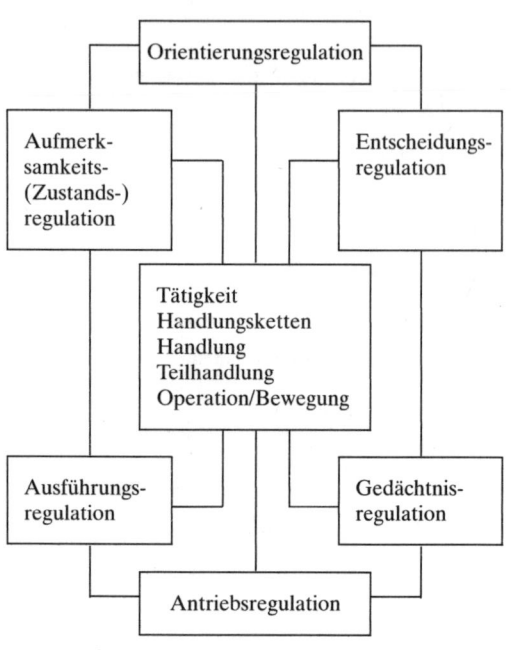

– die Informationsverarbeitung (Erkennen der Spielaufgabe und Entscheiden) und
– die Informationsspeicherung (Nutzen bereits vorhandener Handlungserfahrungen).

Sie sind Voraussetzung für das operative Abbildsystem (inneres Modell, Vorstellung des Spielers über die Spielsituation und die von ihr ausgehende Handlungsaufforderung), das subjektiv verschiedene Abstraktions-, Differenziertheits- und Bewußtheitsgrade aufweisen kann. Umfang und Qualität der Orientierungs- und Gedächtnisregulation haben entscheidenden Einfluß auf das Handlungsresultat, das heißt auf das motorisch sichtbare Ergebnis der Spielhandlung, und sind damit über das kognitive Modell Ausgangspunkt und ständige Bezugsbasis für die anderen Regulationskomponenten in allen Handlungsphasen.

Übersicht 5   Prozeßmodell der Handlungsregulation (kognitives Modell)

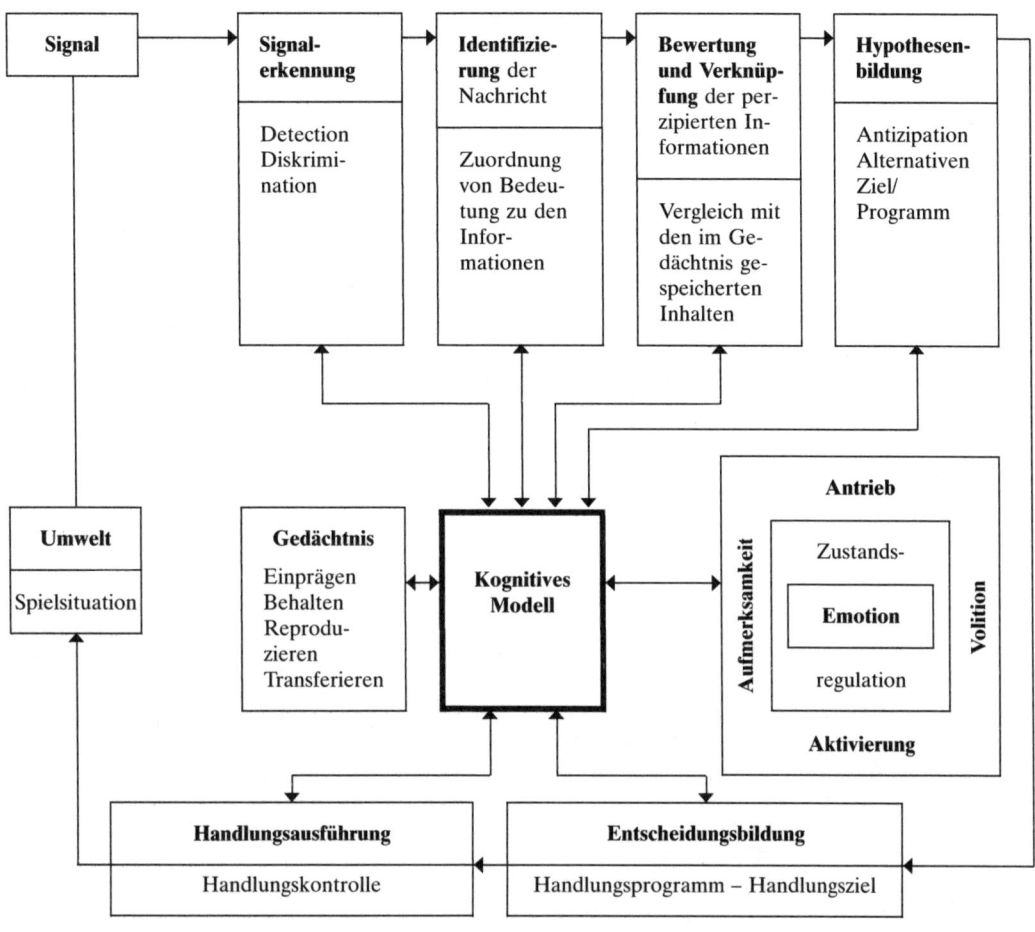

Übersicht 6 Wahrnehmungsobjekte im Basketball

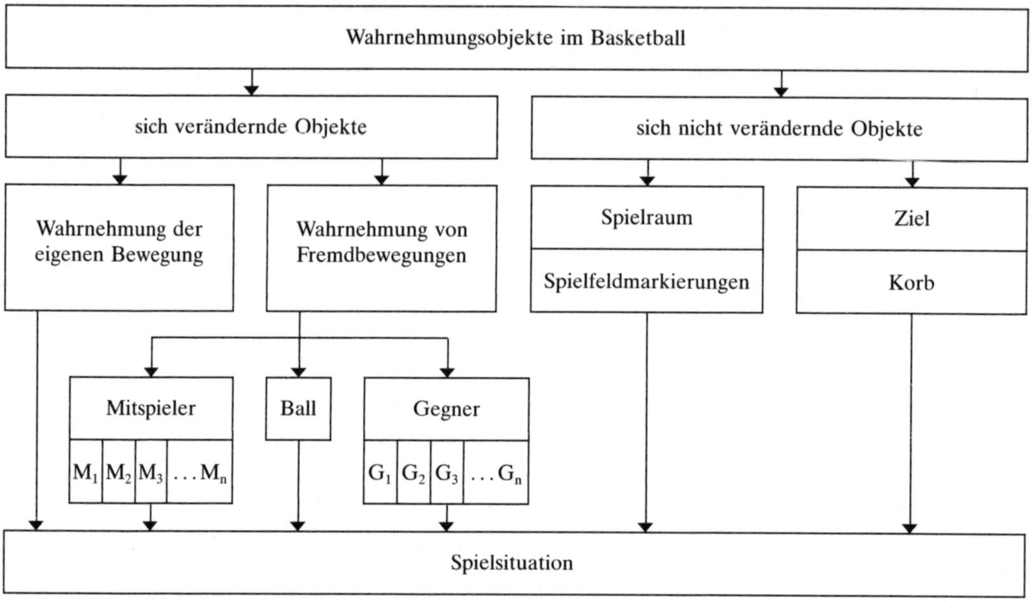

Die aktuelle Handlungsorientierung auf dem Spielfeld erfordert vom Spieler differenzierte und vielfältige Wahrnehmungen sowohl der Spielsituation als auch der eigenen Tätigkeit in Beziehung zu seinen Umgebungsobjekten. (Übersicht 6) Handlungsanalysen lassen spezifische Anforderungen an Raum- und Bewegungswahrnehmungen des Spielers deutlich werden. (Übersicht 7)
Auf der Grundlage dieser Raum- und Bewegungswahrnehmungen sind weitere spezifische **Anforderungen an die Wahrnehmungsfähigkeit** der Spieler charakteristisch:
- großer visueller Wahrnehmungsumfang (Vielzahl verschiedener Objekte, relativ großer Raum Spielfeld)
- ständiger Wechsel der Wahrnehmungsinhalte (große Bewegungsvielfalt und Bewegungsmöglichkeiten zahlreicher Spieler)
- richtige Auswahl der Wahrnehmungsschwerpunkte
(operative Akzentuierung der Wahrnehmung)
- hoher Genauigkeitsgrad der Wahrnehmungen (Berechnung sehr unterschiedlicher Ball- und Laufgeschwindigkeiten; zeitiges Erkennen von gegnerischen Abwehr- bzw. Angriffsaktionen, insbesondere von Täuschungsbewegungen u. a.)
- Wahrnehmungen unter starkem Zeitdruck

Übersicht 7 Anforderungen an die optische Wahrnehmung des Basketballspielers

Raumwahrnehmungen	Bewegungswahrnehmungen von Eigen- und Fremdbewegungen
• **räumliche** Eigenschaften und **Entfernungen** von und zwischen Mitspielern, Gegnern, Ball, Korb/Brett, Spielfeld und Spielfeldlinien • **eigene Position** des Spielers zu Mitspielern, Gegnern, Ball und Korb/Brett	• Spieler (Eigenbewegungen) • Mitspieler und Gegner ohne und mit Ballbesitz • Ball • sich ständig verändernde Konstellationen zwischen Mitspielern, Gegnern und Ball

- Wahrnehmungen unter hohen physischen und psychischen Belastungen über einen relativ langen Zeitraum (Spielzeit).

Insgesamt handelt es sich um die Fähigkeit, in kürzester Zeit die sich ständig verändernde Spielsituation als komplexe Einheit zu erkennen bzw.

wiederzuerkennen und sich in dem Gesamtsystem von Spielfeld, Mitspieler, Gegner und Ball lokalisieren zu können (Orientierungsfähigkeit). Gleichzeitig muß der Spieler in der Lage sein, seine *eigenen* Bewegungen wahrzunehmen, um sie, den variablen Anforderungen entsprechend, regulieren zu können.

Die Antriebsregulation umfaßt alle psychischen Prozesse, die auf der Grundlage der Orientierungs- und Gedächtnisregulation und in enger Verflechtung mit dieser für die Motivierung der Handlung ausschlaggebend sind. Dieser Regulationskomplex bestimmt Ziel, Inhalt, Intensität, Dauer und damit auch Ergebnis der sportlichen Spieltätigkeit des Basketballspielers. **Ohne Antriebsregulation gibt es keine bewußte Willenshandlung, keine Leistungsbereitschaft und damit auch keinen Erfolg**.

Die Aufmerksamkeit reguliert als auswählende Gerichtetheit des menschlichen Bewußtseins die Qualität aller an der Handlungsregulation beteiligten psychischen Prozesse und damit auch den aktuellen Zustand des Spielers. Das heißt konkret: Durch mehr oder weniger Aufmerksamkeit wird u. a. auch die Qualität der kognitiven Prozesse entscheidend beeinflußt. Sichtbar wird das im einzelnen in der Wettspielleistung:

● Falsches Selektieren der Aufmerksamkeitsrichtungen und -schwerpunkte (Objekte und Handlungen = auf wen oder was richte ich meine Aufmerksamkeit) verursacht z. B. Fehler in der Einschätzung der Spielsituation, führt zu taktischen Fehlentscheidungen und damit auch zu konkreten technisch-taktischen Fehlern.

● Inadäquate Aufmerksamkeitsintensität in den schnell wechselnden Spielsituationen führt zu Qualitätsminderungen in den psychischen Regulationsprozessen und damit über konkrete Fehlleistungen zu generellen Leistungseinbußen.

● Falscher Aufmerksamkeitsumfang – Konzentration auf ein Objekt bzw. eine Handlung oder Distribution der Aufmerksamkeit auf die Spielsituation, das heißt Zielgenauigkeit oder Spielübersicht – führt zur Reduzierung entweder der Zielgenauigkeit oder zu Fehlern in der Einschätzung der Spielsituation mit allen konkreten Folgen.

● Zu langsames Umschalten der Intensität, Richtung und des Umfangs der Aufmerksamkeit führt generell zu Handlungsfehlern, da die Anforderungen an den Basketballspieler sehr schnell wechseln und die Handlungszeiträume limitiert sind.

● Zu geringe Beständigkeit der Aufmerksamkeit verursacht ein schnelles Nachlassen der psychischen Regulationsfähigkeit und damit Handlungsfehler, die das Spielergebnis negativ beeinflussen.

Die Entscheidungsregulation steuert in enger Wechselwirkung mit der Aufmerksamkeits-, Orientierungs- und Gedächtnisregulation die differenzierte Verarbeitung der aktuellen und gespeicherten Informationen durch das Denken, das letztlich erst ein situationsadäquates Handeln des Spielers ermöglicht. Durch analytisch-synthetisches Verarbeiten der differenzierten Wahrnehmungsinhalte in ihren Beziehungen zueinander und zu den gespeicherten Erfahrungen erfaßt der Spieler die komplexen Zusammenhänge zwischen den Einzelerscheinungen, erkennt durch Antizipation die Handlungsabsichten von Mitspielern und Gegnern, den voraussichtlichen Weg des Balles, bringt mit diesen Situationsbedingungen die eigenen Handlungsmöglichkeiten in Beziehung und leitet daraus die entsprechende Spielaufgabe ab, die er zu lösen hat. Die Form des dabei ablaufenden Denkens, die sich unmittelbar während der Sportspieltätigkeit in der einzelnen Spielhandlung vollzieht, ist vorwiegend ein „operatives" Denken. Qualität und Geschwindigkeit der operativen Denkprozesse, das heißt, die Fähigkeit, aktuelle Entscheidungen schnell und zweckmäßig zu fällen, entscheiden im Spiel oft über den Erfolg technisch-taktischer Spielhandlungen.

Voraussetzung für die im Rahmen der taktischen Denkprozesse zu fällenden Handlungsentscheidungen sind Antizipationen, die eng mit den Vorstellungen verbunden sind. Das Handeln des Basketballspielers ist an eine **ständige Situationsantizipation** gebunden, die die Antizipation der Handlungsabsichten von Mitspielern und Gegnern sowie die eigene Ziel- und Programmantizipation einschließt. (Übersicht 8)

Die Spielsituationsantizipation stellt an den Spieler insgesamt hohe Anforderungen, da er auf der Basis der Situationsvorausnahme die Ziel- und Programmantizipation seiner eigenen Handlungen ständig in Übereinstimmung bringen muß. In den eigenen antizipierten Bewegungsentwurf sind mit wechselnden Anteilen und Zeitpunkten die **Antizipation** folgender **Fremdbewegungen** einzubeziehen:

1. Ziel- und Programmantizipation der möglichen Spielhandlungen von Mitspielern
– bei individuellen und kollektiv-taktischen Angriffsverfahren (Mitspieler: ohne und mit Ball-

Antizipation von Fremdbewegungen	Antizipation von Eigenbewegungen
Ziel- und Programmantizipation der möglichen Spielhandlungen von – **Mitspielern** – **Gegnern**	Ziel- und Programmantizipationen **bei Angriffshandlungen** – ohne und mit Ball – ohne und mit gegnerischer Bedrängung
Zielantizipation der Bewegungsbahnen des **Balles**	bei **Abwehrhandlungen gegen** – Ballbesitzer – Nichtballbesitzer

Spielsituationsantizipation
(Antizipation der möglichen Entwicklung der Spielsituation in ihrer Gesamtheit)

besitz; ohne und mit gegnerischer Bedrängung) und
– bei individuellen und kollektiv-taktischen Abwehrverfahren (gegen Ballbesitzer bzw. Nichtballbesitzer)

2. Ziel- und Programmantizipation der möglichen Spielhandlungen von Gegnern
– bei individuellen und kollektiv-taktischen Angriffsverfahren (Gegner: ohne und mit Ballbesitz; ohne und mit Bedrängung durch Mitspieler) und
– bei individuellen und kollektiv-taktischen Abwehrverfahren (gegen Mitspieler im Ballbesitz bzw. Nichtballbesitz);

3. Antizipation von Ballbewegungen
– in Verbindung mit schnellen Eigenbewegungen des Spielers (Bewegungsbahnen des Balles in Erwartung des Balles; während des Ausführens eigener Ballaktionen nach Ballabgaben verschiedener Art);
– in Verbindung mit Fremdbewegungen von Mitspielern bzw. Gegnern (Bewegungsbahnen des Balles bei Erwartung des Balles durch Mitspieler oder Gegner; bei Ballaktionen von Mitspielern und Gegnern; nach Ballabgaben verschiedener Art durch Mitspieler und Gegner).

Auf der Basis der Situationswahrnehmung und der Situationsantizipation hat der Spieler nun aus einer mehr oder weniger großen Anzahl von Handlungsalternativen **eine** *Entscheidung* für eine bestimmte Handlung zu fällen. Infolge der Vielzahl von Mitspielern und Gegnern und der Vielzahl ihrer Entscheidungs- und Handlungsmöglichkeiten ergeben sich im Basketball spezifische Entscheidungsbedingungen. (Übersicht 9) Für eine optimale Entscheidungsfindung spielt der Spieler zunächst mehrere Lösungsvarianten in kürzesten Zeiteinheiten gedanklich durch und hat dann gleichzeitig zumindest zwei Entscheidungen zu fällen:
– eine **Handlungszielentscheidung**
   (Wahl eines Handlungszieles aus mehreren Alternativen, d. h. gedanklich vorweggenommenes Resultat der Handlung – Beispiel: Korbwurf und nicht Zuspiel oder Dribbling)
und
– eine **Handlungsprogrammentscheidung**
   (Wahl eines adäquaten Handlungsprogramms aus einer Gruppe von möglichen Techniken und Ausführungsvarianten – Beispiel: Sprungwurf weit),
die er dann zu realisieren versucht.

Im Ergebnis von Handlungsanalysen ist auf weitere **Besonderheiten der Entscheidungsanforderungen im Basketballspiel** hinzuweisen:
– **Vielfalt der Entscheidungsbedingungen** bei *ständig wechselnden Entscheidungssituationen*;
– **optimale Entscheidungsfindung** bei *zahlreichen* Handlungsalternativen unter starkem *Zeitdruck*
   (Zögern, Unentschlossenheit und Hemmungen äußern sich in einer Verlängerung der Entscheidungszeit. Überhastete Entscheidungen und zu langes Abwägen der möglichen Handlungsziele und Realisierungsfolgen sind häufige Ursachen für fehlerhaftes Entscheidungsverhalten.)
– **inkonsistentes Entscheidungsverhalten**
   (Der Spieler muß, um Erfolg zu haben, bei relativ *identischen* Entscheidungssituationen (1:1-Situationen u. a.) *unterschiedliche* Entscheidungen treffen, da sich sonst der Gegner zu schnell auf solche einseitigen Verhaltensweisen einstellen kann.)
– **ständiger Wechsel** zwischen **sicheren** Entscheidungen, **Risiko-** und **unsicheren** Entscheidungen
– **individuelle und kollektive Entscheidungsfolgen** zur Realisierung gruppentaktischer und mannschaftstaktischer Angriffs- und Abwehrverfahren

Übersicht 9   Kennzeichnung des Entscheidungsprozesses von Sportspielhandlungen

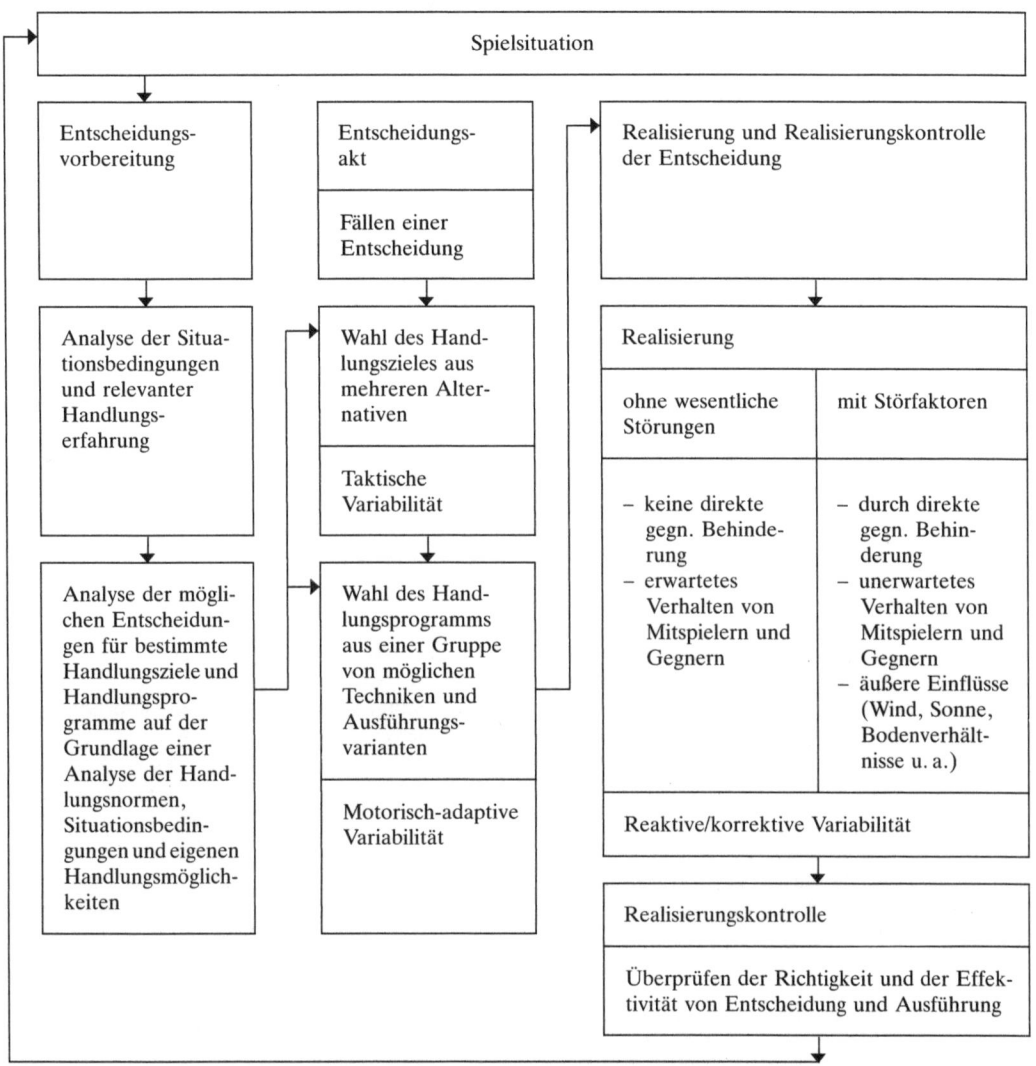

(Dabei sind die Entscheidungen über die auszuführenden Spielhandlungen sowie ihre Realisierung in bezug auf ihre räumlichen und zeitlichen Abläufe zwischen den Spielern genau abzustimmen.
Beispiele: „Give and go", Einwurfkombination, Sperren, Abstreifen, Raumdeckung u. a.)
– **Entscheidungen für künftige Handlungen während der motorischen Ausführung** bereits entschiedener Handlungen, häufig unter dem Einfluß *starker emotionaler Prozesse*

(Dabei können bestimmte Emotionen, z. B. Erfolgserlebnisse u. a., die Intensität und Präzision von Denkprozessen erhöhen, andererseits aber auch hemmend wirken, z. B. Mißerfolgserlebnisse, mangelndes Selbstvertrauen u. a.)
– **permanente Entscheidungsanforderungen** über die gesamte Spielzeit unter hohen physischen und psychischen Belastungen.
Umfangreiche Handlungsanalysen haben ergeben, daß **Mißerfolge im Wettspiel** in einem hohen

21

Maße von technisch-taktischen Fehlhandlungen abhängig sind.

Folgende **Hauptursachen** wurden ermittelt:

- **falsche taktische Handlungszielentscheidungen**
- – ungenaue bzw. unvollständige Informationsaufnahme
  (vorschnelles Entscheiden ohne ausreichende Situationswahrnehmung sowie Übersehen wichtiger Sachverhalte)
- – fehlende bzw. falsche Antizipation der Handlungsabsichten von Mitspielern und Gegnern sowie der Ballbewegungen;
- – Wahl eines falschen bzw. unzweckmäßigen Handlungszieles aufgrund mangelnder taktischer Kenntnisse (falsches Beurteilen der Spielsituation);
- **nicht rechtzeitiges Finden der richtigen Handlungszielentscheidung**
  infolge zu langen Zögerns kommt die Lösung zu spät – die Spielsituation ist inzwischen verändert,
- **die Lösung wird überhaupt nicht gefunden** (Regelüberschreitung)
- **Fehler in der Kooperation der Spieler**
- – Überbetonung individueller Handlungen,
- – Überbetonung kollektiver Handlungen,
- – Mißverständnisse zwischen Spielern;
- **falsche Handlungsprogrammentscheidungen**
  bzw. falsches situatives Einpassen von Handlungsprogrammen
- – Wahl eines falschen bzw. unzweckmäßigen Handlungsprogramms;
- – zeitliche bzw. räumliche Fehleinordnung des richtigen Handlungsprogramms (zu früh, zu spät, zu kurz, zu weit u. a.).

Die Ausführungs- und Kontrollregulation umfaßt diejenigen psychischen Komponenten, die die Durchführung der gesamten Handlung, deren Kontrolle und Auswertung garantieren. Es handelt sich dabei insbesondere um Prozesse der Regulation des gesamten aktuellen Handlungsvollzugs, das heißt sowohl der vorbereitenden kognitiven Prozesse als auch der die Motorik begleitenden reafferenten Verlaufskontrolle (bewegungslenkende und regulative Reafferenzen). Das sich aufbauende und ständig vervollkommnende kognitive Modell bildet dabei die ständige Bezugsbasis.

Die motorische Ausführung der Spielhandlung aber ist das sichtbare Resultat aller vorangegangenen und parallel fortlaufenden psychischen und physiologischen Regulationsprozesse und damit das zu bewertende Leistungskriterium.

Folgende **Anforderungen an die motorische Handlungsausführung** sind hervorzuheben:

Vielfalt der möglichen Handlungsprogramme

Die Motorik des Basketballspiels erfordert eine große Vielfalt möglicher bzw. aktuell zu vollziehender Handlungsprogramme ohne und mit Ball. Dabei handelt es sich vorwiegend um **Handlungsketten**. Charakteristisch sind die zahlreichen Kombinationsmöglichkeiten der verschiedenen Techniken in Form von Sukzessiv- und Simultankombinationen.

Variabilität der Handlungsausführung

Für ein situationsangepaßtes Ausführen der programmierten Spielhandlungen stellt die Variabilität der Handlungsausführung eine unerläßliche Voraussetzung dar. Die hohen Anforderungen an die Variabilität werden verursacht durch die Notwendigkeit der Kooperation mit den Mitspielern, die gegnerische Beeinflussung, die Eigenschaften des Balles und eventuelle Umwelteinflüsse (Raum, Licht, Geräte usw.). Dabei können der Zeitpunkt des Beginns der Handlungsausführung (Beschleunigung, Verzögern), die Geschwindigkeit, der Kräfteeinsatz, der räumliche Verlauf (Richtung) u. a. variieren.

Geschwindigkeit der Handlungsausführung

Die Geschwindigkeit der Handlungsausführung weist ein breites Spektrum auf. Die Skala umfaßt motorische Handlungsverläufe sehr hoher Geschwindigkeiten bis zu Aktionen, die aus taktischen Gründen zeitlich verzögert werden. Dieses vielfältige Variieren der Handlungsgeschwindigkeiten und besonders die hohen Geschwindigkeitsanforderungen in Verbindung mit dem Ball erfordern eine ausgeprägte Bewegungskoordination.

Genauigkeit der Handlungsausführung

An die Realisierung der Handlungsprogramme werden hohe Genauigkeitsanforderungen gestellt, die sich aus **Ziel-** und der **Ablaufgenauigkeit** zusammensetzen. Im Basketballspiel steht die Zielgenauigkeit im Vordergrund, da nicht der ablaufgenaue Bewegungsvollzug, sondern das erreichte Resultat, der Treffer oder das genaue Zuspiel, das entscheidende Kriterium darstellen. Um gegenüber dem Gegner Vorteile zu erzielen, ist eine hohe Zielgenauigkeit bei hoher motorischer Handlungsgeschwindigkeit zu erreichen.

- **Handlungsausführung bei direkter und indirekter gegnerischer Bedrängnis**
  Durch die verschiedenen Möglichkeiten der gegnerischen Einflußnahme ergeben sich für den Spieler auch bei der Handlungsausführung spezifische Bedingungen.

Gegner können die beabsichtigte Handlung regelgerecht bzw. regelwidrig stören bzw. verhindern, wodurch sich für die Regulation der Handlungsausführung besondere Situationen ergeben, die beim Erlernen zu berücksichtigen sind.

Abschließend ist hervorzuheben, daß bereits während eines Handlungsverlaufs und speziell in seiner abschließenden motorischen Phase Wahrnehmungs-, Gedächtnis-, Aufmerksamkeits- und Entscheidungsprozesse für die sich anschließenden Handlungen ablaufen, wodurch sich der Kreis der an den Spieler gestellten kognitiven Anforderungen schließt.

Fassen wir zusammen: Erfolgreiches Basketballspielen erfordert
- differenzierte *Aufmerksamkeit*,
- ständige Spielsituations*wahrnehmungen* und Spielsituations*antizipationen*,
- ständiges situationsadäquates *Entscheiden*,
- ständiges situationsangepaßtes, variables *Ausführen* zahlreicher verschiedener Handlungsprogramme

unter ständig wechselndem Zeitdruck.
Diese Spezifik der Handlungs- und Tätigkeitsregulation ist bei der Gestaltung einer effektiven Ausbildung des Basketballspielers zu berücksichtigen.

1.2. Methodische Grundlagen für eine spielgemäße Ausbildungskonzeption zur Entwicklung der Handlungsfähigkeit des Spielers

1.2.1. Das Wettspiel – Ausgangspunkt und Ziel der Ausbildung

Um begründete Ableitungen für die methodische Gestaltung der Ausbildung von Basketballspielern vornehmen zu können, ist von der Leistungsstruktur (Abschnitt 1.1.1.) und der Spezifik der Handlungsregulation in den Sportspielen generell und speziell im Basketballspiel (Abschnitt 1.1.3.) auszugehen.
Unter Berücksichtigung der Leistungsstruktur von Mannschaftssportspielen sind für das Basketballspiel Besonderheiten kennzeichnend, die vorrangig auf folgenden **Bedingungen** basieren:
- relativ kleines Spielfeld (Abb. 2 und 3) und das sich daraus ergebende Spiel auf engem Raum
- Art des zu treffenden Ziels: ein in 3,05 m Höhe waagerecht angebrachter Korb mit Zielbrett (Abb. 4 und 5)
- Spiel mit der Hand
- Auswirkungen spezifischer Spielregeln (Foulregeln; Zeitbegrenzung des Angriffs u. a.).

Als **spezifische Merkmale des Basketballspiels** sind zu nennen:
● Der Spielgedanke und die Spielregeln erfordern grundsätzlich eine angriffsorientierte Spielweise. Eine Defensivtaktik bzw. ein „Spielen auf Zeit" ist aufgrund der Zeitregeln (10- bzw. 30-Sekunden-Regel) nicht möglich.

● Die strengen Foulregeln üben einen starken Einfluß auf das sportliche Verhalten der Spieler sowie auf die gesamte technisch-taktische Ausbildung aus.
● Typisch für das Basketballspiel ist die gleichermaßen anzustrebende Angriffs- und Abwehrwirksamkeit aller fünf Spieler einer Mannschaft.
● Infolge des relativ kleinen Spielfeldes, der schnellen Situationswechsel innerhalb Angriff und Abwehr und zwischen ihnen und infolge des sich aus der offensiven Spielweise ergebenden Zeitdrucks für die Realisierung der Spielhandlungen werden hohe Anforderungen an die Fähigkeiten zur schnellen Informationsaufnahme und Informationsverarbeitung sowie an das motorische Koordinationsvermögen bei kooperativen Anforderungssituationen gestellt.
● Die Spezifik der Anforderungen im technisch-koordinativen Bereich ergibt sich vorrangig durch das waagerecht angebrachte Angriffsziel (Korb) sowie die Schritt- und Foulregeln. Die Realisierung der Angriffs- und Abwehrhandlungen erfordert auf der Grundlage eines ausgeprägten motorischen Differenzierungsvermögens insgesamt hohe Präzisionsleistungen unter Zeitdruck, bei geringem Handlungsspielraum und meist intensiven gegnerischen Einwirkungen (vor allem in Korbnähe).
● Im taktischen Bereich ist die Universalität der

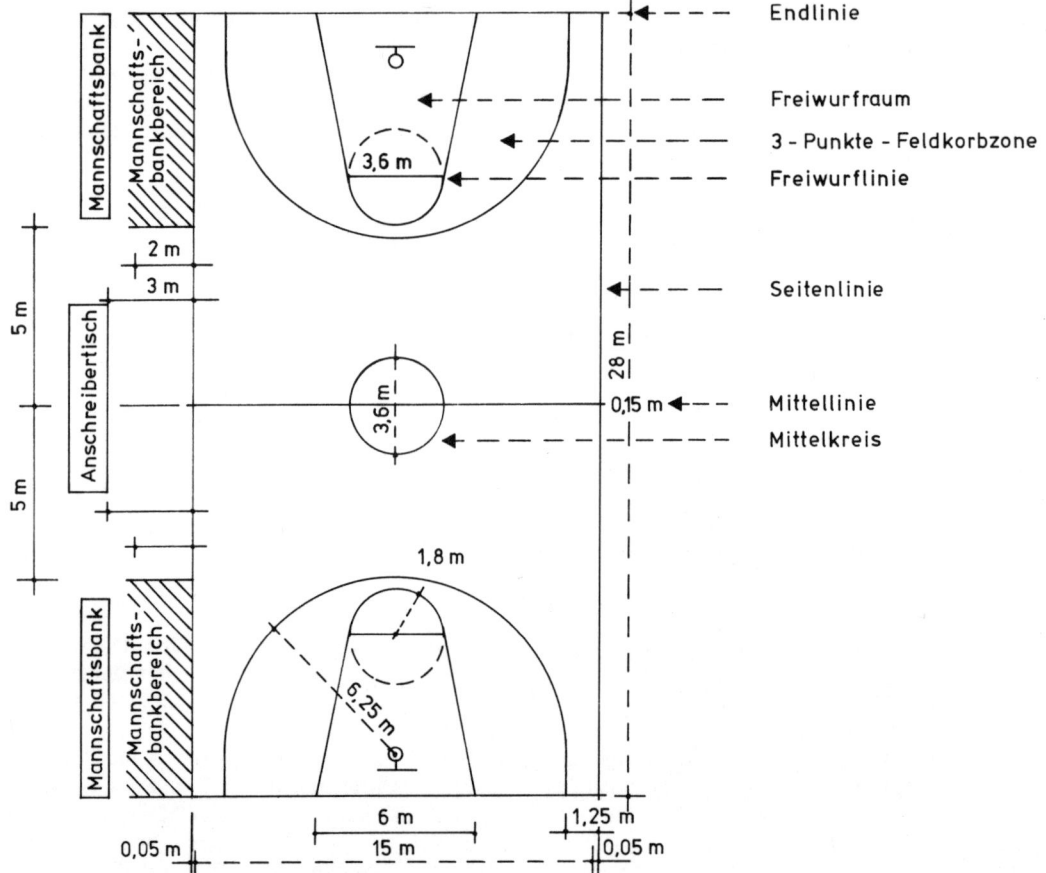

Abb. 2: Basketballspielfeld (in Maximalgröße)

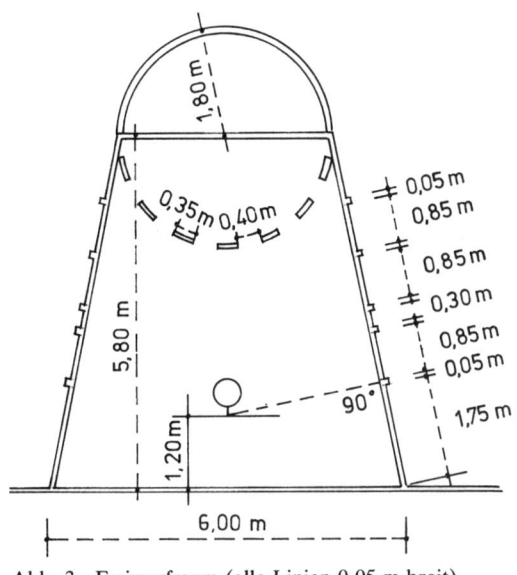

Abb. 3   Freiwurfraum (alle Linien 0,05 m breit)

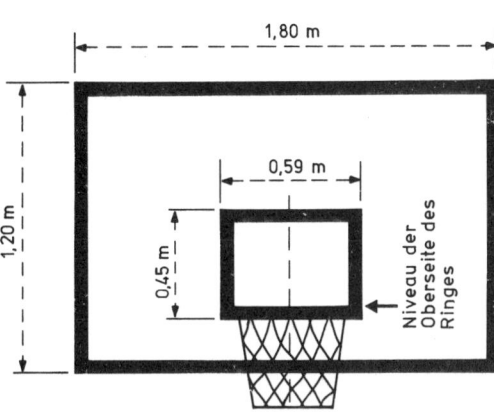

Abb. 5   Spielbrett (Alle Linien sind 0,05 m breit)

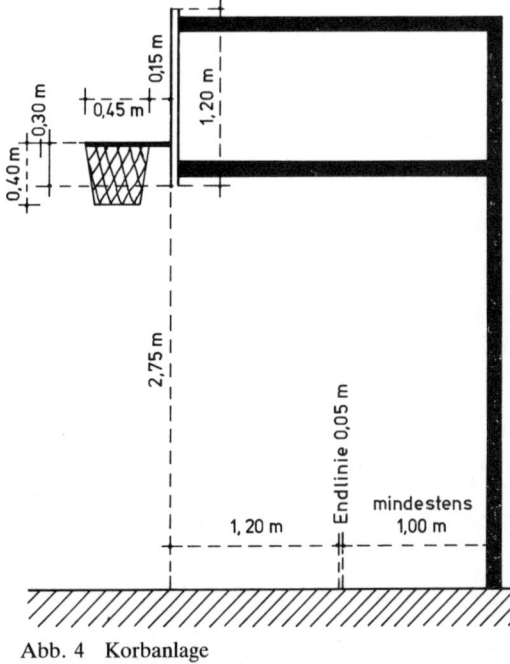

Abb. 4   Korbanlage

Spielweise im Angriff und in der Abwehr sowohl der Mannschaft als auch der Spieler hervorzuheben. Die Anwendung und der häufige Wechsel verschiedener Angriffs- und Abwehrsysteme mit den jeweils unterschiedlichen kollektiven und individuellen taktischen Verhaltensweisen erfordern einen hohen Ausprägungsgrad des taktischen Denkens und Handelns.

● Die größere Dynamik der Spielsysteme sowie die Tendenzen zu noch offensiverem Abwehrverhalten erfordern hochentwickelte spezielle konditionelle Fähigkeiten, die der Spieler im Spiel situationsbedingt, d. h. in Verbindung mit den technisch-taktischen Anforderungen, einsetzen muß. Die aus einem hohen Spieltempo resultierende große Handlungsdichte erfordert die Ausprägung der leistungsrelevanten konditionellen Fähigkeiten.

Ziel der Ausbildung ist immer das Wettspiel, das durch die Mannschaftsleistung realisiert wird, in die allerdings die individuellen Leistungen der einzelnen Spieler einfließen. Sie sind systematisch und zielgerichtet darauf vorzubereiten. Dabei besteht das **Hauptanliegen** in der **Herausbildung**, weiteren **Vervollkommnung** und **Stabilisierung der optimalen Handlungsfähigkeit des Spielers, seiner Spielfähigkeit**, auf der Grundlage psychischer, konditioneller, koordinativer und technisch-taktischer Leistungsvoraussetzungen.

Grundprinzip der Ausbildung des Basketballspie-

Übersicht 10 **Entwicklung der Spielfähigkeit** (Prinzip)

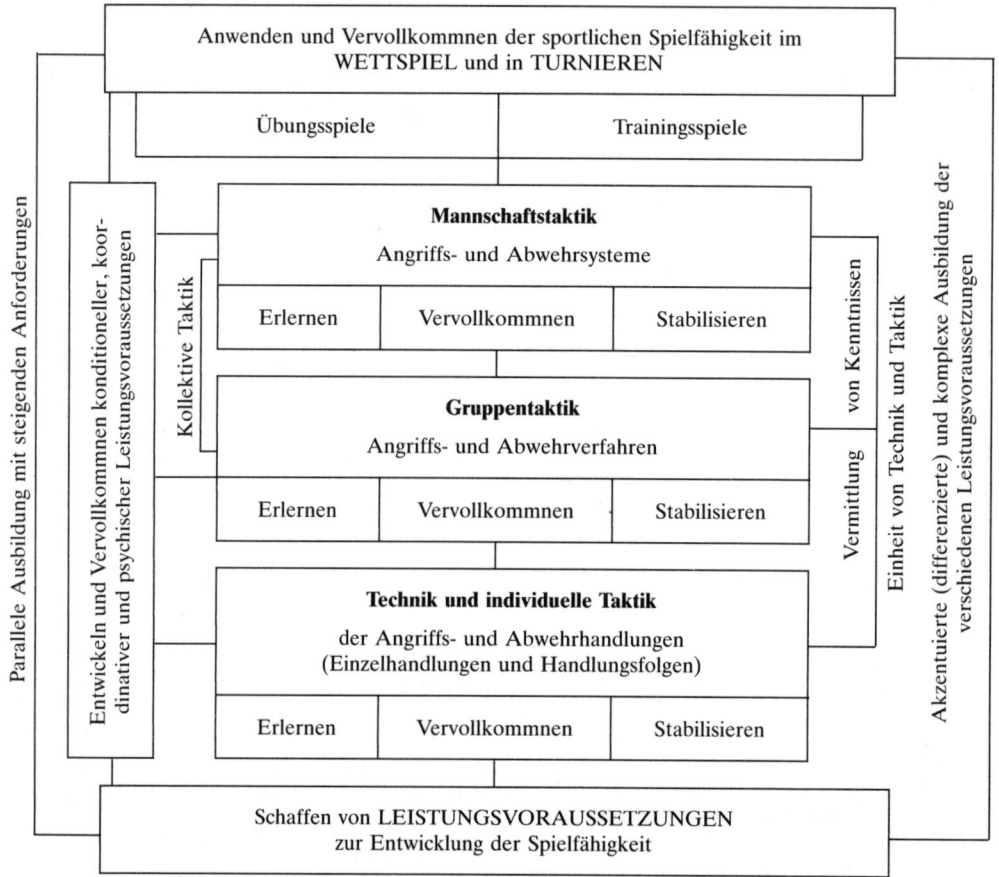

lers ist deshalb: **Das Schaffen von Voraussetzungen und ihr Anwenden im Wettspiel verlaufen parallel.** Das ist ein wechselseitiger Prozeß, der durch systematisches Erhöhen und Variieren der verschiedenen Anforderungen bewußt zu steuern ist. (Übersicht 10)

Unter **Schaffen von Voraussetzungen zur Entwicklung der Spielfähigkeit** ist das Entwickeln und Vervollkommnen konditioneller, koordinativer, psychischer und technisch-taktischer Fähigkeiten, Fertigkeiten und Eigenschaften zu verstehen. Das Anwenden im Wettspiel, die Entwicklung der Spielfähigkeit durch das Spiel selbst, erfolgt parallel zur differenzierten und komplexen Herausbildung der genannten Voraussetzungen methodisch gestuft – zunächst in Übungs- und Trainingsspielen, wobei die Bedingungen erleichtert (vorwiegend im Anfängerbereich bzw. im Sportunterricht der Schule) oder später auch über Wettspielbedingungen hinausgehend (im Vereinstraining) erschwert werden können. Endziel ist das Anwenden in Wettspielen, die gleichzeitig Prüfstein des Leistungsvermögens und der Leistungsbereitschaft sind.

Wettspiele haben in den verschiedenen Anwendungsfeldern des Sports (Breitensport, Schulsport, Wettkampfsport, Leistungssport, Therapiesport) unterschiedliche Funktionen zu erfüllen, die es zu berücksichtigen gilt. Vor allem sind sie nicht nur Ziel und Maßstab, sondern gleichzeitig auch Stimulus des Übens und Trainierens und werden somit zum entscheidenden Kriterium für das erreichte Leistungsniveau einer Mannschaft und der einzelnen Spieler.

Übersicht 11   Spielphasen im Basketball

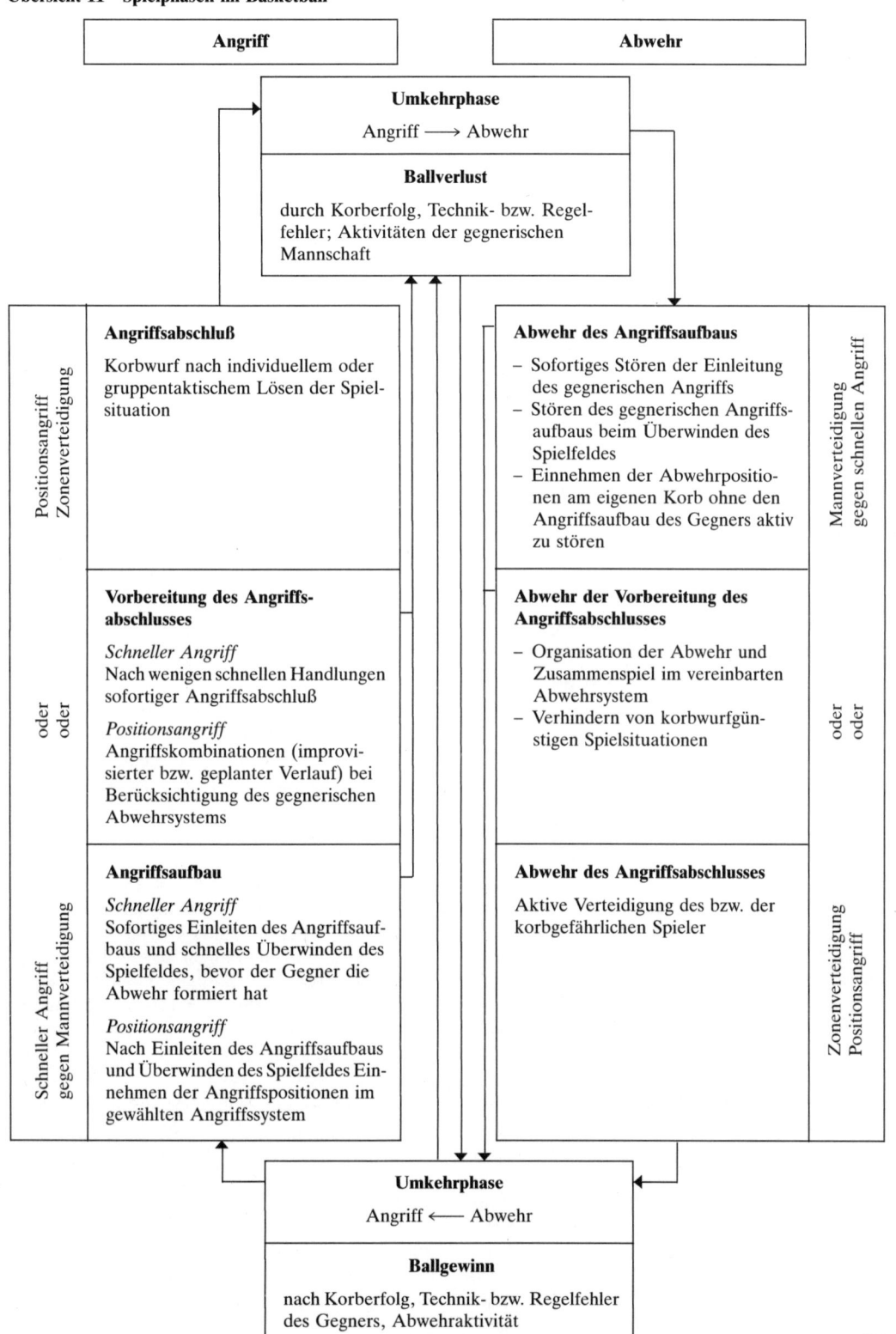

Angriff	Abwehr

Umkehrphase

Angriff $\longrightarrow$ Abwehr

Ballverlust

durch Korberfolg, Technik- bzw. Regelfehler; Aktivitäten der gegnerischen
Mannschaft

Positionsangriff
Zonenverteidigung

oder   oder

Schneller Angriff
gegen Mannverteidigung

Angriffsabschluß

Korbwurf nach individuellem oder
gruppentaktischem Lösen der Spielsituation

**Vorbereitung des Angriffs-
abschlusses**

Schneller Angriff
Nach wenigen schnellen Handlungen
sofortiger Angriffsabschluß

Positionsangriff
Angriffskombinationen (improvi-
sierter bzw. geplanter Verlauf) bei
Berücksichtigung des gegnerischen
Abwehrsystems

Angriffsaufbau

Schneller Angriff
Sofortiges Einleiten des Angriffsauf-
baus und schnelles Überwinden des
Spielfeldes, bevor der Gegner die
Abwehr formiert hat

Positionsangriff
Nach Einleiten des Angriffsaufbaus
und Überwinden des Spielfeldes Einnehmen der Angriffspositionen im
gewählten Angriffssystem

Abwehr des Angriffsaufbaus

– Sofortiges Stören der Einleitung
  des gegnerischen Angriffs
– Stören des gegnerischen Angriffsaufbaus beim Überwinden des
  Spielfeldes
– Einnehmen der Abwehrpositio-
  nen am eigenen Korb ohne den
  Angriffsaufbau des Gegners aktiv
  zu stören

**Abwehr der Vorbereitung des
Angriffsabschlusses**

– Organisation der Abwehr und
  Zusammenspiel im vereinbarten
  Abwehrsystem
– Verhindern von korbwurfgün-
  stigen Spielsituationen

Abwehr des Angriffsabschlusses

Aktive Verteidigung des bzw. der
korbgefährlichen Spieler

Mannverteidigung
gegen schnellen Angriff

oder   oder

Zonenverteidigung
Positionsangriff

Umkehrphase

Angriff $\longleftarrow$ Abwehr

Ballgewinn

nach Korberfolg, Technik- bzw. Regelfehler
des Gegners, Abwehraktivität

27

Damit die dem Basketballspiel innewohnenden vielfältigen Bildungs- und Erziehungspotenzen voll wirksam werden können, ist dem **Spiel auf zwei Körbe** in allen Alters- und Leistungsbereichen ausreichend Zeit einzuräumen. Das Spiel mit seinen verschiedenen Funktionen (Übungs-, Trainings-, Aufbau-, Kontroll-, Qualifizierungs-, Nominierungsspiel) kann aufgrund seiner komplexen Anforderungen durch kein anderes Trainingsmittel ersetzt werden.

In einem Basketballspiel sind **typische Spielphasen** erkennbar, die im Spielverlauf ständig wiederkehren. (Übersicht 11) Sie sind bei der spieltaktischen Ausbildung zu berücksichtigen.

Die Reihenfolge dieser Spielphasen kann durch Ballverluste infolge von technischen Fehlern bzw. Regelfehlern sowie durch Aktivitäten des Gegners unterschiedlich verlaufen.

Für das optimale Lösen der Spielaufgaben innerhalb dieser Spielphasen weist die Taktik des Basketballspiels Spielsysteme, Verfahren und Grundsätze aus, nach denen Mannschaften, Spielergruppen oder der Einzelspieler ihre Spielhandlungen zweckmäßig gestalten können. (STIEHLER u. a., S. 213 ff.)

1.2.2. Grundprinzipien der technisch-taktischen Ausbildung des Basketballspielers

Die Effektivität des kollektiven Handelns einer Mannschaft als Zielgröße wird maßgeblich von dem individuellen taktischen Leistungsniveau der Spieler im Angriff und in der Abwehr mit bestimmt. Dabei hat der Einzelspieler einerseits individuelle spieltaktische Aufgaben zu erfüllen, andererseits muß er aber auch zur Verwirklichung der kollektiven Handlungsziele beitragen. Die Übersicht 12 soll einen orientierenden Überblick über die individuelle Angriffs- und Abwehrtaktik des Basketballspiels vermitteln.

Das Ziel der taktischen Ausbildung des Einzelspielers besteht darin, ihn zum individuellen Lösen von Angriffs- und Abwehrsituationen auch bei gegnerischer Bedrängung zu befähigen. Dazu ist die *Ausprägung der taktischen Entscheidungsfähigkeit* (Handlungsziel- und Handlungsprogrammentscheidungen) auf der Grundlage richtiger Situationswahrnehmungen und -antizipationen sowie das Aneignen situationsbedingter motorischer Handlungsausführungen erforderlich.

Die Motorik des Basketballspiels ist gekennzeichnet durch eine große Vielfalt technischer Fertigkeiten mit und ohne Ball (Übersicht 13), die vorwiegend als **Handlungsketten**, teilweise aber auch als Einzelhandlungen (Freiwurf, Einwurf, Sprungball, Wurfabwehr u. a.) im Spiel anzuwenden sind. Charakteristisch ist die **hohe Variabilität der Handlungsausführungen** entsprechend den Erfordernissen der Spielsituation, das heißt das schnelle Aktualisieren von Handlungsprogrammen zur Realisierung der vielfältigen taktischen Handlungsziele.

Dieses Ziel ist bestimmend für die methodische Gestaltung der technischen Ausbildung, die von Anfang an auf die späteren taktischen Anforderungen spielbezogen auszurichten und möglichst frühzeitig mit der individuellen Taktik (Einbeziehung eines Gegners) zu verbinden ist.

Die Ausbildung der komplexen Spielfähigkeit kann keinesfalls ausschließlich im Wettspiel selbst erfolgen. Sie muß schon mit dem Training der technisch-taktischen Voraussetzungen beginnen. Oft werden hierbei folgenschwere **Fehler in der Ausbildung** gemacht. Wie sieht so etwas vielfach aus? Da werden Fertigkeiten, Spieltechniken erlernt – herausgelöst aus dem sinnvollen Zusammenhang der Spielhandlung, ohne Bezug zu den Spielräumen, Zielen, Gegnern, zur Situation, so als wären sie Selbstzweck und nicht in das Gesamtkonzept „Spiel" einzuordnen.

Da werden technische und taktische Elemente standardisiert geübt, ohne daß ihr Anwendungsbezug deutlich wird und in den Lernprozeß einbezogen wird. Das bezieht sich nicht nur auf die technischen Elemente oder nur auf Anfänger. Auch in höheren Leistungsbereichen und im Taktiktraining kann man oft dieses Trainieren festgelegter, stereotyper Handlungsverläufe beobachten, ohne Gegner oder nur mit passiven Gegnern, die nicht zu Alternativlösungen, zum Antizipieren, zum Entscheiden, zum Fintieren, zum schöpferischen Mitdenken zwingen, sondern die Handlungen in festgelegten Bahnen ablaufen lassen.

Eine spielgemäße technisch-taktische Ausbildung muß vielmehr zum Prinzip der gesamten Spielausbildung gemacht werden. Das erfordert eine zielgerichtete, sportspielspezifische Ausbildungskonzeption. Je besser es gelingt, die verschiedenen an der Spielleistung beteiligten Komponenten spielnah zu entwickeln und zu festigen, um so leichter wird ihr komplexes Anwenden im Spiel möglich werden und um so mehr wird ihr Ausprägungsgrad der Anforderungsspezifik des Basketballspiels entsprechen.

Dabei sind die in der Übersicht 14 dargestellten vier wesentlichen **Aspekte** zu berücksichtigen.

Übersicht 12   Systematik der individuellen Taktik

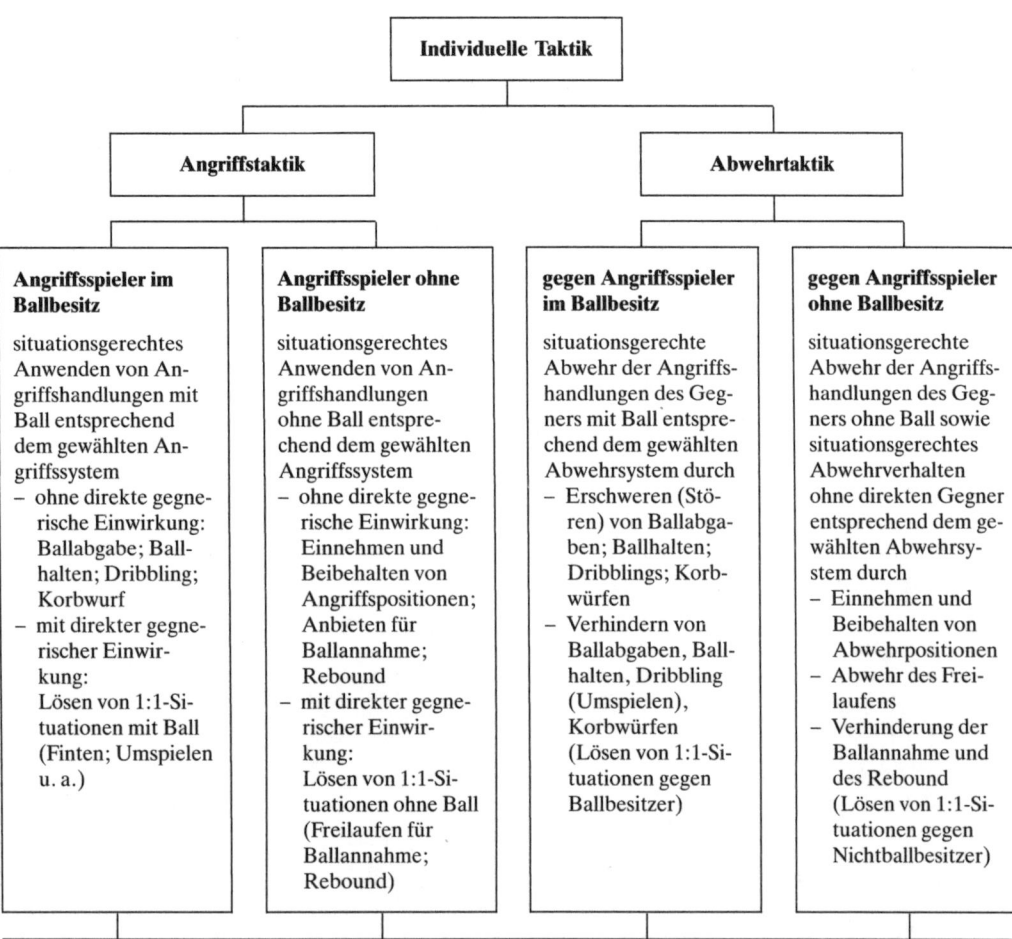

Individuelle Taktik

Angriffstaktik

Abwehrtaktik

Angriffsspieler im Ballbesitz	**Angriffsspieler ohne Ballbesitz**	**gegen Angriffsspieler im Ballbesitz**	**gegen Angriffsspieler ohne Ballbesitz**
situationsgerechtes Anwenden von Angriffshandlungen mit Ball entsprechend dem gewählten Angriffssystem – ohne direkte gegnerische Einwirkung: Ballabgabe; Ballhalten; Dribbling; Korbwurf – mit direkter gegnerischer Einwirkung: Lösen von 1:1-Situationen mit Ball (Finten; Umspielen u. a.)	situationsgerechtes Anwenden von Angriffshandlungen ohne Ball entsprechend dem gewählten Angriffssystem – ohne direkte gegnerische Einwirkung: Einnehmen und Beibehalten von Angriffspositionen; Anbieten für Ballannahme; Rebound – mit direkter gegnerischer Einwirkung: Lösen von 1:1-Situationen ohne Ball (Freilaufen für Ballannahme; Rebound)	situationsgerechte Abwehr der Angriffshandlungen des Gegners mit Ball entsprechend dem gewählten Abwehrsystem durch – Erschweren (Stören) von Ballabgaben; Ballhalten; Dribblings; Korbwürfen – Verhindern von Ballabgaben, Ballhalten, Dribbling (Umspielen), Korbwürfen (Lösen von 1:1-Situationen gegen Ballbesitzer)	situationsgerechte Abwehr der Angriffshandlungen des Gegners ohne Ball sowie situationsgerechtes Abwehrverhalten ohne direkten Gegner entsprechend dem gewählten Abwehrsystem durch – Einnehmen und Beibehalten von Abwehrpositionen – Abwehr des Freilaufens – Verhinderung der Ballannahme und des Rebound (Lösen von 1:1-Situationen gegen Nichtballbesitzer)

Varianten des individuellen taktischen Handelns

in Abhängigkeit von
– dem eigenen Leistungsvermögen;
– der Funktion, der Positionsspezifik und aktuellen speziellen Aufträgen des Spielers;
– den Spielphasen (vgl. Übersicht 11);
– dem Abwehr- und Angriffssystem der gegnerischen Mannschaft sowie dem Leistungsvermögen des unmittelbaren Gegenspielers;
– dem aktuellen Spielstand u. a.

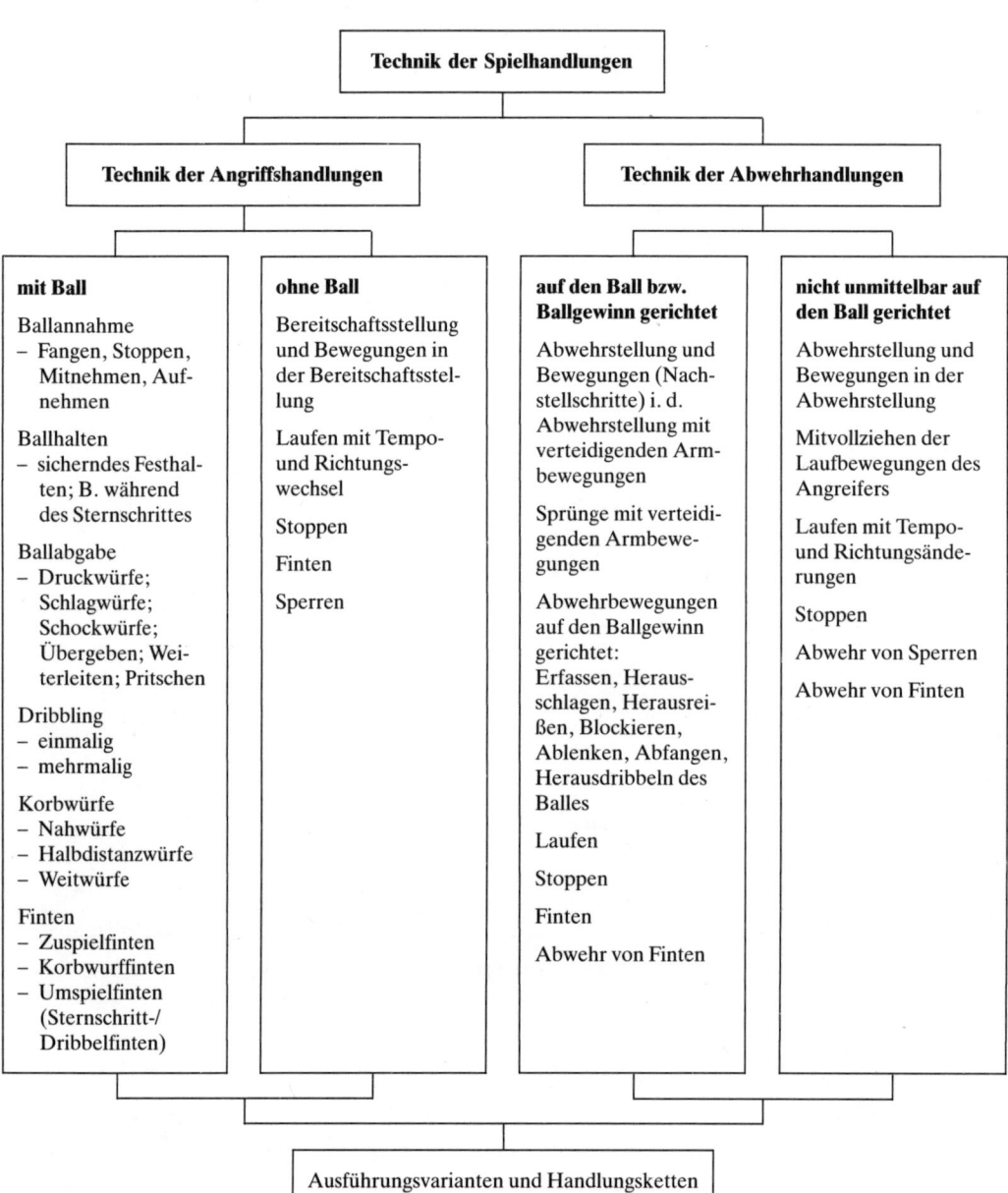

Technik der Spielhandlungen

Technik der Angriffshandlungen

Technik der Abwehrhandlungen

mit Ball

Ballannahme
– Fangen, Stoppen, Mitnehmen, Aufnehmen

Ballhalten
– sicherndes Festhalten; B. während des Sternschrittes

Ballabgabe
– Druckwürfe; Schlagwürfe; Schockwürfe; Übergeben; Weiterleiten; Pritschen

Dribbling
– einmalig
– mehrmalig

Korbwürfe
– Nahwürfe
– Halbdistanzwürfe
– Weitwürfe

Finten
– Zuspielfinten
– Korbwurffinten
– Umspielfinten (Sternschritt-/ Dribbelfinten)

ohne Ball

Bereitschaftsstellung und Bewegungen in der Bereitschaftsstellung

Laufen mit Tempo- und Richtungswechsel

Stoppen

Finten

Sperren

auf den Ball bzw. Ballgewinn gerichtet

Abwehrstellung und Bewegungen (Nachstellschritte) i. d. Abwehrstellung mit verteidigenden Armbewegungen

Sprünge mit verteidigenden Armbewegungen

Abwehrbewegungen auf den Ballgewinn gerichtet: Erfassen, Herausschlagen, Herausreißen, Blockieren, Ablenken, Abfangen, Herausdribbeln des Balles

Laufen

Stoppen

Finten

Abwehr von Finten

nicht unmittelbar auf den Ball gerichtet

Abwehrstellung und Bewegungen in der Abwehrstellung

Mitvollziehen der Laufbewegungen des Angreifers

Laufen mit Tempo- und Richtungsänderungen

Stoppen

Abwehr von Sperren

Abwehr von Finten

Ausführungsvarianten und Handlungsketten in Abhängigkeit von der Spielsituation

Übersicht 14   Methodische Aspekte der technisch-taktischen Ausbildung

Aspekte	Ziel	Mittel
1. Erlernen, Vervollkommnen und Stabilisieren spielmotorischer Fertigkeiten	Motorisches Erlernen und Festigen von Einzeltechniken, Handlungsfolgen und gruppenmotorischen Handlungen ohne taktische Handlungsentscheidungen	Übungs- und Wettbewerbsformen mit standardisierten und variablen Bedingungen ohne aktive Gegner (festgelegte Bewegungskombinationen)
2. Erlernen, Vervollkommnen und Stabilisieren situationsbedingter technisch-taktischer Handlungen zur Lösung individueller und kollektiver Angriffs- und Abwehrverfahren	Entwickeln von Fähigkeiten und Fertigkeiten zur Lösung taktischer Handlungszielentscheidungen sowie ihrer situationsadäquaten motorischen Ausführung	Wettspielnahe Übungs- und Spielformen mit halbaktiven und aktiven Gegnern
3. Entwickeln, Vervollkommnen und Stabilisieren der komplexen Spielfähigkeit	Entwickeln von Fähigkeiten und Fertigkeiten zur Beherrschung individueller und kollektiver technisch-taktischer Angriffs- und Abwehrverfahren und -systeme im Spiel und ihrer situationsadäquaten Anwendung entsprechend dem gegnerischen Verhalten und der eigenen taktischen Aufgabenstellungen	Übungs- und Trainingsspiele mit spezifischen Aufgabenstellungen
4. Anwenden und Vervollkommnen der komplexen Spielfähigkeit in Wettspielen und Turnieren	Erreichen optimaler technisch-taktischer Leistungen jedes Spielers sowie der gesamten Mannschaft trotz hoher physischer und psychischer Belastungen	Wettspiele

Erlernen, Vervollkommnen und Stabilisieren technischer Fertigkeiten

Das spezifische Anliegen dieses Ausbildungsaspektes besteht in der Vermittlung und Aneignung der Technik der einzelnen Spielhandlungen und Handlungsketten (Entwicklung der Grob- und Feinform) sowie in ihrer Stabilisierung und Anpassung an wechselnde Bedingungen durch
- *variable Gestaltung* des Bewegungstempos, der Entfernungen, der Bewegungsrichtungen und anderer Faktoren sowie durch beidseitiges Üben (letzteres trifft für den Sportunterricht nur teilweise zu);
- *zeitlich-räumliche Abstimmung* der Eigenbewegungen mit denen von Mitspielern, insbesondere bei Ballaktionen;
- *vielfältige Sukzessiv- und Simultankombinationen* der verschiedenen Techniken und ihrer Ausführungsvarianten;
- *steigende Anforderungen* unter konditionellen, koordinativen und psychischen Aspekten.

Das methodische Vorgehen bei der Aneignung technischer Fertigkeiten weist Übersicht 15 aus.

Die Übungsformen sind so auszuwählen, daß sich der Spieler zunächst vorrangig auf die motorische Ausführung (Zeitpunkte, Ablauf, Geschwindigkeit u. a.) der Spielhandlungen konzentrieren kann, **ohne vorher taktische Entscheidungen** (Handlungszielentscheidungen) **fällen zu müssen**. Dem Übenden ist vor Beginn der Übung der Ablauf bekannt. Das heißt, ihm werden die Reihenfolge der Übungen (festgelegte Handlungsketten/Handlungsfolgen), die auszuführende Technik oder Technikvariante, die Entfernungen und die Seitigkeit vorgegeben. Die Anforderungen an die Informationsaufnahme und -verarbeitung werden bei diesen Übungen ohne aktive gegnerische Einwirkungen wesentlich vereinfacht, um den Spielern das **Erarbeiten der** vielfältigen spielspezifischen **Handlungsprogramme** zu **erleichtern**.

Dabei ist es notwendig, daß die Handlungsketten sowohl unter standardisierten Bedingungen mit relativ hohen Wiederholungszahlen als auch unter ständig sich ändernden Bedingungen (rechts/links; nah/weit; langsam/schnell u. a.) geübt werden.

Dieser Ausbildungsaspekt spielt vor allem beim Lernprozeß im Anfängerunterricht und -training eine wichtige Rolle. Es ist jedoch erforderlich, daß der dafür aufzuwendende Zeitanteil zunehmend reduziert wird, da das Spiel fast ausschließlich die Anwendung situationsadäquater Spiel-

Übersicht 15 Methodische Leitlinie für die Ausbildung technischer Fertigkeiten und individueller taktischer Handlungen

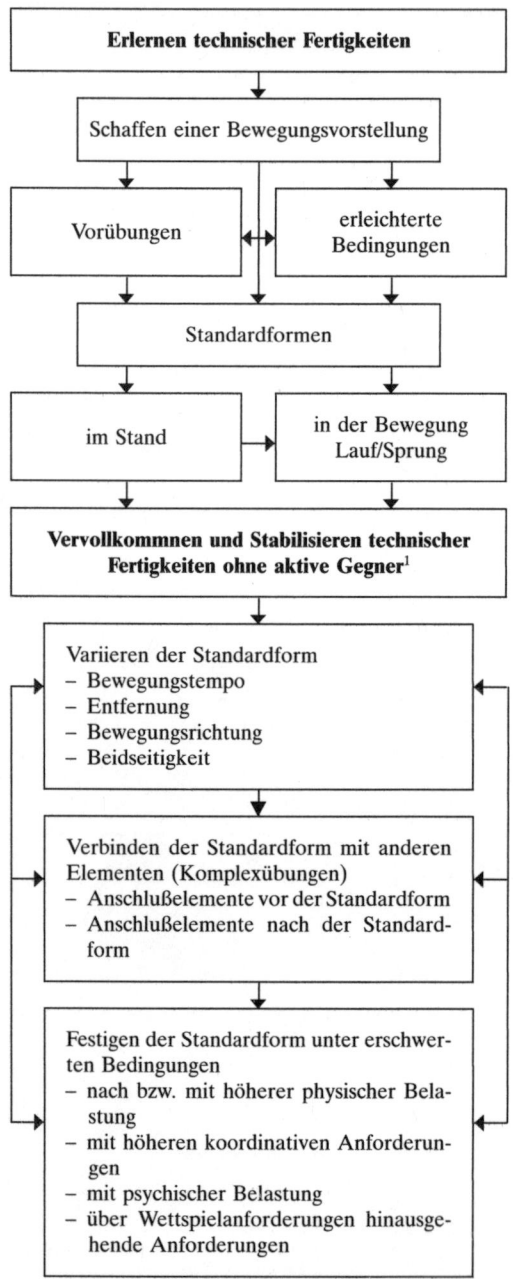

[1] Das weitere Vervollkommnen und Stabilisieren der technischen Fertigkeiten mit eingeschränkter und aktiver Gegenwehr erfolgt durch die taktische Ausbildung sowie durch die Anwendung im Spiel (d. h. variable Anwendung der Technik entsprechend der jeweiligen Spielsituation)

handlungen mit Entscheidungsanforderungen verlangt. Das Aneignen technischer Fertigkeiten **ohne Gegner** bildet zwar die Grundvoraussetzung für taktisches Handeln. Da aber die technischen Fertigkeiten in den Sportspielen nicht Selbstzweck sind, sondern immer als Mittel zur Realisierung von taktischen Handlungszielen *situativ* anzuwenden sind, **müssen bereits beim Erlernen und Vervollkommnen technischer Fertigkeiten taktische Gesichtspunkte berücksichtigt werden**. Das Stabilisieren der Technik sollte also möglichst frühzeitig in Verbindung mit der individuellen Taktik erfolgen, da die allen Spielhandlungen zugrunde liegenden kognitiven Funktionen (Wahrnehmen, Antizipieren, Entscheiden) gleichzeitig mitzuentwickeln sind (vgl. Abschnitt 1.1.).

Erlernen, Vervollkommnen und Stabilisieren situationsbedingter technisch-taktischer Handlungen zur Lösung individueller und kollektiver taktischer Angriffs- und Abwehrverfahren

Das **Hauptanliegen** dieses Ausbildungsaspektes besteht in der **Entwicklung der taktischen Entscheidungsfähigkeit** (Handlungsziel- und Handlungsprogrammentscheidungen) auf der Grundlage von richtigen Situationswahrnehmungen und Situationsantizipationen sowie in der Entwicklung und Stabilisierung situationsadäquater motorischer **Handlungsausführungen unter noch vereinfachten Bedingungen** im Vergleich zu den Bedingungen und Anforderungen im Wettspiel selbst.

Im Vordergrund steht die Entwicklung und spielnahe Festigung individueller und kollektiver taktischer Angriffs- und Abwehrhandlungen und -verfahren in Verbindung mit Gegnern, deren Verhalten taktische Entscheidungen erfordert. (Übersicht 16)

Die Skala der **Mittel** reicht von „konstruierten" **Situationen mit relativ wenigen Lösungsalternativen bis zu wettkampfnahen Spielformen, die das Erkennen und taktische Ausnutzen sowie das bewußte Schaffen lösungsreifer Situationen zum Ziel haben.** Diesen Spielformen ist ein hoher Stellenwert beizumessen, da der ständige Situationswechsel auch ständiges situationsbedingtes Handeln erfordert und auf diese Weise den Spielanforderungen sehr nahe kommt.

Bei der taktischen Ausbildung sind folgende Schwerpunkte zu berücksichtigen:

Übersicht 16   Erlernen, Vervollkommnen und Stabilisieren situationsbedingter technisch-taktischer Handlungen

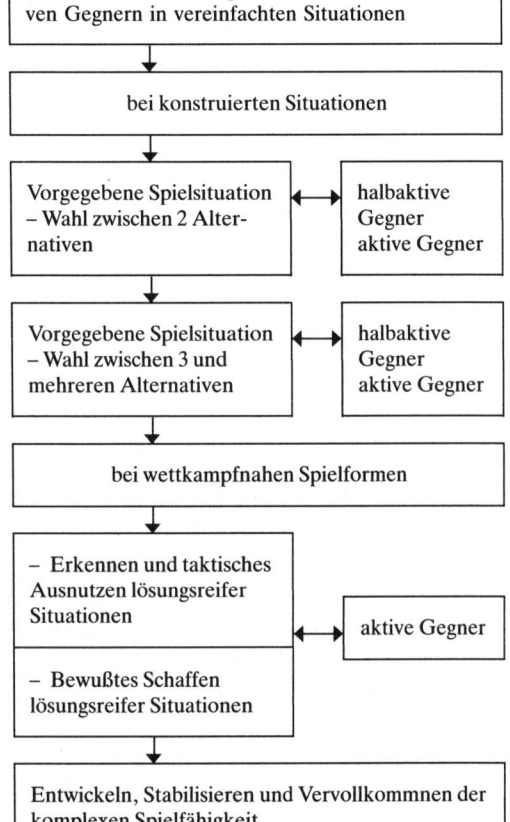

- individuelle Angriffs- und Abwehrtaktik
- Gruppenangriffs- und Gruppenabwehrtaktik
- Mannschaftsangriffs- und Mannschaftsabwehrtaktik.

Die Übersicht 17 gibt einen orientierenden Überblick über die spezifischen Zielstellungen der individuellen und kollektiven taktischen Ausbildung, die unter Berücksichtigung der Spezifik des Sportunterrichts, des außerunterrichtlichen Sports sowie auch des Wettkampfsports sowohl nacheinander als auch nebeneinander durch akzentuierte Übungsauswahl zu realisieren sind.

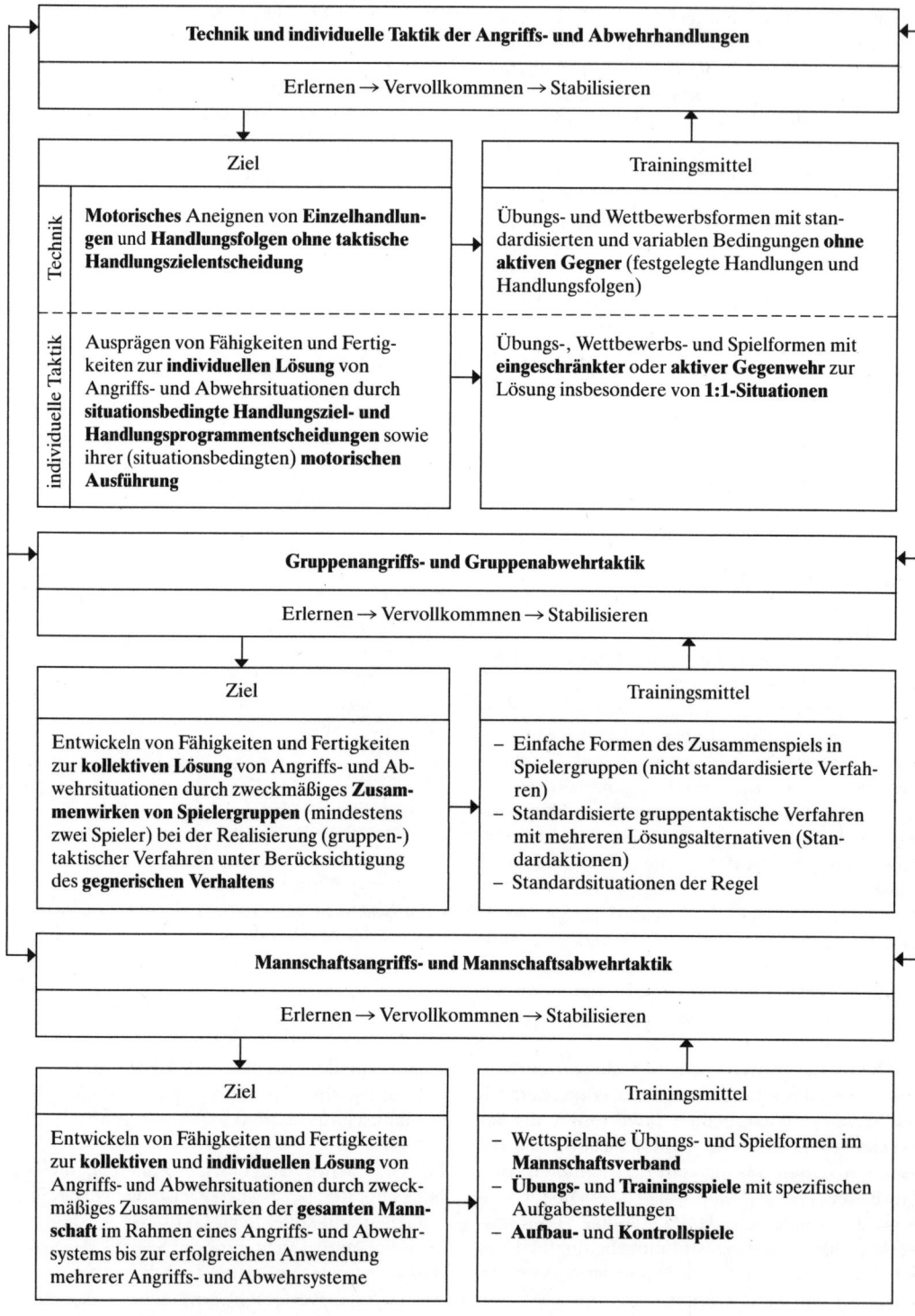

Technik und individuelle Taktik der Angriffs- und Abwehrhandlungen

Erlernen → Vervollkommnen → Stabilisieren

Ziel	Trainingsmittel
Technik — **Motorisches** Aneignen von **Einzelhandlungen** und **Handlungsfolgen ohne taktische Handlungszielentscheidung**	Übungs- und Wettbewerbsformen mit standardisierten und variablen Bedingungen **ohne aktiven Gegner** (festgelegte Handlungen und Handlungsfolgen)
individuelle Taktik — Ausprägen von Fähigkeiten und Fertigkeiten zur **individuellen Lösung** von Angriffs- und Abwehrsituationen durch **situationsbedingte Handlungsziel- und Handlungsprogrammentscheidungen** sowie ihrer (situationsbedingten) **motorischen Ausführung**	Übungs-, Wettbewerbs- und Spielformen mit **eingeschränkter** oder **aktiver Gegenwehr** zur Lösung insbesondere von **1:1-Situationen**

Gruppenangriffs- und Gruppenabwehrtaktik

Erlernen → Vervollkommnen → Stabilisieren

Ziel	Trainingsmittel
Entwickeln von Fähigkeiten und Fertigkeiten zur **kollektiven Lösung** von Angriffs- und Abwehrsituationen durch zweckmäßiges **Zusammenwirken von Spielergruppen** (mindestens zwei Spieler) bei der Realisierung (gruppen-)taktischer Verfahren unter Berücksichtigung des **gegnerischen Verhaltens**	– Einfache Formen des Zusammenspiels in Spielergruppen (nicht standardisierte Verfahren) – Standardisierte gruppentaktische Verfahren mit mehreren Lösungsalternativen (Standardaktionen) – Standardsituationen der Regel

Mannschaftsangriffs- und Mannschaftsabwehrtaktik

Erlernen → Vervollkommnen → Stabilisieren

Ziel	Trainingsmittel
Entwickeln von Fähigkeiten und Fertigkeiten zur **kollektiven** und **individuellen Lösung** von Angriffs- und Abwehrsituationen durch zweckmäßiges Zusammenwirken der **gesamten Mannschaft** im Rahmen eines Angriffs- und Abwehrsystems bis zur erfolgreichen Anwendung mehrerer Angriffs- und Abwehrsysteme	– Wettspielnahe Übungs- und Spielformen im **Mannschaftsverband** – **Übungs-** und **Trainingsspiele** mit spezifischen Aufgabenstellungen – **Aufbau-** und **Kontrollspiele**

Übersicht 18   Entwicklung der komplexen Spielfähigkeit durch Übungs- und Trainingsspiele

Übungsspiele unter erleichterten Bedingungen

Regeln	Technik	Taktik

– wenige Hauptregeln
– verkürzte Spielzeit
– veränderte Spielerzahl
  reduzierte Spielerzahl
  einseitige Überzahlverhältnisse
– erleichterte materielle Bedingungen
  kleineres Spielfeld
  niedrigere Körbe
  leichterer Ball
	einfache technische Grundfertigkeiten ohne und mit Ball	einfache taktische Handlungen im Angriff und in der Abwehr
		– vorwiegend individuelle taktische Handlungen
		– einfache gruppentaktische Handlungen

Übungs- und Trainingsspiele unter wettspielähnlichen Bedingungen

Regeln	Technik	Taktik

– Vervollständigen der Regeln
– volle Spielerzahl
– variable Spielzeit
  verkürzt
  regulär
	– Erweiterung des technischen Repertoires
	– Reduzierung der technischen Fehler
		individuelle, gruppen- und mannschaftstaktische Handlungen und Verfahren in Angriff und Abwehr
		– Erweiterung der individuellen taktischen Handlungen
		– Anwenden gruppentaktischer Handlungen
		– Anwenden zunächst eines, später mehrerer Mannschaftstaktiksysteme in Angriff und Abwehr
		– ständige Vervollkommnung der Anwendung individueller und gruppentaktischer Maßnahmen unter dem Aspekt der gewählten Mannschaftstaktik

Übungs- und Trainingsspiele unter erschwerten Bedingungen

unter physischem Aspekt	unter technischem Aspekt	unter taktischem Aspekt	unter psychischem Aspekt
Beispiele: – verlängerte Spielzeit – reduzierte Spielerzahlen – stark belastende taktische Forderungen	Beispiele: – Spiel ohne Dribbling – Zuspiele, Dribbling nur mit der „schwächeren" Hand – veränderte Spielerzahlen	Beispiele: – mit einseitigen Überzahlverhältnissen – gegen überlegenen Gegner – Spiel mit vier Körben – mit erhöhten taktischen Forderungen	Beispiele: – mit einseitigen Vorgaben – nach physischer Ermüdung – besonders erschwerte Bedingungen (Boden, Bälle) und schlechte Witterungsbedingungen – mit bestimmten Folgen für den Spieler (Nominierung, zusätzliches Training usw.) – starke Geräuschkulisse

Erlernen, Vervollkommnen und Stabilisieren der komplexen Spielfähigkeit

Das spezifische Anliegen der Ausbildung unter diesem Aspekt besteht in der **Entwicklung der komplexen Spielfähigkeit**. Parallel zur Ausbildung spielspezifischer konditioneller und technisch-taktischer Leistungsvoraussetzungen in spielnahen Übungs- und Spielformen muß der Vervollkommnung des spielgemäßen Verhaltens, das heißt der Entwicklung der komplexen Spielfähigkeit **durch das ganzheitliche Spiel**, von Anfang an größte Aufmerksamkeit geschenkt werden; denn die genannten Faktoren stellen letztlich nur einzelne Leistungsvoraussetzungen dar, die nicht in ihrer Summe, sondern erst in ihrem integrativen Zusammenwirken die Spielfähigkeit ausmachen. Deshalb ist diesem Aspekt besondere Bedeutung beizumessen.

Die Entwicklung der sportlichen Spielfähigkeit erfolgt vorrangig durch Übungs- und Trainingsspiele und durch die Wettspiele selbst. Die Anforderungen im Rahmen der **Übungs- und Trainingsspiele** sind durch spezifische Aufgabenstellungen in den Alters- und Leistungsbereichen entsprechend zu differenzieren. Man unterscheidet (Übersicht 18)

– Übungsspiele unter erleichterten Bedingungen,
– Übungs- und Trainingsspiele unter wettspielähnlichen Bedingungen,
– Übungs- und Trainingsspiele unter besonders erschwerten (über die Wettspielanforderungen hinausgehenden) Bedingungen (trifft für den Sportunterricht nicht zu).

Anwenden und Vervollkommnen der komplexen Spielfähigkeit im Wettspiel und in Turnieren

Das Wettspiel ist nicht nur Ausgangspunkt und Ziel, sondern auch Prüfstein aller vorangegangenen Bemühungen. Die Spieler müssen beweisen, inwieweit sie in der Lage sind, die erlernten und gefestigten technischen Fertigkeiten und taktischen Fähigkeiten unter Wettspielbedingungen erfolgreich anzuwenden. Das ist nur im Wettspiel möglich. Es stellt die höchsten Anforderungen an das integrative Zusammenwirken der vielfältigen Fähigkeiten und Fertigkeiten der Spieler. Gleichzeitig vervollkommnen sich aber auch die im Wettspiel geforderten Leistungsvoraussetzungen. Damit ist es auch vorrangig geeignet, die den

Sportspielen innewohnenden Bildungs- und Erziehungspotenzen in vollem Umfang wirksam werden zu lassen, und dient gleichzeitig als das vollkommenste Trainingsmittel, in dem die Anforderungen an den Spieler in ihrer ganzen Komplexität und Intensität unter individuellem und kollektivem Aspekt wirksam werden.

Im Sportunterricht handelt es sich vorwiegend um Übungsspiele innerhalb einer Klasse, die aber für die Schüler durch entsprechende Motivation ebenfalls den Charakter von Wettspielen annehmen können.

Im leistungssportlichen Bereich entstehen über die Anforderungen eines Wettspiels hinaus in Spielturnieren Bedingungen, die es ebenfalls zu berücksichtigen gilt.

Die skizzierten methodischen Aspekte einer spielgemäßen technisch-taktischen Ausbildung der Basketballspieler weisen differenzierte Anforderungen an kognitive und motorische Prozesse auf, denen durch entsprechende Trainingsmittelauswahl Rechnung zu tragen ist. Dabei sind sowohl steigende differenzierte als auch vielfältige komplexe Anforderungen zu sichern. Für die Herausbildung sportspielspezifischer kognitiver Funktionen und der Aufmerksamkeit ist auf den aufgabenbezogenen, akzentuierten **Einsatz der Trainingsmittel unter folgenden Aspekten** zu orientieren, damit auch tatsächlich die beabsichtigten Wirkungen erzielt werden:

1. Entwicklung und Vervollkommnen der **Situationswahrnehmung** durch Schulung
– des visuellen Wahrnehmungsumfanges (Anzahl von Wahrnehmungsobjekten), der Wahrnehmungsgenauigkeit und der Wahrnehmungsgeschwindigkeit;
– des schnellen Wechselns der Wahrnehmungsrichtungen (Ball, Korb, Gegner, Mitspieler);
– des schnellen Erfassens der richtigen Wahrnehmungsschwerpunkte;
– der schnellen Identifizierung und Klassifizierung bestimmter Spielerkonstellationen, taktischer Verfahren als Voraussetzung für situationsadäquates Handeln.

2. Entwicklung und Vervollkommnen der **Situationsantizipation** durch Schulung
– der Ziel- und Programmantizipation der Spielhandlungen von Mitspielern und Gegnern unter Einbeziehung der möglichen Handlungsalternativen und Täuschungshandlungen;
– der Zielantizipation der Bewegungsbahnen des Balles, insbesondere unter erschwerten Bedin-

gungen (hohe Ballfluggeschwindigkeit, Effet, Licht, mehrere Bälle);
- sukzessiver und simultaner Antizipationsfolgen bei individuellen und kollektiven taktischen Angriffs- und Abwehrhandlungen unter Zeitdruck.

3. Entwicklung und Vervollkommnung des **Entscheidungsverhaltens** durch Schulung
- von Handlungsziel- und Handlungsprogrammentscheidungen mit dem Ziel einer optimalen Entscheidungsfindung bei zunehmenden Handlungsalternativen;
- individueller und kollektiver Entscheidungen und Entscheidungsfolgen unter Zeitdruck;
- der Fähigkeit, besonders erschwerte Entscheidungsbedingungen zu bewältigen (ständig wechselnde Situationen; Einbeziehung einer Vielzahl von Mitspielern und Gegnern während der Ausführung von Spielhandlungen in hohem Tempo; u. a.)

4. Entwicklung und Vervollkommnung der **Handlungsausführung** durch Schulung
- situationsadäquater Handlungsprogramme auf der Grundlage richtiger Handlungszielentscheidungen durch häufigen Situationswechsel, zahlreiche Bewegungskombinationen und intensive gegnerische Beeinflussung;
- hoher Handlungsgeschwindigkeiten in Verbindung mit hohen Anforderungen an die Handlungsgenauigkeit (Zielgenauigkeit);
- der Handlungen unter hohen physischen und psychischen Belastungen.

5. Entwicklung und Vervollkommnung folgender Eigenschaften der **Aufmerksamkeit** in Verbindung mit der Ausbildung kognitiver Funktionen sportlicher Spielhandlungen:
- *Intensität und Beständigkeit* der Aufmerksamkeit (Qualität und Stabilität der Leistung),
- *Konzentration* (Zielgenauigkeit) und *Distribution* (Spielübersicht) der Aufmerksamkeit,
- *Umschalten* der Aufmerksamkeit (Spieltempo).

Damit ist das Hauptanliegen einer spielgemäßen technisch-taktischen Ausbildung in den Sportspielen gekennzeichnet. Hervorzuheben ist, daß die einzelnen Aspekte der Ausbildung im Prinzip gleichzeitig, wenn auch mit unterschiedlichen Akzentuierungen in den einzelnen Könnensstadien und Lernphasen, umzusetzen sind. Für den Übungsleiter, Sportlehrer und Trainer kommt es

darauf an, durch entsprechende Wahl spielnaher Übungs- und Trainingsmittel und ihre richtige, gezielte methodische Umsetzung die Qualität und damit die Effektivität des Ausbildungs-, Übungs- und Trainingsprozesses zu erhöhen.

1.2.3. Methodische Aspekte der mannschaftstaktischen Ausbildung

Das **Ziel der mannschaftstaktischen Ausbildung** im Basketballspiel ist auf das zweckmäßige Zusammenwirken aller Spieler im Rahmen eines Angriffs- bzw. Abwehrsystems gerichtet. Dabei ist die Befähigung der Mannschaft zum kreativen taktischen Ausnutzen und zum bewußten Schaffen lösungsreifer Situationen anzustreben. Das ist zielstrebig auszubilden und nur schrittweise erreichbar. Angriffs- und Abwehrsysteme dienen dabei als gemeinsame Orientierungsgrundlage und ermöglichen ein organisiertes Spiel mit abgestimmtem Spielverhalten, ohne dabei die Möglichkeiten individueller Aktivitäten einzuschränken.

Um die Spieler zu befähigen, eine Mannschaftstaktik planmäßig und erfolgreich im Wettspiel anzuwenden, ist es notwendig, eine Mannschaftsangriffs- und eine Mannschaftsabwehrkonzeption zu erarbeiten, die von den Spielern akzeptiert wird und eine schrittweise Erarbeitung und Anwendung vorsieht.

Dazu wird zunächst zu Beginn der Ausbildung oder bei der Erarbeitung einer neuen Konzeption nur jeweils **ein** für den Altersbereich und den jeweiligen Leistungsstand geeignetes Angriffs- und Abwehrsystem ausgewählt und nach der theoretischen Einführung systematisch im Training geübt.

Es erfolgt eine parallele Ausbildung eines Angriffssystems in Verbindung mit dem jeweiligen Abwehrsystem – mit zeitweiliger Akzentuierung des Angriffs oder der Abwehr. Dem dienen entsprechende methodische Maßnahmen. Dabei ist es ratsam, für den Angriff zunächst Erleichterungen zu schaffen (verminderte Anzahl oder Aktivität der Abwehrspieler, z. B. bei Akzentuierung des Angriffs), die dann schrittweise abgebaut und bis zur wettspieladäquaten Anwendung geführt wird. Wird das dann beherrscht, kann eine weitere Stabilisierung für eine Anwendung gegen leistungsstarke Wettspielgegner vorgenommen werden. Dazu werden die Anforderungen gesteigert bis zu besonders schweren Bedingungen (einseitige Unterzahlverhältnisse, Spiel ohne Dribbling, Werfen nur mit der schwächeren Hand, Spiel mit

3 Halbzeiten u. a.). In diesem ganzen Erarbeitungsprozeß ist immer wieder zu **beachten**,
- daß keine starren mannschaftstaktischen Handlungsverläufe eingeübt werden, die der Gegner allzu leicht erkennen und dann sehr schnell durchkreuzen kann (ein häufig praktizierter Fehler, der seitens der Spieler zur vorschnellen Ablehnung planmäßigen mannschaftstaktischen Handelns führt), sondern
- daß die verschiedenen individuellen, gruppen- und mannschaftstaktischen Handlungsalternativen aufgezeigt, in der jeweiligen Situation als Lösungsvariante erkannt und entsprechend der aktuellen taktischen Spielkonstellation nach dem Prinzip des größten Nutzens angewendet und somit sinnvoll geübt werden und
- daß die verschiedenen methodischen Aspekte mehr oder weniger gleichzeitig umzusetzen sind. Differenziertes und komplexes Üben sowie paralleles Anwenden im Wettspiel bilden eine methodische Einheit.

Nachdem im Rahmen jeweils eines Angriffs- und Abwehrsystems die wichtigsten Möglichkeiten des alternativen Lösens beherrscht werden, können **weitere Varianten und Systeme** entsprechend der festgelegten Konzeption und den personellen und leistungsmäßigen Voraussetzungen eingeführt werden. Dabei ist immer auf den Zusammenhang mit den konditionellen, individuellen technisch-taktischen und gruppentaktischen Voraussetzungen der Spieler einer Mannschaft zu achten, die entsprechend den in den mannschaftstaktischen Systemen geforderten Bedingungen vorhanden sein oder parallel zu diesem mannschaftstaktischen Übungsprozeß geschaffen werden müssen. (Übersicht 19)

1.2.4. Methodische Aspekte der gruppentaktischen Ausbildung

Die gruppentaktische Ausbildung ist auf das Erlernen, Vervollkommnen und Stabilisieren des kooperativen Handelns von 2 bis 4 Spielern einer Basketballmannschaft gerichtet, die dazu befähigt werden sollen, gruppentaktische Verfahren in Angriff und Abwehr situationsadäquat und erfolgreich anzuwenden.

Die Übersicht 20 gibt einen orientierenden Überblick über die kollektive Angriffs- und Abwehrtaktik des Basketballspiels. Auf bestehende Zusammenhänge zwischen Angriffs- und Abwehr-

taktik sowie zwischen Mannschafts-, Gruppen- und individueller Taktik ist hinzuweisen. Gruppentaktische Verfahren ordnen sich sinnvoll in die Mannschaftstaktik ein (Übersicht 21) und sind bei der Erarbeitung der taktischen Konzeption einer Mannschaft mit ihren festgelegten Angriffs- und Abwehrsystemen entsprechend zu berücksichtigen.

Vor der praktischen Erarbeitung sind zunächst die erforderlichen theoretischen **Kenntnisse** zu vermitteln, und es gilt festzustellen, welche erst noch auszubilden sind.

Um die gleichermaßen anzustrebende Angriffs- und Abwehrwirksamkeit der Spieler auszuprägen, ist **zunächst eine universelle technisch-taktische Grundausbildung** für alle Spieler im Rahmen der gegebenen Möglichkeiten zu realisieren.

Neben diesen für alle Spieler zutreffenden allgemeinen Spielaufgaben gibt es in Abhängigkeit von den in den Grundformationen (Angriffs- und Abwehrsystem) eingenommenen Positionen **spezielle taktische** (oder positionsspezifische) **Funktionen für einzelne Spieler oder Spielergruppen** (STIEHLER u. a., S. 228 ff.). Zu nennen sind:
- Außenspieler
- Hinterspieler oder Aufbauspieler
- Vorderspieler oder Flügelspieler (Universalspieler)
- Centerspieler
- Vorcenter (Freiwurflinie)
- Seitcenter
- Brettcenter.

Abbildung 6 weist die Spielerpositionen im Posi-

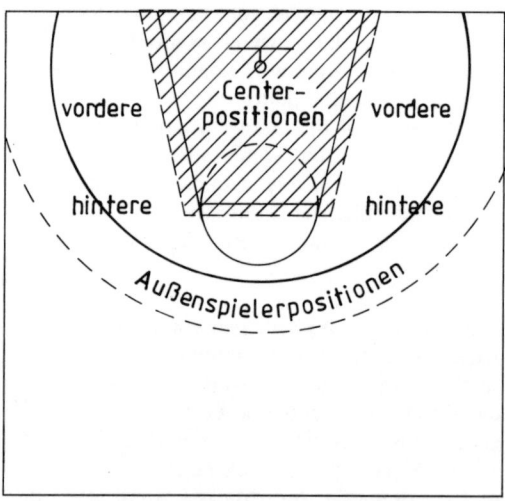

Abb. 6   Spielerpositionen im Positionsangriff

Übersicht 19   Methodische Leitlinie für die Ausbildung von Angriffs- und Abwehrsystemen in ihrer gegenseitigen Abhängigkeit auf der Grundlage der Spielphasen (vereinfachte Darstellung)

Anwenden und Vervollkommnen der Mannschaftstaktik in Wettspielen
– Angriff und Abwehr –

- Vorbereitungs- und Aufbauwettkämpfe
- Hauptwettkämpfe

Anwenden und Vervollkommnen aller Spielphasen in Übungs- und Trainingsspielen

Methodische Schwerpunkte:

Übungsspiele mit bestimmten Auflagen innerhalb der eigenen Mannschaft	**Trainigsspiele** mit spezifischen Festlegungen gegen andere Mannschaften
– unter erleichterten Bedingungen	– mit geringerem Leistungsniveau
– unter wettspielähnlichen Bedingungen	– mit annähernd gleichem Leistungsniveau
– unter speziell erschwerten Bedingungen	– mit höherem Leistungsniveau

---

**Umkehrphasen Angriff → Abwehr und Abwehr → Angriff
in Verbindung mit den übrigen Spielphasen**

Erlernen	Vervollkommnen	Stabilisieren

Methodische Schwerpunkte:
- Üben der Umkehrphasen mit einseitigen Überzahlverhältnissen
- Üben der Umkehrphasen mit Gleichzahlverhältnissen

**Vorbereitung und Durchführung des Angriffsabschlusses
und deren Abwehr an einem Korb**

Erlernen	Vervollkommnen	Stabilisieren

Methodische Schwerpunkte:
- Üben individueller Handlungen und gruppentaktischer Verfahren im Mannschaftsverband ohne Abwehrspieler bzw. mit eingeschränkten Abwehraktivitäten (halbaktiv);
- Üben mit verminderter Anzahl von aktiven Abwehrspielern;
- Üben mit Gleichzahlverhältnissen bei aktivem Abwehrverhalten;
- Üben mit Unterzahlverhältnissen im Angriff bei aktiver Abwehr

---

Angriffsaufbau und Abwehr des Angriffsaufbaus

Erlernen	Vervollkommnen	Stabilisieren

Methodische Schwerpunkte:
- Üben des Angriffsaufbaus ohne Gegner;
- Stören des Angriffsaufbaus ab Mittellinie mit geringerer Zahl von Abwehrspielern bis zu Gleichzahlverhältnissen (5 : 5);
- sofortiges Stören des Angriffsaufbaus im Vorfeld mit geringerer Zahl von Abwehrspielern bis zu Gleichzahlverhältnissen;
- Üben des Angriffsaufbaus mit Unterzahlverhältnissen bei aktiver Abwehr

Übersicht 20 Gliederung der Taktik des Basketballspiels

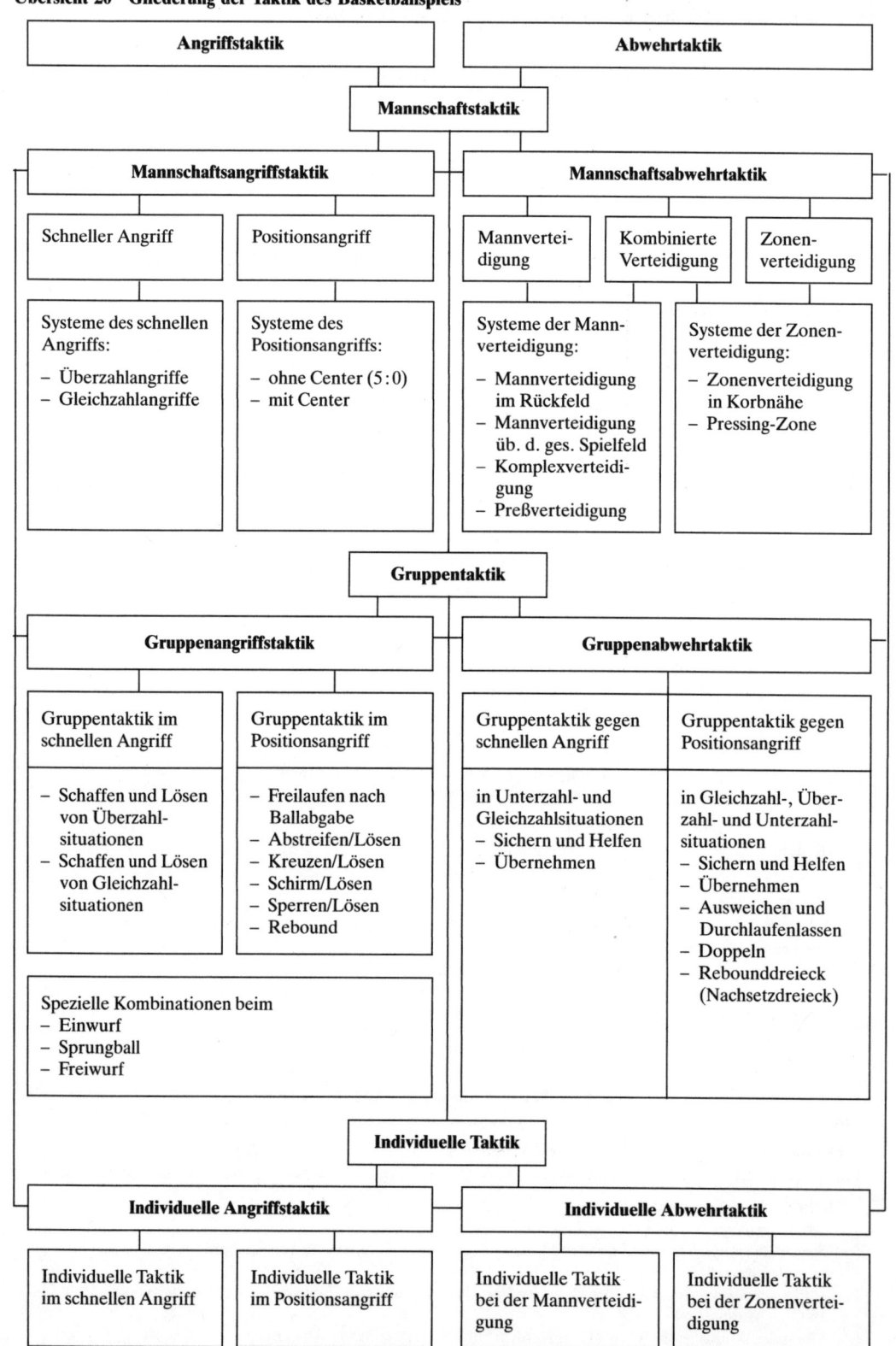

Übersicht 21   Einordnen der gruppentaktischen Angriffsverfahren in die Mannschaftsangriffstaktik

Übersicht 22   Methodische Leitlinie zur Ausbildung gruppentaktischer Angriffsverfahren

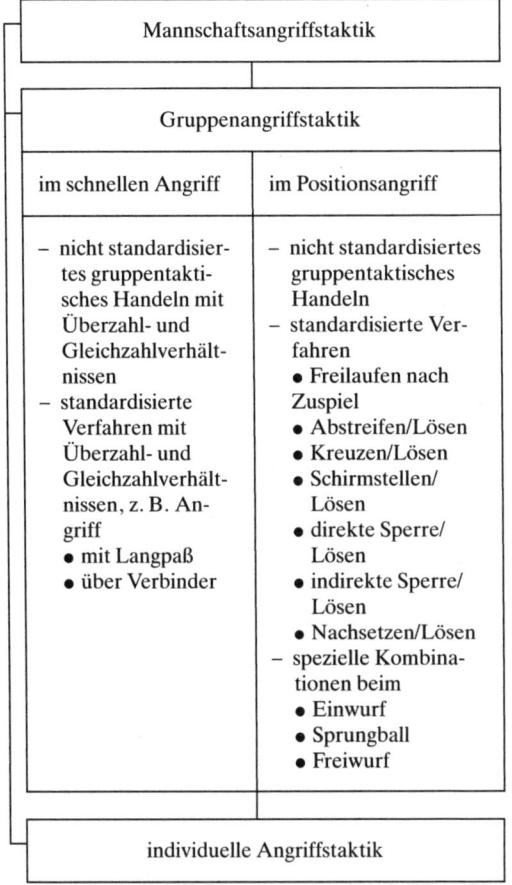

Mannschaftsangriffstaktik

Gruppenangriffstaktik

im schnellen Angriff	im Positionsangriff

– nicht standardisiertes gruppentaktisches Handeln mit Überzahl- und Gleichzahlverhältnissen
– standardisierte Verfahren mit Überzahl- und Gleichzahlverhältnissen, z. B. Angriff
  • mit Langpaß
  • über Verbinder
	– nicht standardisiertes gruppentaktisches Handeln
	– standardisierte Verfahren
	  • Freilaufen nach Zuspiel
	  • Abstreifen/Lösen
	  • Kreuzen/Lösen
	  • Schirmstellen/Lösen
	  • direkte Sperre/Lösen
	  • indirekte Sperre/Lösen
	  • Nachsetzen/Lösen
	– spezielle Kombinationen beim
	  • Einwurf
	  • Sprungball
	  • Freiwurf

individuelle Angriffstaktik

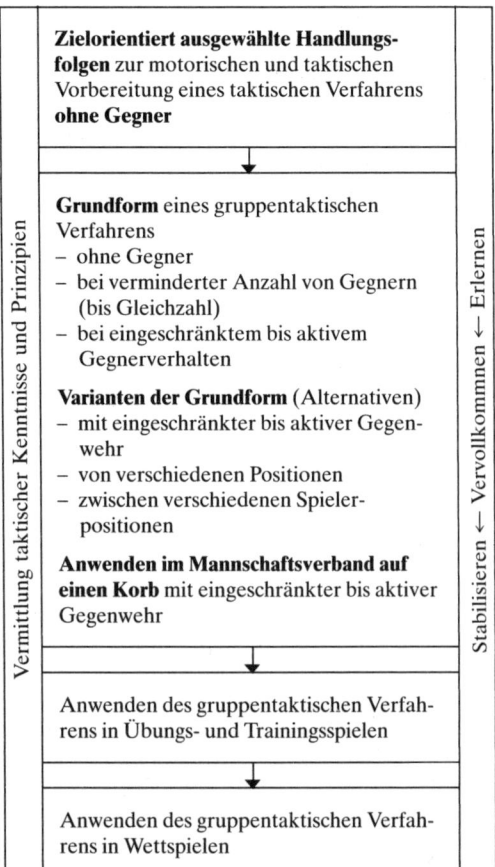

Vermittlung taktischer Kenntnisse und Prinzipien

Zielorientiert ausgewählte Handlungsfolgen zur motorischen und taktischen Vorbereitung eines taktischen Verfahrens **ohne Gegner**

Grundform eines gruppentaktischen Verfahrens
– ohne Gegner
– bei verminderter Anzahl von Gegnern (bis Gleichzahl)
– bei eingeschränktem bis aktivem Gegnerverhalten

Varianten der Grundform (Alternativen)
– mit eingeschränkter bis aktiver Gegenwehr
– von verschiedenen Positionen
– zwischen verschiedenen Spielerpositionen

Anwenden im Mannschaftsverband auf einen Korb mit eingeschränkter bis aktiver Gegenwehr

Anwenden des gruppentaktischen Verfahrens in Übungs- und Trainingsspielen

Anwenden des gruppentaktischen Verfahrens in Wettspielen

Erlernen ← Vervollkommnen ← Stabilisieren

tionsangriff aus. Dabei sind diese Angriffspositionen nicht starr, sondern als Ausgangspunkte für individuelle und kollektive Angriffshandlungen aufzufassen.

Die gruppentaktische Ausbildung erfolgt dann zielgerichtet in engem Zusammenhang mit der praktischen Einführung der gruppentaktischen Grundform ohne Gegner und mit schrittweise wachsender Zahl und Aktivität von Gegenspielern. **Mit der Erhöhung der gegnerischen Einwirkung müssen sich auch die Handlungsalternativen erweitern**, das heißt, es müssen Varianten der Grundform entwickelt und geübt werden, die für jede Situation optimale Lösungen zulassen. Andernfalls, solange nur eine Lösungsvariante zur Verfügung steht, hätte der Gegner leichtes Spiel.

Er würde schnell die Absicht erkennen und durchkreuzen.

Wenn dann Grundform und einige Varianten beherrscht werden, folgt schließlich die Anwendung im Rahmen der ganzen Mannschaft, wodurch die Spieler gleichzeitig auch auf den nächsten Schritt, die erfolgreiche Anwendung in Trainingsspielen, vorbereitet werden. Aber erst nach einer gründlichen Vorbereitung ist dann der Einsatz in Wettspielen anzustreben. (Übersicht 22)

Darauf aufbauend ist schrittweise eine ständige Erweiterung der verfügbaren gruppentaktischen Verfahren vorzunehmen, um die Variabilität der taktischen Möglichkeiten zu erhöhen und das eigene Spiel für den Gegner immer weniger durchschaubar zu machen.

Dazu müssen die entsprechenden individuellen

technisch-taktischen Fähigkeiten und Fertigkeiten entwickelt werden. Das sollte nicht losgelöst von den zu erarbeitenden Verfahren, sondern möglichst in der für die Anwendung typischen Situation und im Rahmen der zu erlernenden Gruppentaktik erfolgen.

Zusammenfassend sind bei der **gruppentaktischen Ausbildung** folgende Hinweise zu beachten:
● Beginne nur mit 2 Spielern (give and go, Abstreifen, Sperren), und erweitere erst allmählich auf 3 und 4 beteiligte Spieler.
● Schaffe weitere Erleichterungen in der Einführungsphase.
● Baue die Erleichterungen schrittweise ab und schaffe auch im Übungs- und Trainingsprozeß möglichst wettspielnahe Bedingungen, die die

Spieler immer wieder zu alternativem Handeln herausfordern.
● Lasse den Spielern genügend Handlungsspielraum und erzwinge nicht die Anwendung bestimmter Verfahren, wenn sich in einer bestimmten Situation eine andere Lösung als vorteilhafter erweist. Lasse sinnvolle, schöpferische gruppentaktische Neulösungen in geeigneten Situationen zu und ermuntere die Spieler dazu, ohne davon abzugehen, ihr gruppentaktisches Handlungsrepertoire ständig zu erweitern.
● Verbinde immer sowohl das Erlernen als auch das Vervollkommnen und Stabilisieren gruppentaktischer Angriffshandlungen mit den entsprechenden Abwehrhandlungen.
Weitere konkrete Hinweise sind in den entsprechenden Abschnitten des Kapitels 3 enthalten.

2. Vorbereitende Kleine Spiele und Spielformen für die Ausbildung im Anfängerbereich

2.1. Einführung

Kleine Spiele, Spielformen und speziell vorbereitende Spiele zeichnen sich durch ihren freudvollen, zugleich aber auch leistungsbestimmenden Charakter aus. Da sie relativ leicht zu erlernen und dabei übungsintensiv und spielnah zu gestalten sind, stellen sie einen wesentlichen Bestandteil der allgemeinen, der vorbereitenden und auch der speziellen Spielausbildung dar. Sie sind einerseits Vorstufe sowohl einer zweckmäßigen und lernorientierten technisch-taktischen Ausbildung als auch des Basketballspiels selbst. Andererseits fungieren sie als Bindeglied zwischen ihnen. Denn sie tragen dazu bei, daß technische Fertigkeiten und taktische Verhaltensweisen in spielerischer Form erlernt, gefestigt und in vereinfachten Spielsituationen angewendet werden können.

Die bei der Auswahl der Spiele in diesem Kapitel angewendeten Ordnungsprinzipien leiten sich von dem Hauptanliegen des Buches ab. Die Spiele wurden zu übergeordneten Spielgruppen zusammengefaßt. Kriterium für die Eingruppierung war die vorrangig verfolgte Zielstellung:

- Erlernen und Vervollkommnen grundlegender spielmotorischer Fertigkeiten ohne und mit Ball,
- Erlernen und Vervollkommnen einfacher individueller und kollektiver taktischer Verhaltensweisen im Angriff und in der Abwehr oder
- beginnende basketballspezifische Ausprägung der Spielfähigkeit.

Einen systematisierenden Überblick über die zum Basketball hinführenden Gruppen von Kleinen Spielen und Spielformen vermittelt Übersicht 23.

METHODISCHE HINWEISE

Die erfolgreiche Anwendung der Spielformen und vorbereitenden Spiele ist von einer sorgfältigen Auswahl abhängig.(Die große Bedeutung des pädagogisch-methodischen Könnens des Spielleiters sei der Vollständigkeit halber erwähnt.) Ausschlaggebend für die Entscheidung, welches Spiel ausgewählt wird, ist das jeweils angestrebte Ziel. Angesichts des breiten Spektrums der möglichen Ausbildungsabsichten ist die genaue Kenntnis der Bildungs- und Erziehungspotenzen der einzelnen Spiele erforderlich. Diese können allerdings nur zur Entfaltung gebracht werden, wenn der Spielleiter die gegebenen Bedingungen berücksichtigt.

Unabhängig von der Spezifik der Gruppe ist eine freudbetonte und effektive Gestaltung anzustreben. Bis auf äußerst seltene, begründete Ausnahmen ist darauf zu achten, daß es nicht zu einer Häufung von Mißerfolgserlebnissen bei einzelnen Spielern kommt.

Bei der **Vorbereitung und praktischen Durchführung der Spiele** sind folgende **Hinweise** zu beachten:

- Strebe eine hohe Effektivität an (kleine Gruppen; mehrere Spielfelder; mehrere Bälle; mehrere Wiederholungen u. a.).
- Organisiere die Spiele so, daß sich möglichst alle aktiv beteiligen können. Vermeide ein Ausscheiden von Spielern.
- Zur Erhaltung der Spielfreude sowie für das Erzielen von Lernfortschritten ist ein ausgewogenes Verhältnis zwischen Wiederholung und Abwandlung der Spielformen anzustreben. (DÖBLER, 6, 1985, S. 46 ff.)

Folgende *Abwandlungsmöglichkeiten* (Variationsmöglichkeiten) sind zu empfehlen:

- Veränderungen der Aufstellungsformen, der Ausgangsstellung, der Fortbewegungsart;
- Veränderungen der Lauf- und Ballwege;
- Veränderungen der Ausführung spielmotorischer Fertigkeiten;
- Veränderungen des Spielfeldes und der Mannschaftsstärke;
- Veränderungen des Schwierigkeitsgrades beim Lösen von Angriffs- und Abwehrsituationen (Überzahl-, Gleichzahl-, Unterzahlverhält-

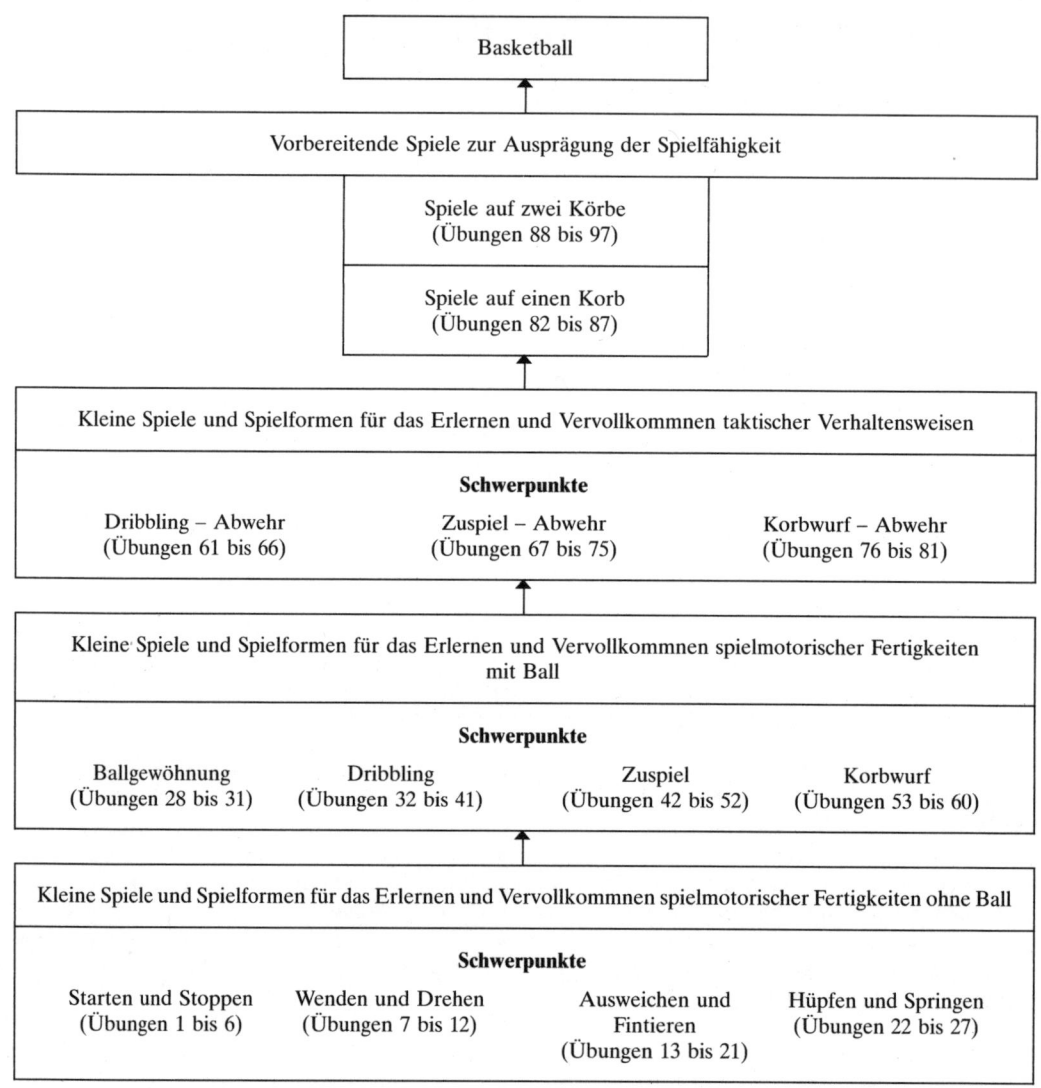

Basketball

Vorbereitende Spiele zur Ausprägung der Spielfähigkeit

Spiele auf zwei Körbe
(Übungen 88 bis 97)

Spiele auf einen Korb
(Übungen 82 bis 87)

Kleine Spiele und Spielformen für das Erlernen und Vervollkommnen taktischer Verhaltensweisen

Schwerpunkte

Dribbling – Abwehr (Übungen 61 bis 66)	Zuspiel – Abwehr (Übungen 67 bis 75)	Korbwurf – Abwehr (Übungen 76 bis 81)

Kleine Spiele und Spielformen für das Erlernen und Vervollkommnen spielmotorischer Fertigkeiten mit Ball

Schwerpunkte

Ballgewöhnung (Übungen 28 bis 31)	Dribbling (Übungen 32 bis 41)	Zuspiel (Übungen 42 bis 52)	Korbwurf (Übungen 53 bis 60)

Kleine Spiele und Spielformen für das Erlernen und Vervollkommnen spielmotorischer Fertigkeiten ohne Ball

Schwerpunkte

Starten und Stoppen (Übungen 1 bis 6)	Wenden und Drehen (Übungen 7 bis 12)	Ausweichen und Fintieren (Übungen 13 bis 21)	Hüpfen und Springen (Übungen 22 bis 27)

nisse; höhere Anforderungen an die Situationswahrnehmung und -antizipation sowie an das taktische Entscheidungsverhalten);
– Veränderungen der Wertung und der Spielregeln.
● Bevorzuge Spielformen mit kooperativen Spielideen (Mannschaftswettbewerbe), und verändere die Spielregeln so, daß auch die weniger leistungsstarken Spieler einbezogen werden müssen.
● Bevorzuge so bald wie möglich Spielformen, die den Teilnehmern Handlungsspielraum (Entscheidungs- und Bewegungsspielraum) gewähren

und ein situatives Lösen der Spielsituation erfordern.
● Bedenke, daß das Entwickeln von Fähigkeiten und Fertigkeiten zur kollektiven Lösung von Angriffs- und Abwehrsituationen durch zweckmäßiges Zusammenwirken von Spielergruppen bzw. der gesamten Mannschaft unter Berücksichtigung des gegnerischen Verhaltens eine wichtige Voraussetzung für eine erfolgreiche Teilnahme an den Sportspielen darstellt.
● Das gemeinsame Erleben von Sieg und Niederlagen sollte genutzt werden, um weitere Motivationen für die nächsten Spiele zu schaffen.

2.2. Kleine Spiele und Spielformen zur Ausbildung spielmotorischer Fertigkeiten ohne Ball

Starten und Stoppen

1. Die beste Gruppe (Abb. 7)
Zwei Gruppen stehen sich in der Spielfeldmitte an einem 3 m breiten Streifen gegenüber. Auf ein Zeichen läuft jede Spielergruppe zu einer rückwärtigen Grundlinie und wieder zurück. Die Gruppe, die zuerst wieder in der geforderten Aufstellung auf der Linie steht, erhält einen Punkt. Ausgangsstellung und Fortbewegungsart können verändert werden.

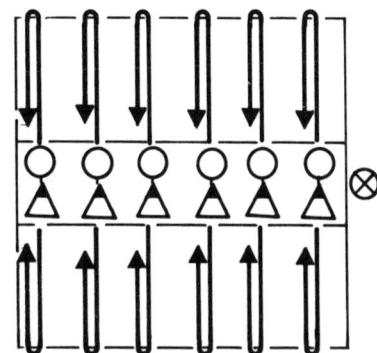

Abb. 7   Die beste Gruppe

2. Reihenwettlauf (Abb. 8)
Hinter einer Linie nehmen mehrere Spielerreihen nebeneinander Aufstellung. Vor jeder Reihe werden in entsprechender Entfernung Wendemale plaziert (Ständer, Fahnen, Keulen u. a.). Im Gemeinschaftslauf müssen erst diese Male umlaufen werden, ehe die Spieler zu ihren Startplätzen zurückkehren. Dort wird die geforderte Ausgangsstellung eingenommen und die beste Gruppe ermittelt.

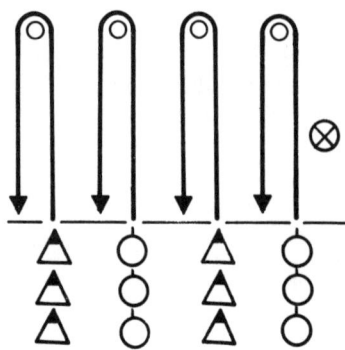

Abb. 8   Reihenwettlauf

3. Starthasche (Abb. 9)
Mehrere Läufer und ein Fänger stehen sich auf den Grundlinien eines Spielfeldes (12 m × 20 m) gegenüber, dessen Drittellinien markiert wurden. Auf Pfiff starten alle Läufer in Richtung Gegenseite. Der Fänger läuft zu einem auf der nächsten Drittellinie liegenden Band, mit dem er einen oder mehrere Läufer abzuschlagen versucht. Wer gefangen wird, holt sich ein Band und unterstützt bei den nächsten Starts den Fänger. Die letzten Läufer sind Sieger.

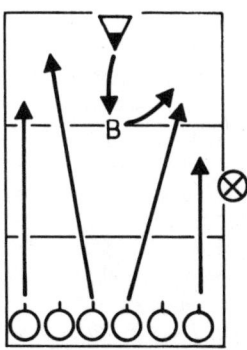

Abb. 9   Starthasche

4. Schwarz – Weiß (Abb. 10)

In der Mitte eines rechteckigen Spielfeldes werden zwei gleichlaufende Linien gezogen. Dieser 3 m breite Streifen trennt zwei Mannschaften, die sich in der Gasse gegenüberstehen und mit „Schwarz" bzw. „Weiß" bezeichnet werden. Auf den jeweiligen Ruf des Spielleiters („Schwarz!" oder „Weiß!") laufen die Spieler der aufgerufenen Mannschaft zu einer rückwärtigen Grenze, werden aber dabei von den gegnerischen Spielern verfolgt. Das Ziel der Verfolger ist es, möglichst viele Fliehende vor Erreichen der Grenzlinie abzuschlagen. Für einen Abschlag (einer kann bei einem Lauf auch mehrere fangen) gibt es einen Punkt. Die abgeschlagenen Spieler verbleiben in ihrer Mannschaft im Spiel. Beide Mannschaften beziehen beim neuen Durchgang wieder die Ausgangsposition am Mittelstreifen. Nach einigen Läufen wird die erreichte Punktzahl beider Mannschaften verglichen und der Sieger ermittelt.

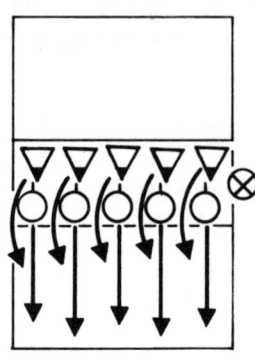

Abb. 10   Schwarz – Weiß

5. Platzwechsel (Abb. 11)

Zwei gleich starke Parteien stehen sich an den Schmalseiten eines 10 bis 20 m langen Spielfeldes gegenüber. Auf Kommando wechseln beide Parteien die Seiten und nehmen auf der gegenüberliegenden Linie die geforderte Position ein. Welche Partei steht zuerst?

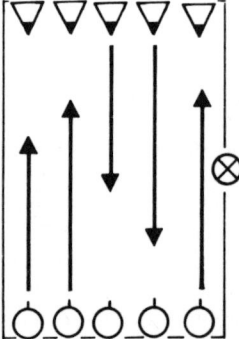

Abb. 11   Platzwechsel

6. Verfolgungsfangen (Abb. 12)

Zwei Mannschaften stellen sich so auf, wie es die Abbildung zeigt. Jede Mannschaft schickt einen Spieler als Fänger zur gegnerischen Gruppe. Auf Pfiff laufen alle um ihre Bänke oder Fahnen. Jeder Fänger ist dabei bestrebt, schnell den letzten gegnerischen Spieler abzuschlagen. Jede verfolgte Gruppe bemüht sich, das Fangen nach Möglichkeit lange zu verhindern. Der Fänger, der zuerst sein Ziel erreicht, erhält für seine Mannschaft einen Punkt. Dann werden andere Fänger bestimmt.

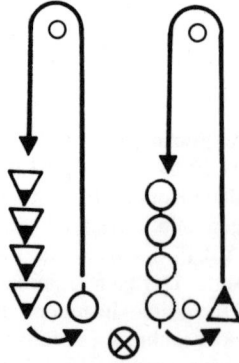

Abb. 12   Verfolgungsfangen

7. Rette sich, wer kann

Eine größere Spielergruppe nimmt hinter der Schmalseite eines etwa 10 bis 20 m langen Lauffeldes Aufstellung. Sobald das Zeichen erfolgt, laufen alle so schnell wie möglich zur gegenüberliegenden Seite und kehren sofort zur Startlinie in die Ausgangsstellung zurück. Jeweils der letzte Spieler eines Laufes erhält einen Minuspunkt und beim nächsten Durchgang eine Vorgabe von 1 m. Wer bleibt strafpunktfrei?

8. Ziehharmonikalauf (Abb. 13)

Ein 10 m × 15 m großes Spielfeld wird durch gleichlaufende Linien dreigeteilt. Die an einer Grundlinie stehenden Läufer starten gemeinsam und müssen immer von der Ausgangslinie aus nacheinander zur ersten, zur zweiten und zur dritten Querlinie hin- und zurücklaufen, um erfolgreich zu sein, so daß schnelles Laufen und Wenden erforderlich sind. Gewinner ist, wer nach einigen Läufen die meisten Siege aufweist.

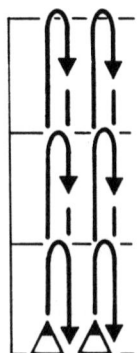

Abb. 13   Ziehharmonikalauf

9. Nummernlauf in der Reihe (Abb. 14)

In mehreren gleich starken geöffneten Spielerreihen nehmen die Mannschaften nebeneinander Aufstellung. In den Reihen wird fortlaufend durchnumeriert, so daß jeder Spieler seine Nummer kennt. Die aufgerufenen nummerngleichen Spieler (z. B. Nr. 3) müssen schnell entgegen dem Uhrzeigersinn einmal ihre Gruppe umlaufen und dürfen sich dabei an den Wendepunkten (erster und letzter Spieler) nicht festhalten. Wer von ihnen zuerst seinen Ausgangsplatz einnimmt, erhält einen Pluspunkt für seine Mannschaft. Danach werden andere Nummern aufgerufen, bis jeder gelaufen ist. Es gewinnt die Reihe, die in einem Durchgang die meisten Sieger hatte.

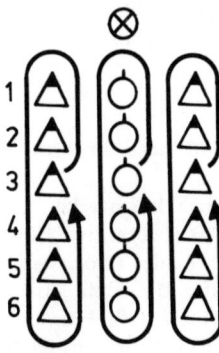

Abb. 14   Nummernlauf in der Reihe

10. Kreishasche (Abb. 15)

Eine kleine Gruppe (nicht mehr als 10 Spieler) stellt sich kreisförmig mit gefaßten Händen auf. Der Fänger, außerhalb des Kreises stehend, hascht nun einen ganz bestimmten Spieler, der sich in der geschlossenen Kreiskette befindet. Der bewegliche Kreis versucht, das Abschlagen zu verhindern. Der Fänger kann nach erfolgreicher oder nach längerer erfolgloser Jagd abgelöst werden.

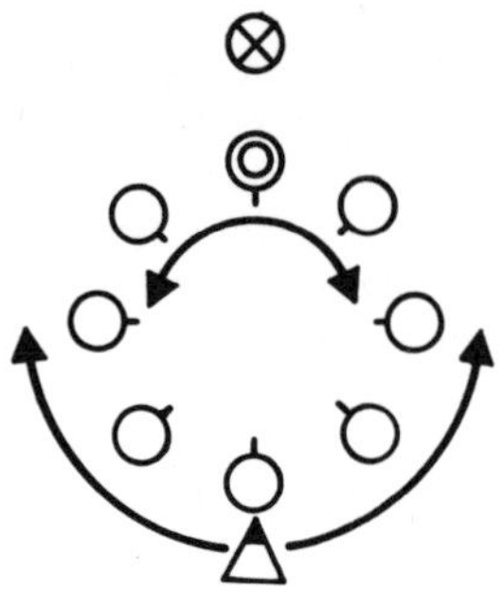

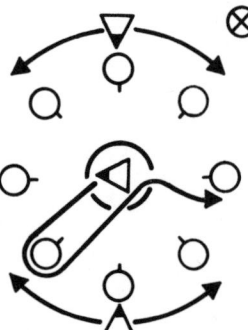

Abb. 15   Kreishasche

11. Anhängen

Je vier Spieler bilden durch Hüftfassung eine Reihe und nehmen in einem beliebig großen Feld Aufstellung. Zu jedem Vierergespann gehört ein freier „Anhänger", der die Aufgabe hat, sich an seine Gruppe anzuhängen. Durch Drehen und Wenden der Gruppe soll das verhindert werden. Glückt das Anhängen, dann wird der bisherige Einzelspieler abgelöst.

12. Umkreisen (Abb. 16)

Eine Gruppe – nicht größer als 12 bis 15 Spieler – stellt sich im Stirnkreis auf und markiert das Spielfeld. Drei Spieler werden benannt, die zunächst aktiv am Spielgeschehen beteiligt sind. Ein Spieler – der Läufer – besetzt den kleinen Mittelkreis, die übrigen zwei stehen außerhalb des großen Spielerkreises. Nach Spielbeginn versucht der Läufer irgendeinen Kreisspieler zu umlaufen, ohne von den beiden Fängern außerhalb des Kreises abgeschlagen zu werden. Insgesamt soll dreimal umkreist werden. Wird der Läufer zwischendurch bei einem Umlaufversuch außerhalb der Kreisgrenze abgeschlagen, erfolgt ein Rollenwechsel (mit dem, der ihn abgeschlagen hat), oder eine andere Dreiergruppe beginnt einen neuen Durchgang.

Abb. 16   Umkreisen

Ausweichen und Fintieren

13. Schutzhasche

Das rechtzeitige Einnehmen eines sogenannten Freimales (Hockstand, Handstand, Füße hoch!) oder die Hilfe eines beweglichen „Freimales" (Huckepack, Händereichen eines Partners bei der Zwillingshasche) schützt oder rettet vor dem Abgeschlagenwerden (z. B. Hockehasche, Handstandhasche, Füßehoch-Hasche).

14. Kreuzhasche

Ein verfolgter Spieler kann erlöst werden, wenn ein anderer zwischen ihm und dem Fänger hindurchläuft und damit den Weg abschneidet. Der Fänger versucht nun, den oder die Spieler zu haschen, die im Spielverlauf seinen Weg kreuzen. Gelingt das, werden die Rollen getauscht.

15. Zeithasche

a) In einem markierten Spielfeld ist ein Fänger bestrebt, in einer bestimmten Zeit (etwa 30 s) viele Läufer abzuschlagen. Die Abgeschlagenen spielen weiter. Wer fängt die meisten?

b) Die Aufgabe des Fängers besteht darin, in möglichst kurzer Zeit alle zu fangen. Die abgeschlagenen Spieler hocken sich nieder und bilden Hindernisse.

c) Wieviel Zeit benötigen drei Fänger, die als Gruppe alle haschen?

16. Drittenabschlagen mit Einhängen

In Partneraufstellung (Paare untergefaßt) verteilen sich die Spieler im Feld. Außerdem werden ein Fänger und ein Verfolgter bestimmt. Diese beginnen das Spiel, und bei Gefahr hängt sich der Verfolgte bei irgendeinem Paar ein. Wer in dieser „vorläufigen" Dreiergruppe nicht mit ihm direkt verbunden ist, muß als neuer Verfolgter weglaufen.

17. Zwei fangen einen

Drei Spieler gehören zusammen, zwei reichen sich die Hände und fangen als Paar den dritten Spieler, der sich vor Spielbeginn von ihnen entfernt hat. Wer, ohne die Handfassung aufzugeben, abschlägt, wechselt mit dem vorher Verfolgten die Rolle.

18. Paarhasche mit gefaßten Händen

Aufstellung und Spielgang ähneln der einfachen Paarhasche. Das Fangen aber erfolgt durch Berühren mit den gefaßten Händen. Das gefangene Paar wird zum Fängerpaar.

19. Paarhasche mit bestimmten Partnern

Es werden Paare gebildet, die sich an den Händen fassen. Die Abschlagregel besagt, daß nur der Rechtsläufer eines Paares fangen und abgeschlagen werden darf. Auf Pfiff kann die Rolle gewechselt werden, so daß die Linksläufer hascheaktiver werden.

20. Die fangende Laufstaffel (Abb. 17)

Eine Fängergruppe steht oder sitzt außerhalb, eine zweite Gruppe bewegt sich innerhalb des kleinen Spielfeldes, das etwa 10 m × 10 m groß ist. Jeder Fänger hat die Aufgabe, ins Feld zu laufen, dort nur einen Läufer abzuschlagen, sofort zurückzukehren und den nächsten Fänger mit Handschlag auf den Weg zu schicken. Gefangen wird so lange, bis der letzte Fänger nach erfolgtem Abschlagen seine Ausgangsposition erreicht hat. Die abgeschlagenen Läufer verbleiben im Spiel. Wieviel Zeit benötigt die Fängermannschaft?

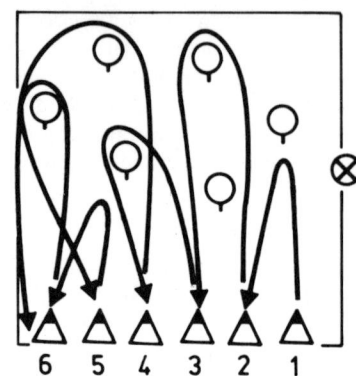

Abb. 17 Die fangende Laufstaffel

21. Dreiparteifangen in einem Feld (Abb. 18)

Es werden drei läuferisch gleich starke Mannschaften gebildet. Während eine von ihnen Spielbänder anlegt und als Fangpartei das 20 m × 15 m große Lauffeld besetzt, stellen sich die übrigen Spieler hinter einer Ablauflinie auf. Von hier aus versuchen die Läufer das gegnerische Feld hin und zurück zu durchqueren, ohne abgeschlagen zu werden. Die Feldspieler sind bestrebt, das Durchlaufen zu verhindern und möglichst viele Läufer abzuschlagen. Wenn ein Abgeschlagener zur jeweiligen Auslauflinie zurückkehrt, erhält er neues Laufrecht. Für jeden Durchlauf in einer Richtung erhält der Läufer einen Punkt. Nach zwei Minuten wird abgepfiffen. Die gültigen Läufe werden als Punkte der entsprechenden Partei gutgeschrieben. Dann folgt ein neuer Durchgang mit einer neuen Fängergruppe. Nachdem jede Gruppe einmal Fängerpartei war, entscheidet das beste Punktergebnis über den Mannschaftssieg.

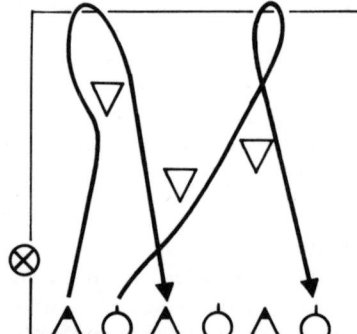

Abb. 18 Dreiparteifangen in einem Feld

Hüpfen und Springen

22. Wettspringen mit Ausscheiden

Die Teilnehmer stellen sich nebeneinander an einer Startlinie auf. Alle werden aufgefordert, um die Wette springend eine 20-m-Strecke zu überwinden. Wer insgesamt dreimal gesiegt hat, darf aufhören.

23. Überspringen (Abb. 19)

Zwei Kreise werden durch je acht bis zwölf Spieler gebildet. Sie liegen auf dem Bauch, gleichmäßig verteilt, mit dem Kopf an der markierten Kreislinie. Auf Pfiff springt der erste Spieler jedes Kreises auf und läuft, die liegenden Mitspieler überspringend, so schnell es geht, zurück bis auf seinen Platz und nimmt die Ausgangslage ein. Sobald der in Laufrichtung nächstliegende Spieler übersprungen ist, folgt dieser, so daß der ganze Kreis in Bewegung kommt und jeder Spieler die Aufgabe hat, jeden zu überspringen. Wenn der letzte Spieler seine Sprungrunde beendet und die Bauchlage eingenommen hat, wird ermittelt, welcher Spielerkreis der schnellste war.

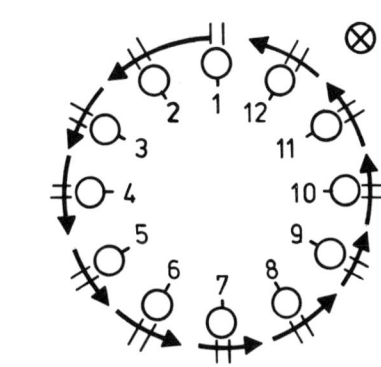

Abb. 19   Überspringen

24. Hüpfender Kreis (Abb. 20)

Die Teilnehmer stellen sich in einem geöffneten Kreis um den in der Mitte stehenden Spielleiter auf. Dieser läßt eine Schnur, an der ein Sandbeutel oder eine Keule befestigt ist, so dicht über dem Fußboden kreisen, daß die Übenden im Einbein- oder Schlußhüpfen des kreisende Seil überspringen müssen. Wer das Seil berührt, wird mit einem Minuspunkt bestraft.

25. Sprunghasche

Auf zwei 3 m voneinander entfernten gleichlaufenden Linien stehen zwei Gruppen; vorn die Verfolgten und hinten die Fänger. Auf ein Zeichen starten alle und springen einbeinig bis zu einer Ziellinie. Dabei versuchen die Fänger, möglichst viele Gegner zu haschen. Nach einigen mit Rollenwechsel verbundenen Durchgängen wird abgerechnet und der Sieger ermittelt.

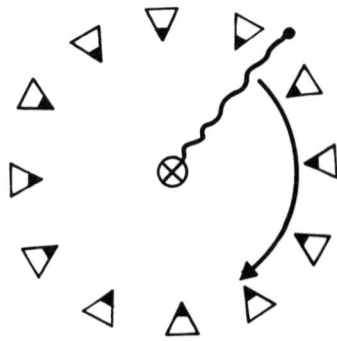

Abb. 20   Hüpfender Kreis

26. Hahnenkampf

Je zwei Spieler beziehen Kampfstellung, d. h., sie verschränken die Arme vor der Brust, stehen auf einem Bein und hüpfen auf Pfiff aufeinander los. Sie stoßen sich, bis einer mit beiden Beinen den Boden berührt. Um viele Spieler gleichzeitig kämpfen zu lassen, wird ein Parteikampf durchgeführt. Beide Mannschaften, zu gleich starken Paaren zusammengestellt, kämpfen eine bestimmte Zeit und melden die Sieger.

27. Kreishüpfkampf

Zwei Spieler stehen sich paarweise auf einem Fuß gegenüber. Einer steht in einem kleinen Kreis (0,8 m Durchmesser), der andere hüpft um den Kreis herum. Beide haben die Arme verschränkt und versuchen, den anderen zur Aufgabe zu zwingen. Der Kreisspieler soll von seinem Platz verdrängt werden, der Angreifer soll seinen freien Fuß aufsetzen. Nach einer Halbzeitpause wechseln die Spieler die Plätze. Wer die wenigsten Fehler macht, ist Sieger.

2.3. Kleine Spiele und Spielformen zur Ausbildung spielmotorischer Fertigkeiten mit Ball

Ballgewöhnung

28. Zielball (Abb. 21 und 22)

Unter einem Korb (oder vor einem offenen Kasten) stehen die Spieler einer Partei. Jeder hat einen Ball. Auf ein Zeichen versuchen alle Spieler, innerhalb einer vorher vereinbarten Zeitspanne (30 oder 60 s) möglichst oft in das Ziel zu spielen. Jeder Treffer wird vom Spielleiter registriert. Danach erfolgt der Wechsel mit der bisher zuschauenden Partei. Sie übernimmt nun die Bälle und bemüht sich ebenfalls, viele Treffer anzubringen. Wer wird erfolgreichste Partei?

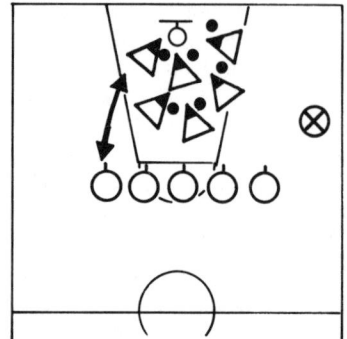

Abb. 21   Zielball in den Basketballkorb

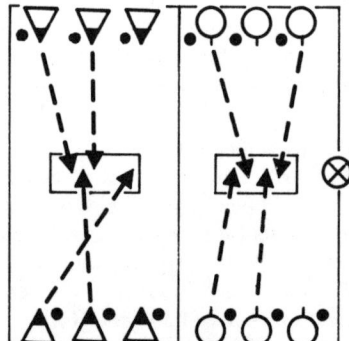

Abb. 22   Zielball in einen offenen Kasten

29. Abfangball (Abb. 23)

Die Spieler dreier Mannschaften verteilen sich in einem abgegrenzten Spielfeld, sie besitzen 4 bis 10 Bälle. Eine vierte Mannschaft hat Bänder angelegt und steht an einer Grundlinie. Auf Signal läuft sie ins Feld und versucht, dort viele Bälle abzufangen, die sich die übrigen Spieler untereinander zuspielen. Jeder abgenommene Ball wird an einen festgelegten Platz (z. B. Kastenrahmen) in der Nähe des Spielleiters getragen, der, sobald sich eine bestimmte Anzahl von Bällen angesammelt hat, das Spiel und die Zeit stoppt. Das Spiel ist beendet, wenn jede Mannschaft einmal Fänger war. Wer dabei die beste Zeit erreichte, gewinnt.

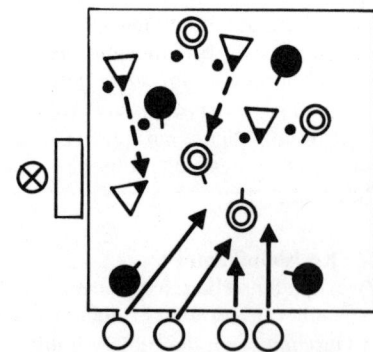

Abb. 23   Abfangball

30. Einholball (Abb. 24)

Zwei Mannschaften nehmen hinter den Schmalseiten des Spielfeldes Aufstellung mit Blick zur
Mittellinie, auf der mehrere Bälle liegen. Auf Pfiff
stürmen beide Mannschaften zur Mitte, um möglichst viele Bälle dribbelnder- und zuspielender-
weise hinter die eigene Ablauflinie zu bringen.
Sobald ein Ball dort liegt, darf er nicht mehr weg-
genommen werden. Die Anzahl der eingeholten
Bälle entscheidet über den Sieg.

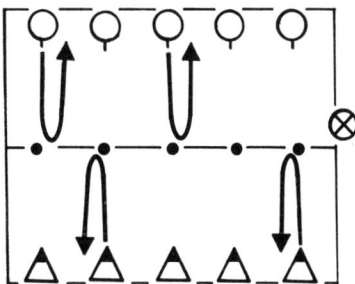

Abb. 24   Einholball

31. Startball (Abb. 25)

Auf einem Spielfeld nehmen an den Endlinien
zwei Mannschaften Aufstellung. Auf ein Zeichen
wird zu den auf der Mittellinie liegenden 6 bis 15
Bällen gestartet, um sie in den gegnerischen Korb
zu werfen. Ausbälle sind tot. Die Bälle werden
nach erfolgreichem Korbwurf eingesammelt. Die
Mannschaft mit den meisten Treffern gewinnt.

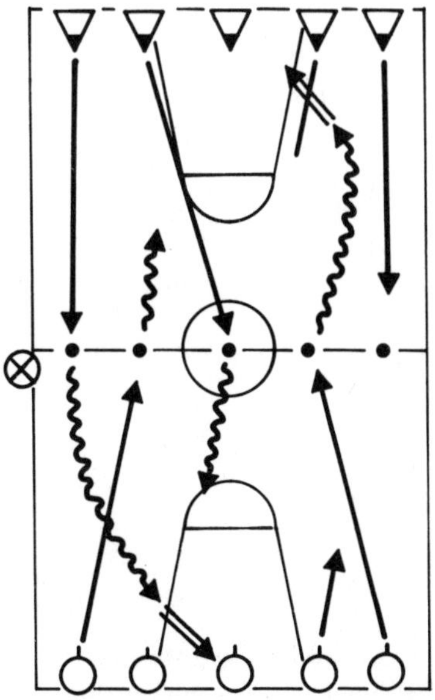

Abb. 25   Startball

32. Pendeldribbling (Abb. 26)

Zwei Mannschaftsteile stehen sich gegenüber. Jeder durchdribbelt einmal die abgesteckte Strecke und wird vom nächsten abgelöst, bis alle die Seiten gewechselt oder pendelartig eine bestimmte Ablösepunktzahl erdribbelt haben.

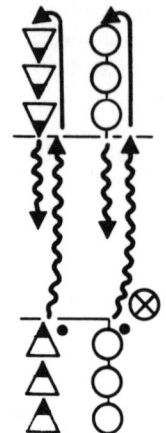

Abb. 26 Pendeldribbling

33. Wendedribbling (Abb. 27)

Es wird bis zu Wendepunkten oder um ein oder mehrere Male gedribbelt.

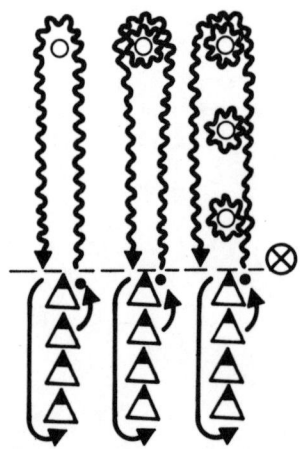

Abb. 27 Wendedribbling

34. Kreisdribbling (Abb. 28)

Die Spieler zweier oder mehrerer Gruppen – sie stehen gleichmäßig verteilt um einen großen Kreis – umrunden dribbelnd in Ablöseform den Kreis.

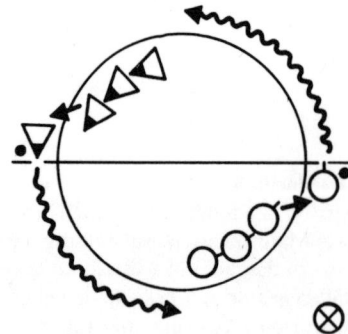

Abb. 28 Kreisdribbling

35. Autodrom

Auf engem Raum laufen die ballführenden Spieler durcheinander und sind bestrebt, fehlerfrei das Spiel nach Zeit (1 bis 3 min) zu beenden. Als Fehler zählen Zusammenstöße und Grenzüberschreitungen, wobei die betreffenden Spieler weiterdribbeln dürfen und jeder Verstoß mit einem Minuspunkt geahndet wird. Es gewinnt der Spieler mit den wenigsten Fehlern.

36. Bahndribbling (Abb. 29)

Auf einer Kreisbahn, die 3 bis 1 m breit ist, nehmen beim Start die Spieler einer Mannschaft – jeder hat einen Ball – in gleichen Abständen Aufstellung. Die Spieler der zweiten Gruppe stehen als Beobachter außerhalb der Dribbelbahn und registrieren die Fehler. Sobald ein Zeichen erfolgt, umläuft die gesamte Gruppe mehrere Male so die Bahn, daß keiner überholt wird und die beiden Grenzlinien nach Möglichkeit nicht berührt werden. Es wird nach Zeit gespielt, das heißt, die festgelegte Rundenzahl des ersten Ballführenden wird unter Berücksichtigung der Start-und-Ziel-Linie gestoppt. Fehler werden mit Strafsekunden (z. B. 5 s – 1 Fehler) gerechnet. Gesucht wird die beste Mannschaft.

Abb. 29   Bahndribbling

37. Verfolgungsdribbling (Abb. 30)

In einem großen Stirnkreis wird zu zweit, zu dritt oder zu viert abgezählt. Jeder bekommt einen Ball. Auf Zuruf einer Zahl dribbeln die nummerngleichen Spieler so lange in einer bestimmten Richtung um den Kreis, bis einer seinen Vordermann fängt und dies mit dem Ruf „Halt!" verkündet. Nach mehreren Rundenläufen tragen dann noch die Gruppensieger einen Entscheidungskampf aus. Allerdings müssen hierbei die Startplätze untereinander abgestimmt werden.

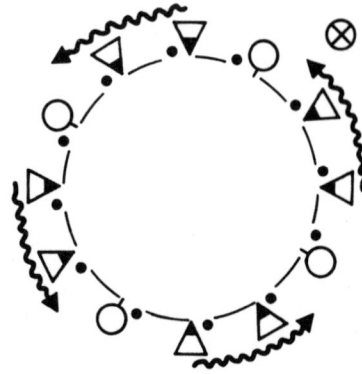

Abb. 30   Verfolgungsdribbling

38. Dribbelhasche

In einem Spielfeld nehmen die Spieler Aufstellung. Alle oder nur die Fänger erhalten einen Ball. Ein oder mehrere besonders gekennzeichnete Spieler versuchen, dribbelnd die Mitspieler abzuschlagen. Wer abgeschlagen wird, löst den betreffenden Fänger ab.

39. Die Grundlinie rettet (Abb. 31)

Auf den Grundlinien eines 10 m × 20 m großen Spielfeldes stehen sich eine Läufergruppe, in der jeder Spieler einen Ball besitzt, und ein Fänger gegenüber. Auf Pfiff starten die dribbelnden Läufer und sind bestrebt, die rettende Grundlinie auf der anderen Seite zu erreichen. Gleichzeitig läuft auch der Fänger los, nimmt schnell einen Ball auf, der kurz vor der Mittellinie liegt, und bemüht sich, flüchtende Spieler dribbelnd zu haschen. Wer gefangen wird, übernimmt die Rolle des Fängers oder wird dessen Gehilfe, wozu jeweils ein weiterer Ball ins Spiel gebracht wird.

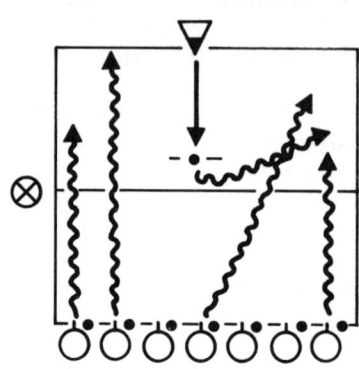

Abb. 31 Die Grundlinie rettet

40. Partei-Dribbelhasche (Abb. 32)

Zwei zahlenmäßig kleine Mannschaften, in denen jeder einen Ball besitzt, nehmen in ihren Spielfeldern Aufstellung. Ein Spieler jeder Mannschaft befindet sich im eigenen Auslaufmal. Diese beiden als Fänger bestimmten Spieler dribbeln auf ein Zeichen ins gegnerische Feld, um schnell alle Spieler der Gegenmannschaft abzuschlagen. Die Abgeschlagenen setzen sich oder dribbeln stehend weiter und bilden Hindernisse. Der Fänger, der zuerst alle gegnerischen Dribbler gehascht hat, wird Sieger und bekommt den Pluspunkt. Nachdem jeder einmal Fänger war, entscheidet die Summe der Fangpunkte über den Mannschaftssieg.

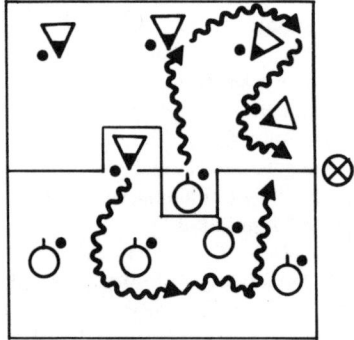

Abb. 32 Partei-Dribbelhasche

41. Bändersammeln

Alle Spieler erhalten einen Ball und ein Parteiband, das sie rücklings mit einem Ende in die Hose klemmen. Alle dribbeln in einem begrenzten Feld. Wer sammelt im Spiel jeder gegen jeden die meisten Bänder?

42. Werfer gegen Läufer (Abb. 33)

Dieses Spiel ist eine Kombination von Wanderball und Laufstaffel. Die Läufer stellen sich außerhalb des Spielfeldes auf, das mit entsprechenden Geräten (Medizinbällen, Ständern) markiert wird. Auf Zeichen laufen die Läufer ein oder mehrmals um das Viereck. Gleichzeitig wird der Ball von der Werferpartei, die in einer geöffneten Gasse steht, ununterbrochen im Zickzackkurs von einem zum anderen hin- und zurückgespielt. Jedes gültige Fangen oder, um die Zählweise zu vereinfachen, jede Zuspielrunde wird vom Lehrer laut gezählt, bis der letzte Läufer seinen Lauf beendet hat. Dann werden die Aufgaben getauscht. Diejenige Gruppe, die als Werfer mehr Fangpunkte aufweisen kann, ist Sieger.

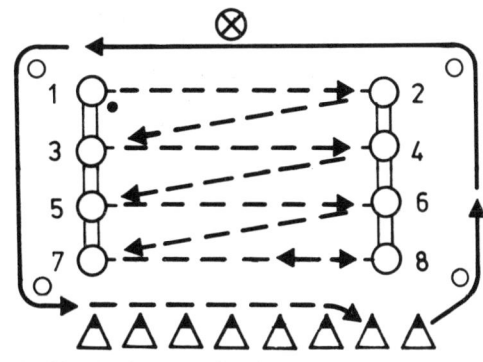

Abb. 33   Werfer gegen Läufer

43. Ball an die Wand/Bank

Vor einer Wand (Entfernung etwa 5 bis 8 m) stehen mehrere Gruppen in einer Reihe. Der erste jeder Mannschaft spielt den Ball mehrere Male gegen die Wand, wird dann vom Hintermann abgelöst und stellt sich hinter der eigenen Gruppe auf. Wenn der erste Spieler wieder auf seinem ursprünglichen Platz steht, ist das Spiel beendet. Die schnellste Gruppe ist Sieger.

44. Ablöseball (Abb. 34)

Mehrere Gruppen nehmen so Aufstellung, wie es die Abbildung zeigt. Der Zuspieler wirft den Ball der Reihe nach seinen Mitspielern zu. Diese spielen ihn zurück. Sobald der Gruppenletzte den Ball annimmt, läuft er nach vorn und wird selbst Zuspieler. Sein Vorgänger stellt sich inzwischen vorn am rechten Flügel auf. Gleichzeitig sind die anderen Spieler um einen Platz nach links gerückt. Das Spiel währt so lange, bis jeder als Zuspieler jedem anderen den Ball zugespielt und der erste seinen Ausgangsplatz wiedereingenommen hat. Welcher Gruppe gelingt das zuerst?

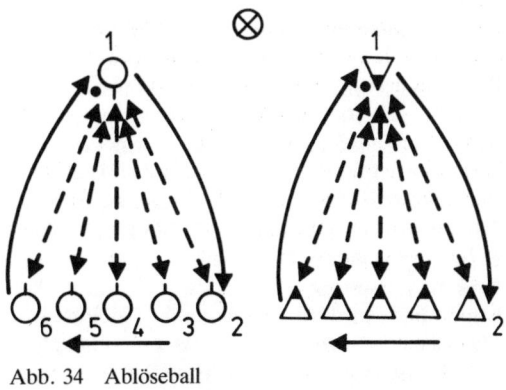

Abb. 34   Ablöseball

45. Ballwettwerfen (Abb. 35)
Durch zwei Linien oder Bänke getrennt, stehen
sich mehrere Gruppen gegenüber. Je zwei gegen-
überstehende bilden eine Partei. Der Ball wird
hin- und hergespielt. Jeder Spieler geht nach der
Ballabgabe zur Seite und reiht sich hinten an.
Welche Gruppe meldet zuerst 10, 20 oder 30 Zu-
spielpunkte?

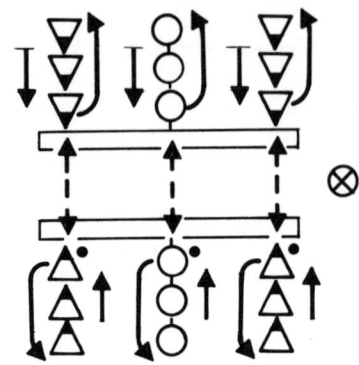

Abb. 35   Ballwettwerfen

46. Tigerball
Im Spielerkreis von 5 bis 10 m Durchmesser steht
ein Fänger, der einen von den Werfern kreuz und
quer zugespielten Ball zu berühren versucht. Gelingt das, muß ihn der zuletzt werfende Spieler ab-
lösen.

47. Doppelkreisball (Abb. 36)
Um den äußeren Kreis stehen die Zuspieler, im
Innenkreis steht der Anspieler oder Ballverteiler,
und im Innenraum agieren zwei Abwehrspieler.
Auf ein Zeichen spielt der Mittelmann den Ball zu
den hinter der äußeren Kreislinie stehenden Spielern. Das verteidigende Paar (oder Trio) versucht
nun, diese in beiden Richtungen angestrebten Zuspiele zu unterbinden. Wer den Ball abwehren
kann, wird vom „schuldigen" Spieler abgelöst.

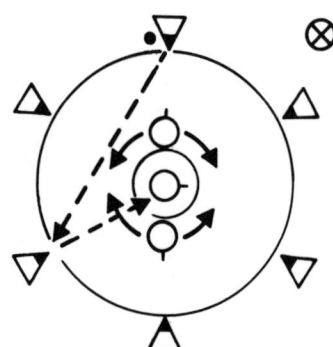

Abb. 36   Doppelkreisball

48. Abgeben und Zuspielen auf vier Feldern
(Abb. 37)
Zwei Mannschaften nehmen so Aufstellung, wie
es die Abbildung zeigt. Nach dem Einwerfen des
Balles an der Mittellinie ist jeder Mannschaftsteil
bestrebt, den Ball den Mitspielern im übernäch-
sten Feld zuzuwerfen oder durch geschicktes Stellungsspiel in Ballbesitz zu kommen. Der Ball kann
auch innerhalb des eigenen Feldes zugespielt werden, bis sich eine günstige Gelegenheit zum Über-
werfen des gegnerischen Streifens ergibt. Ein mit
Fangen verbundenes gültiges Zuspiel – nicht über
Kopfhöhe – wird mit einem Punkt belohnt. Die
Mannschaft, die zuerst eine bestimmte Punktzahl
erreicht, ist Sieger. Beim nächsten Spielgang werden die Seiten und Felder gewechselt.

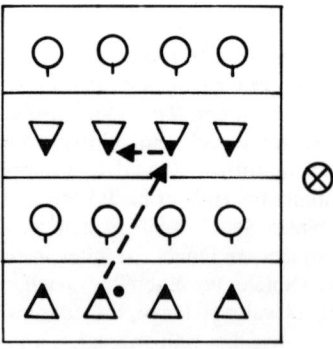

Abb. 37   Abgeben und Zuspielen auf vier Feldern

49. Viereckball (Abb. 38)
Es werden quadratische Spielfelder abgesteckt, an deren Ecken dreieckige Male markiert werden. In einem Spielfeld versuchen die vier Eckenspieler, die ihr Mal mit einem Fuß verlassen dürfen, gegen zwei Verteidiger den Ball viermal ununterbrochen auf vorgeschriebenen Wegen zuzuspielen: im Viereck oder im Wechsel zu einem Nachbarn und dieser zum diagonal gegenüberstehenden Spieler. Für eine Zuspielserie gibt es einen Punkt. Gelingt es den Verteidigern, das Zuspiel zu unterbinden, so wechseln sie mit dem nächsten Paar ihrer Mannschaft die Rolle und eröffnen auf ihrer neuen Position den nächsten Durchgang. Nach einer bestimmten Zeit werden die Serienpunkte beider Parteien verglichen und der Sieger ermittelt.

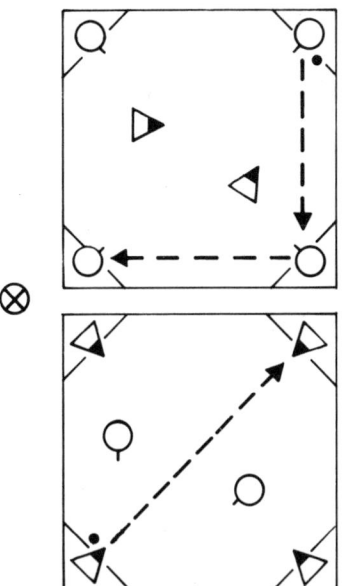

Abb. 38   Viereckball

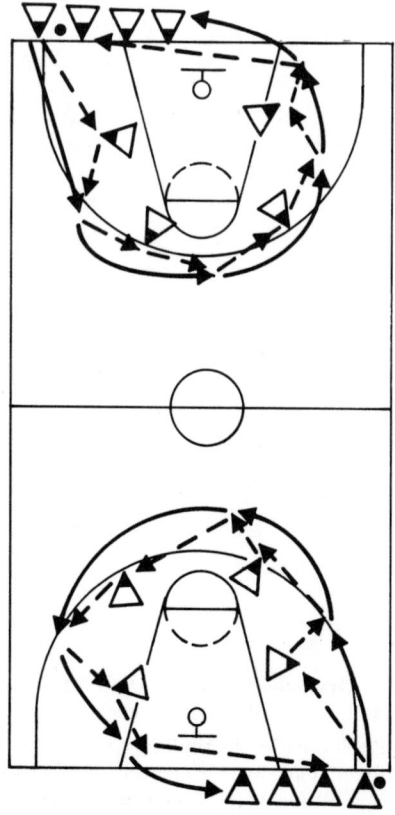

50. Umlaufen eines Vierecks (Abb. 39)
Zwei Parteien werden durchnumeriert und stellen sich in je einer Spielfeldhälfte so auf, wie es die Abbildung zeigt. Spieler Nr. 5 umläuft das Viereck und spielt nacheinander Nr. 1, 2, 3 und 4 an. Jeweils in dem Zwischenraum zwischen zwei Spielern erhält er den Ball zurück und wirft ihn dem nächsten zu. Welche Mannschaft erreicht zuerst eine bestimmte Anzahl von Zuspielpunkten oder -runden? Danach erfolgt Rollenwechsel innerhalb der Parteien.

Abb. 39   Umlaufen eines Vierecks

51. Kombinationsball

Es werden für zwei Parteien zwei nebeneinander-
liegende Spielfelder markiert. Auf ein Zeichen
laufen alle Spieler einer Partei in ihrem begrenzten Feld durcheinander und spielen sich in beliebiger Reihenfolge einen oder mehrere Bälle zu.
Nach einer bestimmten Zeit werden die Fangfeh-
ler registriert, miteinander verglichen und Wer-
tungspunkte vergeben.
- Die Reihenfolge der Zuspiele erfolgt nach
  Nummern.
- Beide Mannschaften spielen mit je einem Ball
  in einem Spielfeld, und zwar in beliebiger oder
  festgelegter Reihenfolge.

52. Jägerball

In einem abgegrenzten Spielfeld stehen zwei Parteien, durch Bänder kenntlich gemacht und
gleichmäßig verteilt. Das Spiel wird eröffnet, indem der Leiter einen Ball ins Feld wirft. Die ballbesitzende Partei hat die Aufgabe, durch geschicktes Zuspielen und durch Einkreisen von
Hasen Treffer und damit Punkte zu erzielen. Wird
der Ball von den gegnerischen Hasen gefangen
oder fehlgeworfen, überrollt er die Grenzlinien
oder wird er beim Zuspielen nicht gefangen, so
werden die Rollen vertauscht, das heißt, die bisherigen Jäger werden Hasen und umgekehrt. Wer
zuerst 20 Pluspunkte erzielt, gewinnt.

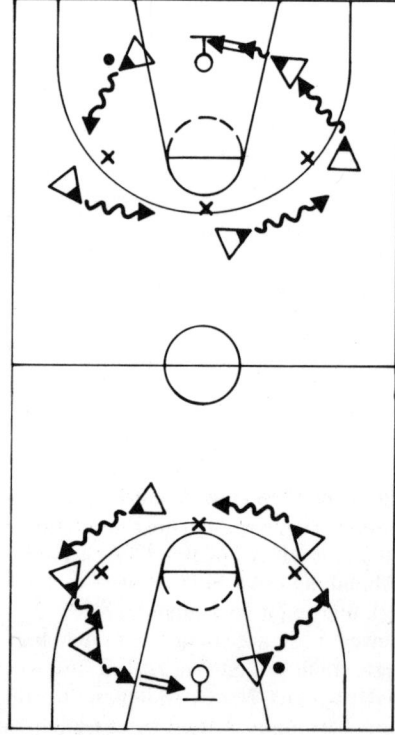

Korbwurf

53. Dribbelnder Kreis (Abb. 40)

Zwei Mannschaften dribbeln jeweils in einer
Spielfeldhälfte im Halbkreis um den Korb. Jeder
Spieler hat einen Wurfversuch, danach fängt er
den Ball ab und dribbelt weiter, um erneut auf den
Korb zu werfen. Sieger ist die Mannschaft, die in
einer bestimmten Zeit die meisten Treffer erzielt.

Abb. 40   Dribbelnder Kreis

54. Wer trifft zuerst? (Abb. 41)

Die Spieler jeder Mannschaft sind durchlaufend numeriert. Zwei oder vier Bälle liegen auf der Mittellinie. Nach Aufruf einer Nummer laufen die betreffenden Spieler zu einem Ball, nehmen ihn auf, dribbeln zurück und versuchen, so schnell es geht, den Korb zu treffen. Wem das zuerst gelingt, der erhält für seine Mannschaft einen Punkt. Nachdem jeder einmal gelaufen ist, entscheidet die Summe der Einzelpunkte über den Mannschaftssieg. Es können auch zwei Nummern gleichzeitig aufgerufen werden.

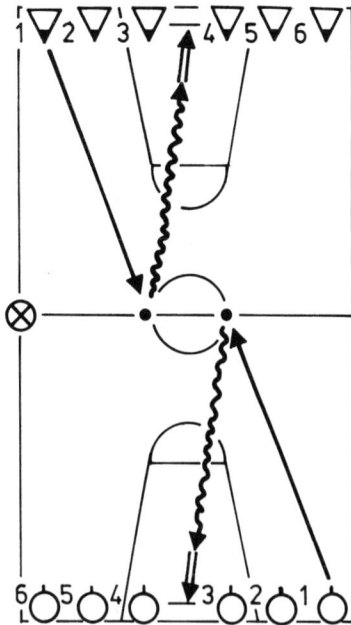

Abb. 41   Wer trifft zuerst?

55. Überrunden (Abb. 42)

Von jeder Mannschaft steht ein Spieler (oder zwei bzw. drei Spieler) an der Mittellinie, die anderen sitzen auf einer Bank. Auf ein Zeichen beginnt ein Verfolgungsdribbling, bei dem erst nach erfolgreichem Korbwurf weitergedribbelt und -gejagt werden kann. Sobald ein Spieler der anderen Mannschaft eingeholt oder überrundet wird, ist ein Durchgang beendet. Der jeweilige Sieger erhält einen Punkt. Welche Mannschaft erzielt die meisten Punkte?

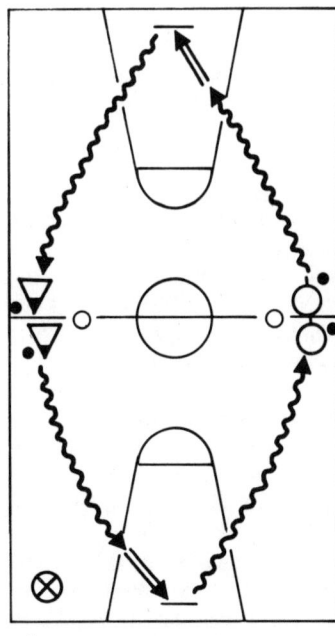

Abb. 42   Überrunden

56. Korbwurf auf Pfiff (Abb. 43)

Jeder Spieler hat einen Ball und dribbelt in einem markierten Spielraum nach Anweisung des Übungsleiters mit der rechten oder linken Hand, im Knien, Sitzen usw. Auf Pfiff dribbelt jeder Spieler der Mannschaft A oder der Mannschaft B (oder beider Mannschaften) zu einem der Körbe und wirft, bis ein Treffer erzielt wurde. Danach ist sofort wieder in den Ausgangsraum zurückzudribbeln. Wer zuerst wieder da ist, erhält zwei Punkte, der Zweite einen Punkt. Wegen der besseren Übersicht für Punkte Bänder verteilen!

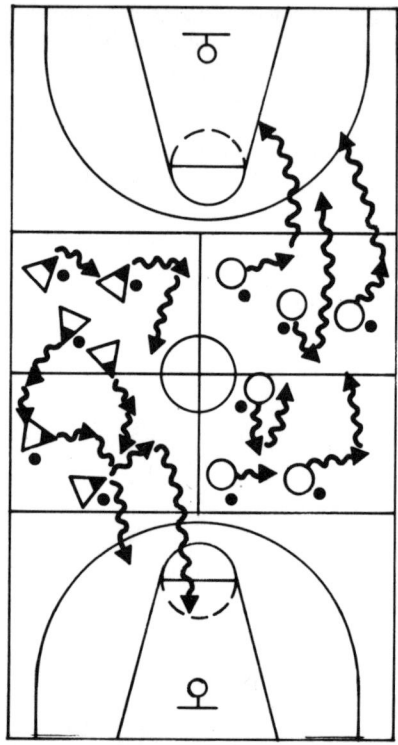

Abb. 43   Korbwurf auf Pfiff

57. Klassenaufsteigen (Abb. 44)

Um jeden Korb wird ein Halbkreis gezogen, auf dem in gleichen Abständen in Richtung des Uhrzeigers Nummern (oder Klassen) markiert werden. Die Spieler einer Partei stehen in Reihe hinter der Position eins und erhalten durchlaufende Nummern. Jeder Spieler hat zwei Wurfversuche auf den Korb. Bei Korbwurftreffer darf er die nächste Position einnehmen und weiterwerfen. Trifft er nicht, so wartet er, bis er in der entsprechenden Reihenfolge wieder werfen darf. Wer die letzte Position erreicht hat, ist Sieger. Die Wurfentfernungen sind dem Leistungsniveau der Mannschaft anzupassen. Auch als Mannschafts-Zielwurfwettbewerb möglich.

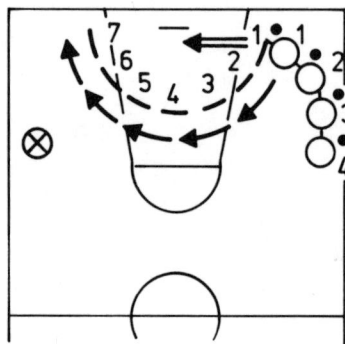

Abb. 44   Klassenaufsteigen

58. Alles oder nichts

Um den Korb werden ein Halbkreis gezogen und Wurfpositionen markiert. Jeder Spieler muß auf einer Position so lange werfen, bis er trifft. Dann stehen ihm zwei Freiwürfe zu. Nach einem Treffer rückt er zur nächsten Station weiter. Bei Fehlwürfen wird er um eine Wurf- oder zur Ausgangsposition zurückversetzt. Es wird nach Zeit gespielt. Bei einem Mannschaftsvergleich entscheidet die Platzziffer. (vgl. Abb. 44)

59. Fünferwerfen

Fünf Spieler, jeder einen Ball, stehen im Halbkreis um den Korb. Auf ein Zeichen wird der Ball auf den Korb geworfen, dem Ball nachgelaufen, zu irgendeiner Kreisposition zurückgedribbelt und erneut geworfen. Wer nach einer bestimmten Zeit das beste Trefferergebnis erzielt, gewinnt.

60. Dribbler gegen Zuspieler

Zwei Mannschaften nehmen an der Grundlinie Aufstellung. Auf Pfiff beginnt der erste Spieler der Mannschaft A, der Dribbler, schnell in Richtung Korb zu dribbeln und versucht, vor den „Zuspielern" (Mannschaft B) einen Korbwurftreffer zu erzielen, denn mit dem Pfiff spielen sich die „Zuspieler" den Ball zu (Zweierlaufen), um ihrerseits vor dem „Dribbler" zum Korberfolg zu kommen. Es wird so lange geworfen, bis ein Treffer erzielt wurde. Für jeden Korbwurftreffer gibt es einen Punkt. Nach einem Durchgang oder mehreren Durchgängen erfolgt Rollenwechsel. Die Mannschaft mit den meisten Punkten ist Sieger.

2.4. Kleine Spiele und Spielformen zur Ausbildung individueller und kollektiver taktischer Verhaltensweisen im Angriff und in der Abwehr

Dribbling – Abwehr des Dribblings

61. Partnerabschlagen (Abb. 45)

In einem Kreis stehen die Dribbler mit Ball und außerhalb des Kreises die entsprechenden Gegenspieler ohne Ball. Auf ein Zeichen bemüht sich jeder Spieler in eine günstige Startposition zu kommen, indem er sich innerhalb und außerhalb des Kreises so bewegt, daß er, sobald ein zweites Signal erfolgt, möglichst schnell die vorgegebene Aufgabe lösen kann. Sie lautet für den Innenspieler: Ball über die rettende Grenzlinie führen; für den Verfolger: flüchtende Gegner abschlagen, ohne dabei durch den Kreis zu laufen. Nachdem jeder einmal Dribbler war, wird der Sieger ermittelt.

62. Dribbelzweikampf

In einem Spielfeld kämpfen jeweils zwei Spieler um einen Ball. Für den einen gilt es, den Ball dribbelnd zu sichern und lange im Besitz zu halten, für den anderen, den Ball zu berühren oder abzunehmen, wobei von beiden Spielern die Spielregeln beachtet werden müssen. Jede erfolgreiche Abwehraktion wird mit einem Punkt bedacht. Der Zweikampf währt jeweils eine bis zwei Minuten. Dann wird der Ball dem Gegenspieler übergeben und der Wettbewerb mit vertauschten Rollen wiederholt. Wer erzielt die meisten Punkte? Bei entsprechender Einteilung kann dieser Wettbewerb in Turnierform oder in Parteien durchgeführt werden.

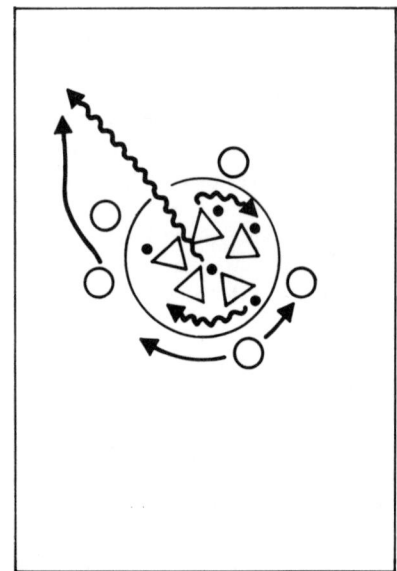

Abb. 45   Partnerabschlagen

63. Nummerndribbling (Abb. 46)

In einem Mittelkreis dribbeln gegnerische Paare, jeder Spieler hat einen Ball, jedes Spielerpaar eine Nummer, und die Parteien sind verschiedenfarbig gekennzeichnet. Wird eine Nummer und unmittelbar darauf die Parteifarbe aufgerufen, dann muß das aufgeforderte Paar entsprechend reagieren: Die Farbe bedeutet Dribbling des einen Spielers auf einen Korb, um einen Treffer zu erzielen, während der andere seinen Ball im Kreis liegen läßt und hinterherlaufend versucht, den Gegner zu bedrängen und den Ball abzunehmen. Für erfolgreiche Handlungen – Treffer oder Ballabnahme – werden jeweils Punkte vergeben.

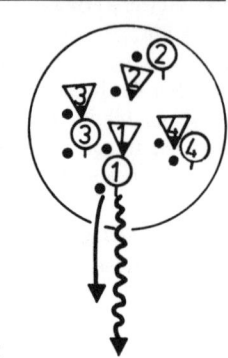

Abb. 46   Nummerndribbling

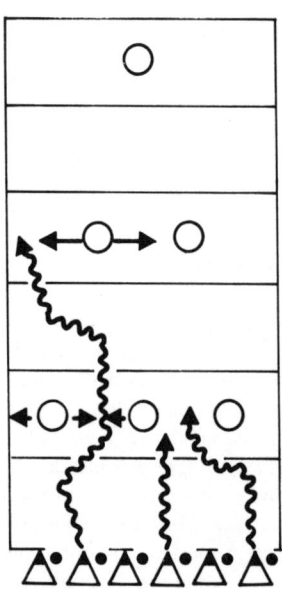

64. Dribbeln durch Zonen (Abb. 47)

Es wird ein in mehrere Zonen abgegrenztes Spielfeld markiert, wie es die Abbildung zeigt. An der Endlinie stehen die ballbesitzenden Spieler, die von hier aus gemeinsam versuchen, die neutralen und die von Gegenspielern besetzten Zonen zu überwinden. Wer bei diesen Zweikämpfen den Ball verliert, muß bis zum nächsten Durchgang zuschauen. Wer ungehindert die Ziellinie passiert, erhält einen Punkt für seine Mannschaft. Waren alle einmal dribbelnde Angreifer (bei gleicher Anzahl von Versuchen), wird das Ergebnis verglichen und der Sieger ermittelt.

Abb. 47   Dribbeln durch Zonen

65. Zeilendribbling (Abb. 48)

Ein Spielfeld wird mit so vielen Streifen versehen, wie Spieler teilnehmen (bis acht Spieler). Der angreifende Spieler ist bestrebt, nacheinander möglichst jeden auf einer Zeile (Trennlinie) agierenden Spieler zu umdribbeln. Gelingt das nicht, so darf er den Ball wieder übernehmen und den nächsten Verteidiger umspielen. Nach dem letzten Versuch besetzt der Dribbler als Verteidiger die letzte Zeile, während gleichzeitig die anderen Mitspieler um eine Position nach vorn aufrücken. Der bisherige jeweils erste Abwehrspieler eröffnet als neuer Ballführender den nächsten Spielgang. Wer erzielt die meisten aus dem Umspielen resultierenden Punkte?

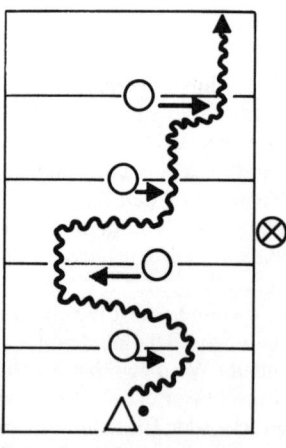

Abb. 48   Zeilendribbling

66. Kampf um die Bälle (Abb. 49)

Zwei Mannschaften stehen sich auf ihren Grundlinien gegenüber und starten auf ein Zeichen zu den auf der Mittellinie liegenden Bällen (pro Spielerpaar ein Ball). Sie sind bemüht, möglichst mit vielen Bällen über die eigene Grundlinie zu dribbeln. Jedes Überdribbeln ist gleichbedeutend mit einem Punkt. Nach einigen Durchgängen wird das Punktkonto verglichen.

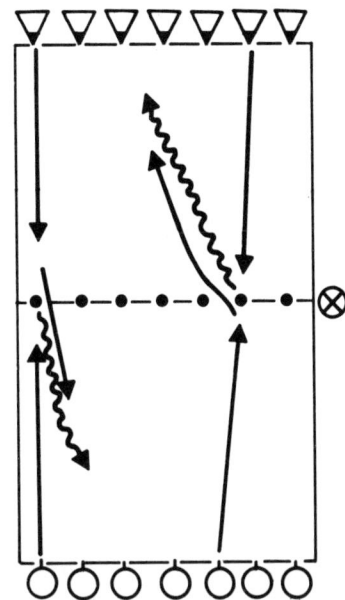

Abb. 49   Kampf um die Bälle

Zuspiel – Abwehr des Zuspiels

67. Schnappball

In einem abgegrenzten Raum spielen kleine Angreifergruppen gegen Abwehrspieler im Überzahlverhältnis 3:1, 4:2, 2:1, 3:2 oder 4:3. Während von den einen wirksames Freilaufen verlangt wird, müssen die anderen erfolgreich decken. Bei all diesen akzentuierten Zuspielformen versuchen die Abwehrspieler, den Ball zu berühren oder wegzuschnappen. Gelingt das, so wird der den Fehler verursachende Spieler abgelöst. Es können auch die erfolgreichen Abwehraktionen gezählt werden.

Beim Gruppenwettbewerb in zwei Spielfeldern wird nur derjenige Spieler abgelöst, der zuerst für seine Partei den Ball und damit den Wertungspunkt erobert hat.

68. Ballabfangen (Abb. 50)

Ein Spielfeld wird durch einen breiten Mittelstreifen in zwei Hälften geteilt, in denen sich die durch Bänder kenntlich gemachten Mannschaften aufstellen. Jede Mannschaft schickt vor Spielbeginn einen Spieler ins Feld des Gegners. Das Los entscheidet, wer den Ball bekommt und das Spiel eröffnet. Jede ballbesitzende Gruppe trachtet danach, sich den Ball so untereinander zuzuspielen, daß der gut postierte und sich anbietende eigene Spieler auf der anderen Seite angespielt werden kann. Dafür gibt es einen Punkt. Wenn eine Mannschaft den Ball abfangen konnte, wird das Spiel unterbrochen, und neue Fänger werden bestimmt. Nach Regelverstößen (z. B. Ausbälle und Betreten des Mittelstreifens) erhält der entsprechende Störungsspieler den Ball.

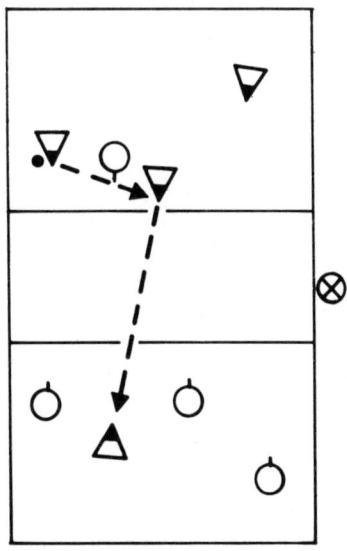

Abb. 50   Ballabfangen

69. Parteiball mit Neutralem

Zwei Mannschaften spielen mit dem Ziel gegeneinander, möglichst lange den Ball in ihren Reihen zu behalten. Um der jeweils ballführenden Mannschaft die Aufgabe zu erleichtern, wird ein neutraler Spieler bestimmt, der immer bei Ballverlust oder Fehlern zur anderen Mannschaft wechselt. Wer nach einer bestimmten Zeit innerhalb der Mannschaft die meisten gültigen Zuspiele erzielt, ist Sieger.

70. Zuspielball in zwei Feldern (Abb. 51)

In jeder Spielfeldhälfte befindet sich jeweils die Hälfte der Spieler der beiden Parteien. Das Spiel wird durch Schiedsrichterball auf der Trennlinie eröffnet. Der Spielgedanke besteht darin, den Ball innerhalb eines Mannschaftsteiles und derselben Feldhälfte drei- bis achtmal hintereinander zuzuspielen, ohne daß die Serie durch gegnerische Einwirkungen unterbrochen wird. Das letzte gültige Zuspiel zählt als Wertungspunkt. Danach muß der Ball über die Mittellinie in die andere Feldhälfte gespielt werden, und zwar so, daß nach Möglichkeit ein eigener Spieler eine neue Wertungsserie beginnen kann. Welche Partei meldet zuerst die vorgegebene Zielpunktzahl?

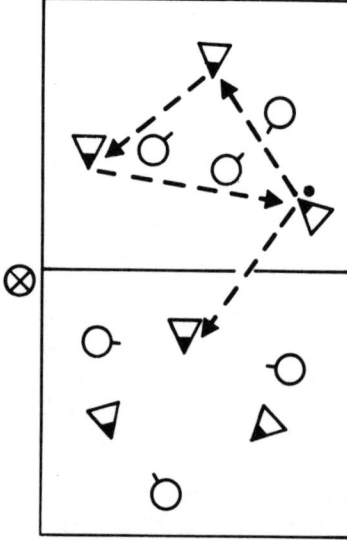

Abb. 51 Zuspielball in zwei Feldern

71. Parteiball (Abb. 52)

In einem Spielfeld stellen sich zwei Mannschaften auf. Der Leiter wirft den Ball ein. Die ballbesitzende Mannschaft ist bemüht, durch gekonntes Zuspielen viele Annahmepunkte zu erzielen. Die Gegenmannschaft versucht den Ball abzujagen, um ihrerseits Punkte zu sammeln. Unfaire oder regelwidrige Spielweise wird entsprechend geahndet. Es gewinnt die Mannschaft, die entweder auf insgesamt 20 Annahmepunkte kommt oder den Ball z. B. fünfmal hintereinander als Serie zuspielen konnte. Die Mannschaftsstärke kann 3 bis 5 Spieler betragen. Das Spielfeld kann je nach Zielstellung kleiner oder größer gewählt werden.

Variante: Nummernspiel: Die Spieler werden durchnumeriert und versuchen, den Ball (beginnend mit Spieler 1 über 2, 3, usw.) möglichst ohne Unterbrechung durch die gesamte Mannschaft weiterzuspielen. Bei Gelingen erhält die Mannschaft einen Punkt. Der Ballbesitz wechselt nach vorher festgelegter Zeit, nach Ballverlust oder Fehler.

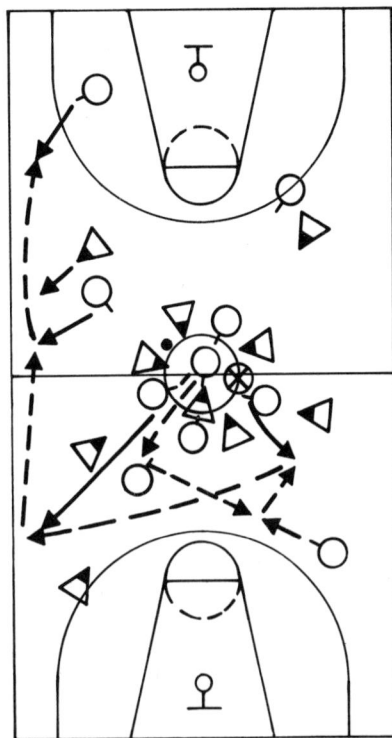

Abb. 52   Parteiball

72. Handicapball

Zwei zahlenmäßig ungleiche Mannschaften versuchen, den Ball lange in ihren Reihen zu halten. Jedes eine Minute lang während Zuspielen innerhalb der zahlenmäßig schwächeren Mannschaft zählt als Punkt. Der Gegner erhält den Ball nur, wenn er ihn erkämpft, und bei Ausbällen. Nach einem 5-Minuten-Spielgang wird umgruppiert. Nachdem jeder einmal Mitglied einer Mini-Gruppe war, wird der Sieger ermittelt.

73. Turmball (Abb. 53)

Zwei Parteien nehmen bei Spielbeginn so Aufstellung, wie es die Abbildung zeigt. Der Spielgedanke liegt darin, den Ball entsprechend den vereinfachten Spielregeln so zuzuspielen, daß der in der gegnerischen Spielfeldhälfte im Sprungkreis oder auf einem Kasten postierte Mitspieler angespielt werden kann. Gelingt das, so erhält die Mannschaft einen Punkt. Welche Mannschaft erzielt in einer bestimmten Zeit die meisten Punkte?

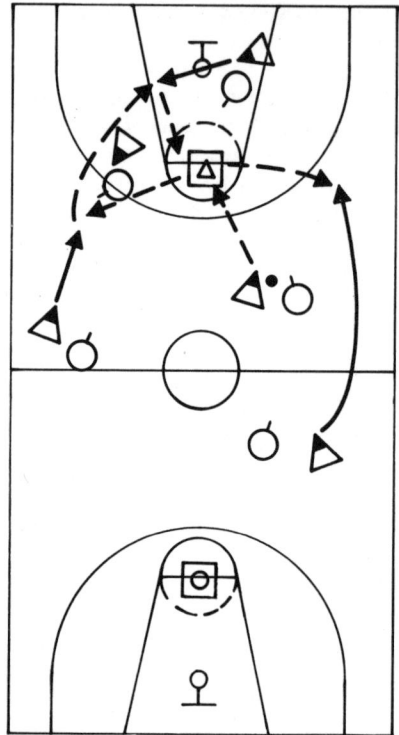

Abb. 53 Turmball

74. Kapitänsball

Auf einem Spielfeld spielen zwei Mannschaften gegeneinander, die je einen Spieler auffällig als Kapitän markiert haben. Die Ballbesitzer sind bemüht, durch gekonntes Zuspielen untereinander ihren beweglichen Kapitän anzuspielen, um somit Punkte zu erzielen. Es kann nach vereinfachten Basketballregeln gespielt werden. Nach einer vorher vereinbarten Zeit wird ein Spielgang beendet, der Sieger ermittelt, und neue Kapitäne werden bestimmt.

75. Linienball

Bei dieser erweiterten Parteiballvariante wird der Ball zugespielt und über die gegnerische Endlinie gedribbelt. Jeder gültige Versuch zählt einen Punkt. Welche Mannschaft erzielt die meisten Punkte?

76. Blockierball (Abb. 54)

Es werden zwei Paare gebildet, von denen je eines die Abwehr- und die Angriffsfunktion übernimmt. Die beiden Angreifer versuchen, trotz Behinderung durch einen oder zwei Abwehrspieler einen Korbtreffer zu erzielen. Gelingt ihnen das nicht, erfolgt ein sofortiger Wechsel der Aufgaben und der Spielpositionen. Wer nach einer bestimmten Zeit die meisten Körbe aufzuweisen hat, ist Sieger.

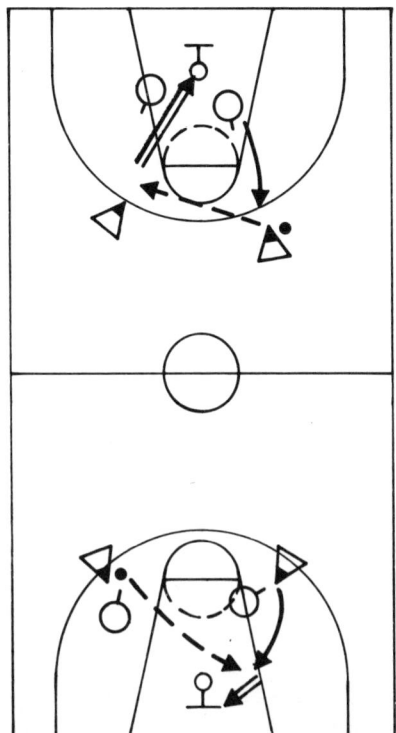

Abb. 54   Blockierball

77. Anspielball (Abb. 55)

Die Angreifer spielen in Überzahl fünf gegen drei. Während sich vier angreifende Spieler außerhalb der 6,25-m-Linie bewegen und den Ball zuspielen, bietet sich der fünfte Spieler an, um in der Freiwurfgasse angespielt zu werden (3-Sekunden-Regel beachten) und anschließend auf den Korb zu treffen. Jedes gelungene Anspiel zählt einen Punkt, jeder erfolgreiche Korbwurf zwei Punkte. Die Verteidiger dürfen bei den Abwehrhandlungen nicht den Halbkreis verlassen und den Freiwurfraum betreten. Nach jedem dritten Anspiel wird der Korbwerfer abgelöst und ein Verteidiger ausgewechselt. Nachdem auch nach dem Rollenwechsel jeder einmal Anspieler war, wird die beste Gruppe ermittelt.

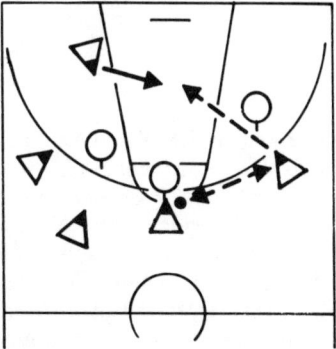

Abb. 55   Anspielball

78. Einer gegen einen mit Auswechselspieler
(Abb. 56)
Bei diesem Spiel versucht der Ballbesitzer, je nach Situation und Wurfsicherheit auf den Korb zu werfen – aus dem Dribbling, aus dem Stand, aus Nah- oder Halbdistanz. Bei einem Fehlwurf wird er vom Auswechselspieler abgelöst, der gleichzeitig Schiedsrichter war, und nimmt seine Position ein. Wer zuerst 10 Treffer erzielt, ist Sieger. Die anderen ermitteln in weiteren Spielrunden die Plazierten.

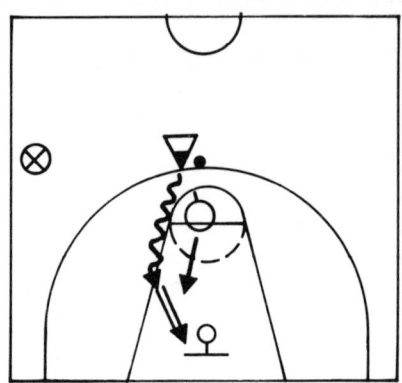

Abb. 56   Einer gegen einen mit Auswechselspieler

79. Kleines Freiwurfspiel (Abb. 57)
Zwei durchnumerierte Mannschaften (Zweier-, Dreier- oder Vierermannschaften) spielen gegeneinander, sie nehmen an der Freiwurfgasse Aufstellung. Der Spielbeginn wird ausgelost. Jeder Freiwerfer hat zwei Versuche. Nach verwandeltem zweitem Freiwurf wird das Spiel durch den nächsten Mitspieler fortgesetzt. Trifft ein Spieler nicht, kämpfen beide Mannschaften um den Ball mit dem Ziel, einen Korb (zwei Punkte) aus dem Spielgeschehen heraus zu erzielen. Bei einem Korberfolg oder bei Regelverstößen wird das Spiel gestoppt und durch den nächsten Spieler der erfolgreichen oder regelbegünstigten Mannschaft fortgesetzt. Vor jedem Freiwurfversuch werden die Plätze im Uhrzeigersinn gewechselt. Wer wird erfolgreichste Mannschaft?

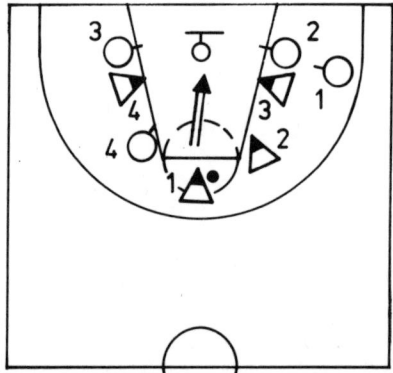

Abb. 57   Kleines Freiwurfspiel

80. Zweiparteienspiel mit zwei Bällen
Es spielen gleichzeitig zwei Mannschaften (Dreier-, Vierer- oder Zweiermannschaften) mit je einem Ball auf einen Korb. Neben Angriffsaufgaben sind auch Abwehraktivitäten auszuführen, um die Angriffseffektivität der gegnerischen Mannschaft einzuschränken. Welche Mannschaft hat in einer bestimmten Zeit die meisten Korbtreffer erzielt? Foul wird mit einem Punkt für den Gegner geahndet.

81. Angriff oder Abwehr (Abb. 58)

Zwei Mannschaften stehen sich auf den Endlinien gegenüber, auf der Mittellinie liegen mehrere Bälle. Die Spieler jeder Mannschaft sind numeriert. Der Übungsleiter ruft eine oder zwei Nummern auf. Diese Spieler laufen zur Mittellinie und versuchen, in Ballbesitz zu gelangen. Gelingt das, dribbeln sie zu einem der Körbe und versuchen, einen Korbwurftreffer zu erzielen und damit einen Punkt für die Mannschaft zu holen. Der andere Spieler des Paares, der nicht den Ball erkämpft hat, wird Abwehrspieler und versucht, regelgerecht einen Korbwurftreffer zu verhindern.

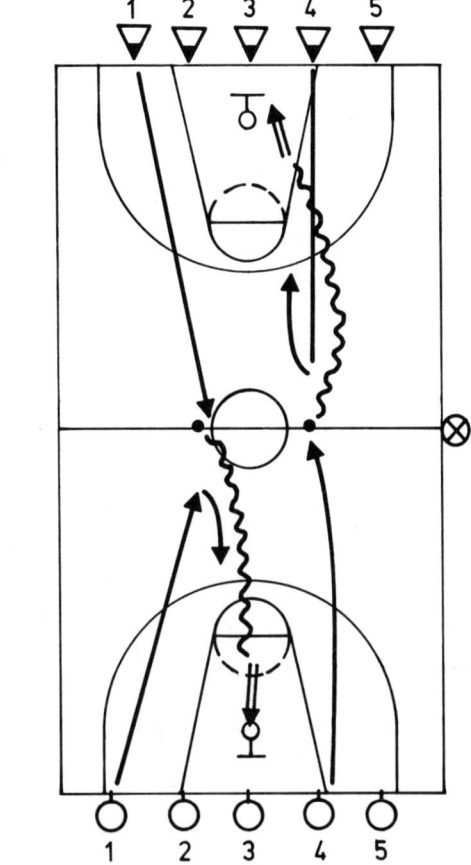

Abb. 58 Angriff oder Abwehr

2.5. Vorbereitende Spiele zur Ausprägung der Spielfähigkeit

Spiele auf einen Korb

82. Zweierspiel mit Neutralen (Abb. 59)
Zwei Paare spielen gegeneinander auf einen Korb. An der rechten und linken Seitenlinie ist je ein neutraler Angriffsspieler postiert, die von der jeweils angreifenden Partei angespielt werden können. Die Neutralen unterstützen immer die angreifende Mannschaft, bleiben aber an der Seitenlinie postiert und dürfen nicht auf den Korb werfen. Siegerermittlung und Rollenwechsel nach festgelegter Zeit.

Abb. 59   Zweierspiel mit Neuralen

83. 5:3-Spiel ohne Dribbling
Fünf Spieler spielen gegen drei Abwehrspieler auf einen Korb; Dribbling ist nicht gestattet. Ermittelt wird die beste Abwehrformation, der es gelingt, in einer festgelegten Zeit die geringsten Korbwurftreffer zugelassen zu haben. Bei Foul erhält die angreifende Mannschaft zwei Punkte.

84. Halbfeldspiel mit mehreren Mannschaften (Abb. 60)
Zwei oder drei Mannschaften nehmen an der Mittellinie (oder Endlinie) mit je einem Ball Aufstellung; eine Mannschaft postiert sich zur Abwehr in Korbnähe. Die ballbesitzenden Mannschaften greifen nacheinander den Korb bis zur erfolgreichen bzw. nicht erfolgreichen Entscheidung an. Nach einer bestimmten Anzahl von Angriffen erfolgt Rollenwechsel, so daß jede Mannschaft auch verteidigt hat. Siegerermittlung erfolgt entsprechend der erzielten Körbe. Die Spieleranzahl kann reduziert werden. Auch können einseitige Überzahlverhältnisse (5:3; 5:4) Anwendung finden.

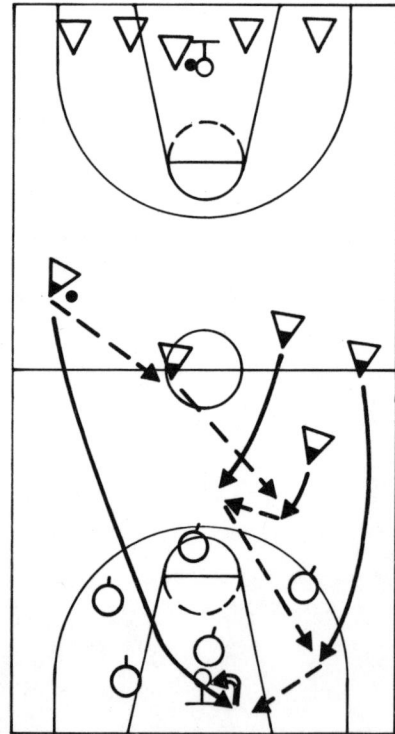

Abb. 60   Halbfeldspiel mit mehreren Mannschaften

85. Halbes Spiel: 5:5
Eine Mannschaft bleibt eine bestimmte Zeit oder eine bestimmte Anzahl von Angriffen im Ballbesitz und versucht, möglichst viele Körbe zu erzielen. Die andere Mannschaft verteidigt. Nach Rollenwechsel wird entsprechend den erzielten Körben der Sieger ermittelt.

86. Parteiball auf einen Korb (3:3; 4:4; 5:5)
Zwei Mannschaften spielen auf einen Korb. Eine Mannschaft greift zunächst von der Mittellinie an, die andere verteidigt. Nach Korberfolg bzw. Ballverlust erfolgt Rollenwechsel. Die bisher verteidigende Mannschaft spielt den Ball zunächst bis zur Mittellinie zurück (ohne Abwehr) und greift dann den Korb an. Wer die meisten Körbe erzielt, ist Sieger.

87. Dreiparteienspiel auf einen Korb (Abb. 61)
Es sind drei Dreiergruppen beteiligt. Zwei Dreiergruppen mit je einem Ball greifen gleichzeitig den Korb gegen die dritte Dreiergruppe an, die Abwehrfunktionen gegen beide angreifende Mannschaften zu erfüllen hat. Es werden in einer bestimmten Zeit die erzielten Körbe beider Mannschaften gezählt. Welche Mannschaft hat in der Abwehr die wenigsten Körbe zugelassen? Bei Foul in der Abwehr werden 2 Punkte für die Angreifer gezählt.

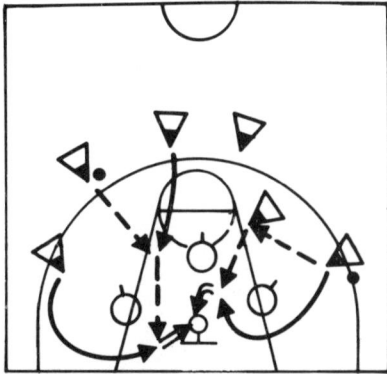

Abb. 61   Dreiparteienspiel auf einen Korb

Spiele auf zwei Körbe

88. Seitenwechselspiel
Zwei Mannschaften mit je drei oder vier Spielern kämpfen um den Ball und versuchen, Körbe zu erzielen. Nach einem Treffer, der nur dann angebracht werden kann, wenn sich alle Spieler der angreifenden Mannschaft in der gegnerischen Hälfte aufhalten, bleibt die Mannschaft im Ballbesitz und greift den Korb auf der anderen Seite an.

89. Zweifelderspiel mit einfacher Überzahl
(Abb. 62)

Zwei Mannschaften spielen folgendermaßen gegeneinander: Die Verteidiger jeder Mannschaft
dürfen ebensowenig ihre Spielfeldhälfte verlassen
wie die Angreifer die gegnerische Verteidigungs-
hälfte, wo sie sich in Überzahl (1 Spieler mehr) befinden. Nur der Ball wird über die Mittellinie
gespielt. Nach einer bestimmten Zeit oder nach
Korberfolg können die Aufgaben innerhalb der
Mannschaft gewechselt werden.

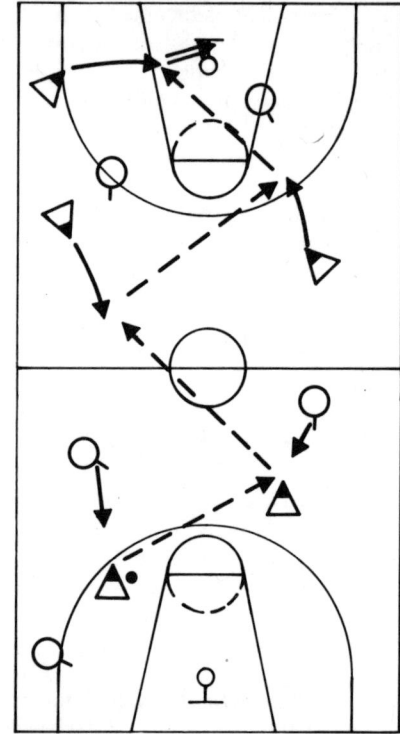

Abb. 62 Zweifelderspiel mit einfacher Überzahl

90. Zweifelderspiel mit breitem Mittelstreifen
(Abb. 63)
Je zwei zahlenmäßig gleich starke Mannschaftsteile spielen in einer Feldhälfte. Anstelle der Mittellinie wird ein breiter Mittelstreifen markiert,
der bei notwendiger Spielverlagerung in die andere Hälfte mit weitem Zuspiel überbrückt werden soll.

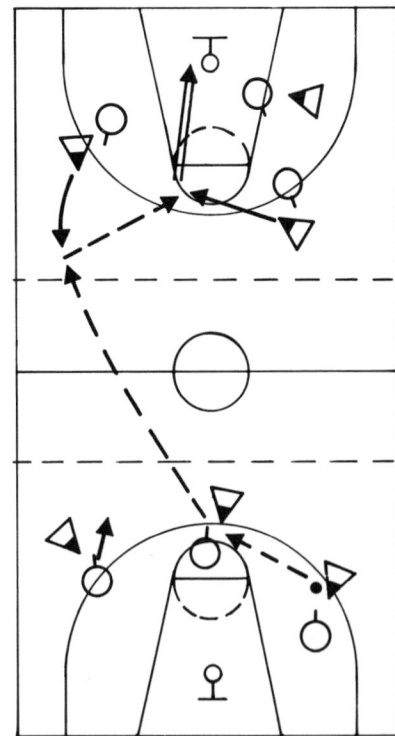

Abb. 63   Zweifelderspiel mit breitem Mittelstreifen

91. Parteiball mit schnellem Gegenangriff (3:3;
4:4; 5:5)
Zwei Mannschaften spielen zunächst auf einen
Korb. Mannschaft A greift von der Mittellinie an,
Mannschaft B verteidigt. Nach Ballgewinn oder
Ballerhalt der bisher verteidigenden Mannschaft
B führt diese sofort einen schnellen Angriff auf
den anderen Korb aus. Danach beginnt die ballbesitzende Mannschaft an der Mittellinie mit einem
neuen Angriff auf diesen Korb. Bei Ballverlust
startet die verteidigende Mannschaft wieder einen
schnellen Angriff usw. Sieger ist die Mannschaft
mit den meisten Körben.

92. Großes Freiwurfspiel mit schnellem Gegen-angriff (Abb. 64)

Zwei Mannschaften (Vierer- oder Fünfermann-schaften) nehmen Freiwurfaufstellung ein. Die Spieler der beiden Mannschaften werfen abwech-selnd zwei Freiwürfe. Trifft ein Spieler nicht, so beginnt der Kampf um den Ball. Die Gegner ver-suchen, den Ball abzufangen und durch einen schnellen Gegenangriff auf der anderen Seite des Spielfeldes zum Erfolg zu kommen. Gelingt das, so hat die Mannschaft das Recht, den nächsten Freiwurf auszuführen. Gelingt es aber der Wer-ferpartei, den Ball selbst abzufangen, so versu-chen sie durch Rebound oder Erspielen einer günstigen Wurfchance zum Korberfolg zu kom-men. Gelingt das, darf von der gleichen Mann-schaft der nächste Freiwurf ausgeführt werden.

Variante: Jeder kann so lange Freiwürfe werfen, bis er das erste Mal daneben wirft.

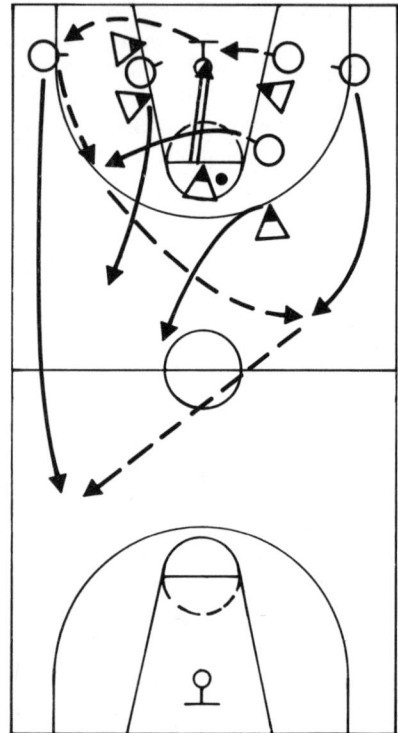

Abb. 64   Großes Freiwurfspiel mit schnellem Gegen-angriff

93. Spiel ohne und mit Gegner

Eine Mannschaft greift – an der Mittellinie begin-nend – den Korb im Vorfeld an, der von einer be-reits postierten Mannschaft – bestehend aus drei, vier oder fünf Spielern – verteidigt wird. Nach Korberfolg, Ballverlust oder Regelüberschrei-tung erfolgt Einwurf an der End- bzw. Seitenlinie mit dem Ziel eines erfolgreichen schnellen An-griffs. Nach einer festgelegten Zeit erfolgt Rollen-wechsel. Welche Mannschaft hat die meisten Körbe erzielt?

94. Pendelspiel mit drei Mannschaften (Abb. 65)
Zwei Mannschaften haben sich je an einem Korb
zur Abwehr postiert. Die dritte Mannschaft greift
fortwährend im Wechsel beide Körbe an. Gespielt
wird nach Zeit. Nachdem jede Mannschaft einmal
Angreifer war, wird der Sieger ermittelt.

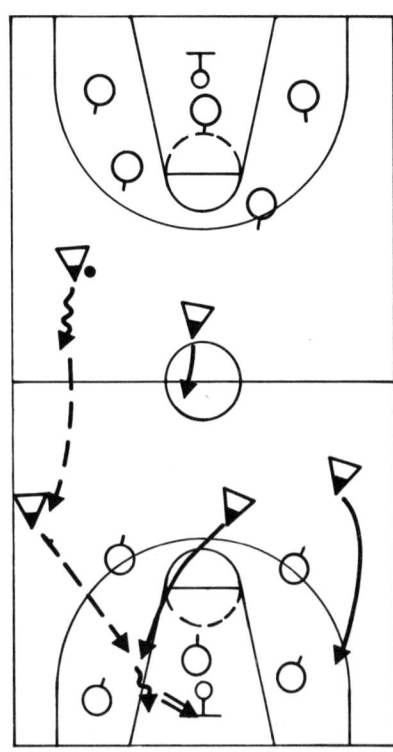

Abb. 65   Pendelspiel mit drei Mannschaften

95. Rollenwechselspiel mit drei Mannschaften
Bei Spielbeginn postieren sich zwei Mannschaften
vor je einem Korb zur Abwehr. Die dritte Mannschaft greift einen Korb an und versucht, zum
Korberfolg zu gelangen. Nachdem die verteidigende Mannschaft in Ballbesitz gelangt ist, greift
sie den anderen Korb an, der von der bisher inak-
tiven Mannschaft verteidigt wird. Gelangt diese
Mannschaft durch Erkämpfen des Balles oder
Korberfolg bzw. Regelüberschreitung der Angreifer in Ballbesitz, führt sie einen Positionsangriff auf den anderen Korb aus, so daß ein ständiger Rollenwechsel erfolgt. Gespielt wird nach
Zeit. Die Mannschaft mit den meisten Korbtref-
fern gewinnt.

96. Spiele mit verminderter Spielerzahl
Es wird mit reduzierter Spielerzahl auf normalem
Spielfeld gespielt, wobei vereinfachte Regeln
oder das volle Regelwerk angewendet werden
können:
– Spiel 4 gegen 4
– Spiel 3 gegen 3
– Spiel 2 gegen 2
– Spiel mit ungleichen Spielerzahlen

97. Basketball auf vier Körbe
Zwei Mannschaften spielen gegeneinander, wobei jede Mannschaft zwei Körbe angreift und zwei
Körbe verteidigt. Zu realisieren ist dieses Spiel
durch die Einbeziehung von zwei Seitenkörben.

3. Übungsformen – Spielformen – Spiele

3.1. Formen für die individuelle technisch-taktische Ausbildung im Angriff und in der Abwehr

Das Hauptanliegen der individuellen technisch-taktischen Ausbildung besteht darin, den Einzelspieler zu befähigen, daß er seine Aufgaben im Rahmen der Gruppen- und Mannschaftstaktik erfüllen kann. (Vgl. Übersichten 12 und 20) Das Aneignen technischer Fertigkeiten ohne Gegner bildet die Grundvoraussetzung für taktisches Handeln. Da aber die technischen Fertigkeiten in den Sportspielen nicht Selbstzweck, sondern immer als Mittel zur Realisierung von taktischen Handlungszielen situativ anzuwenden sind, müssen *bereits beim Erlernen und Vervollkommnen* technischer Fertigkeiten taktische Gesichtspunkte berücksichtigt und bewußtgemacht werden. Das Stabilisieren der Technik sollte möglichst frühzeitig in Verbindung mit der individuellen Taktik (Einbeziehung eines Gegners) erfolgen, da die allen Spielhandlungen zugrunde liegenden kognitiven Funktionen (Wahrnehmen, Antizipieren, Entscheiden) gleichzeitig mitzuentwickeln sind; denn nicht die ablaufgenaue Wiederholung standardisierter Bewegungsabläufe, sondern das situative Lösen ständig wechselnder Spielsituationen stellt das Ziel der Ausbildung dar (situationsbezogene Technikausbildung).

Beim motorischen Aneignen von Spielhandlungen ohne Gegner (ohne taktische Entscheidungen) wurden bei der Auswahl der Übungs- und Spielformen folgende **Schwerpunkte** berücksichtigt (vgl. Übersicht 15):
- variable Gestaltung des Bewegungstempos, der Entfernungen, der Bewegungsrichtungen und der beidseitigen Übungsausführung;
- grundlegende Handlungsketten und ihre Ausführungsvarianten;
- räumlich-zeitliche Abstimmungen der Eigenbewegungen mit denen der Mitspieler (insbesondere bei Ballaktionen);
- steigende Anforderungen unter konditionellen, koordinativen und psychischen Aspekten.

Durch das frühzeitige Einbeziehen von Gegnern mit zunächst eingeschränkter, dann zunehmend aktiver Gegenwehr ist der Ausprägung individueller taktischer Verhaltensweisen (vgl. Übersicht 12) besondere Aufmerksamkeit zu widmen. Die entsprechenden Übungs- und Spielformen wurden so ausgewählt, daß sowohl vom Angriffs- als auch vom Abwehrspieler taktische Entscheidungen und situationsangemessene motorische Handlungsvollzüge (vorrangig in 1:1-Situationen) verlangt werden.

Zur Förderung einer freudbetonten, erlebnisreichen Trainings- bzw. Unterrichtsgestaltung (Motivation/Emotionen) können die folgenden Übungs- und Spielformen durch entsprechende Aufgabenstellungen Wettbewerbscharakter annehmen und als Einzel- oder als Mannschafts**wettbewerbe** durchgeführt werden:
- Wer oder welche Mannschaft (Gruppe) erfüllt eine gestellte Aufgabe in der kürzesten Zeit? (Zahl der Zuspiele, der Korbwurftreffer, der erfolgreichen Abwehrhandlungen; Durchqueren einer Strecke; taktische Aufgaben usw.)
- Wer oder welche Mannschaft (Gruppe) erreicht in einer bestimmten Zeit die höchste Anzahl der vorgegebenen Aufgaben?
- Wer oder welche Mannschaft erreicht von einer bestimmten Anzahl vorgegebener Aufgaben die größte Zahl erfolgreicher Handlungen? (20 Würfe – wieviel Treffer? 10 Angriffe ohne oder mit vorgegebener taktischer Zielstellung – wieviel sind davon erfolgreich abgeschlossen bzw. erfolgreich abgewehrt worden?)
- Wer oder welche Gruppe hat bei der Erfüllung einer Aufgabe die wenigsten Fehler zu verzeichnen? (Fang-, Schritt-, Dribbel-, Abwehrfehler; Fehlwürfe, Fouls; Ballverlust insgesamt)
- Wer oder welche Gruppe erreicht die höchste Serie von erfolgreichen Aktionen hintereinander? (Treffer-, Sprung- und Pritschserien – Beispiel: Wer verwandelt hintereinander die meisten Freiwürfe?)

3.1.1. Technik und individuelle Taktik der Angriffshandlungen mit Ball und deren Abwehr

Ballabgaben/Ballannahmen und deren Abwehr

In Abhängigkeit von der Spielsituation sind bei den Ballabgaben und Ballannahmen sowie deren Abwehr verschiedene Techniken und Ausführungsvarianten anzuwenden. (Übersichten 24 und 25) Die Übersichten 26 und 27 weisen Handlungsketten aus, die bei einer erfolgreichen Angriffsgestaltung angewendet werden.

Das prinzipielle methodische Vorgehen für das Erlernen und Vervollkommnen technischer Fertigkeiten ist in der Übersicht 15 dargestellt. Schwerpunkte für die Ausbildung bei Anfängern sind die Ballannahme und Ballabgabe im Stand und im Lauf, da hierbei die typischen Schrittregeln (Zweikontaktrhythmus) anzuwenden und unter sich verändernden Bedingungen zu festigen sind. Bereits in der Anfängerschulung müssen solche Übungs- und Spielformen einbezogen werden, die den späteren Wettspielanforderungen weitgehend entsprechen (vgl. Abbildungen 3, 4 u. a.). Auf das frühzeitige Einbeziehen von Gegnern ist zu achten.

Übersicht 24   Ballabgaben und Abwehr der Ballabgaben

Ballabgaben				
Druckwürfe	Schlagwürfe	Schockwürfe	Übergeben des Balles	Weiterleiten und Pritschen
beidhändig	einhändig	einhändig beidhändig	einhändig beidhändig	einhändig beidhändig

Ausführungsvarianten in Abhängigkeit von der Spielsituation
– im Stand, Gehen, Laufen, Sprung – verschiedene Abwurfhöhen und Körperseiten – unterschiedliche Ballflugbahnen und Effets – verschiedene Richtungen – verschiedene Entfernungen – verschiedene Geschwindigkeiten – direkt; indirekt – rechte bzw. linke Hand – in Verbindung mit Finten

Abwehr der Ballabgabe	
Stören der Ballabgabe	**Verhindern der Ballabgabe**
– Sichtbehinderungen durch Armbewegungen – Bedrängen durch Stellungsspiel und Armbewegungen – Ablenken der Ballabgabe	– Erfassen bzw. Festhalten des Balles (Halteball) – Herausreißen bzw. Herausschlagen des Balles – Blockieren des Balles – Abfangen des Zuspiels

Übersicht 25   Ballannahmen und Abwehr der Ballannahmen

Ballannahmen				
Fangen zugespiel-ter Bälle	Fangen vom Korb/Brett ab-prallender Bälle (Rebound)	Stoppen/Mitneh-men des Balles	Aufnehmen des gedribbelten bzw. rollenden Balles	Halten/Sichern des Balles
beidhändig einhändig	beidhändig einhändig	einhändig	beidhändig einhändig	beidhändig

Ausführungsvarianten in Abhängigkeit von der Spielsituation

Ballannahme
– im Stand, Gehen, Laufen, Sprung; in Verbindung mit Stoppen
– in verschiedenen Höhen (brust-, kopf-, reich-, sprunghoch u. a.)
– aus verschiedenen Richtungen (frontal, von links/rechts u. a.)
– aus verschiedenen Entfernungen
– fliegender, liegender, rollender, springender, abprallender Bälle
– mit verschiedenen Geschwindigkeiten und Effets des Balles
– direkt bzw. indirekt zugespielter Bälle
– mit der rechten bzw. linken Hand
– genau bzw. ungenau zugespielter Bälle
– in Verbindung mit Finten

Abwehr der Ballannahmen

Stören der Ballannahme	**Verhindern der Ballannahme**
– Sichtbehinderungen durch Armbewegungen – Bedrängen durch Annäherung an den Gegen-spieler – Lauf in der Zuspielrichtung – Lauf in die Flugrichtung des Balles	– des zugespielten, vom Korb/Brett abprallenden oder rollenden Balles – Ablenken des Balles – Abfangen des Balles vor der Ballannahme des Gegners – Stoppen und Mitnehmen des Balles – Aufnehmen rollender Bälle

Übersicht 26   Handlungsketten in Verbindung mit der Ballabgabe (Prinzipdarstellung)

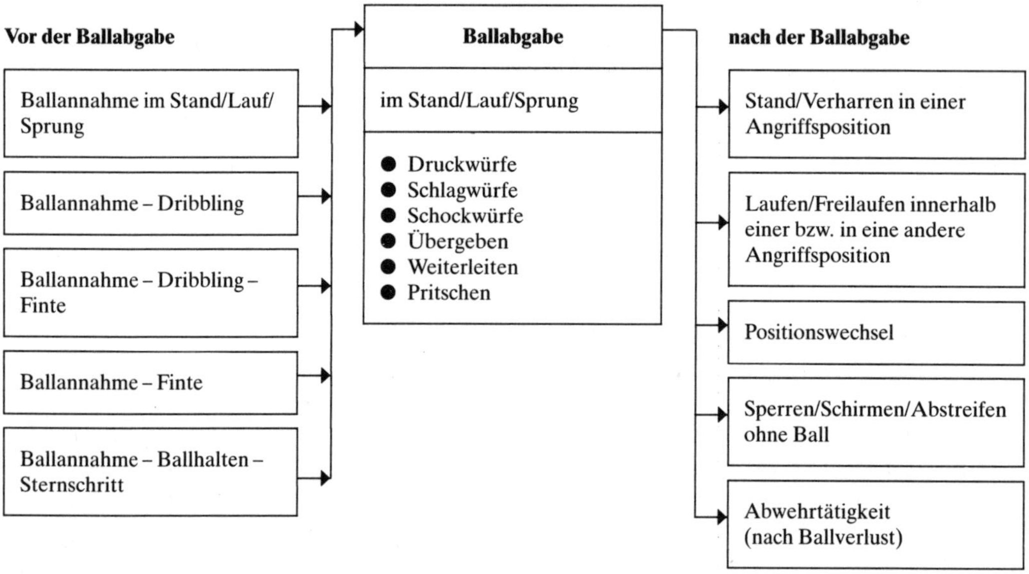

Vor der Ballabgabe

Ballannahme im Stand/Lauf/Sprung

Ballannahme – Dribbling

Ballannahme – Dribbling – Finte

Ballannahme – Finte

Ballannahme – Ballhalten – Sternschritt

Ballabgabe

im Stand/Lauf/Sprung

● Druckwürfe
● Schlagwürfe
● Schockwürfe
● Übergeben
● Weiterleiten
● Pritschen

nach der Ballabgabe

Stand/Verharren in einer Angriffsposition

Laufen/Freilaufen innerhalb einer bzw. in eine andere Angriffsposition

Positionswechsel

Sperren/Schirmen/Abstreifen ohne Ball

Abwehrtätigkeit (nach Ballverlust)

Übersicht 27   Handlungsketten in Verbindung mit der Ballannahme (Prinzipdarstellung)

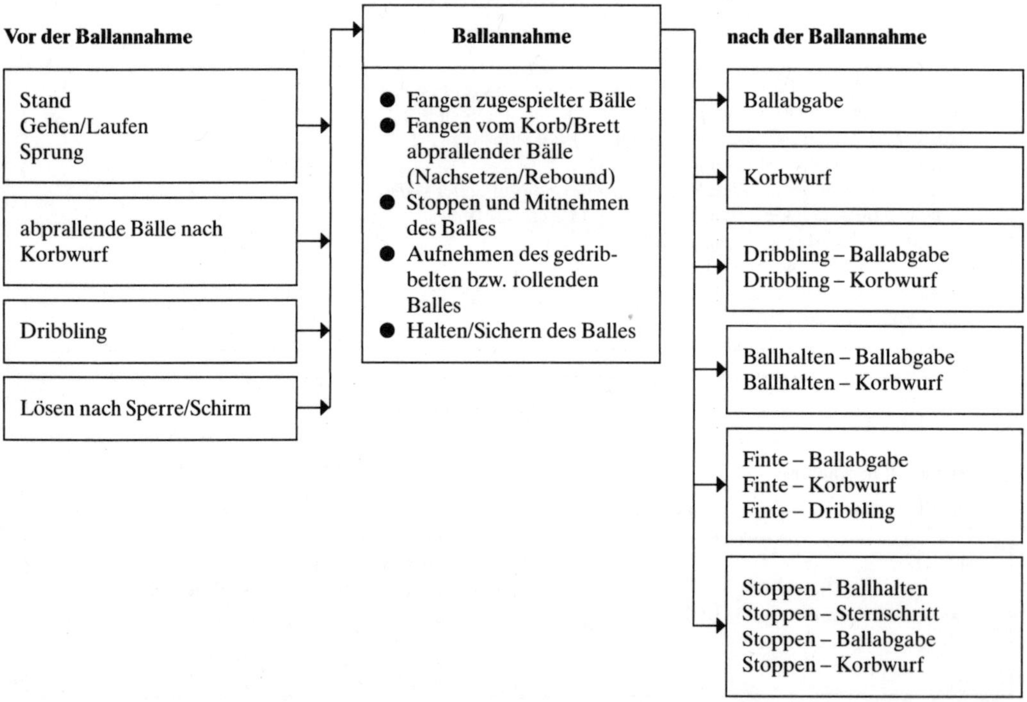

Vor der Ballannahme

Stand
Gehen/Laufen
Sprung

abprallende Bälle nach Korbwurf

Dribbling

Lösen nach Sperre/Schirm

Ballannahme

● Fangen zugespielter Bälle
● Fangen vom Korb/Brett abprallender Bälle (Nachsetzen/Rebound)
● Stoppen und Mitnehmen des Balles
● Aufnehmen des gedribbelten bzw. rollenden Balles
● Halten/Sichern des Balles

nach der Ballannahme

Ballabgabe

Korbwurf

Dribbling – Ballabgabe
Dribbling – Korbwurf

Ballhalten – Ballabgabe
Ballhalten – Korbwurf

Finte – Ballabgabe
Finte – Korbwurf
Finte – Dribbling

Stoppen – Ballhalten
Stoppen – Sternschritt
Stoppen – Ballabgabe
Stoppen – Korbwurf

1. Ballabgabe und Ballannahme im Stand ohne und mit Nachlaufen – ohne und mit Abwehr (Abb. 66)

Ablauf: s. Abbildung

Methodische Hinweise:

- Zielgerichtetes Erlernen der technischen Grundfertigkeiten unter einfachen und zunächst gleichbleibenden Bedingungen;
- akzentuiertes Üben sowohl der verschiedenen Formen der Ballannahme als auch der Ballabgaben;
- Erhöhen der Anforderungen durch Variieren der Zielstellungen und Verändern der Bedingungen (s. Varianten)

Varianten:

- Ständiges Variieren der Zuspielentfernung, Zuspielart und Ballannahme
- nach Ballabgabe Ausführen von Zusatzaufgaben (Abb. 66a): Drehung, Strecksprung, Hockstand, Hinsetzen/Aufstehen u. a.
- nach Ballannahme Sternschritt – Ballabgabe oder Entgegenlaufen – Ballannahme im Lauf (ohne und mit Stoppen) – Ballabgabe
- Jedes Paar übt mit zwei Bällen gleichzeitig. Die Zuspiele können direkt oder indirekt erfolgen (Abb. 66a)
- Nach Ballabgabe Positionswechsel zur anderen Gruppe: Laufen oder Hüpfen auf einem Bein oder beiden Beinen u. a. (Abb. 66b)
- Erhöhen der Handlungsgeschwindigkeit und -genauigkeit durch Wettbewerbsformen: Wer hat in einer bestimmten Zeit die höchste Anzahl von Ballannahmen? Wer hat zuerst eine bestimmte Anzahl von Ballannahmen erreicht? (Abb. 66c)
- durch Einbeziehen eines oder zweier aktiver Gegenspieler (Abb. 66d) Anwenden verschiedener Wurfarten und Finten. Bei Berühren des Balles durch den Gegner erfolgt Wechsel.

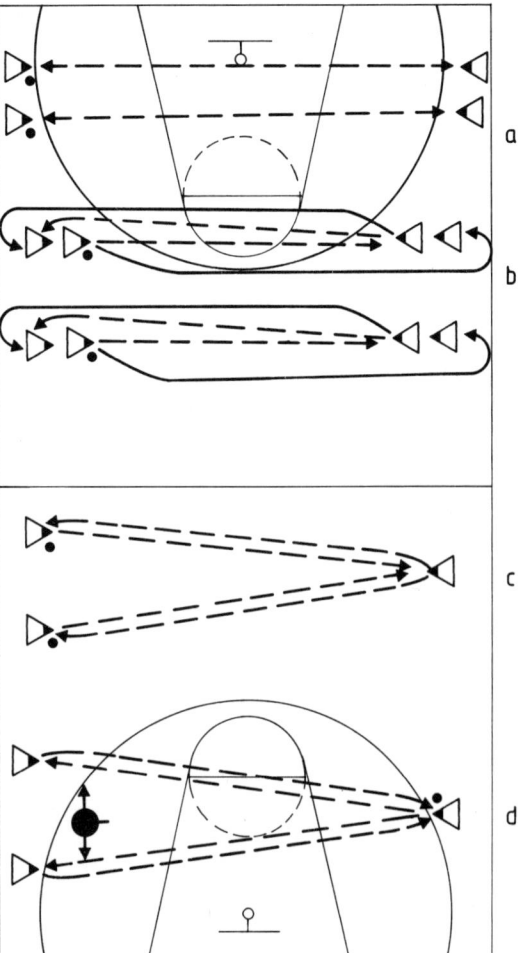

Abb. 66   Ballabgabe und Ballannahme im Stand

**2. Ballabgabe und Ballannahme im Stand
zur Vorbereitung des Positionsangriffs ohne und
mit Positionswechsel der Außenspieler – ohne
und mit Abwehr** (Abb. 67 und 68)

Ablauf:
– Aufstellung: 4 Außenspieler und 1 Center an
  der Freiwurflinie (Vorcenter/post)
Die Zuspiele durch die Aufbauspieler an den Center erfolgen bei Beginn der Übung nacheinander.
Methodische Hinweise:
– Schnelle und genaue Druckwürfe beidhändig
– Wechsel der Positionen, so daß die Spieler auf
  mehreren Positionen geübt haben
– Einbeziehen von Gegnern (s. Varianten) sowie
  akzentuiertes Üben der Abwehr.
Varianten:
– Es erfolgen Positionswechsel zwischen Aufbau-
  und Flügelspieler.
– Der Center bietet sich für ein Anspiel auch an
  den Seitenlinien der Gasse an.
– Der Center hat in und an der Gasse freien
  Handlungsraum, die Zuspiele können von allen
  4 Außenspielern erfolgen.
– Einbeziehen zunächst eines Gegners (beim
  Center), dann von 3 bzw. 5 Gegnern. Die Zu-
  spielreihenfolge ist bei dieser Form aufzuhe-
  ben.
– Es kann ein zweiter Center in Verbindung mit
  3 Außenspielern eingesetzt werden.

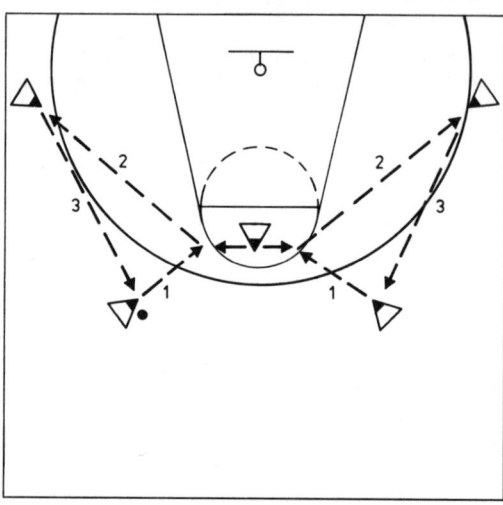

Abb. 67 Ballabgabe und Ballannahme im Stand zur
Vorbereitung des Positionsangriffs

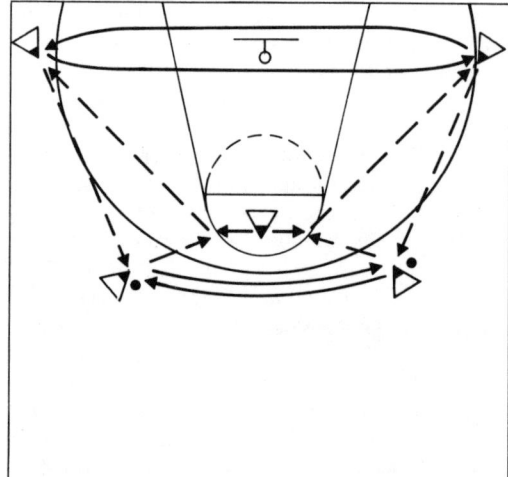

Abb. 68 Ballabgabe und Ballannahme im Stand zur
Vorbereitung des Positionsangriffs mit Positionswechsel
der Außenspieler

3. Ballabgabe und Ballannahme im Stand zur Vorbereitung des Positionsangriffs ohne und mit Positionswechsel der Center – ohne und mit Abwehr (Abb. 69 und 70)

Ablauf:
– 3 Übungsgruppen mit je einem Ball; nach jedem Abspiel verändern die Center ihre Position (Abb. 69)
– 3 Übungsgruppen mit 1 bzw. 2 Gegnern; die Center laufen sich innerhalb ihrer Position frei, um angespielt werden zu können (Abb. 70)

Methodische Hinweise:
– Die Außenspieler beobachten ständig die Centerbewegungen für ein taktisch richtiges und präzises Anspiel; der Center hält ständig Blickverbindung mit dem jeweiligen Ballbesitzer.
– Üben zunächst mit 1 Gegenspieler (3:1), dann mit 2 Gegenspielern (3:2). Die Abwehrspieler orientieren sich in der Abwehr vorrangig auf den Center oder auf einen Außenspieler.

Varianten:
– Die Reihenfolge der Zuspiele ist nicht vorgegeben. (Abb. 69 und 70)
– Die Außenspieler nehmen ebenfalls Positionswechsel vor.
– 2 oder 3 Center wechseln ohne Vorgaben ihre Positionen in und an der Freiwurfgasse. Während der Wechsel spielen sich die zwei Außenspieler in der jeweiligen Gruppe den Ball gegebenenfalls mehrmals zu.

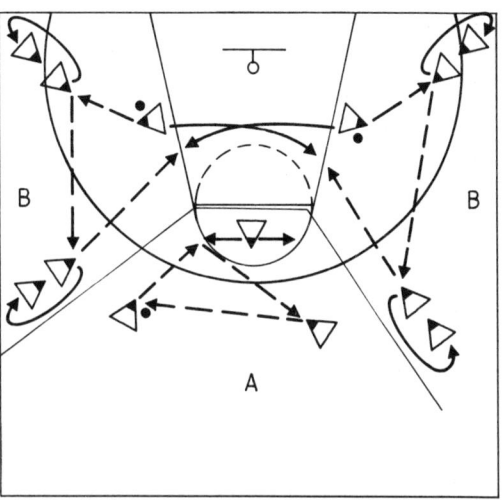

Abb. 69 Ballabgabe und Ballannahme im Stand zur Vorbereitung des Positionsangriffs mit Positionswechsel der Center

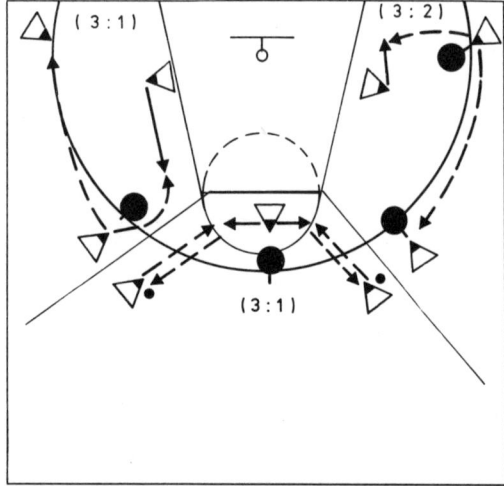

Abb. 70 Ballabgabe und Ballannahme mit Positionswechsel der Center (Vorbereitung des Positionsangriffs)

4. Ballannahme im Lauf (Zweikontaktrhythmus) ohne und mit Stoppen – Ballabgabe zu einem stehenden bzw. entgegenlaufenden Mitspieler – ohne Gegner (Abb. 71 und 72)

Ablauf: s. Abbildungen

Methodische Hinweise:

Für das Erlernen von Ballannahme–Ballabgabe im Lauf empfiehlt es sich, den Zweikontaktrhythmus zunächst unter erleichterten Bedingungen zu üben:

- ohne Ball: rhythmisches Laufen bzw. Überspringen von flachen Hindernissen (Bänke; Linien) mit betonter Flugphase für das Fangen bzw. Abspielen des Balles
- Hinhalten des Balles auf der ausgestreckten Hand eines Mitspielers (ruhender Ball), um das Fangen zu erleichtern
- leichtes Zuspiel durch einen stehenden Mitspieler (Abb. 71)

Danach nimmt der Schwierigkeitsgrad systematisch zu: Steigerung der Zuspielentfernungen, höhere Laufgeschwindigkeiten; Variieren der Zuspieltechniken; Verändern der Zuspielrichtung (Abb. 72); in Verbindung mit Stoppen und Sternschritt.

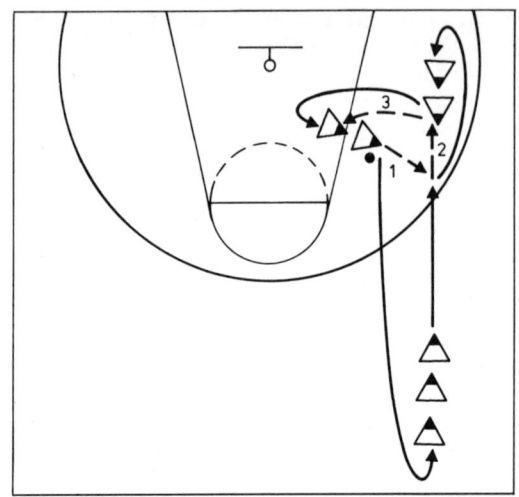

Abb. 71 Ballannahme im Lauf (Zweikontaktrhythmus) ohne und mit Stoppen – Ballabgabe zu einem stehenden Mitspieler

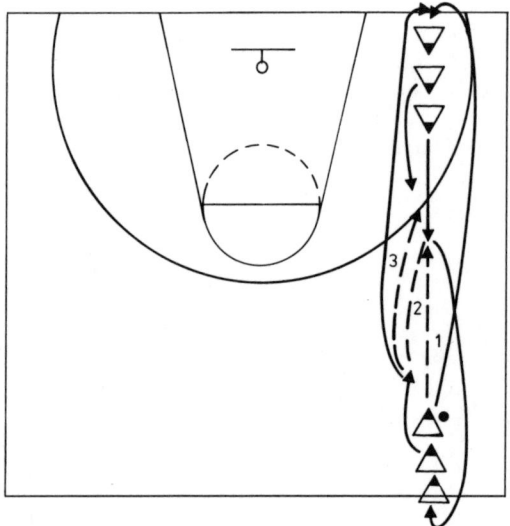

Abb. 72 Ballannahme im Lauf (Zweikontaktrhythmus) ohne und mit Stoppen – Ballabgabe zu einem entgegenlaufenden Gegner

5. Ballannahme und Ballabgabe im Stand und im Lauf (Zweikontaktrhythmus) mit vorgegebenen Laufwegen – ohne Gegner (Abb. 73)

Ablauf: s. Abbildung; zwei Gruppen üben gleichzeitig

Methodische Hinweise:
Schrittregel beachten; Steigerung der Zuspielentfernungen und des Tempos

Varianten:
Wie 5, aber Ballabgabe im ständigen Wechsel zu den an der rechten bzw. linken Seitenlinie stehenden Mitspielern (Standort auf Lücke)

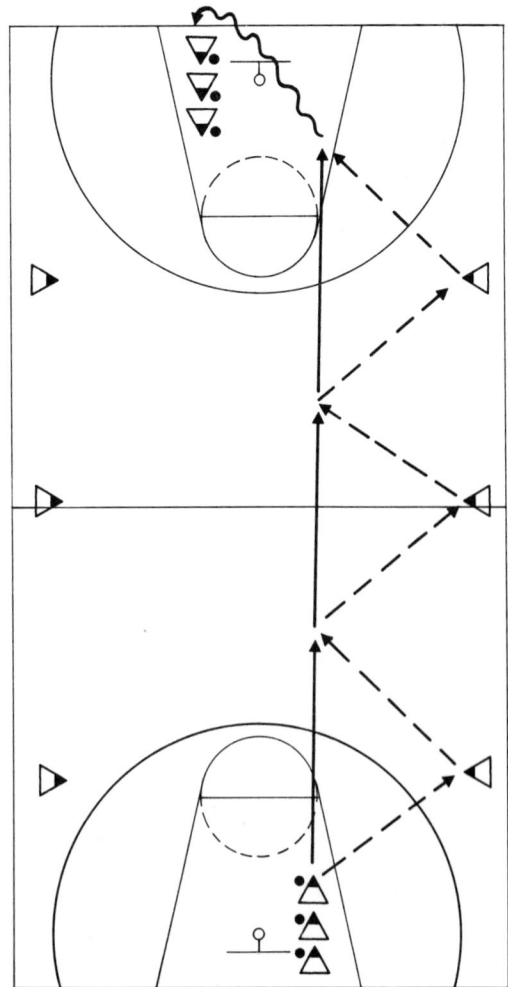

Abb. 73 Ballannahme und Ballabgabe im Stand und im Lauf (Zweikontaktrhythmus) mit vorgegebenen Laufwegen

6. Ballabgabe und Ballannahme im Lauf (Zwei-kontaktrhythmus) paarweise bzw. zu dritt zur Vorbereitung des Angriffsaufbaus – ohne und mit Abwehr (Abb. 74)

Ablauf:
Zweierlaufen auf vorgegebenen Laufwegen; die wartenden Paare spielen sich den Ball im Stand zu.

Methodische Hinweise:
– Beachten der Schrittregel insbesondere beim 1. Zuspiel im Stand und bei der Ausführung des Zweikontaktrhythmus
– Erhöhung des Lauftempos, der Ballflugge-schwindigkeit und der Zuspielentfernung
– Anwenden verschiedener Zuspieltechniken: beidhändiger Druckwurf direkt und indirekt; Schlagwurf; Druckwurf im Sprung, d. h. Ball-annahme und Ballabgabe während einer Flug-phase
– Üben zunächst ohne Gegner, dann mit einem Gegner je Spielfeldhälfte (2:1)
– Anwenden von Wettbewerbsformen: Zeitmes-sung, Zählen der Fehler bzw. der Durchgänge ohne Fehler, Wer ist erfolgreicher: die An-griffs- oder die Abwehrspieler?

Varianten:
– Dreierlaufen; der 3. Spieler postiert sich zwi-schen den beiden Außenspielern;
– Vierer- und Fünferlaufen;
– Zweierlaufen mit zwei Bällen gleichzeitig;
– Einbeziehen des Korbwurfes und des Rebound (Nachsetzen) nach Überwinden des Spielfel-des.

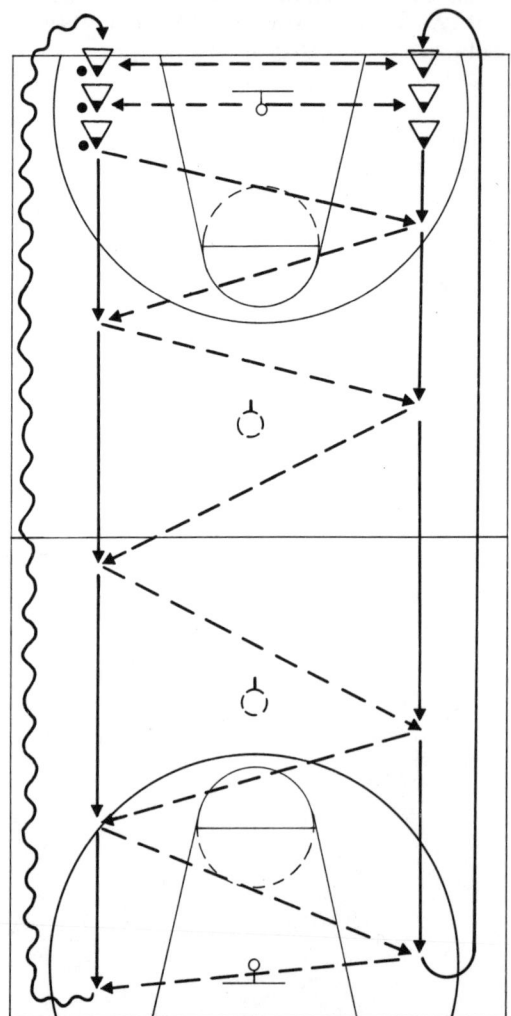

Abb. 74   Ballabgabe und Ballannahme im Lauf (Zwei-kontaktrhythmus) paarweise bzw. zu dritt zur Vorberei-tung des Angriffsaufbaus

**7. Ballannahme der vom Brett oder vom Ring ab-
prallenden Bälle (Rebound/Nachsetzen) – ohne
und mit Abwehr** (Abb. 75 und 76)

Ablauf:
– Jeder hat einen Ball, wirft auf den Korb und
  setzt seinem Ball nach mit dem Bestreben, den
  Ball im Sprung zu fangen, bevor der den Boden
  berührt. (Abb. 75)
– Dreiergruppe mit einem Ball und einem halb-
  aktiven/aktiven Abwehrspieler. Der jeweils
  ballbesitzende Spieler der Dreiergruppe wirft
  auf den Korb, alle vier Spieler setzen nach und
  versuchen den Ball in ihren Besitz zu bringen.
  (Abb. 76)

Methodische Hinweise:
– Die Korbwurfentfernungen sind dem Leistungsniveau anzupassen.
– Bei aktiver Gegenwehr richtige taktische Entscheidungen zwischen Weitwurf oder Zuspiel
  fordern.

Varianten:
Mit Positionswechsel der Angreifer; Einbeziehen
von 2 Abwehrspielern.

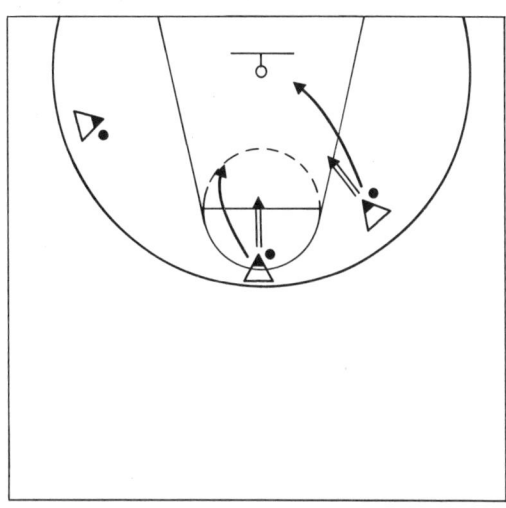

Abb. 75   Ballannahme der vom Brett oder vom Ring
abprallenden Bälle (Rebound/Nachsetzen)

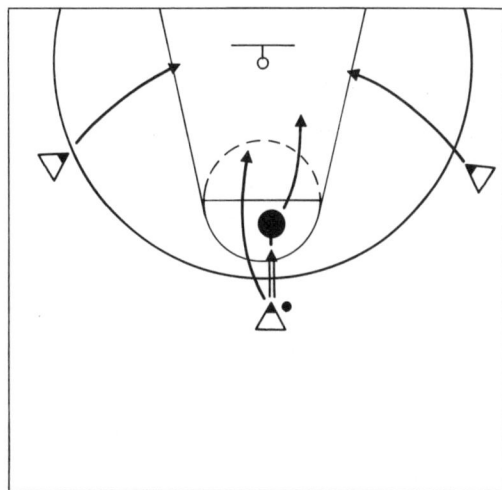

Abb. 76   Ballannahme der vom Brett oder vom Ring
abprallenden Bälle (Rebound/Nachsetzen) mit Gegner

8. Ballabgabe und Ballannahme im Lauf mit ständig wechselnden Anforderungen – ohne Gegner (Abb. 77 und 78)

Ablauf:
- 3 Spieler spielen sich in einem kleinen Feld ständig einen Ball in beliebiger Reihenfolge zu. Es darf nicht gedribbelt werden. Keiner der Spieler darf stehenbleiben. (Abb. 77)
- 5 Spieler, die ständig in Bewegung sein müssen, spielen sich den Ball in festgelegter Reihenfolge 1–2–3–4–5–1 zu. Die Laufwege können beliebig gewählt werden. (Abb. 78)

Methodische Hinweise:
- Ständig Blickverbindung zum Ballbesitzer halten und sich zum Zuspiel anbieten

Varianten:
- Die Anzahl der Spieler innerhalb der Gruppen (2, 4 oder 5 Spieler) und die Spielfeldgröße (kleiner oder größer) werden variiert.
- Innerhalb des gleichen Spielfeldes spielen zwei Gruppen mit je einem Ball (Achtung: Übersicht).
- Auf dem gesamten Basketballfeld agieren zwei oder drei Gruppen mit 5 Spielern (bzw. 4 oder 3 oder 2 Spielern).
- Die Spieler müssen sich mit Gegnern auseinandersetzen, die zunächst in der Unterzahl sind, später aber auch in Gleichzahl und sogar in der Überzahl sein können. (vgl. Abb. 79)

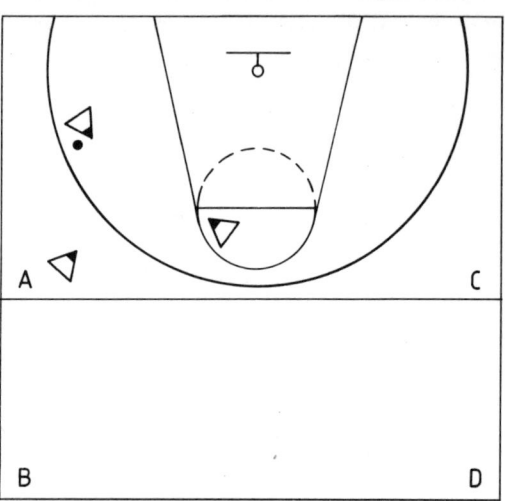

Abb. 77   Ballabgabe und Ballannahme im Lauf auf engem Raum

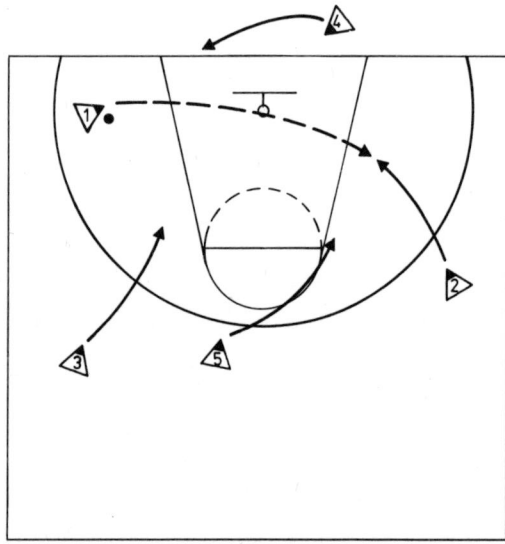

Abb. 78   Ballabgabe und Ballannahme im Lauf mit ständig wechselnden Anforderungen

9. Ballabgabe und Ballannahme im Lauf mit ständig wechselnden Anforderungen – dabei Abwehr in Unterzahl, Gleichzahl oder Überzahl (Abb. 79)

Ablauf: s. Abbildung

Beispiele für Spielergruppierungen: Angreifer –
Abwehrspieler

2:1	3:1	4:2	5:3
2:2+1	3:2	4:3	5:4
2:2	3:3+1	4:4+1	5:5
2:3	3:3	4:4	
	3:4	4:5	

Es kann mit einem oder mehreren postierten An-
spielpunkten zur Erleichterung für die Angreifer
gespielt werden. (Abb. 79b) Bei Gleichzahlver-
hältnissen kann ein „Neutraler" (z. B. 3:3+1)
eingesetzt werden, der die jeweils ballbesitzende
Mannschaft unterstützt. (Abb. 79 c)
Varianten:
– Mehrere Gruppen üben gleichzeitig in einem
  Feld. (Abb. 79 d)
– Dribbling ist möglich.
– Auf Pfiff versucht die ballbesitzende Gruppe
  einen Korbwurf zu erzielen; die Gegner versu-
  chen, dies zu verhindern.
Methodische Hinweise:
Schwerpunkt: Freilaufen zur Ballannahme und
Abwehr der Ballannahme (1:1-Situationen).

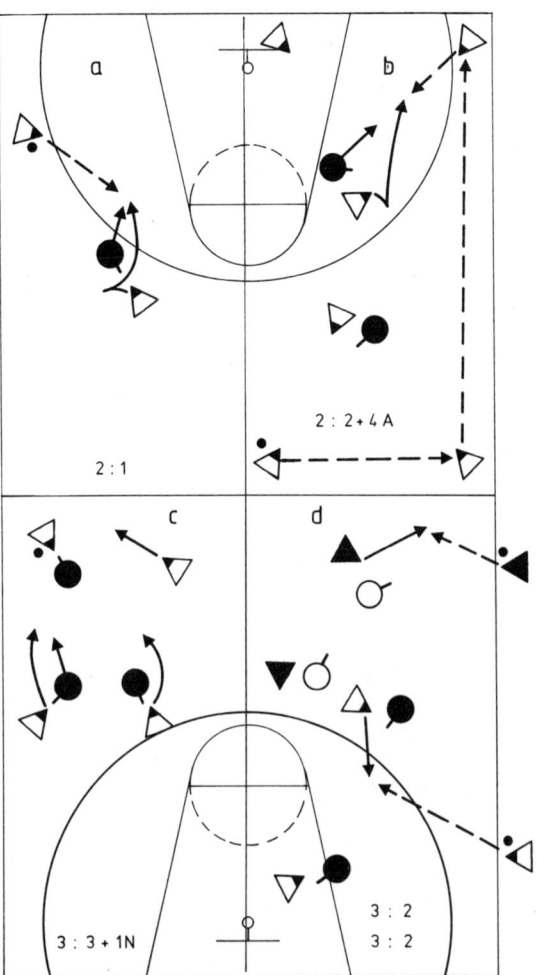

Abb. 79 Ballabgabe und Ballannahme im Lauf mit
ständig wechselnden Anforderungen – mit Abwehr in
Unterzahl-, Gleichzahl- und Überzahlverhältnissen

Dribbling und dessen Abwehr

In Abhängigkeit von der Spielsituation ermöglicht das Dribbling dem Angriffsspieler mit Ballbesitz, seine Position auf dem Spielfeld zu verändern. Es wird u. a. angewendet beim Umspielen eines Gegenspielers bzw. beim Lösen von einem Gegner. Die verschiedenen Formen und Ausführungsvarianten des Dribblings sowie Handlungsketten in Verbindung mit dem Dribbling sowie mögliche Abwehrmaßnahmen gegen den dribbelnden Angriffsspieler sind in den Übersichten 28 und 29 dargestellt.

Es ist eine möglichst perfekte Beherrschung des Dribblings sowohl mit der rechten als auch mit der linken Hand anzustreben. Da häufig zu oft gedribbelt wird, sollte von Anfang an auf das richtige taktische Anwenden des Dribblings entsprechend den Erfordernissen der Spielsituation geachtet werden.

Unter methodischem Aspekt sind folgende **Schwerpunkte** hervorzuheben:

– Dribbling **ohne aktive Gegner** unter standardisierten und **variablen** Bedingungen in Verbindung mit Wettbewerbsformen sowie gegen aktive Abwehr;
– **Handlungsketten** in Verbindung mit dem Dribbling;
– **Abwehrhandlungen** gegen einen dribbelnden Spieler;
– Übungs- und Spielformen, die sowohl vom dribbelnden Spieler als auch vom Abwehrspieler ein **situationsbedingtes individuelles Lösen** von **Angriffs- und Abwehrsituationen** erfordern (insbesondere 1:1-Situationen).

Das Dribbling ist weiterhin für die Ausprägung koordinativer und spezieller konditioneller Fähigkeiten sowie für die Erwärmung oder einen freudbetonten Abschluß einer Sportstunde bzw. Trainingseinheit besonders geeignet.

Übersicht 28   Dribbling und Abwehr des Dribblings

Dribbling	
einmaliger Dribbelschlag	mehrmalige Dribbelschläge
	mit der gleichen Hand / mit Handwechsel

Ausführungsvarianten in Abhängigkeit von der Spielsituation

Dribbling
– im Stand, Gehen, Laufen; in Verbindung mit Stoppen
– mit der rechten bzw. linken Hand (ohne Handwechsel)
– mit Handwechsel vor und hinter dem Körper
– in verschiedene Richtungen ohne und mit Richtungswechsel (vorwärts; rückwärts; seitwärts; mit Drehungen)
– über verschiedene Entfernungen
– in verschiedenen Geschwindigkeiten ohne und mit Tempowechsel
– in verschiedenen Höhen (Kniehöhe/Hüfthöhe)
– in Verbindung mit Finten

Abwehr des Dribblings

Stören des Dribblings	Verhindern des Dribblings
– Annäherung an den dribbelnden Gegenspieler – Abdrängen des dribbelnden Gegenspielers nach außen	– Versperren des Laufweges – Erfassen des Balles – Wegschlagen des Balles – Herausdribbeln des Balles

Übersicht 29   Handlungsketten in Verbindung mit dem Dribbling (Prinzipdarstellung)

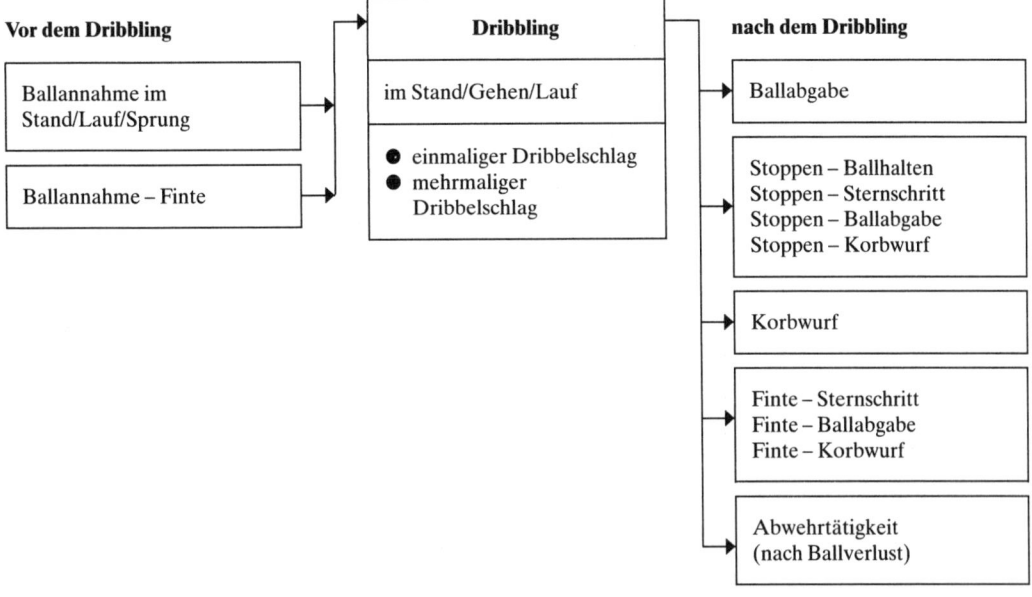

Vor dem Dribbling

| Ballannahme im Stand/Lauf/Sprung |

| Ballannahme – Finte |

Dribbling

| im Stand/Gehen/Lauf |

| ● einmaliger Dribbelschlag
● mehrmaliger Dribbelschlag |

nach dem Dribbling

| Ballabgabe |

| Stoppen – Ballhalten
Stoppen – Sternschritt
Stoppen – Ballabgabe
Stoppen – Korbwurf |

| Korbwurf |

| Finte – Sternschritt
Finte – Ballabgabe
Finte – Korbwurf |

| Abwehrtätigkeit
(nach Ballverlust) |

ÜBUNGS- UND SPIELFORMEN

1. Dribbling mit geringen Ortsveränderungen – mit und ohne Blickkontrolle (Abb. 80)

Ablauf:
– Blockaufstellung. Alle dribbeln mit der rech- ten, dann mit der linken Hand mit geringen Ortsveränderungen und Blickkontrolle zur Prüfung des richtigen bzw. falschen Bewe- gungsablaufes (Abb. 80)
– Wie in Abb. 80, aber ohne Blickkontrolle. Der Übungsleiter bewegt sich innerhalb des Spiel- feldes (Gehen oder Laufen) und zeigt mit den Händen Zahlen von 1 bis 10 an, die die Spieler schnell erkennen und laut zurufen müssen.

Varianten:
– Der Übungsleiter steht vor dem Block und dribbelt vorwärts/rückwärts/seitwärts mit der rechten und linken Hand. Diese Bewegungen werden von den Spielern nachvollzogen.
– Die Spieler dribbeln am Ort mit geschlossenen Augen und zählen die Dribbelschläge in unun- terbrochener Folge. Erhöhte Anforderungen ergeben sich durch die Einbeziehung von Handwechseln.
– Dribbling (ohne und mit Ortsveränderungen) mit einer „Dribbelbrille", die eine Blickkon- trolle verhindert.

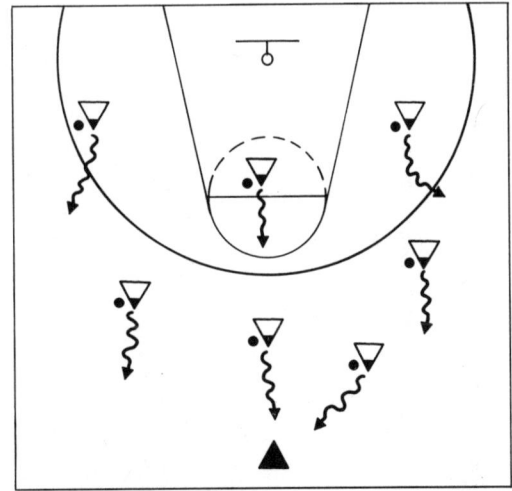

Abb. 80   Dribbling mit geringen Ortsveränderungen – mit und ohne Blickkontrolle

2. Dribbling im Lauf mit Tempowechsel, Richtungsänderungen und Handwechsel – rechte und linke Hand (Abb. 81)

Ablauf:
- Dribbling sowohl beständig als auch mit der schwächeren Hand, zunächst im langsamen Tempo – Steigerung bis zum schnellsten Tempo ohne Ballverlust (Abb. 81 a)
- an den Markierungen (Linien) einen kleinen Kreis dribbeln, danach jeweils schnell beschleunigen (Abb. 81 b)

Variante: an den Linien (Markierungen) Hinsetzen und Aufstehen während des Dribblings oder durch Hürden dribbeln u. a.

- Ziehharmonika-Dribbling, d. h. Dribbling mit Kehrtwendung an den Markierungen ohne und mit Handwechsel (Abb. 81 c)

Variante: an den Markierungen keine Kehrtwendung, sondern im Wechsel vorwärts und rückwärts dribbeln

- Slalomdribbling mit Handwechsel (Abb. 82)

Methodischer Hinweis:
Wettbewerb: Wer schafft die gestellte Aufgabe am schnellsten?

Varianten:
- Vgl. Kapitel „Spielformen und vorbereitende Spiele", Übungen 32 bis 37
- Dribbling mit Dribbelbrille ohne Blickkontrolle des Balles
- Dribbling mit 2 Bällen gleichzeitig.

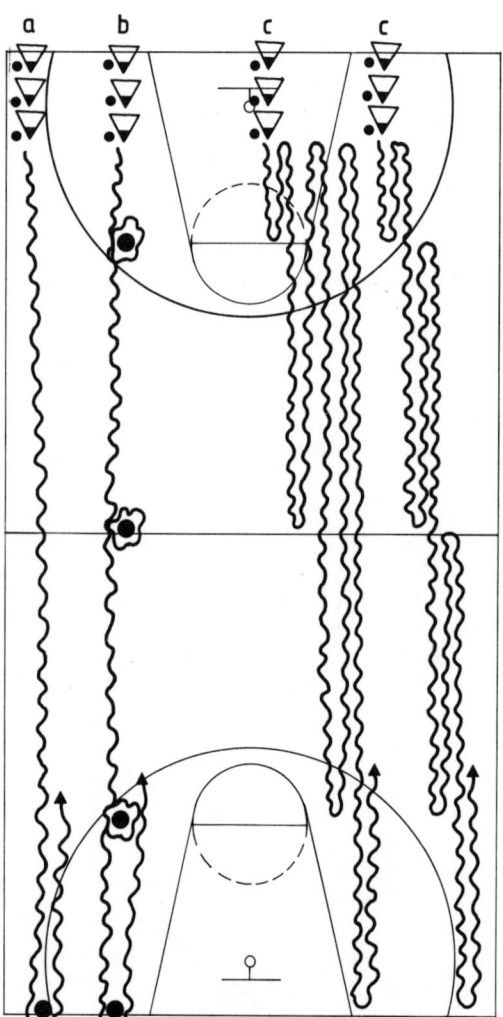

Abb. 81 Dribbling mit Tempowechsel, Richtungsänderungen und Handwechsel

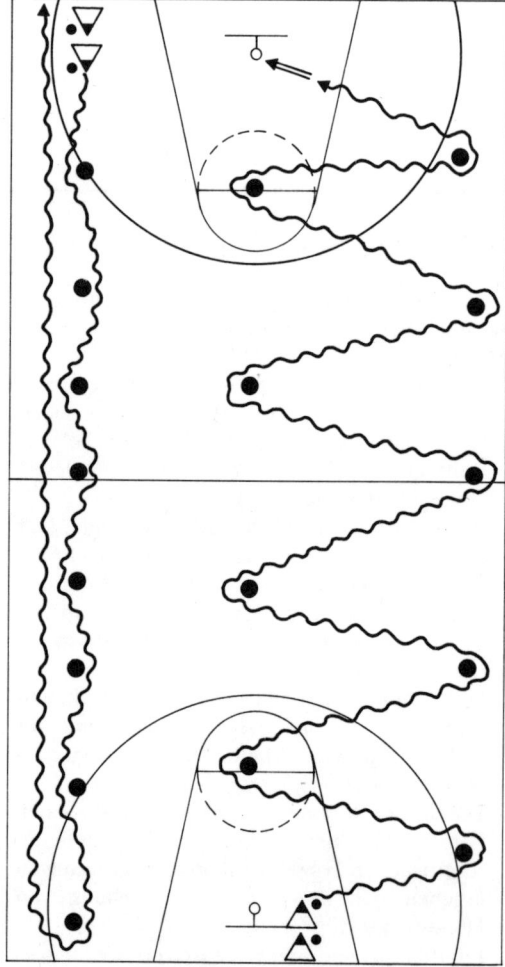

Abb. 82 Slalomdribbling mit Handwechsel

3. Dribbling unter variablen Bedingungen: Stafettenspiel (Abb. 83) und Dribbelhasche (Abb. 84)

Ablauf:

- Das Stafettenspiel ist eine Form der Haschespiele mit Dribbling. 2 Spieler der Fängerpartei A dribbeln in das Spielfeld der Mannschaft B, schlagen einen Spieler während des Dribbelns ab und dribbeln dann sofort zurück. Nach Überlaufen der Linie dribbelt der nächste Spieler los, um wiederum dribbelnderweise einen Spieler abzuschlagen. Die Spieler der Mannschaft B dribbeln ebenfalls ständig und versuchen, dem Abschlagen auszuweichen. Die abgeschlagenen Spieler bleiben im Spiel. Wenn alle Spieler der Mannschaft A jeweils einen dribbelnden Gegenspieler abgeschlagen haben, wird die benötigte Zeit der Mannschaft gestoppt. Welcher Mannschaft gelingt es in der kürzesten Zeit, je einen Spieler der Gegenmannschaft abgeschlagen zu haben? (Abb. 83)

Varianten:

- Der Mannschaft B steht das gesamte Spielfeld zur Verfügung.
- Es werden mehrere Durchgänge gespielt, bevor Rollenwechsel erfolgt.
- Vgl. Kapitel „Spielformen und vorbereitende Spiele", Übungen 38 bis 41

- Dribbelhasche. Jeder Spieler hat einen Ball und dribbelt. Je ein Spieler von den beiden Mannschaften dribbelt in die gegnerische Spielfeldhälfte und versucht, in einer begrenzten Zeit (30 s; 60 s; 90 s;) so viele Gegner wie möglich dribbelnderweise abzuschlagen. Die abgeschlagenen Spieler bleiben im Spiel. Danach wird jeweils ein anderer Spieler ins gegnerische Spielfeld delegiert. Welche Mannschaft hat bei Spielende die meisten gegnerischen Spieler abgeschlagen? (Abb. 84)

Variante: Es werden je zwei Fänger gleichzeitig eingesetzt.

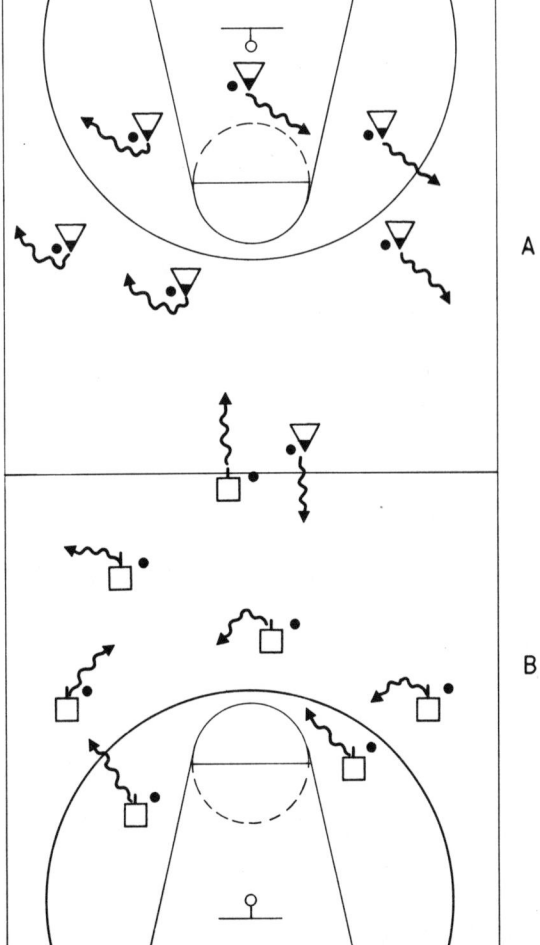

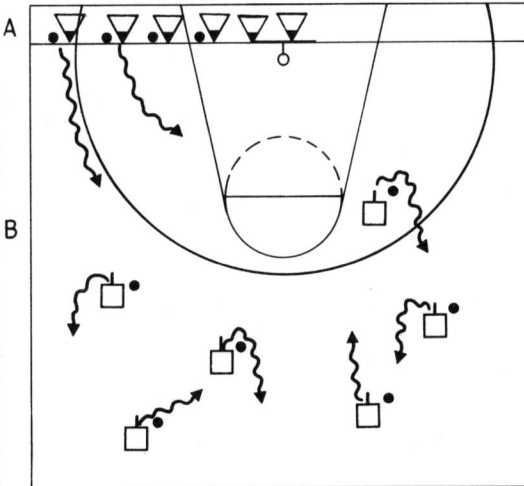

Abb. 83 Stafettenspiel

Abb. 84 Dribbelhasche

4. Dribbling – Ballabgabe mit und ohne Stoppen und Sternschritt (Abb. 85)

Ablauf: s. Abbildung

Methodische Hinweise:

Auf Schrittregel achten; nach Stoppen Sternschritt üben. Dribbling mit der rechten und der linken Hand.

Variante:

– Aufstellung der Zuspieler verändern

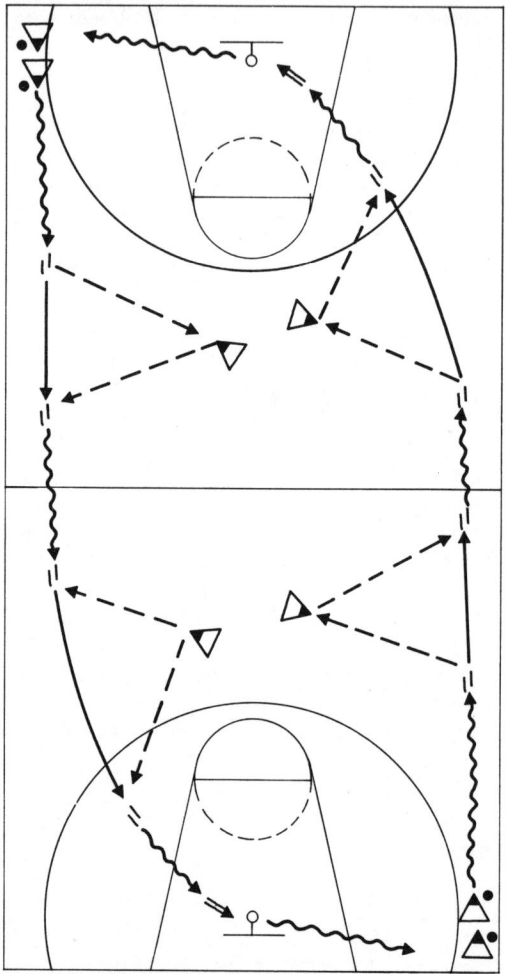

Abb. 85   Dribbling – Ballabgabe mit und ohne Stoppen und Sternschritt

5. Dribbelwettkampf zweier Mannschaften auf einen Korb (Abb. 86)

Ablauf: Einzelangriffe mit Dribbling auf den Korb nach festgelegter Reihenfolge gegen einen persönlichen Gegenspieler.

Methodische Hinweise:
– Der Angriffsspieler versucht, sich durch Tempo-, Richtungs-, Handwechsel und Finten bis zum Korbwurf durchzusetzen.
– Der Abwehrspieler versucht, durch richtiges Stellungsspiel den Angriffsspieler vom Korb abzudrängen, den Ball herauszudribbeln, gegebenenfalls wegzuschlagen.
– Wettbewerb: Wieviel Korbwurftreffer erzielen die Angriffsspieler; wieviel Ballgewinne gelingen den Abwehrspielern? (Mannschafts- und Einzelwertung möglich)

Varianten:
– Ballaufnahme liegender/rollender Bälle;
– Reihenfolge der Angriffsspieler nach Aufruf;
– 2, 3 oder 4 Angriffsspieler greifen gleichzeitig gegen entsprechende Abwehrspieler an;
– 2 bis 5 Abwehrspieler wehren gegen alle Angriffsspieler in einem Durchgang ab.

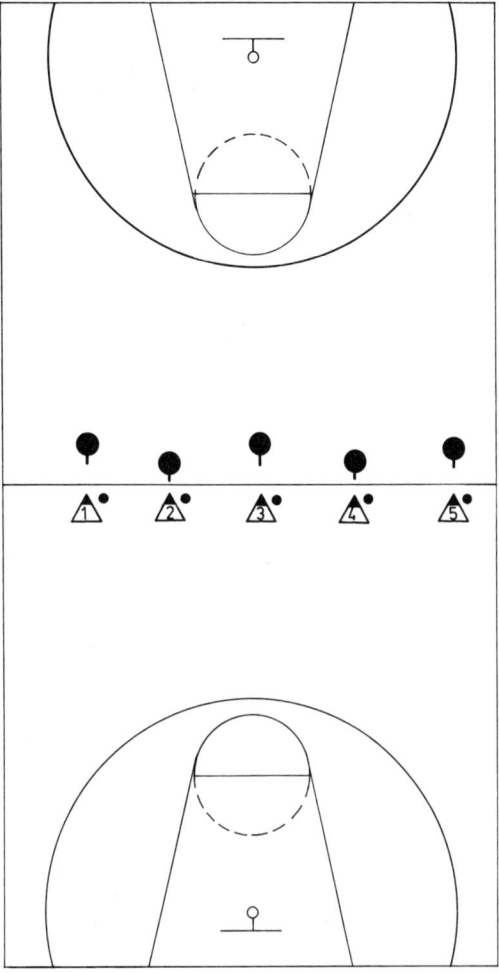

Abb. 86 Dribbelwettkampf zweier Mannschaften auf einen Korb

6. Abwehr des Dribblings durch Stellungsspiel und Herausspielen des Balles (Abb. 87)

Ablauf:
– 2 Mannschaften (Angriff/Abwehr) spielen ge- geneinander. Jeder Angriffsspieler hat einen Ball und versucht ihn gegen die Abwehrmaß- nahmen des Gegenspielers zu sichern.

Methodische Hinweise:
– Auf regelgerechtes Abwehrverhalten achten
– Veränderungen der Spielfeldbegrenzungen, der Spielerzahlen; Abwehrspieler in der Über- zahl bis zur Unterzahl
– Wettbewerbsmöglichkeiten: Wieviel Bälle werden in einer bestimmten Zeit herausgedrib- belt? Wieviel Zeit benötigen die Abwehrspie- ler, um 5 usw. Bälle herauszudribbeln?

Varianten:
– Dribbeln auf engstem Raum. In den Sprung- kreisen befinden sich je ein Angriffsspieler und je ein Abwehrspieler. Die Abwehrspieler ver- suchen, den Ball herauszudribbeln bzw. den dribbelnden Spieler über die Begrenzungsli- nien abzudrängen.
– In der Gasse agieren zwei Abwehrspieler gegen einen Dribbler.
– Alle Spieler sind im Ballbesitz und versuchen, während des Dribbelns den Ball des Gegen- spielers aus der Hand zu spielen (jeder gegen jeden).
– Ein, zwei oder drei Abwehrspieler spielen ge- gen alle Angriffsspieler.

Abb. 87   Abwehr des Dribblings durch Stellungsspiel und Herausspielen des Balles

Korbwurf/Rebound (Nachsetzen) und deren Abwehr

Dem Erlernen, Vervollkommnen und Stabilisie- ren der Korbwürfe als Angriffsabschlußhandlun- gen sowie deren Abwehr ist besondere Aufmerk- samkeit zu widmen, da der Erfolg bzw. Mißerfolg eines Spieles entscheidend von der Korbwurfef- fektivität abhängt. Die Übersichten 30 und 31 wei- sen auf die Vielfältigkeit der Korbwürfe und de- ren Abwehrmöglichkeiten hin.

Die Einteilung der Korbwürfe kann nach ver- schiedenen Systematisierungsaspekten erfolgen:
– Nahwürfe – mittelweite Würfe – Weitwürfe,
– Korbwürfe aus dem Stand – Korbwürfe im Sprung (einbeiniger bzw. beidbeiniger Ab- sprung),
– einhändige Korbwürfe (rechte/linke Hand) – beidhändige Korbwürfe.

Um die Spieler zu einer hohen Treffsicherheit im Wettspiel zu befähigen, muß schon frühzeitig in Verbindung mit der Schulung der Bewegungsaus- führung der verschiedenen Techniken der takti- sche Bezug hergestellt und auf eine variable, si- tuationsgerechte Anwendung der Korbwürfe hin- gearbeitet werden.

Für das Erlernen der Technik (vgl. Übersicht 15)

Übersicht 30   Korbwürfe und Abwehr der Korbwürfe

Korbwürfe		
Nahwürfe	**Mittelweite Würfe**	**Weitwürfe**
Nahdistanz: 0 bis 3 m	Mitteldistanz: 3 bis 6,25 m	Weitdistanz: weiter als 6,25 m
– Würfe aus Kopf- und Überkopfhöhe – Unterhandwürfe (Korbleger) – Hakenwürfe – Tip-in – Stopfen – Spezielle Würfe	– Würfe aus dem Stand/ einschließlich Freiwürfe – Sprungwürfe – Hakenwürfe	– Würfe aus dem Stand – Sprungwürfe
einhändig/beidhändig	einhändig (beidhändig)	einhändig

Ausführungsvarianten in Abhängigkeit von der Spielsituation

Korbwurf
– im Stand, im Sprung (nach beidbeinigem Absprung; nach einbeinigem Absprung)
– einhändige Würfe mit der rechten bzw. linken Hand
– ohne und mit Brettanspiel (direkt/indirekt)
– verschiedene Korbwurfentfernungen
– verschiedene Korbwurfrichtungen
– verschiedene Abwurfhöhen und Abwurfrichtungen (nach vorn und hinten)
– ohne und mit Drehungen
– unterschiedliche Abwurfimpulse; Ballflugbahnen; Ballfluggeschwindigkeiten; Effets des Balles
– ohne und mit Verzögerungen
– in Verbindung mit Finten

Abwehr von Korbwürfen

Stören der Korbwürfe	**Verhindern der Korbwürfe**
– Sichtbehinderungen durch Armbewegungen – Bedrängen durch Stellungsspiel und Armbewegungen – zum überhasteten Wurf veranlassen – Fintieren	– Erfassen bzw. Festhalten des Balles – Herausreißen bzw. Herausschlagen des Balles – Heraustippen des Balles – Blockieren des Balles – Ablenken des Balles – Abfangen nach Abwurf des Balles

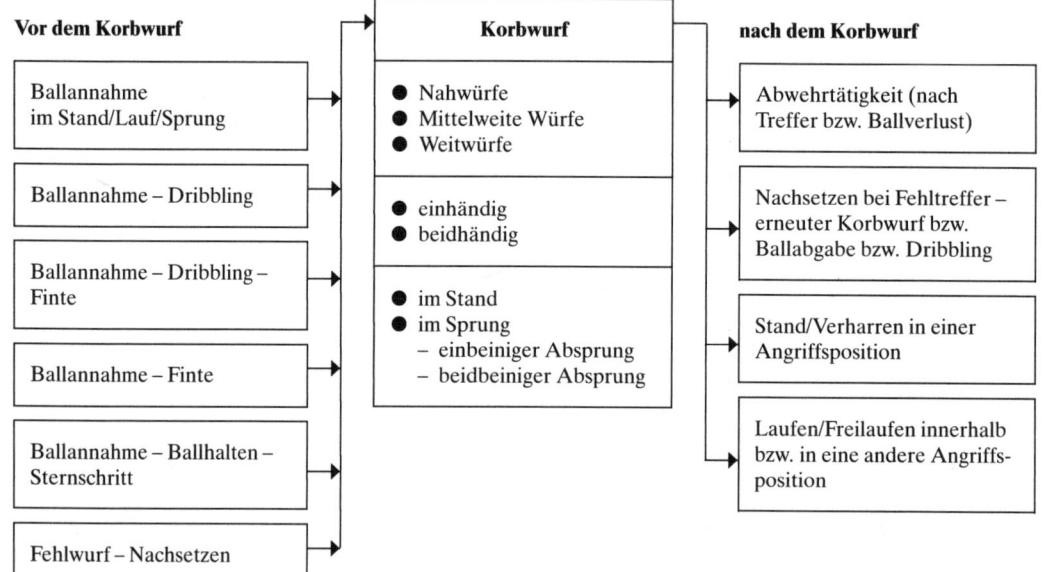

Vor dem Korbwurf	Korbwurf	nach dem Korbwurf
Ballannahme im Stand/Lauf/Sprung	● Nahwürfe ● Mittelweite Würfe ● Weitwürfe	Abwehrtätigkeit (nach Treffer bzw. Ballverlust)
Ballannahme – Dribbling	● einhändig ● beidhändig	Nachsetzen bei Fehltreffer – erneuter Korbwurf bzw. Ballabgabe bzw. Dribbling

Ballannahme – Dribbling – Finte	● im Stand
	● im Sprung
	   – einbeiniger Absprung
	   – beidbeiniger Absprung
		Stand/Verharren in einer Angriffsposition

Ballannahme – Finte		Laufen/Freilaufen innerhalb bzw. in eine andere Angriffsposition
Ballannahme – Ballhalten – Sternschritt		
Fehlwurf – Nachsetzen		

sollten zunächst Serienwürfe unter einfachen, relativ gleichbleibenden Bedingungen dominieren. Danach sind die Bedingungen zu variieren und die Anforderungen zu erhöhen (Wurfrichtung, Wurfentfernung, Wurftechnik, schwächere Hand; mit und ohne Brettanspiel u. a.) sowie zunehmend spielnah (nach dem Prinzip der ständigen Veränderung von Einzelwürfen; in Verbindung mit anderen Fertigkeiten; Hinzunahme von graduierter und aktiver Gegenwehr; Erhöhung der Belastungsanforderungen u. a.) zur Vorbereitung des schnellen bzw. Positionsangriffs zu gestalten. Es wird empfohlen, das Korbwurftraining gleichzeitig zum Üben des Rebound (Nachsetzen) sowohl für den Angriffs- als auch Abwehrspieler zu nutzen.

Nachdem die notwendigen motorischen Voraussetzungen geschaffen wurden, sind Übungs- und Spielformen mit aktiver Gegenwehr (Unterzahl/Gleichzahl/Überzahl) einzusetzen, die sowohl den Angriffs- als auch den Abwehrspieler zu einem situationsbedingten individuellen Lösen der Korbwurfsituation zwingen. Der Werfer ist bei Gegnereinwirkungen zu alternativem Handeln zu befähigen. Der Schulung der Abwehr von Korbwürfen ist aufgrund des hohen Schwierigkeitsgrades (Foulregel) und der damit verbundenen Anforderungen an Wahrnehmungs-, Antizipations-

und Reaktionsfähigkeit ausreichend Zeit einzuräumen.

Um die Spieler zur erhöhten Aufmerksamkeit und Leistungsbereitschaft zu veranlassen, sollten Wettbewerbsformen eingeschaltet und die Trefferergebnisse bzw. Abwehrerfolge registriert werden.

Für die Reihenfolge bzw. Akzentuierung des Vermittelns verschiedener Korbwurftechniken werden für die Anfängerausbildung folgende orientierende **Empfehlungen** gegeben, die die parallele Ausbildung verschiedener Korbwurfarten einschließen:

Nahwürfe
– einhändiger Korbwurf von oben mit einbeinigem Absprung nach Dribbling und Ballannahme im Lauf (oberer Korbleger)
– Unterhandwürfe – Hakenwürfe – weitere spezielle Würfe

mittelweite Würfe und Weitwürfe
– einhändiger Korbwurf aus dem Stand
– Freiwürfe
– Sprungwürfe.

Für die nach Angriff bzw. Abwehr zu akzentuierenden Übungs- und Spielformen wurden folgende **Schwerpunkte in Verbindung mit dem Rebound** ausgewählt:

- Nahwürfe aus der Bewegung – Abwehr
- Nahwürfe nach Dribbling
- Nahwürfe nach Ballannahme im Lauf
- Mittelweite Würfe und Weitwürfe – Abwehr
- Würfe aus dem Stand und Sprungwürfe
- Freiwürfe
- Korbwürfe mit ständigem Wechsel der Anforderungen – Abwehr.

ÜBUNGS- UND SPIELFORMEN

Nahwürfe aus der Bewegung: Nahwürfe nach Dribbling/Abwehr

1. Vorübungen zur Einführung des einhändigen Wurfes von oben mit einbeinigem Absprung (oberer Korbleger):
- Korbwurf mit Schwungbeineinsatz im Stand
- Korbwurf mit einem Auftaktschritt und Schwungbeineinsatz
- Korbwurf mit einem Auftaktsprung und Schwungbeineinsatz
- Korbwurf nach einem Dribbelschlag und Zweikontaktrhythmus.

2. Nahwurf nach Dribbling (ohne oder mit Rebound) aus der Grundformation 5:0 – ohne und mit Abwehr (Abb. 88)
Ablauf: Jeder Spieler greift den Korb unter Berücksichtigung der Aktionen der anderen Spieler an. Es darf nur einmal geworfen werden. Anschließend herausdribbeln (außerhalb der 3-Punkte-Linie) und erneut den Korb angreifen.
Methodische Hinweise:
Ziel: hohe Korbwurfeffektivität bei steigendem Dribbeltempo
- Üben zunächst ohne Gegner, dann Gegner in der Minderzahl (5:2; 5:3; 5:4) bis zu Gleichzahlverhältnissen
- Anwenden verschiedener Korbwurftechniken in Serien bzw. in ständigem Wechsel
- Die Ausgangspositionen sind zu wechseln bzw. ständig zu variieren
- Anwenden von Wettbewerbsformen.
Varianten:
- Die gleichen Übungsformen aus den Grundformationen 4:1 bzw. 3:2
- Nach einem Korbwurfversuch darf bei Fehltreffer nachgesetzt werden, solange der Ball den Boden nicht berührt hat (Korbwurftreffer: 2 Punkte; Nachsetzer: 1 Punkt).
- Auf Pfiff Korbwechsel
- Bei Fehltreffer muß der Spieler einen der auf der Mittellinie liegenden Medizinbälle umdribbeln, um sich ein neues Wurfrecht zu holen.

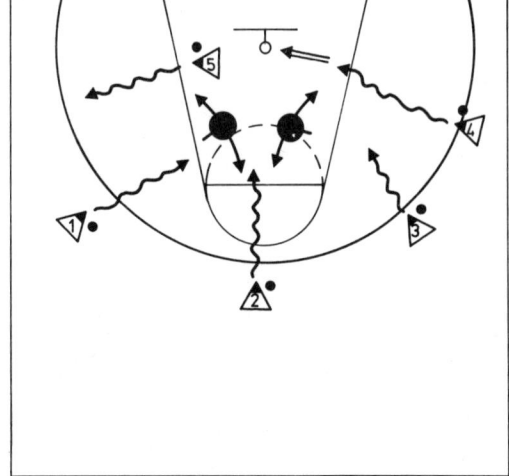

Abb. 88   Nahwurf nach Dribbling (ohne oder mit Rebound) aus der Grundformation 5:0

**3. Nahwurf nach Dribbling bis zum Korberfolg –
ohne und mit Abwehr** (Abb. 89)

Ablauf:

Jeder Spieler dribbelt in einem markierten Spielraum nach Anweisung des Übungsleiters mit der
rechten oder linken Hand im Knien, Sitzen, Liegen usw. Auf Pfiff dribbeln alle zu einem der
Körbe und werfen so lange, bis ein Treffer erzielt
wurde. Danach ist sofort wieder in den Ausgangsraum zurück zu dribbeln. Wettbewerbsform: Wer
zuerst da ist, erhält zwei Punkte, der zweite einen
Punkt. Zur besseren Übersicht für die Punktever-
gabe Bänder verteilen.

Varianten:

– An jedem Korb agieren ein oder zwei Gegner
  zur Wurfabwehr.
– Die Abwehrspieler stören bereits beim Dribbling innerhalb des Startraumes.
– Alle Handlungen dürfen nur mit der schwächeren Hand ausgeführt werden.
– Anwenden vorgegebener Korbwurftechniken
  (Unterhandwurf; Hakenwurf; Sprungwurf
  u. a.).

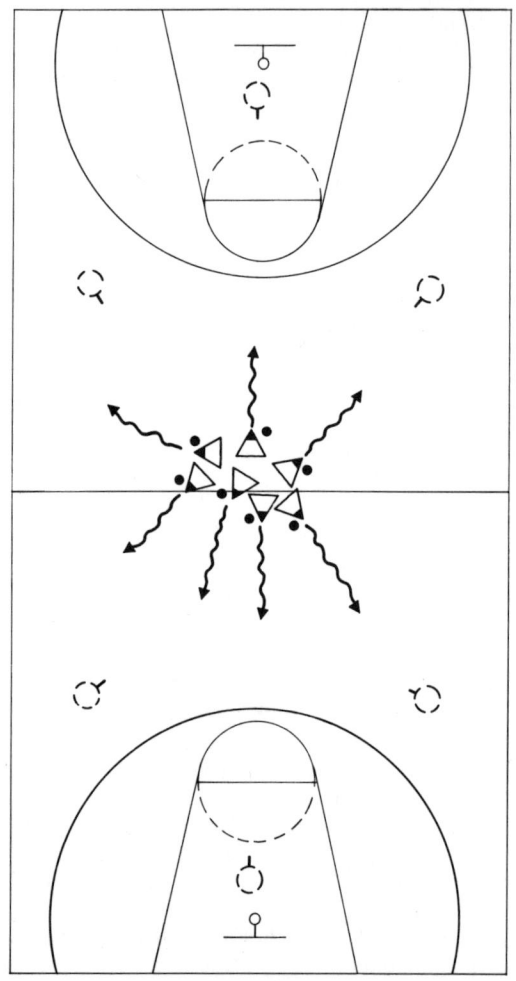

Abb. 89   Nahwurf nach Dribbling bis zum Korberfolg –
ohne und mit Abwehr

4. Nahwurf nach Dribbling zur Vorbereitung des Positionsangriffs (Außenspieler – Center) – ohne und mit Abwehr (Abb. 90)

Ablauf: s. Abbildung 90

Methodische Hinweise:

– Fintierte Zuspiele zum Center an der Freiwurflinie; Freilaufen durch Richtungsänderung und Antritt.

– Center wechseln nach dem Zuspiel die Positionen.

Variante:

In der Gasse agieren zusätzlich ein oder zwei Gegner. Sollte ein Korbwurf (Sprungwurf, Unterhandwurf) taktisch nicht gerechtfertigt sein, Rückspiel zum Center, der sich für ein Anspiel anbietet und danach auf den Korb wirft (Sprungwurf).

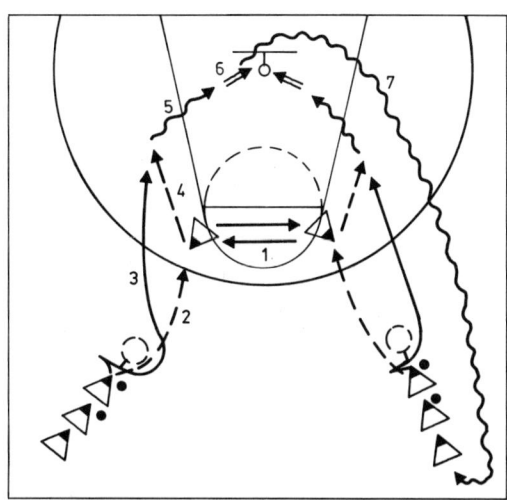

Abb. 90   Nahwurf nach Dribbling (Zusammenwirken Außenspieler – Center)

5. Nahwürfe nach Dribbling und Zuspielen im Laufen unter Zeitdruck zur Vorbereitung des schnellen Angriffs (Abb. 91)

Ablauf: „Dribbler gegen Zuspieler". Wer erzielt zuerst nach schnellem Überwinden des Spielfeldes einen Korbwurftreffer? Es wird so lange geworfen, bis ein Spieler der Dreiergruppe den Korb getroffen hat. Regelverstöße werden abgepfiffen.

Methodische Hinweise:

Wettbewerb: Wer hat nach einer vereinbarten Zahl von Angriffen die meisten Treffer (Punkte) erzielt? Trifft ein Zuspieler den Korb, erhält auch der Mitspieler den Punkt zugesprochen. Rollenwechsel beachten.

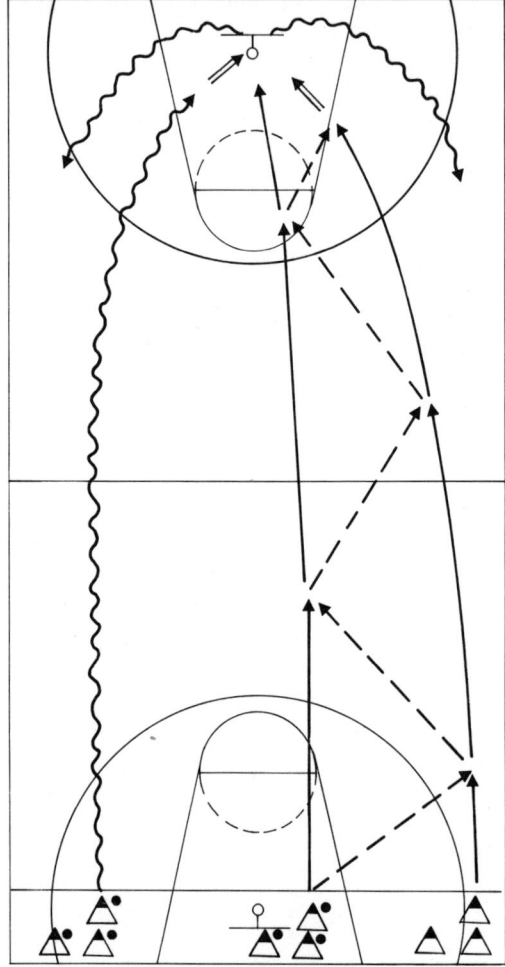

Abb. 91   Nahwürfe nach Dribbling oder nach Zuspielen im Laufen unter Zeitdruck (Vorbereitung des schnellen Angriffs)

6. Nahwurf nach Dribbling in Verbindung mit Handlungsketten – ohne und mit Abwehr (Abb. 92)

Ablauf: s. Abbildung 92

Methodische Hinweise:

– Hin- und Rückweg können zunächst gleich gestaltet werden (wie in Abb. 92 vorgegeben).
– Temposteigerungen und hohe Korbwurfeffektivität fordern.
– Bei Nichttreffen des Korbes ist ein Rebound (Nachsetzen) und ein erneuter Korbwurf zu fordern, wenn der Ball den Boden nicht berührt hat.
– In Korbnähe agiert je ein Abwehrspieler (halbaktiv/aktiv), der durch Anwenden von Finten auszuspielen ist.
– Einzel- bzw. Mannschaftswettbewerb ist möglich.

Varianten:

– Nahwurf nach Ballannahme im Lauf. Das Dribbling ist untersagt.
– Anstelle des Nahwurfes nach Dribbling ist ein Sprungwurf nach Dribbling und Abstoppen auszuführen.
– Einbauen von Hindernissen (Ständer, Medizinbälle), so daß ein Slalomdribbling bzw. ein Umlaufen von Hindernissen gefordert wird.

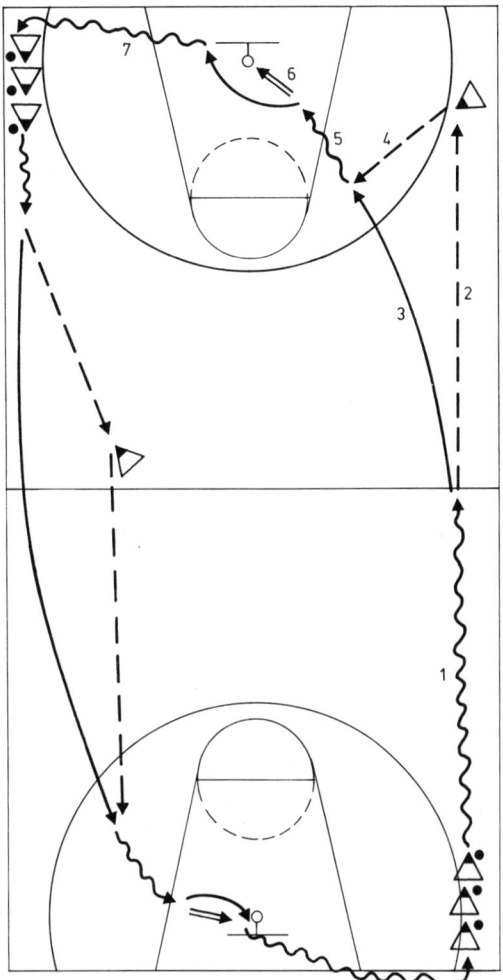

Abb. 92   Nahwurf nach Dribbling in Verbindung mit Handlungsketten

7. Nahwurf nach Dribbling zur Vorbereitung des schnellen Angriffs mit nachlaufendem Abwehrspieler (Abb. 93)

Ablauf: Der Abwehrspieler postiert sich in einem Abstand von 3 m (Abstand kann vergrößert bzw. verringert werden) – Ausgangsstellung: in Laufrichtung (Abb. 93a) oder mit dem Rücken zur Laufrichtung (Abb. 93b) – und versucht, den schnell dribbelnden Angriffsspieler einzuholen, einen Korbwurf zu verhindern bzw. zu erschweren. Wettbewerb möglich.

Varianten:

– Ausführung der Übung auf einem halben Spielfeld;

– ein oder zwei Paare ohne Unterbrechung mehrere Durchgänge ausführen lassen.

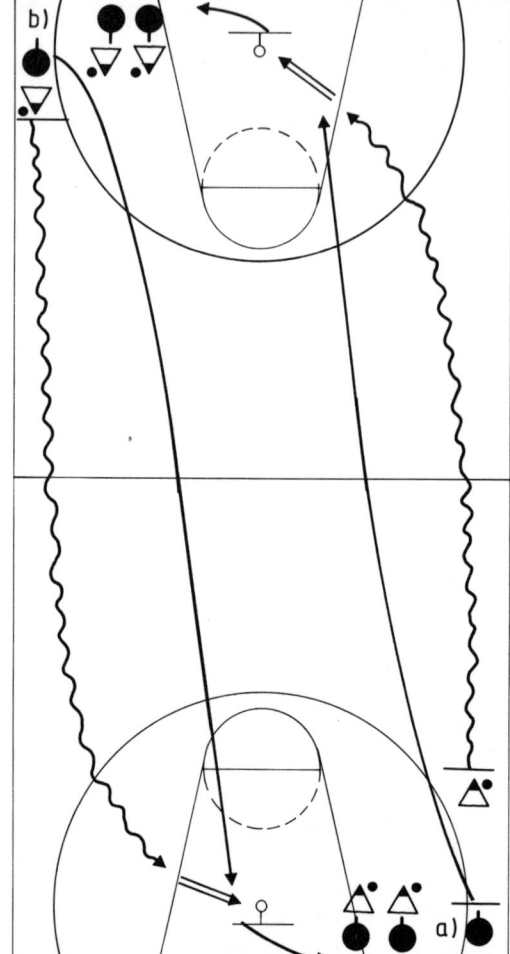

Abb. 93   Nahwurf nach Dribbling mit nachlaufendem Abwehrspieler

8. Nahwürfe nach Ballannahme (Zweikontakt-rhythmus) mit Rebound – ohne Gegner (Abb. 94 und 95)

Ablauf: s. Abbildungen 94a und 95

Methodische Hinweise:

– Serienwürfe, um die grundlegenden Techniken nach Ballannahme aus dem Lauf zu erlernen (Schrittfehler!); Werfer setzt selbst nach
– Temposteigerungen
– Würfe aus verschiedenen Richtungen zum Korb (Mitte; linke Seite; parallel zum Korb rechts und links; Zuspieler entsprechend postieren.

Variante:

Anwenden verschiedener Korbwurftechniken: Unterhandwürfe, Sprungwürfe nach Abstoppen; Hakenwürfe u. a.

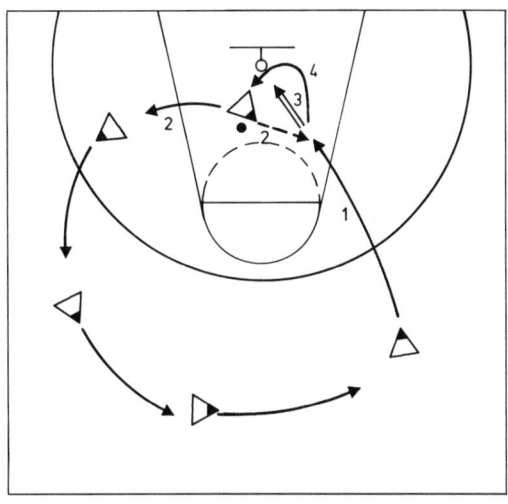

Abb. 94   Nahwürfe nach Ballannahme (Zweikontakt-rhythmus) mit Rebound (Beispiel 1)

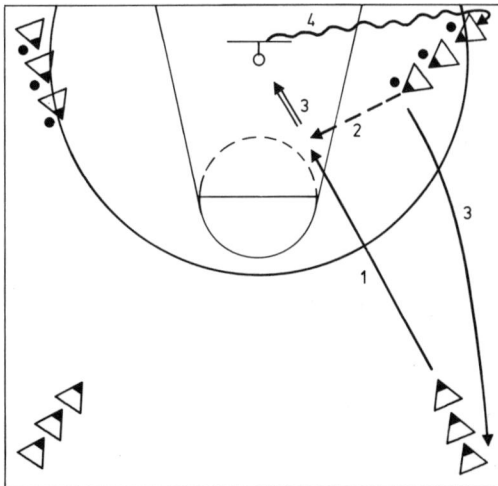

Abb. 95   Nahwürfe nach Ballannahme (Zweikontakt-rhythmus) mit Rebound (Beispiel 2)

9. Nahwürfe nach Ballannahme im Lauf zur Vorbereitung des Positionsangriffs (Aufbauspieler – Center) – ohne und mit Abwehr (Abb. 96 und 97)

Ablauf:

– Der Center ist an der Freiwurflinie (Vorcenter) postiert. Bei Übernahme des Werfers durch den Abwehrspieler des Centers Paß zum jeweiligen Vorderspieler (Flügelspieler) möglich, der dann auf den Korb wirft (Standwurf oder Sprungwurf). (Abb. 96)

– Die Center sind an der Gasse (Seitcenter) postiert und bieten sich durch Positionswechsel zur Ballannahme an. (Abb. 97)

Methodische Hinweise:

– Zuspiele zum Center erfolgen nacheinander. (Abb. 96)

– Center wechseln ständig ihre Positionen. (Abb. 97)

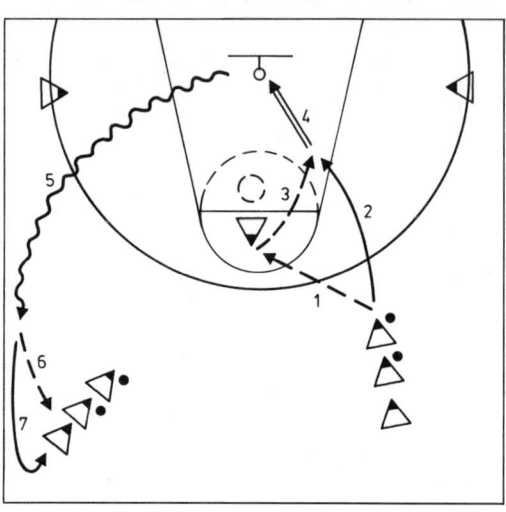

Abb. 96 Nahwürfe nach Ballannahme im Lauf (Zusammenwirken Aufbauspieler – Vorcenter)

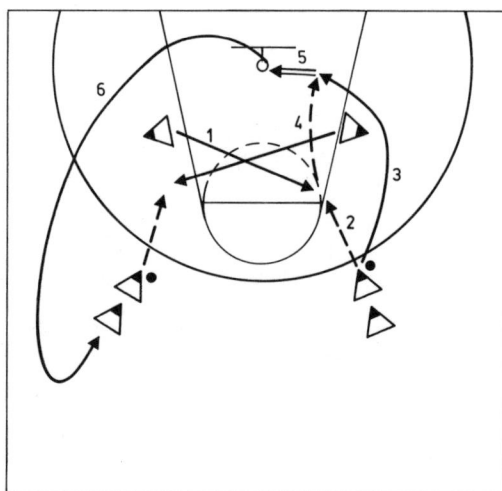

Abb. 97 Nahwürfe nach Ballannahme im Lauf (Zusammenwirken Aufbauspieler – Seitcenter)

10. Nahwürfe nach Ballannahme im Lauf: Mormon mit zwei Zuspielen – ohne und mit Abwehr (Abb. 98)

Ablauf: s. Abbildung 98

Methodische Hinweise:
- Spieler Nr. 2 wird nach dem Zuspiel zum Gegner.
- Aufgabenwechsel zwischen den Spielern Nr. 1 und Nr. 2, so daß der Korbwurf von der rechten Seite (bzw. frontal) zum Korb erfolgt.

Varianten:
- Zum Umspielen des Gegners kann vor dem Korbwurf ein Dribbling angewendet werden.
- Anwenden mehrerer Korbwurftechniken.

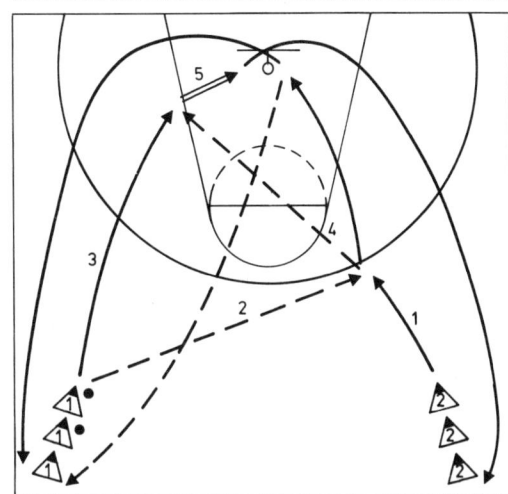

Abb. 98   Mormon mit zwei Zuspielen

Abb. 99   Abwehr von Nahwürfen nach Ballannahme im Lauf (1:2)

11. Abwehr von Nahwürfen nach Ballannahme im Lauf – 1:2 bzw. 2:3 (Abb. 99 und 100)

Ablauf:
- Ein Abwehrspieler verteidigt den Korb gegen zwei Angriffsspieler. Dribbling ist nicht erlaubt. Die Angreifer haben nur zwei (einen) Wurfversuche. (Abb. 99)
- Zwei Abwehrspieler verteidigen den Korb gegen drei Angriffsspieler (ohne Dribbling; zwei bzw. ein Wurfversuch). (Abb. 100)

Methodische Hinweise:
- Höchste Einsatzbereitschaft der Abwehrspieler
- Wettbewerb zwischen Angreifern und Verteidigern.

Varianten:
- Erschwerung für die Angreifer durch Gleichzahlverhältnisse (2:2 bzw. 3:3).
- Die Spieler müssen die vorgegebenen Räume (Längsstreifen) nicht einhalten; die Laufwege und Zuspiele können beliebig erfolgen.

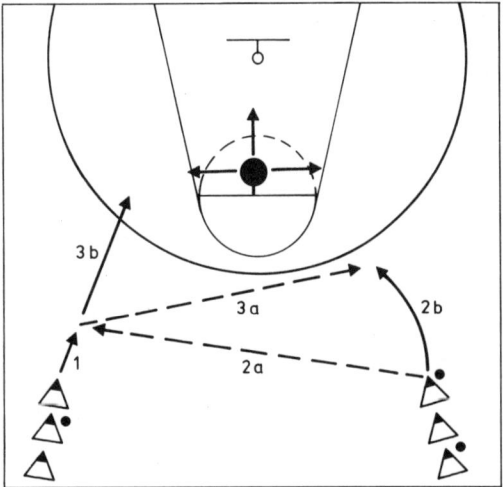

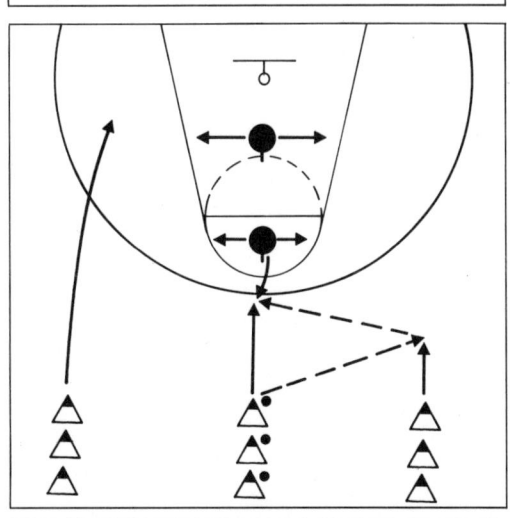

Abb. 100   Abwehr von Nahwürfen nach Ballannahme im Lauf (2:3)

12. Nahwürfe nach Ballannahme im Lauf unter Einbeziehung mehrerer Spielergruppen: Aufbau-/ Hinterspieler – Flügel-/Vorderspieler – Center (Abb. 101 und 102)

Ablauf:
– Der Werfer setzt selbst nach; nach Ausführung der Spielhandlungen wechseln alle drei beteiligten Spieler in Uhrzeigerrichtung. (Abb. 101)
– s. Abb. 102, Spielerwechsel wie in Abbildung 101.

Methodische Hinweise:
Auf das genaue Timing ist zu achten. Die Grundformation der Spielergruppen ist zu variieren, so daß der Korb von verschiedenen Richtungen angegriffen wird.

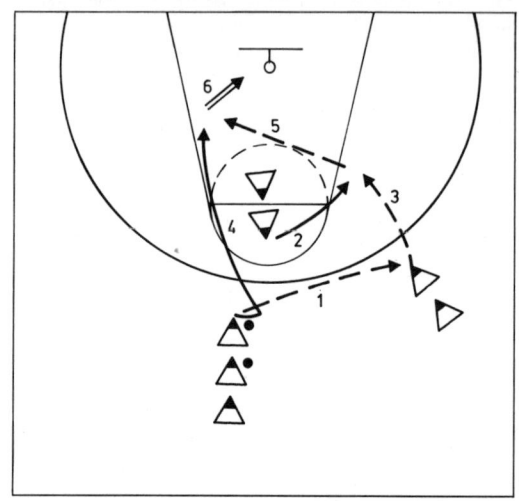

Abb. 101   Nahwürfe nach Ballannahme im Lauf unter Einbeziehung mehrerer Spielergruppen: Aufbau-(Hinter-)spieler – Flügel-(Vorder-)spieler – Center

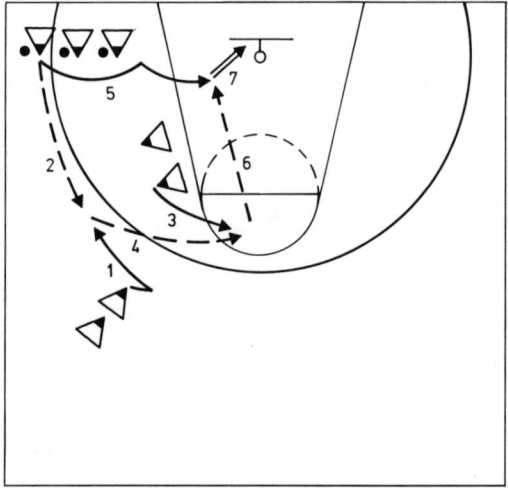

· Abb. 102   Nahwürfe nach Ballannahme im Lauf unter Einbeziehung mehrerer Spielergruppen: Aufbau-(Hinter-)spieler – Flügel-(Vorder-)spieler – Center

13. Nahwürfe nach Ballannahme im Lauf zur Vorbereitung des schnellen Angriffs (Dribbling – Freilaufen – Zuspiel – ohne und mit Abwehr (Abb. 103)

Ablauf: s. Abbildung 103

Methodische Hinweise:

– Es ist ein hohes Tempo ohne Ballverlust bei hoher Treffsicherheit anzustreben. Erzielt Spieler Nr. 2 (ohne Ball) keinen Raumvorteil, wirft Nr. 1 selbst auf den Korb. Nr. 1 setzt nach und leitet sofort den schnellen Angriff ein.

– Es können Gegner (zunächst mit räumlichem Handicap) eingesetzt werden, die erst wirksam werden dürfen, wenn der ballführende Spieler die Mittellinie überdribbelt hat.

– Seiten- und Rollenwechsel.

Varianten:

– Gegner postieren sich in Höhe der Spielergruppe Nr. 1 (mit und ohne räumliches Handicap). Je nach gegnerischer Einwirkung alternatives Handeln bis zum Angriffsabschluß.

– Anwenden unterschiedlicher Korbwurftechniken.

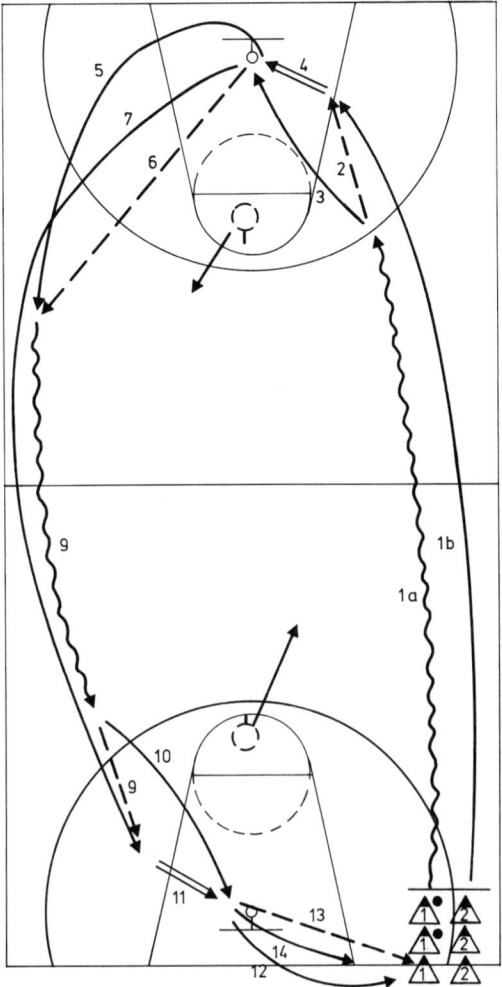

Abb. 103 Nahwürfe nach Ballannahme im Lauf (Dribbling – Freilaufen – Zuspiel)

14. Nahwürfe nach Ballannahme im Lauf zur Vorbereitung des schnellen Angriffs (nach Langpaß mit Rebound) – ohne und mit Abwehr (Abb. 104)

Ablauf: Der Werfer setzt dem Wurf selbst nach und wird Zuspieler.

Methodische Hinweise:
– Der Langpaß ist als Zuspielform paarweise vorzubereiten.
– Sollte der Langpaß nur bedingt gelingen, dann kann die Entfernung bis zum Korb mit einem Dribbling überbrückt werden.
– Temposteigerung anstreben, um das im Spiel beabsichtigte Überzahlverhältnis zu erzielen und zu erhalten.

Variante:
Einbeziehung von Abwehrspielern (mit Handicap), die erst wirksam werden dürfen, wenn der Ball die Mittellinie überflogen hat.

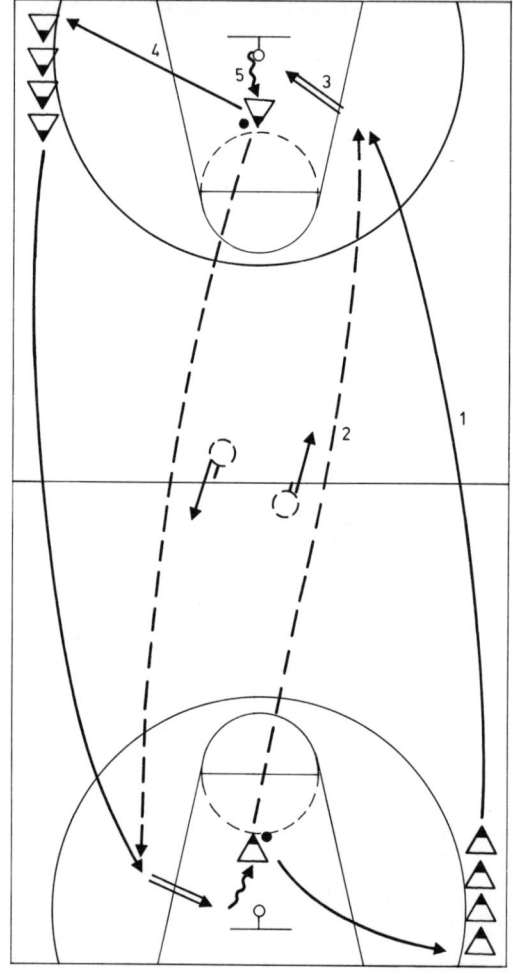

Abb. 104   Nahwürfe nach Ballannahme im Lauf (nach Langpaß mit Rebound)

Mittelweite Würfe und Weitwürfe: Korbwürfe aus dem Stand/Sprungwürfe – Abwehr

Es wird darauf verzichtet, gesonderte Übungs- bzw. Spielformen für das Erlernen und Vervollkommnen der Korbwürfe aus dem Stand (vorwiegend einhändig) und der Sprungwürfe (vorwiegend einhändig, beidbeiniger Absprung) auszuweisen. Je nach Ausbildungsstand und Zielstellung sind die Entfernungen (Mitteldistanz/Weitdistanz), die auszuführende Technik der Korbwürfe, die graduierte Gegnereinwirkung festzulegen bzw. vom Spieler eigenständig situativ zu lösen.

15. Korbwürfe aus dem Stand bzw. Sprungwürfe nach Ballannahme in Serien mit Veränderung der Positionen (Abb. 105 und 106)

Ablauf:
- Die Werfer üben aus mittleren bzw. weiten Entfernungen eine festgelegte Korbwurftechnik in Serienwürfen. Zwei Zuspieler agieren in Korbnähe, üben das Nachsetzen und spielen dem jeweiligen Werfer den Ball zurück. Von jeder Position ist eine bestimmte Wurfanzahl (z. B. 10 Würfe) zu realisieren, danach erfolgt ein Wechsel der Positionen. (Abb. 105)
- Üben paarweise; der Werfer wirft von einer bestimmten Position, bis er zwei (oder mehr) Treffer erzielt hat, und wechselt dann zur nächsten Position oder wechselt mit dem Zuspieler. (Abb. 106)

Methodische Hinweise:
- Auf richtige technische Ausführung achten. Entfernung dem Leistungsvermögen anpassen
- Wettbewerbsformen anwenden.

Varianten:
- Ständiger Wechsel der Positionen und Entfernungen
- Wechsel zwischen Korbwürfen aus dem Stand und Sprungwürfen
- bei Fehltreffern (oder bei Korbwurftreffern) sind 2 Freiwürfe auszuführen (Weitwurftreffer zählen 2 Punkte; Freiwurftreffer 1 Punkt)
- bei Übungsform 15 (Abb. 106) kann der Zuspieler nach der Ballabgabe als Abwehrspieler (halbaktiv/aktiv) agieren.

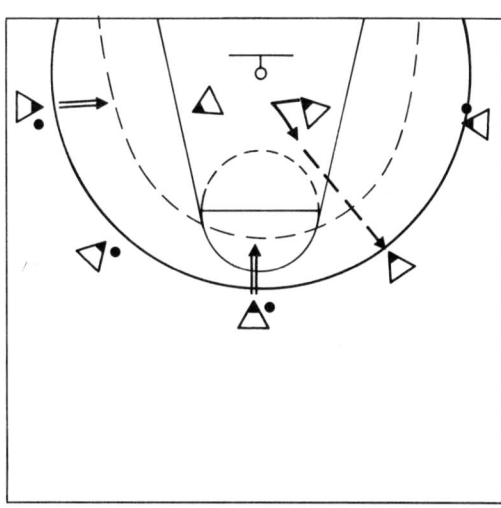

Abb. 105 Korbwürfe aus dem Stand bzw. Sprungwürfe nach Ballannahme in Serien

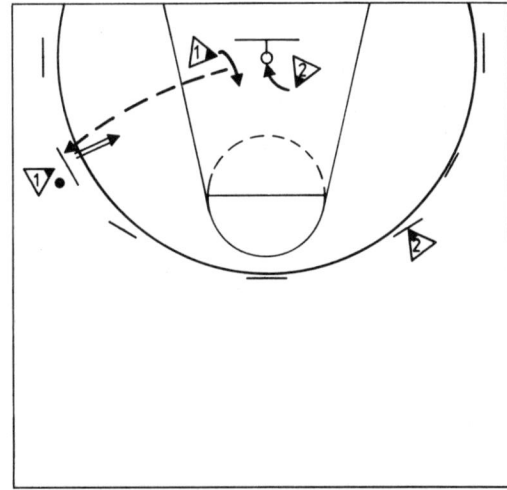

Abb. 106 Korbwürfe aus dem Stand bzw. Sprungwürfe nach Ballannahme – paarweise in Serien

16. Korbwürfe aus dem Stand bzw. Sprungwürfe mit ständiger Veränderung der Positionen und Rebound (Abb. 107 und 108)

Ablauf:
- Einzelarbeit. Der Spieler hat von jeder der vorgegebenen 10 Wurfpositionen einen Wurfversuch. Bei erfolgreichem Rebound (Ball darf nicht den Boden berühren) wird ein zweiter Wurfversuch gestattet. Wieviel Treffer erzielt er bei einem oder mehreren Durchgängen? (Abb. 107)
- Einzelarbeit; mit freier Wahl der Wurfposition. Der Spieler wirft außerhalb der 6,25-m-Linie auf den Korb, setzt dem Wurf nach und darf bei erfolgreichem Nachsetzen noch einen Nahwurf ausführen. Danach dribbelt er zu einer beliebigen Position außerhalb der 6,25-m-Linie und führt erneut einen Weitwurf aus. Wieviel Treffer (Weitwürfe: 2 Punkte; Nahwurf: 1 Punkt) werden in einer bestimmten Zeit erzielt? (Abb. 108)

Methodische Hinweise:
- Anzahl, Entfernung und Richtung der Wurfpositionen können verändert werden (vgl. Abb. 107).
- Trotz des gegebenen Zeitdrucks bei der 2. Übungsform (Abb. 108) auf technisch richtige Ausführung der Würfe achten.

Varianten: (vgl. Abb. 107)
- 1. Durchgang: Korbwürfe aus dem Stand; 2. Durchgang: Sprungwürfe
- Innenkreis: Sprungwürfe; Außenkreis: Würfe aus dem Stand
- ständiger Wechsel zwischen Stand- und Sprungwürfen.

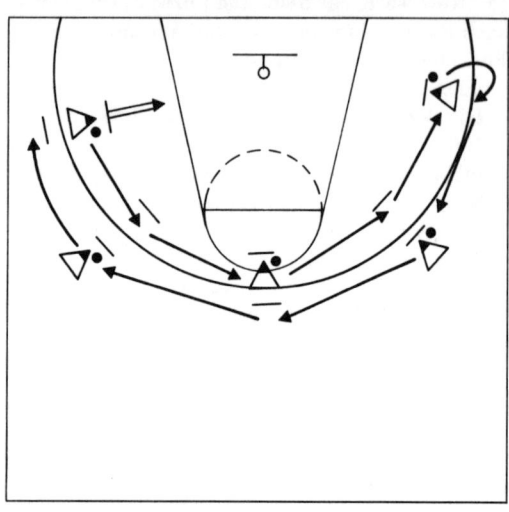

Abb. 107   Korbwürfe aus dem Stand bzw. Sprungwürfe von verschiedenen Positionen – Rebound

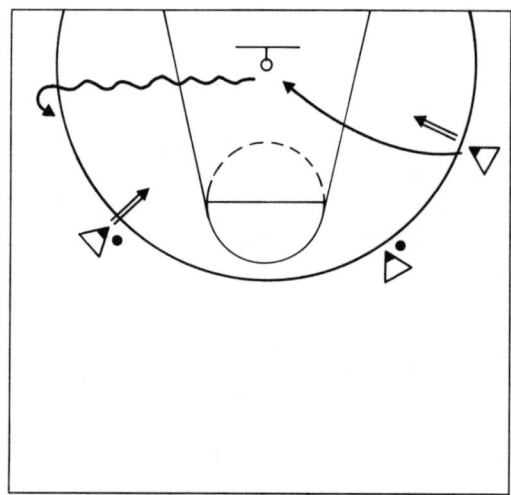

Abb. 108   Korbwürfe aus dem Stand bzw. Sprungwürfe mit freier Wahl der Wurfposition

17. Korbwürfe aus dem Stand bzw. Sprungwürfe nach Ballannahme und Dribbling mit Abwehr: 3:2 bzw. 2:1 (Abb. 109 und 110)

Ablauf:
– Drei Angriffsspieler spielen sich den Ball schnell zu. Sobald ein Spieler kurzzeitig ungedeckt ist, erfolgt ein Weitwurf. Alle fünf Spieler setzen dem Wurf nach. Bei Ballgewinn der Angreifer ist ein Nahwurf auszuführen. (Abb. 109)
– Wie Abb. 109, aber mit räumlichen Beschränkungen. (Abb. 110)

Methodische Hinweise:
Wettbewerb: Für Weitwurftreffer (2 Punkte) und Nahwurftreffer (1 Punkt) erhalten die Angreifer in einer bestimmten Zeit Punkte. Bei Ballgewinn durch die Abwehrspieler wird jeweils ein Punkt (oder 2 Punkte) abgezogen.

Varianten:
– Die Angriffsspieler können ihre Positionen in einem Raum von 4 bis 7 m Entfernung um den Korb beliebig wählen. Das Unterzahlverhältnis der Abwehrspieler wird zugunsten der Abwehr verändert (3:3; 3:4).

Die Übungsform wird mit unterschiedlichen Spielerzahlen durchgeführt (3:1; 4:2; 4:3; usw.).
– Um sich der Abwehr zu entziehen, können die Angriffsspieler auch Weitwürfe (Sprungwürfe) nach Dribbling und Abstoppen ausführen.

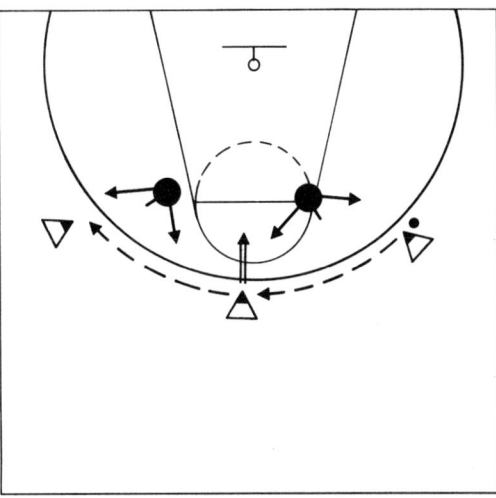

Abb. 109 Korbwürfe aus dem Stand bzw. Sprungwürfe nach Ballannahme und Dribbling (3:2)

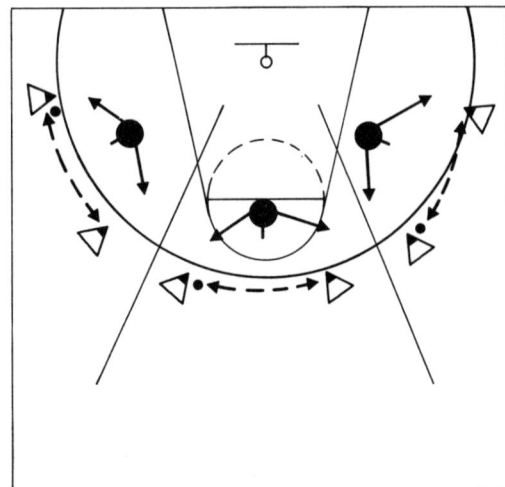

Abb. 110 Korbwürfe aus dem Stand bzw. Sprungwürfe nach Ballannahme und Dribbling auf engem Raum (2:1)

18. Abwehr von Sprungwürfen nach Dribbling und Ballannahme im Stand und Lauf: 1:1 und 2:2
(Abb. 111 und 112)
Ablauf:
– 1:1 mit fest postiertem Anspielpunkt. Der Abwehrspieler versucht unter Beachtung des Regelwerkes, den Angriffsspieler möglichst nicht zum Korbversuch bzw. zum Korbtreffer gelangen zu lassen. Der Angreifer darf die Freiwurfgasse und den Sprungkreis nicht betreten und kann, um zum Erfolg zu kommen, einen fest postierten Mitspieler einbeziehen. (Abb. 111)
– 2:2 in einem begrenzten Spielraum.
   Die Abwehrspieler sind bemüht, durch intensive Abwehrarbeit die Korberfolge (Sprungwürfe) durch die Angreifer zu verhindern bzw. weitestgehend einzuschränken. (Abb. 112)
Methodische Hinweise:
– Wettbewerbsformen verschiedener Art anwenden.
– Die Angreifer versuchen, durch ständiges Freilaufen und Positionswechseln kurzfristig ungehindert auf den Korb werfen zu können.
Varianten:
– Veränderung der Spieleranzahl: 3:3
– nach Ballgewinn durch die Abwehrspieler schneller Gegenangriff auf den anderen Korb.

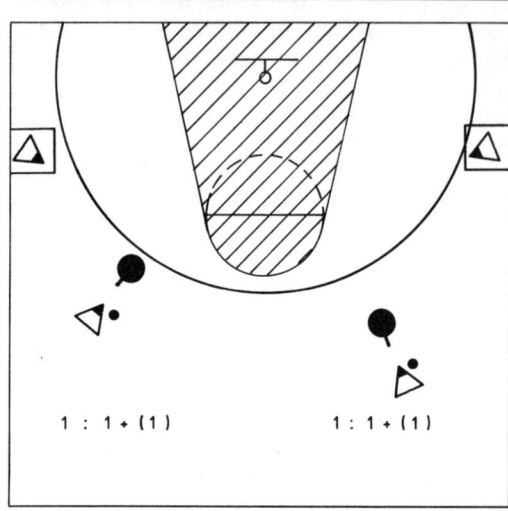

Abb. 111   Abwehr von Sprungwürfen nach Dribbling und Ballannahme (1:1)

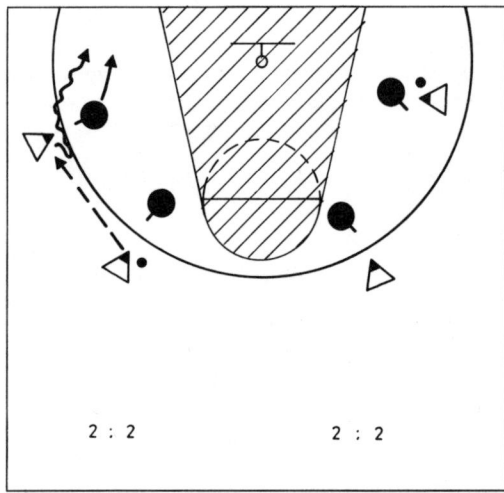

Abb. 112   Abwehr von Sprungwürfen nach Dribbling und Ballannahme (2:2)

Freiwürfe

19. Freiwürfe in Serien ohne und mit Zusatzaufgaben (Abb. 113)

Ablauf: Spieler 1 übt in kleinen oder größeren Serien Freiwürfe. Spieler 2 und 3 fangen die Bälle unter Berücksichtigung der Regeln ab und werfen erneut auf den Korb. Alle Bälle werden Spieler 4 zugespielt, der sie dem Werfer übergibt. Wettbewerbsformen anwenden.

Varianten:

– Bei Fehlwürfen setzen alle Spieler nach.
– Wird von 2 Freiwürfen nicht mindestens ein Wurf (oder nicht beide Würfe) getroffen, muß der Freiwerfer Zusatzaufgaben (Umlaufen von Malen, Armbeugen im Liegestütz u. a.) ausführen. Inzwischen wirft Nr. 4.

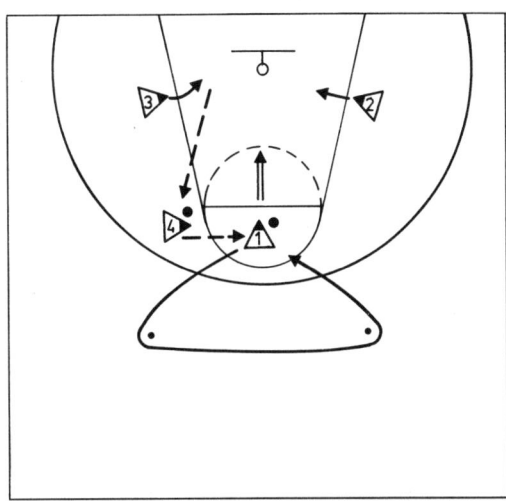

Abb. 113 Freiwürfe in Serien mit Zusatzaufgabe

20. Freiwürfe mit Rebound und Gegnern (Abb. 114)

Ablauf: Je 3 Angriffs- und 3 Abwehrspieler. Der Werfer wirft eine bestimmte Anzahl von Freiwürfen; nach jedem Freiwurf wird unter Berücksichtigung der Regeln nachgesetzt. Danach erfolgt Rollenwechsel. Welche Mannschaft hat die meisten Punkte (Freiwurf: 1 Punkt; Ballgewinn beim Rebound: 1 Punkt; bei Regelwidrigkeiten wird ein Punkt abgezogen)?

21. Kleines Freiwurfspiel (vgl. Abb. 114)

Ablauf: Es werden zwei Mannschaften gebildet (Dreier- oder Vierermannschaften), die gegeneinander an einem Korb spielen. Die Spieler der Mannschaften werfen abwechselnd je zwei Freiwürfe und wechseln entgegen der Uhrzeigerrichtung die Plätze. Trifft ein Spieler nicht, so beginnt der Kampf um den Ball. Die Mannschaft, die in Ballbesitz kommt, versucht zum Korberfolg zu gelangen. Dann kommt der nächste Spieler an die Reihe. Wer hat in einer bestimmten Zeit die meisten Punkte?

Varianten:

– Jeder führt so lange Freiwürfe aus, bis er das erste Mal daneben wirft.
– Die Spieler einer Mannschaft können reihum so lange werfen (ein oder zwei Würfe je Spieler), bis ein Spieler daneben wirft. Erst dann darf der Gegner werfen.
– Diejenige Mannschaft führt den nächsten Freiwurf aus, die sich nach einem Fehlwurf den Ball erkämpft hat.

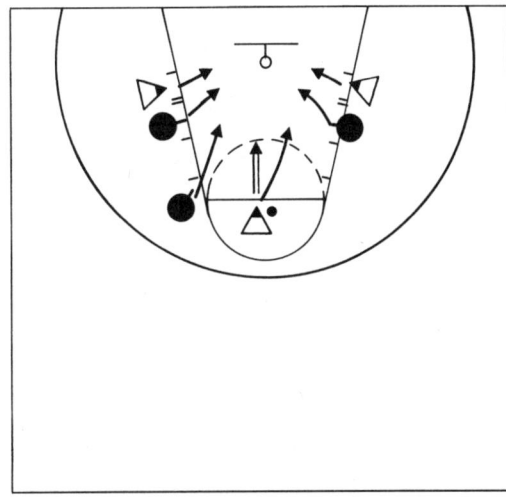

Abb. 114 Kleines Freiwurfspiel

22. Großes Freiwurfspiel (Abb. 115)

Der Spielgedanke ist wie bei 21. Es wird mit Vierer- oder Fünfermannschaften auf dem gesamten Spielfeld gespielt. Bei einem nicht getroffenen Freiwurf versuchen die Gegner, den Ball abzufangen und durch einen schnellen Gegenangriff bzw. einen Positionsangriff auf der anderen Seite zum Erfolg zu kommen. Gelingt das, wird von ihnen der nächste Freiwurf ausgeführt. Gelingt es der Werfermannschaft, den Ball zu erkämpfen, können sie wie bei 21. einen Korbtreffer erzielen und anschließend den nächsten Freiwurf ausführen.

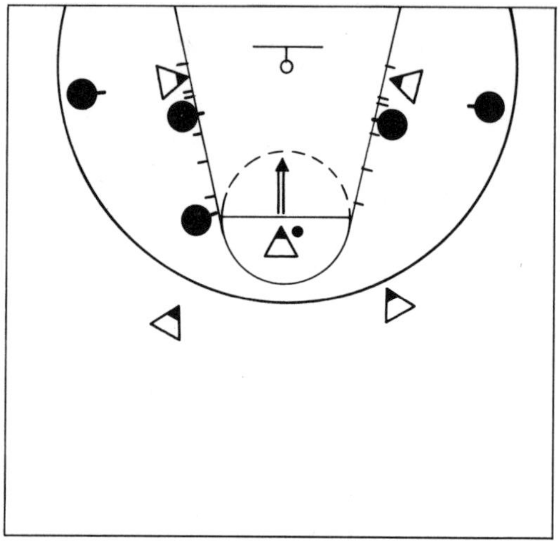

Korbwürfe mit ständig wechselnden Anforderungen/Abwehr

Die spielnahe Ausbildung der Korbwürfe erfordert das zunehmende Ausrichten des Korbwurftrainings auf die Wettspielanforderungen durch folgende **Maßnahmen:**
– ständige Veränderugen der Wurfpositionen und Wurfentfernungen
– ständiger Wechsel der Wurftechniken
– ständige Veränderungen der Handlungsketten in Verbindung mit den Korbwürfen
– steigende Anforderungen an die Wurfabwehr.

Folgende Übungsformen sollen als Anregung für die Konzipierung weiterer Formen dienen:

23. Wechsel zwischen Weitwürfen (Standwürfe) – mittelweiten Würfen (Sprungwürfe) – Freiwürfen (Abb. 116)

Ablauf: Zickzack-Werfen

Es wird entweder paarweise (Zuspiel durch Mitspieler) oder einzeln (Dribbling) in der angegebenen Reihenfolge der Zahlen geworfen. Spieler 1 beginnt auf der Position 1; Spieler 2 z. B. auf der Position 7. Von den Positionen 1, 3, 5, 7, 9 werden Weitwürfe aus dem Stand, von den Positionen 2, 4, 6, 8 Sprungwürfe und von der Position 10 wird ein Freiwurf ausgeführt. Von jeder Position wird nur einmal geworfen. Wer hat nach einem oder mehreren Durchgängen die meisten Treffer erzielt?

Der jeweilige Zuspieler kann nach dem Zuspiel die Funktion des Abwehrspielers übernehmen (Dribbling vor den Sprungwürfen möglich).

Abb. 115   Großes Freiwurfspiel

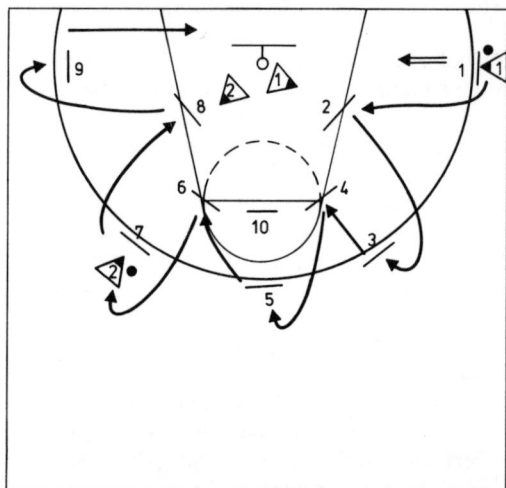

Abb. 116   Wechsel zwischen Weitwürfen (Standwürfe) – mittelweiten Würfen (Sprungwürfe) und Freiwürfen

24. Wechsel zwischen Nahwürfen – Weitwürfen – Freiwürfen

Ablauf:

a) Die Spieler nehmen in Reihe (kleine Gruppe) an der Mittellinie Aufstellung; jeder hat einen Ball. Der Übungsleiter sagt jeweils die Korbwurftechnik, die Wurfposition bzw. Wurfrichtung an. Jeder Spieler hat jeweils einen Wurfversuch. Wer hat nach einer bestimmten Anzahl von Würfen die meisten Treffer?

b) Wie a), aber ein Spieler wird beauftragt, die jeweilige Wurftechnik usw. zu demonstrieren, die von allen auszuführen ist. Nach einer bestimmten Anzahl von Würfen übernimmt ein anderer Spieler die Führung und bestimmt wiederum die Korbwurfvarianten.

Beispiele:

- Nahwurf: einhändiger Wurf von oben nach Dribbling von der linken Seite des Korbes (linke Hand)
- Weitwurf von der rechten Vorderspielerposition
- Nahwurf: einhändiger Unterhandwurf nach Dribbling frontal zum Korb (rechte Hand)
- Sprungwurf von der linken Hinterspielerposition
- Hakenwurf nach Dribbling (rechte Hand) usw.

25. Wechsel zwischen Nah-, mittelweiten und Weitwürfen nach Ballannahme im Lauf bzw. Stand

Ablauf: Paarweise mit einem Ball; beliebige Zuspiele; ständiger Korbwechsel; ständiger Wechsel der Korbwurftechnik, -entfernung und -richtung. Es ist jeweils nur ein Korbwurfversuch gestattet. Der Mitspieler darf einmal nachwerfen.

26. Variable Centerwürfe ohne oder mit Gegenspieler nach Zuspiel von zwei Außenspielern (Abb. 117)

Ablauf: Der Center wird in schneller Folge nacheinander von den Außenspielern angespielt, führt in Verbindung mit Finten spezielle Centerwürfe aus und spielt danach dem jeweiligen Außenspieler den Ball zurück. Die Außenspieler verändern ebenfalls ständig ihre Positionen.

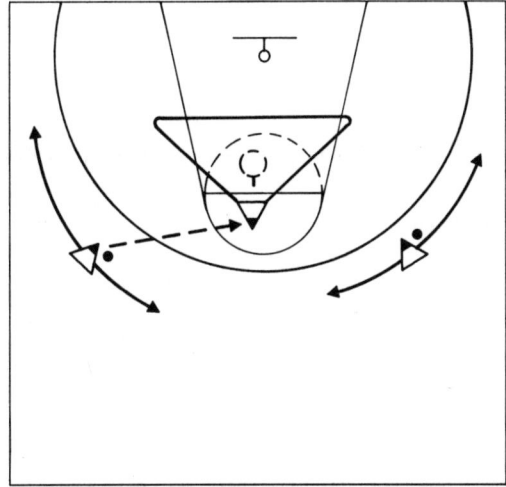

Abb. 117   Variable Centerwürfe nach Zuspiel von zwei Außenspielern

Täuschungshandlungen und deren Abwehr

Täuschungshandlungen werden angewendet, um den Gegner von der tatsächlich beabsichtigten Spielhandlung abzulenken und ihn zu Fehlreaktionen zu verleiten, damit die Realisierung der eigentlichen Handlungsabsicht möglich wird bzw. unter günstigeren Bedingungen erfolgen kann. Es ist generell zwischen Finten und Folgehandlungen zu unterscheiden, die erst in ihrer Einheit zur angestrebten Wirksamkeit führen. Finten können sowohl von Angriffsspielern mit und ohne Ballbesitz als auch von Abwehrspielern ausgeführt werden. Die Übersichten 32 und 33 sollen einen orientierenden Überblick vermitteln.

Bis auf einige typische Situationen zum Erlernen und Vervollkommnen von Finten mit Ballbesitz und deren Folgehandlungen wird auf die Angabe von Übungsformen verzichtet, da bei allen dargebotenen Formen, die in Verbindung mit Gegnern durchgeführt werden, das gleichzeitige Üben und Anwenden von Finten unerläßlich ist.

Bei der Ausbildung der Finten ist von Anfang an auf Beidseitigkeit Wert zu legen. Nachdem der Bewegungsablauf in Verbindung mit Schein- oder passivem Gegner erlernt wurde, ist das Üben mit aktiven Gegnern und das richtige situative Anwenden in Spielsituationen zu fordern.

Übersicht 32   Handlungsketten in Verbindung mit Finten (Prinzipdarstellung)

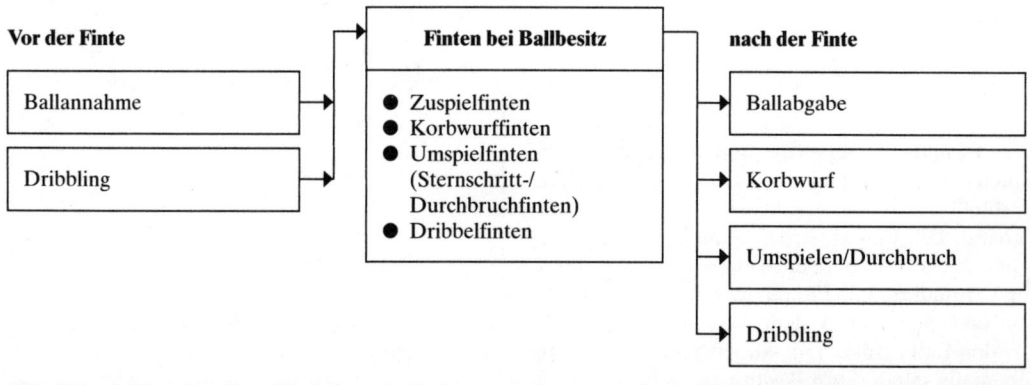

Übersicht 33   Täuschungshandlungen und Abwehr der Täuschungshandlungen

Täuschungshandlungen (Finten)	

Täuschen **vor** der Handlungsausführung durch **Vortäuschen** der Ausführung (Fintieren/ Finte) einer
● gleichartigen Handlung
  – in die gleiche Richtung
  – in eine andere Richtung
● andersartigen Handlung
	Täuschen **während** der Handlungsausführung durch **Verändern** ihres
	– räumlichen Verlaufes
	– Geschwindigkeitsverlaufes
	– zeitlichen Verlaufes

Varianten in Abhängigkeit von der Spielsituation

● Finten von **Angriffsspielern** mit und ohne Ballbesitz
● Finten von **Abwehrspielern** gegen Ballbesitzer bzw. Nichtballbesitzer

Beispiele für den Angriffsspieler:

Täuschen **vor** der Handlungsausführung des Angriffsspielers im Ballbesitz		Täuschen **während** der Handlungsausführung des Angriffsspielers im Ballbesitz
Finten mit Ballbesitz	→ Folgehandlung	– Richtungs- und Tempoänderungen beim Dribbeln – Handwechsel beim Dribbeln – Beschleunigen bzw. Verzögern der Ausführung von Ballabgaben oder Korbwürfen
Zuspielfinten	→ Zuspiel → Korbwurf → Umspielen	
Korbwurffinten	→ Korbwurf → Zuspiel → Umspielen	
Umspielfinten (Sternschrittf.) (Durchbruchf.)	→ Umspielen → Zuspiel → Korbwurf	

Abwehr der Finten und Folgehandlungen

Stören der Finten bzw. Folgehandlungen	Verhindern der Finten bzw. Folgehandlungen
– Nicht bzw. scheinbar reagieren, Folgehandlungen abwarten – Wahl eines günstigen Sicherheitsabstandes – Behinderung durch Stellungsspiel und Armbewegungen	– Ausweichen und Zeitgewinnen für die Abwehr der Folgehandlung – Blockieren der Zuspiel-, Korbwurf-, Dribbel- bzw. Laufrichtung – Ballerkämpfen durch Herausspielen bzw. Herausreißen

27. Zuspielfinten mit Wahl der Folgehandlungen: Zuspiel / Korbwurf / Umspielen – passiver/ halbaktiver/aktiver Gegner (Abb. 118)

Ablauf:

– Passiver/halbaktiver Gegner: motorisches Er-lernen einer, dann mehrerer Zuspielfinten nach Ballannahme in Verbindung mit einer, dann mehreren Folgehandlungen ohne taktische Handlungszielentscheidungen (festgelegte Handlungsketten)

– aktiver Gegner: variable Anwendung von Zu-spielfinten und Folgehandlungen in Abhängig-keit vom Abwehrverhalten des Gegners und der jeweiligen übrigen Spielsituation (Mitspie-ler/Gegner).

Grundformen mit vielfältigen Ausführungsvarian-ten und deren Abwehr

Zuspielfinte – Zuspiel

Zuspielfinte – Korbwurf

Zuspielfinte – Umspielen

Zuspielfinte – freie Wahl der Folgehandlung

Methodische Hinweise:

Ziel: Ausprägen von Fähigkeiten und Fertigkei-ten des Angriffs- und Abwehrspielers zur indivi-duellen Lösung einer Spielsituation durch situa-tionsbedingte Handlungsziel- und Handlungs-programmentscheidungen sowie ihre motorische Ausführung bei der Anwendung von Zuspielfin-ten.

Varianten:

Zuspielfinten sind auch nach der Ballannahme im Lauf und nach der Ballaufnahme nach Dribbling anzuwenden.

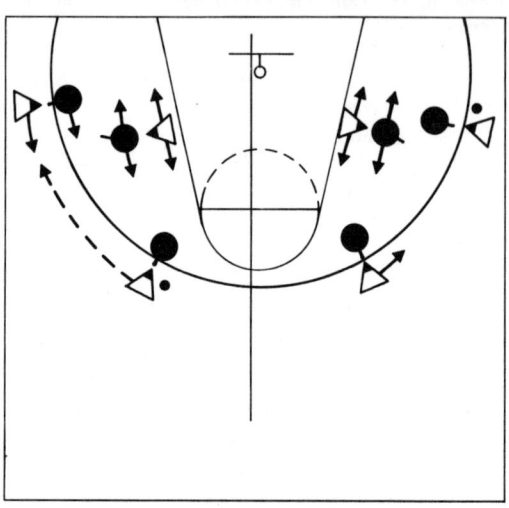

Abb. 118 Zuspielfinten mit Wahl der Folgehandlun-gen: Zuspiel/Korbwurf/Umspielen

28. Korbwurffinten mit Wahl der Folgehandlungen: Korbwurf / Zuspiel / Umspielen – passiver/ halbaktiver/aktiver Gegner (Abb. 119)
Ablauf: Vgl. Übungsform 27: Üben mit passivem/ halbaktivem und aktivem Gegner
Grundformen mit vielfältigen Ausführungsvarianten und deren Abwehr
Korbwurffinte – Korbwurf
Korbwurffinte – Zuspiel
Korbwurffinte – Umspielen
Korbwurffinte – freie Wahl der Folgehandlung
Methodische Hinweise:
Um den Gegner zu entsprechenden Reaktionen auch tatsächlich zu veranlassen, sind Korbwurf-finten (häufig in Verbindung mit Blickfinten) überzeugend auszuführen sowie die beabsichtigte Folgehandlung schnell zu realisieren.
Varianten:
Korbwurffinten sind nicht nur in Verbindung mit Stand- und Sprungwürfen, sondern auch bei Korbwürfen aus der Bewegung anzuwenden.

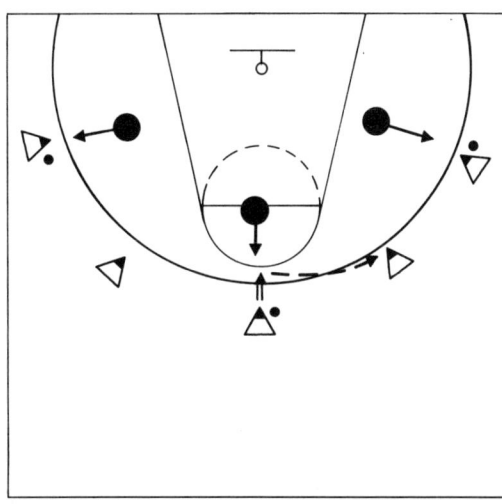

Abb. 119 Korbwurffinten mit Wahl der Folgehandlungen: Korbwurf/Zuspiel/Umspielen

29. Umspielfinten mit Wahl der Folgehandlungen: Umspielen / Zuspiel / Korbwurf bei passivem/halbaktivem/aktivem Gegner (Abb. 120)
Ablauf: Vgl. Übungsform 27: Üben mit passivem/ halbaktivem und aktivem Gegner
Grundformen mit vielfältigen Ausführungsvarianten und deren Abwehr
Umspielfinte – Umspielen
Umspielfinte – Zuspiel
Umspielfinte – Korbwurf
Umspielfinte – freie Wahl der Folgehandlung
Methodische Hinweise:
Die Umspielfinten können in Form von einfachen bzw. mehrfachen Sternschritt- bzw. Durchbruchs-finten ausgeführt werden. Beim Umspielen ist darauf zu achten, daß mit der Außenhand gedrib-belt wird.
Varianten:
Nach einer Umspielfinte kann der Ball bei ent-sprechender Verteidigungsstellung durch die ge-grätschten Beine des Abwehrspielers gedribbelt werden.

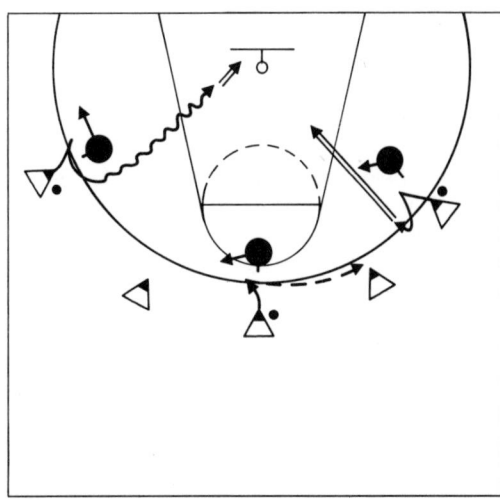

Abb. 120 Umspielfinten mit Wahl der Folgehandlungen: Umspielen/Zuspiel/Korbwurf

30. Dribbelfinten mit Wahl der Folgehandlungen: Veränderungen der Handlungsausführung während des Dribbelns – passiver/halbaktiver/aktiver Gegner (Abb. 121)

Ablauf: Der jeweilige Angriffsspieler versucht mit Hilfe von Dribbelfinten gegen einen zunächst passiven, dann halbaktiven, dann aktiven Gegner die Grundlinie zu erreichen. Der Abwehrspieler versucht, dies zu verhindern und in Ballbesitz zu gelangen.

Grundformen mit vielfältigen Ausführungsvarianten und deren Abwehr

Dribbeln mit Tempowechsel

Dribbeln mit Richtungsänderungen

Dribbeln mit Handwechsel

Dribbeln mit Abdrehen

Dribbeln mit freier Wahl der Veränderungen

Methodische Hinweise:

Die Dribbelfinten bieten sich an, wenn der Gegner weiter entfernt agiert und damit Umspielfinten (Sternschritt-/Durchbruchsfinten) wirkungslos sind. Der Abwehr ist die gleiche Aufmerksamkeit zu widmen, es ist auf ein Herausdribbeln zu orientieren.

Varianten:

– 1 : 1-Situation mit ständigem Wechsel der Abwehrspieler

– 1 : 1-Situation über das gesamte Spielfeld (Längsstreifeneinteilung) mit dem Ziel eines Korbwurfes bzw. des Ballgewinnes für den Abwehrspieler

– 1 : 2-Situation, d. h., ein Angriffsspieler versucht, sich gegen zwei Abwehrspieler durchzusetzen.

31. Anwenden vielfältiger, situationsbedingter Finten bei der Durchführung von Spielformen

Ablauf: Folgende Formen bieten sich an (Beispiele):

– 1 Angriffsspieler gegen 1 Abwehrspieler auf einen Korb

– 1 Angriffsspieler gegen 2 Abwehrspieler mit 2 Anspielpunkten auf einen Korb

– 2 Angriffsspieler gegen 2 Abwehrspieler auf einen Korb

– 2 Angriffsspieler gegen 3 Abwehrspieler auf einen Korb.

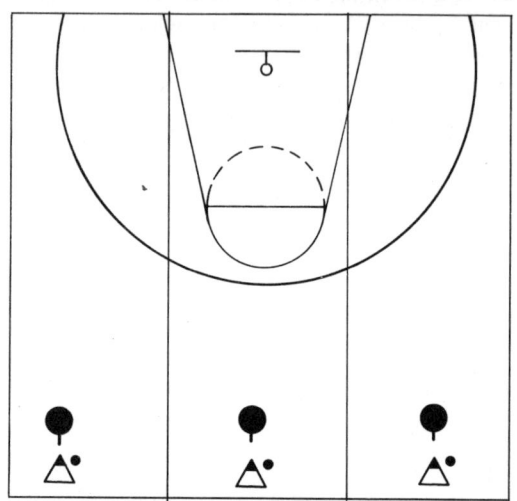

Abb. 121 Dribbelfinten im 1 : 1-Verhalten. Folgehandlungen: Veränderungen der Handlungsausführung während des Dribbelns

3.1.2. Technik und individuelle Taktik der Angriffshandlungen ohne Ball und deren Abwehr

Der Spielerfolg einer Mannschaft wird in bedeutendem Maße vom taktisch begründeten Verhalten der Spieler ohne Ball mit bestimmt. Als Handlungen ohne Ball werden alle Aktionen der Angriffs- und Abwehrspieler bezeichnet, die ohne *unmittelbaren* Bezug zum Ball ausgeführt werden. Sie dienen dem Zweck, durch Freilaufen, Anbieten, Starten, Stoppen und Richtungswechsel Ballannahmen und Ballgewinne zu ermöglichen bzw. taktisch günstige Situationen zu erspielen. Durch sie wird die Aufmerksamkeit der Abwehrspieler vom Ballbesitzer abgelenkt und kollektives Zusammenwirken der Abwehrspieler erschwert.

Die Übersicht 34 gibt einen orientierenden Überblick. Infolge der häufigen Unterschätzung des Spielens ohne Ball muß mit Nachdruck auf dessen Ausbildung hingewiesen werden.

Wichtige Voraussetzungen für das Spiel ohne Ball sind Schnellkraft, Schnellkraftausdauer, Antritts- und Reaktionsschnelligkeit in Verbindung mit Wahrnehmungs- und Antizipationsleistungen beim situativen Lösen der Spielsituationen.

Übersicht 34 Angriffshandlungen ohne Ball und deren Abwehr

Angriffshandlungen ohne Ball		
Einnehmen und Beibehalten von Angriffspositionen bzw. der Bereitschaftsstellung	Freilaufen und Anbieten für die Ballannahme durch – Bewegungen in der Bereitschaftsstellung – Laufen mit Tempo- und Richtungsänderungen – Stoppen – Finten ohne Ball	Sperren (Blocken) Schirmstellen
Ausführungsvarianten in Abhängigkeit von der Spielsituation – Angriffshandlungen ohne Ball **ohne** direkten gegnerischen Bezug – Angriffshandlungen ohne Ball **mit** direktem gegnerischem Bezug		
Abwehr von Angriffshandlungen ohne Ball		
Einnehmen und Beibehalten von Abwehrpositionen bzw. der Bereitschaftsstellung	Stören bzw. Verhindern des Freilaufens durch – Bereitschaftsstellung und Bewegungen in der Bereitschaftsstellung – Mitvollziehen der Bewegungen des Angreifers – Laufen mit Tempo- und Richtungsänderungen – Stoppen	Verhindern des Sperrens (Blockens) und Schirmstellens durch Stellungsspiel des Abwehrspielers

32. Antritte in Verbindung mit Richtungsände-rungen (Abb. 122)

Ablauf: s. Abbildung 122

Methodische Hinweise:

– Mehrere Umläufe hintereinander ohne Pause
– Siegerermittlung in Form von Mannschafts-
  oder Einzelwettbewerben:
  a) Wer ist am schnellsten? b) Zeitmessung
  c) Welche Mannschaft hat die andere zuerst
  eingeholt?

Varianten:

– Beide Mannschaften umlaufen gleichzeitig das
  gesamte Spielfeld.
– Es werden in schnellstem Tempo im Spielfeld
  aufgebaute Markierungen (Ständer, Medizinbälle) in einer bestimmten Reihenfolge umlaufen.
– Es können vorhandene Spielfeldlinien (auch
  anderer Sportspiele) für die Richtungsänderungen und Antritte genutzt werden.

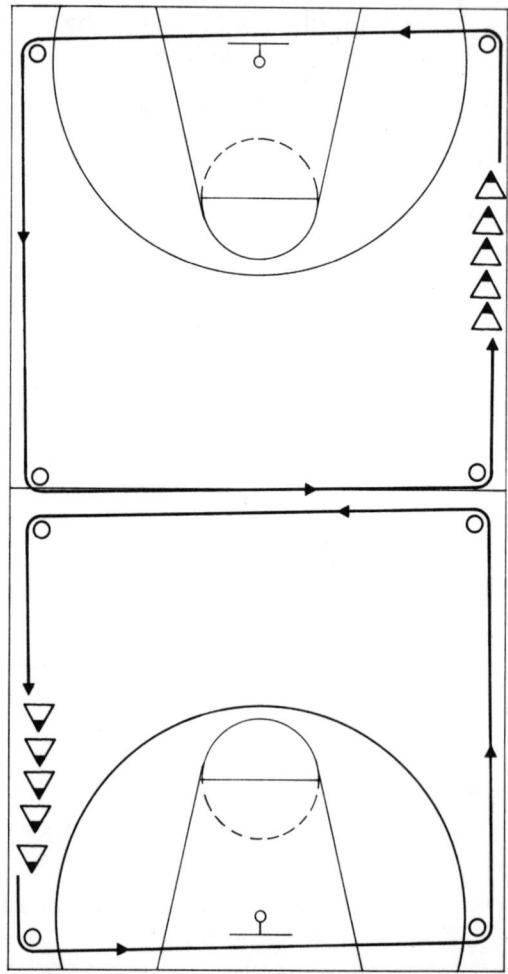

Abb. 122   Antritte in Verbindung mit Richtungsänderungen

33. Antritte in Verbindung mit Stoppen, Richtungsänderungen und Abwehrhandlungen in der Bereitschaftsstellung (Abb. 123)

Ablauf:
- Es wird nach Überlaufen der jeweiligen Linie (Wendepunkte) bis zur vorhergehenden Linie zurückgelaufen. (Abb. 123a)
- Es wird jeweils bis zur Ausgangslinie (Endlinie) zurückgelaufen. (Abb. 123b)

Methodischer Hinweis:
Wettbewerbsformen anwenden.

Varianten:
- An den Wendepunkten ist jeweils zu stoppen, eine halbe Drehung auszuführen, so daß ständig vorwärts gelaufen wird.
- Es wird im Wechsel vorwärts und rückwärts gelaufen.
- Es sind im Wechsel Antritte vorwärts und Abwehrbewegungen in der Bereitschaftsstellung (Nachstellschritte rückwärts) auszuführen.
- Die Spieler absolvieren im Wechsel Abwehrbewegungen (Nachstellschritte) vorwärts, rückwärts oder seitwärts (rechts und links).
- Es müssen nach den Antritten und dem Stoppen an den Wendepunkten ein oder mehrere Sprünge am Ort (mit Armbewegungen) ausgeführt werden.

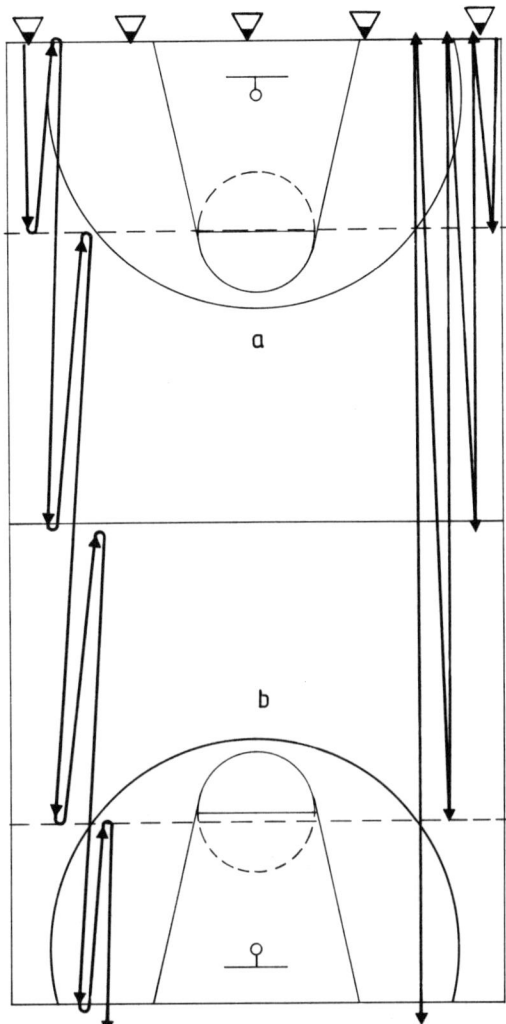

Abb. 123 Antritte in Verbindung mit Stoppen und Richtungsänderungen

34. Abwehrbewegungen in der Bereitschaftsstellung: Nachstellschritte (Gleitschritt-Technik) seitwärts, rückwärts, vorwärts (Abb. 124 und 125)
Ablauf:
Ein Spieler (Trainer) macht die Abwehrbewegungen vor, die übrigen Spieler (Blockaufstellung auf Lücke) bewegen sich spiegelgleich in der Bereitschaftsstellung (Nachstellschritte). (Abb. 124)
Varianten:
– Der Trainer zeigt die Bewegungen mit dem Arm an: vorwärts, rückwärts, seitwärts.
– Ein dribbelnder Spieler bestimmt die Bewegungen in der Abwehr.
– Die Spieler bilden Paare. Jedes Paar nimmt Verteidigungsstellung ein. Der vordere Spieler bestimmt die Bewegungen, die der hintere Spieler schnell nachzuvollziehen hat. Rollenwechsel. (Abb. 125)
Diese Übung kann auf das gesamte Spielfeld ausgedehnt werden und im Wechsel mit Antritten erfolgen.

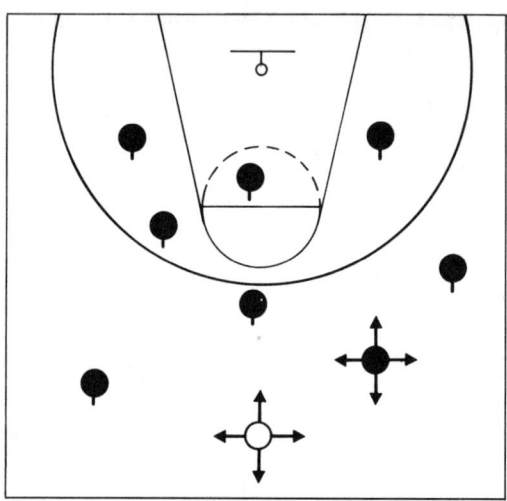

Abb. 124 Abwehrbewegungen in der Bereitschaftsstellung – Üben im Block

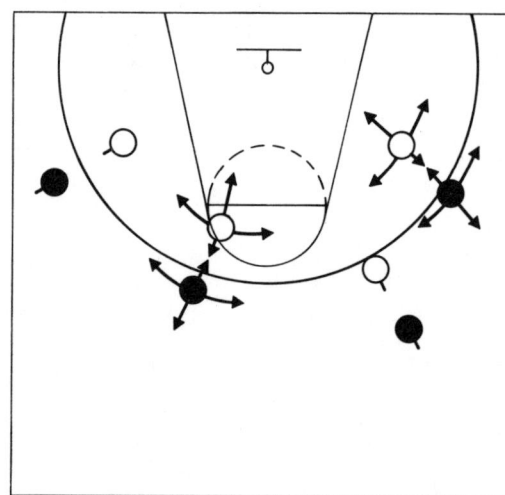

Abb. 125 Abwehrbewegungen in der Bereitschaftsstellung – Üben paarweise

35. Abwehrhandlungen (Nachstellschritte) in Abhängigkeit von den Laufbewegungen eines Angriffsspielers ohne Ball (Abb. 126)

Ablauf: Paarweises Üben: Der Angreifer versucht, sich über das Längsfeld mit Hilfe von Finten (Tempo-, Richtungswechsel u. a.) freizulaufen. Der Abwehrspieler versucht, zwischen Angriffsspieler und Korb zu bleiben, den Angreifer durch sein Stellungsspiel aufzuhalten und ihn nach außen abzudrängen.

Methodische Hinweise:
– Der Angriffsspieler wählt zunächst ein mittleres Tempo und agiert nicht nur vorwärts, sondern auch rückwärts, um danach wieder vorwärts zu laufen.
– Erhöhte Anforderungen an den Abwehrspieler durch Temposteigerungen.

Varianten:
Der Aktionsraum kann je nach Zielstellung noch weiter eingeengt bzw. auf das gesamte Spielfeld erweitert werden.

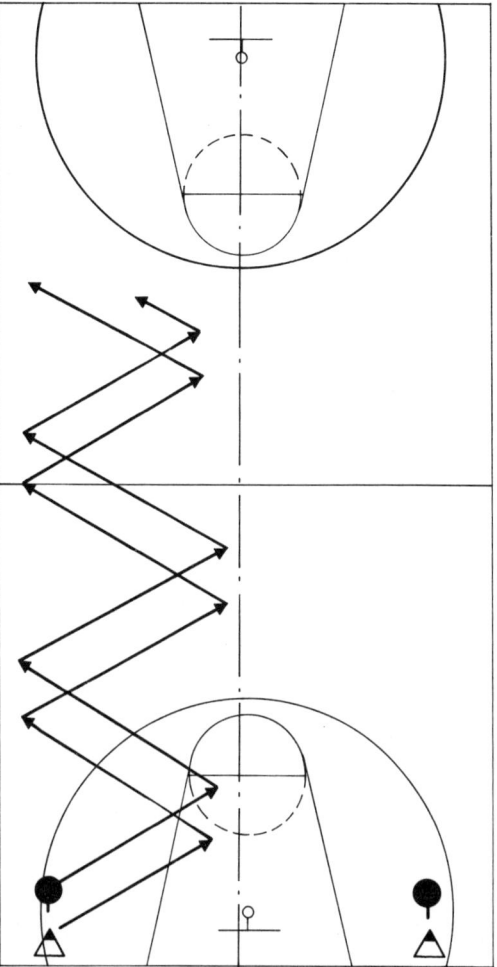

Abb. 126 Abwehrhandlungen (Nachstellschritte) in Abhängigkeit von den Laufbewegungen eines Angriffsspielers ohne Ball

36. Freilaufen zur Ballannahme und deren Abwehr: Spielformen 1:1+1 (Abb. 127) **und 2:2 ohne Korbbezug**

Ablauf: Spieler Nr. 1 versucht, sich unter Anwendung von Finten freizulaufen, um von seinem Mitspieler Nr. 2 (Ballbesitzer) den Ball zugespielt zu bekommen. Danach sofortiges Rückspiel zum ungedeckten Mitspieler usw. Der Abwehrspieler hat das Ziel, das Freilaufen und die Ballannahme zu verhindern.

Varianten:
– Der Zuspieler (Spieler Nr. 2) bleibt am Ort postiert oder kann sich im Spielfeld frei bewegen.
– Der Zuspieler wird ebenfalls gedeckt (Spielform 2:2).

37. Sprünge (ein- und beidbeinig) zur Vorbereitung des Nachsetzens (Rebound)

Ablauf:
– Sprünge mit Netz-, Brett- oder Ringberührung (ein- oder beidhändig)
– Sprünge nach dem Pendelball (Höhe verstellbar) oder nach einem in entsprechender Höhe (Kasten) gehaltenen Basketball.

Varianten:
In Verbindung mit dem Ball, der an das Brett geworfen wird (vgl. Abschnitt Korbwurf/Rebound [Nachsetzen] und deren Abwehr)

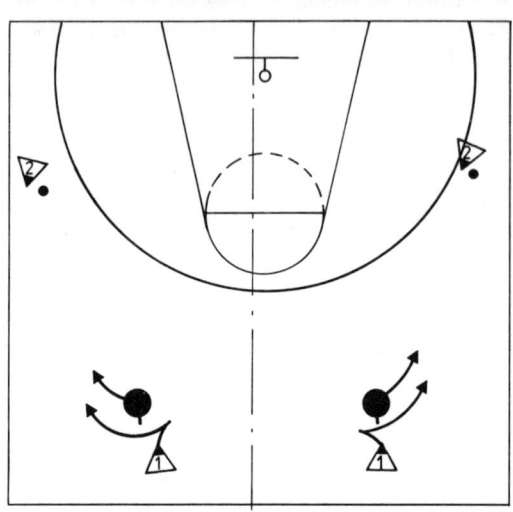

Abb. 127 Freilaufen zur Ballannahme und dessen Abwehr (1:1+1)

3.2. Formen für die gruppentaktische Ausbildung im Angriff und in der Abwehr

Das Hauptanliegen der gruppentaktischen Ausbildung besteht im Ausprägen eines zielorientierten, zweckmäßigen Zusammenwirkens mehrerer Spieler (meist zwei oder drei Spieler) zur Realisierung taktischer Handlungsziele im Angriff und in der Abwehr, die unter Berücksichtigung des gegnerischen Verhaltens die zeitliche und räumliche Koordinierung der individuellen Handlungen der Spieler erfordern. (Übersichten 35 und 36)

Im Vordergrund steht das Erlernen und Vervollkommnen gruppentaktischer Angriffs- und Abwehrverfahren mit ihren Varianten unter Einbeziehung von Gegnern (halbaktiv/aktiv; gegen Minderzahl, Gleichzahl und Überzahl), die taktische Entscheidungen und situationsbedingte Handlungsausführungen erfordern. Die Skala der Übungs- und Spielformen reicht von „konstruierten" Situationen mit relativ wenigen Lösungsalternativen bis zu wettspielnahen Spielformen, die das Erkennen und taktische Ausnutzen bzw. das bewußte Schaffen lösungsreifer Situationen zum Ziel haben.

Gruppentaktisches Handeln ist sowohl zwischen Spielern der gleichen Positionsgruppe (Aufbau- oder Hinterspieler, Flügel- oder Vorderspieler, Center) als auch verschiedener Positionsgruppen (z. B. Aufbauspieler/Center, Flügelspieler/Center u. a.) auszuprägen.

Es werden beispielhaft Übungs- und Spielformen für den schnellen Angriff und für den Positionsangriff unter Berücksichtigung der methodischen Leitlinie zur Entwicklung gruppentaktischer Verfahren (vgl. Übersicht 22) und unter Einbeziehung der Abwehrmöglichkeiten dargestellt.

Übersicht 35   Gruppenangriffstaktik

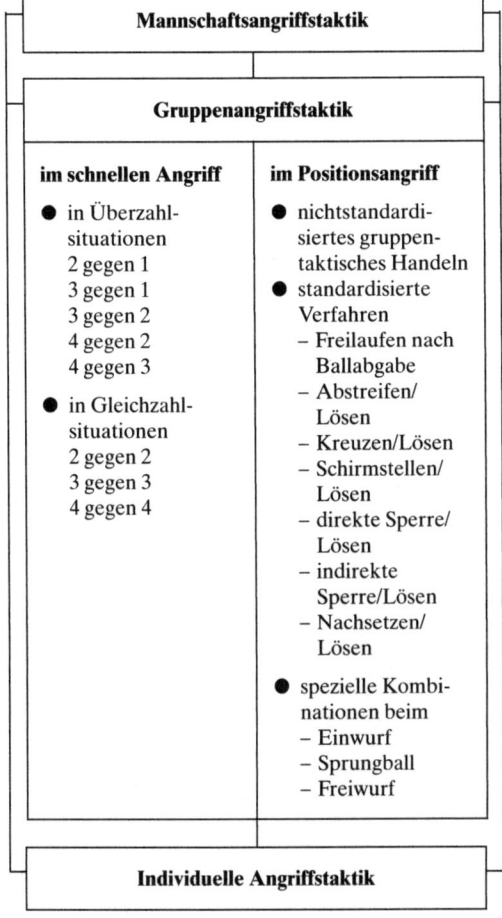

Gruppenangriffstaktik	
im schnellen Angriff	**im Positionsangriff**
● in Überzahl-situationen 2 gegen 1 3 gegen 1 3 gegen 2 4 gegen 2 4 gegen 3 ● in Gleichzahl-situationen 2 gegen 2 3 gegen 3 4 gegen 4	● nichtstandardi-siertes gruppen-taktisches Handeln ● standardisierte Verfahren – Freilaufen nach Ballabgabe – Abstreifen/Lösen – Kreuzen/Lösen – Schirmstellen/Lösen – direkte Sperre/Lösen – indirekte Sperre/Lösen – Nachsetzen/Lösen ● spezielle Kombi-nationen beim – Einwurf – Sprungball – Freiwurf

Übersicht 36   Gruppenabwehrtaktik

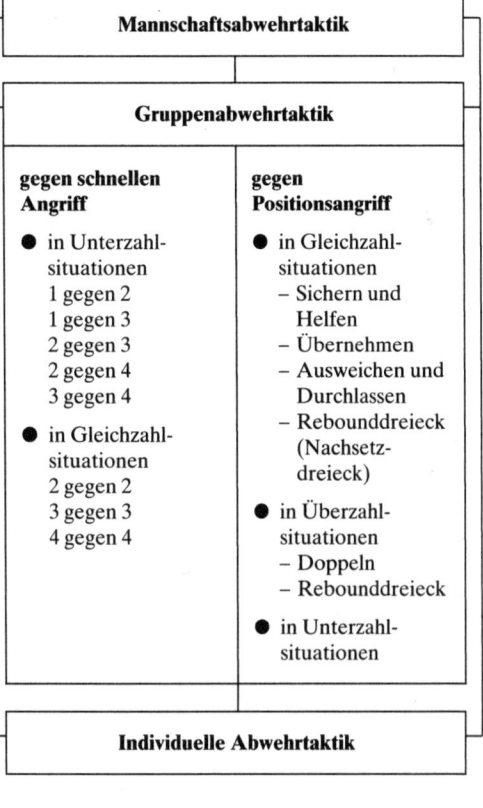

Gruppenabwehrtaktik	
gegen schnellen Angriff	**gegen Positionsangriff**
● in Unterzahl-situationen 1 gegen 2 1 gegen 3 2 gegen 3 2 gegen 4 3 gegen 4 ● in Gleichzahl-situationen 2 gegen 2 3 gegen 3 4 gegen 4	● in Gleichzahl-situationen – Sichern und Helfen – Übernehmen – Ausweichen und Durchlassen – Rebounddreieck (Nachsetz-dreieck) ● in Überzahl-situationen – Doppeln – Rebounddreieck ● in Unterzahl-situationen

3.2.1. Gruppentaktik des schnellen Angriffs und dessen Abwehr

Das Ziel des abgestimmten Zusammenwirkens von *Angriffsspielern* beim schnellen Angriff besteht darin, nach Ballbesitz gegen eine noch nicht formierte und organisierte Abwehr durch Schaffen vor allem von Überzahl- bzw. Gleichzahlverhältnissen zum Korberfolg zu gelangen. (vgl. Übersicht 35)
Das Bestreben der *Abwehrspieler* besteht darin, durch individuelles bzw. koordiniertes Zusammenwirken in der Spielergruppe die Angriffsvor-

teile bis zur Formierung und Organisation der Abwehr einzuschränken, den Korberfolg zu verhindern und möglichst die eigene Mannschaft in Ballbesitz zu bringen. (vgl. Übersicht 36)
Folgende **Schwerpunkte** sind zu schulen:
● Verteidigungsrebound und schnelles Einleiten des Schnellangriffs
● schnelles Überwinden des Spielfeldes (Angriffsaufbau/Ballvortrag) durch Kurzpaß- und Langpaßangriff der 1. und 2. Welle ohne und mit Dribbling
● Lösen von Überzahl- und Gleichzahlsituationen im korbnahen Raum.

131

1. Schneller Angriff über Verbinder nach Verteidigungsrebound ohne und mit Abwehr: 2:0 und 2:1 (Abb. 128)

Ablauf: Ein Angriffsspieler wirft auf den Korb. Er und zwei Abwehrspieler setzen nach. Erhält der Angreifer den Ball, wirft er erneut auf den Korb. Gelangt ein Abwehrspieler in Ballbesitz, läuft der andere Spieler schnell nach vorn außen und bekommt den Ball in Höhe der Mittellinie zugespielt (Verbinder). Der Rebound-Spieler läuft schnell zum anderen Korb, erhält den Ball vom „Verbinder" zugespielt und wirft auf den Korb.

Der Abwehrspieler versucht zunächst die Ballabgabe zum „Verbinder" zu stören, den korbnahen Raum vor dem Angreifer zu erreichen, um bei der Ballannahme bzw. beim Korbwurf zu stören oder diese zu verhindern oder in Ballbesitz zu gelangen. Der Verbinder läuft nach, um das Überzahlverhältnis weiter zu gewährleisten.

Methodische Hinweise:

– Schneller Angriff 2:0 über Verbinder ohne Rebound, wobei der Verbinder bereits an der Mittellinie postiert ist
– Schneller Angriff 2:0 über Verbinder mit Rebound
– Schneller Angriff 2:1 über Verbinder mit Rebound über die rechte bzw. linke Außenspur in Abhängigkeit vom Spieler, der den Rebound ausführt.

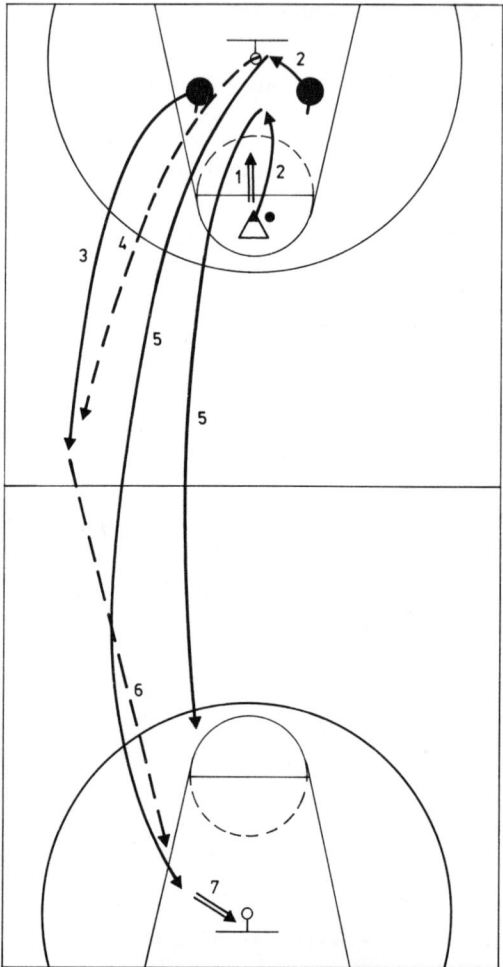

Abb. 128   Schneller Angriff über Verbinder nach Verteidigungsrebound (2:1)

2. Schneller Angriff über Langpaß nach Verteidigungsrebound ohne und mit Abwehr: 2:0 und 2:1 (Abb. 129)

Ablauf: Nachdem der Angreifer auf den Korb geworfen hat, setzten dieser und der Abwehrspieler Nr. 1 nach. Noch vor der Ballannahme startet der Mitspieler Nr. 2 zum gegenüberliegenden Korb. Er bekommt den Ball vom Rebounder zugespielt (Langpaß) und wirft sofort oder nach schnellem Dribbling auf den Korb. Der Abwehrspieler versucht, den korbnahen Raum früher als der Gegenspieler zu erreichen, um diesen bei der Ballannahme zu stören, den Ball abzufangen oder den Wurf zu verhindern. Spieler Nr. 1 läuft nach erfolgtem Langpaß ebenfalls zum gegnerischen Korb.

Methodische Hinweise:
– Ohne Rebound und ohne Abwehrspieler
– Es wird der Spieler Nr. 2 gedeckt; er muß sich für die Annahme des Langpasses freilaufen.

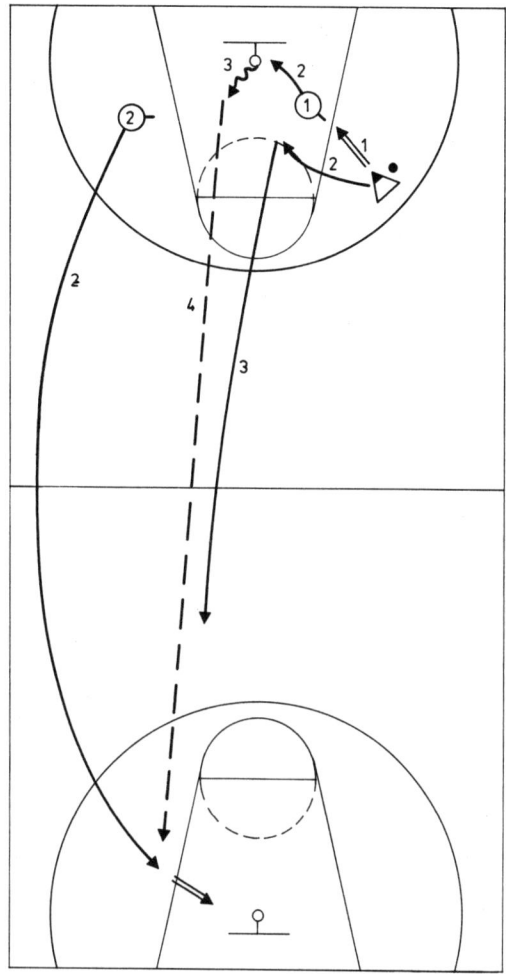

Abb. 129   Schneller Angriff über Langpaß nach Verteidigungsrebound (2:1)

3. Verteidigungsrebound und 1. Paß zur Einleitung des schnellen Angriffs – ohne und mit Abwehr (Abb. 130)

Ablauf: Verteidigungsrebound in Außenposition nach Korbwurf aus Halb- oder Weitdistanz. Der Werfer und die Abwehrspieler Nr. 3 und Nr. 4 setzen nach. Wenn z. B. Nr. 3 den Ball fängt, leitet er an seiner Seite den schnellen Angriff durch einen schnellen 1. Paß zum bereits nach außen gestarteten Spieler Nr. 1 ein. Spieler Nr. 2 nimmt, nachdem er sich ebenfalls für den 1. Paß (von Spieler Nr. 4) angeboten hat, die Mittelspur ein, erhält von Nr. 1 den Ball zugespielt und dribbelt zum gegnerischen Korb. Die übrigen Spieler laufen so nach, daß die drei Angriffsspuren besetzt sind.

Der Werfer wird zum Abwehrspieler. Ein zweiter Abwehrspieler kann an der Freiwurflinie des gegnerischen Korbes postiert sein.

Varianten:

– Angriffseinleitung je nach Situation beim Rebound über die rechte bzw. linke Seite des Spielfeldes

– Verteidigungsrebound in Mittelposition als veränderte Ausgangssituation

– Einleitung des schnellen Angriffs über die Mittelspur mit anschließendem Paß – je nach gegnerischer Aktivität – zu einem der in den Außenspuren laufenden Spieler.

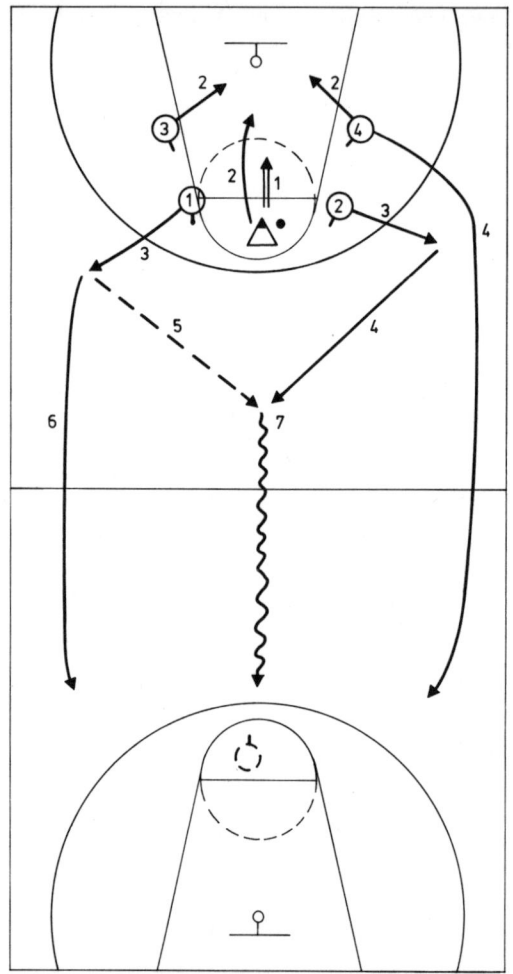

Abb. 130   Verteidigungsrebound und 1. Paß zur Einleitung des schnellen Angriffs

4. Schneller Angriff: 3:2 mit Handicap für die Abwehr (Abb. 131)

Ablauf: Den Angriffsspielern werden in der Ausgangsstellung räumliche Vorteile (5, 4, 3 oder 2 m) mit dem Ziel gewährt, diese durch schnelle Angriffsaktionen bis zum Korbwurf beizubehalten. Die Abwehrspieler haben das Ziel, durch schnelles Laufen diese Vorteile aufzuheben, den Angriff der Gegenspieler zu stoppen bzw. zu verzögern, den Ball abzufangen oder zu einem überhasteten Wurf zu provozieren. Die Angreifer haben in Abhängigkeit vom gegnerischen Verhalten mehrere *Lösungsalternativen*:

a) Dribbling – Korbwurf, wenn der Gegner nicht oder zaghaft angreift;

b) Paß zum freigelaufenen und sich in einer günstigen Position befindenden Mitspieler.

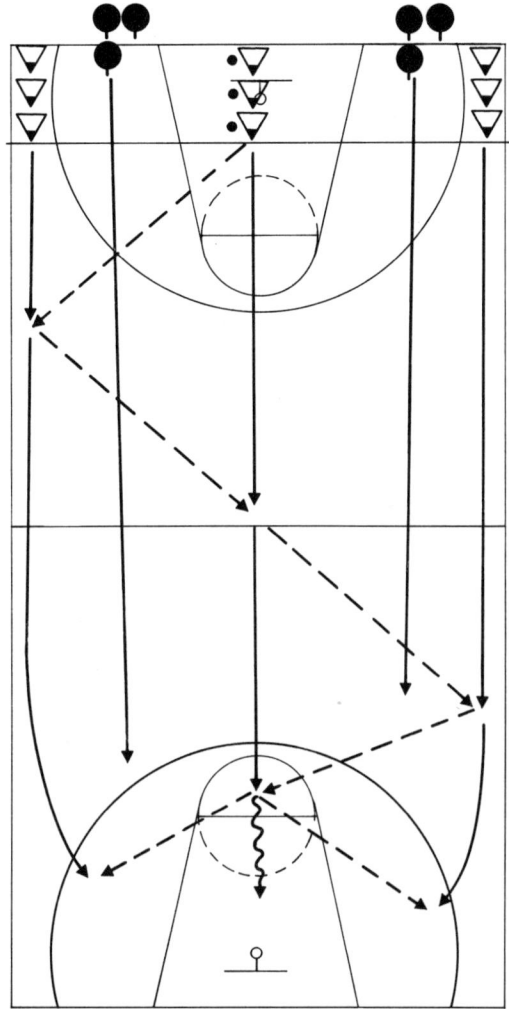

Abb. 131   Schneller Angriff 3:2 mit Handicap für die Abwehr

5. Schneller Angriff nach Umkehrspiel: 3:2 nach Rebound (Rebounddreieck) (Abb. 132)

Ablauf: Zwei Angreifer spielen sich den Ball zu und werfen von den Außenspielerpositionen. Alle Angriffs- und Abwehrspieler setzen nach, die drei Abwehrspieler bilden ein Rebounddreieck (Nachsetzdreieck). Kommt ein Abwehrspieler in Ballbesitz, wird ein schneller Angriff unter Nutzung der drei Angriffsspuren gespielt. Die Einleitung des Angriffs kann durch einen 1. schnellen Paß oder durch ein schnelles Dribbling nach außen erfolgen. Die zwei Angreifer (Nr. 1 und 2) können weiter als aktive Abwehrspieler agieren, oder sie behalten ihre Werferpositionen für die folgende Spielergruppe bei. In diesem Fall können zwei weitere Abwehrspieler bereits am gegnerischen Korb postiert sein, so daß immer ein Überzahlverhältnis von 3:2 beibehalten wird.

Variante: An der Mittellinie wird ein weiterer Abwehrspieler wirksam, wenn der Ball die Mittellinie überflogen hat.

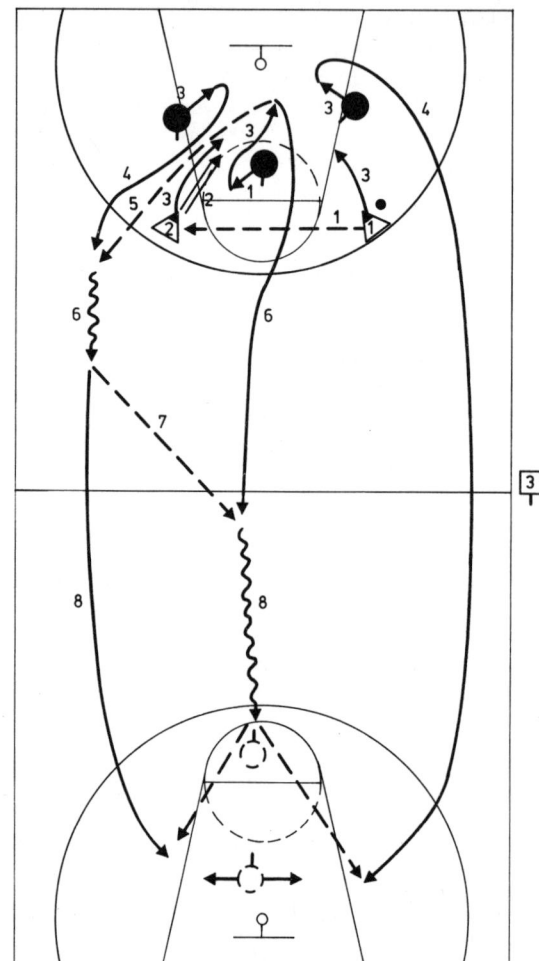

Abb. 132 Schneller Angriff nach Umkehrspiel 3:2 nach Rebound (Rebounddreieck)

6. Schneller Angriff 3:2 mit Umkehrspiel unter hohem Zeitdruck durch zusätzlichen Abwehrspieler (Abb. 133)

Ablauf: 3 Spielergruppen zu je 3 Spielern. Es greifen jeweils immer 3 Spieler an, und 2 Spieler verteidigen. Sobald der Ball von der angreifenden Mannschaft über die Mittellinie gespielt wird, darf ein 3. Verteidiger in das Spielgeschehen eingreifen. Nach Korberfolg oder Ballverlust der angreifenden Mannschaft erfolgt der Gegenangriff (Umkehrspiel) unter Beachtung der Spielregeln.

Methodischer Hinweis:
Siegerermittlung durch Punktvergabe für erfolgreiche Angriffs- bzw. Abwehrleistungen der drei Spielergruppen.

Variante:
Die angreifenden Spieler des vorangegangenen Angriffs verteidigen innerhalb des 3-Punkte-Raumes. Bei Ballgewinn sofortiger schneller Angriff zur Gegenseite.

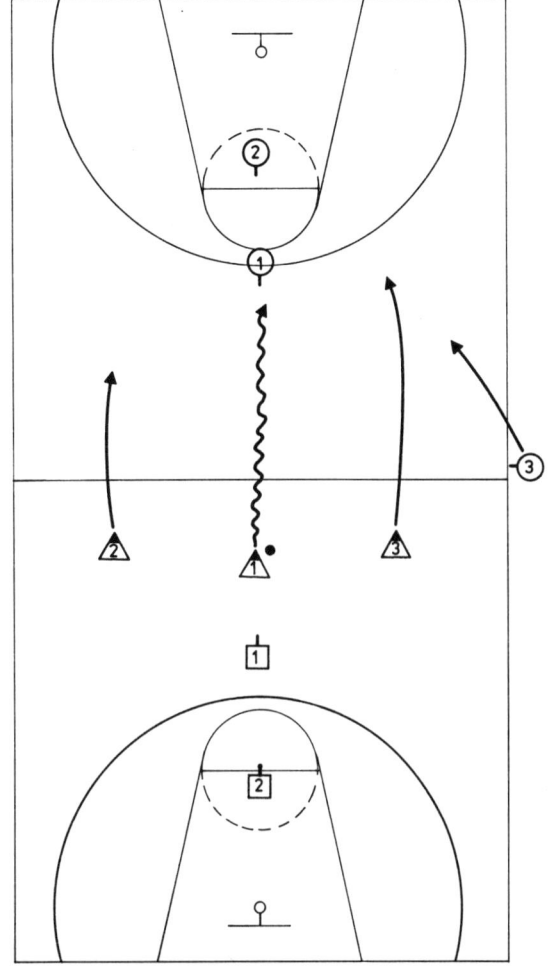

Abb. 133   Schneller Angriff 3:2 mit Umkehrspiel unter hohem Zeitdruck durch zusätzlichen Abwehrspieler

7. Schneller Angriff 3:2 im Wechsel mit Spiel 2:1
(Abb. 134)

Ablauf: Spieler 1, 2, 3 greifen gegen die Spieler 4 und 5 den gegnerischen Korb bis zur Entscheidung (Korberfolg oder Ballverlust) an. Auf dem Rückweg werden die ehemaligen Verteidiger 4 und 5 Angreifer und spielen gegen 3 Spieler (Spielsituation: 2:1) bis zur Entscheidung auf den anderen Korb. Spieler 1 und 2 folgen als künftige Verteidiger nach. Spieler 3 übernimmt die Funktion von 1 und greift mit 6 und 7 gegen Spieler 1 und 2 an (Spielsituation: 3:2). Die ehemaligen Verteidiger 4 und 5 stellen sich als Angreifer auf die rechte bzw. linke Ausgangsposition (als Spieler 6 und 7).

Methodischer Hinweis:
Auf schnelles und richtiges Entscheidungsverhalten im Angriff und in der Abwehr achten.

Varianten:
- Die Angriffspositionen (rechts/links/Mitte) sind zu wechseln.
- Der 2:1-Angriff erfolgt im Wechsel zwischen 4 und 5 gegen 3 bzw. 1 und 2 gegen 6 usw.

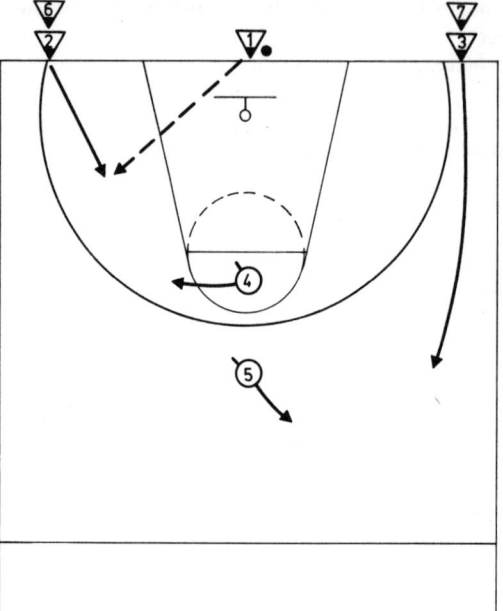

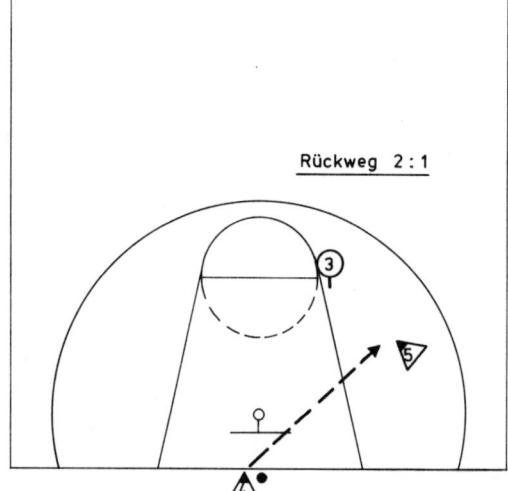

Rückweg 2:1

Abb. 134   Schneller Angriff 3:2 und im Wechsel 2:1

8. Schneller Angriff 3:2 in ständigem Wechsel (Abb. 135)

Ablauf: 3 Spieler greifen jeweils gegen 2 Spieler bis zur Entscheidung (Korberfolg bzw. Ballverlust) an. Danach läuft der jeweils 3. Spieler der bisher verteidigenden Mannschaft in den Mittelkreis und erhält dort von seinen nun angreifenden 2 Mitspielern den Ball. Zur gleichen Zeit laufen von der 3. Mannschaft Spieler 1 und 2 zur Verteidigung des Korbes in das Spielfeld, so daß sich wiederum eine 3:2-Spielsituation ergibt usw.

Methodische Hinweise:
– Auf schnelle Übergänge und optimales taktisches Verhalten achten.
– Welche Spielergruppe hat in einer bestimmten Zeit die meisten Körbe erzielt?
– Jeder erfolgreich (regelgerecht) abgewehrte Angriff zählt zwei Punkte. Welche Spielergruppe erzielt die meisten Punkte (Addition Angriff und Abwehr)?

Varianten:
Der gleiche Übungsablauf kann in den Überzahlverhältnissen 2:1 oder 4:3 gespielt werden.

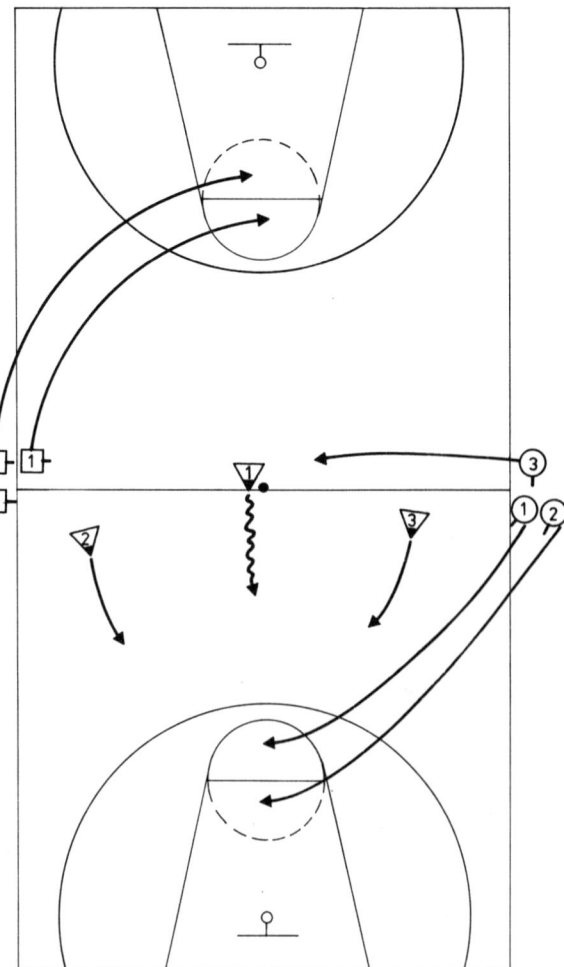

Abb. 135   Schneller Angriff 3:2 in ständigem Wechsel

9. Schneller Angriff: Überzahlangriff 3:2 kombiniert mit Gleichzahlangriff 3:3 (Abb. 136)

Ablauf: Der Trainer (bzw. ein Spieler) ruft einen Spieler der angreifenden Mannschaft (Nr. 1) und spielt ihm den Ball zu. Der zugeordnete Abwehrspieler (Nr. 1) läuft schnell zur Grundlinie und nimmt danach seine Abwehrtätigkeit auf. Inzwischen haben die drei Angriffsspieler versucht, gegen die übrigen zwei Abwehrspieler 2 und 3 angriffswirksam zu werden. Nach der Entscheidung (Korberfolg oder Ballverlust) erfolgt der Gegenangriff der bisher verteidigenden Spielergruppe (Umkehrspiel) als Gleichzahlangriff 3:3.

Varianten:

- Es kann eine dritte Spielergruppe einbezogen werden.
- Überzahlangriff 2:1, kombiniert mit Gleichzahlangriff 2:2
- Überzahlangriff 4:3, kombiniert mit Gleichzahlangriff 4:4
- Überzahlangriff 5:4, kombiniert mit Gleichzahlangriff 5:5.

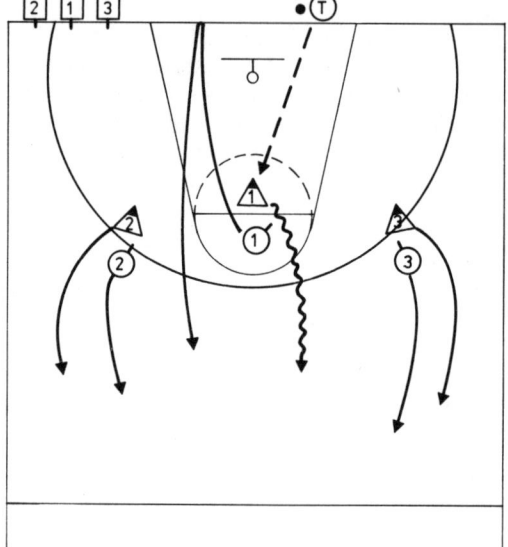
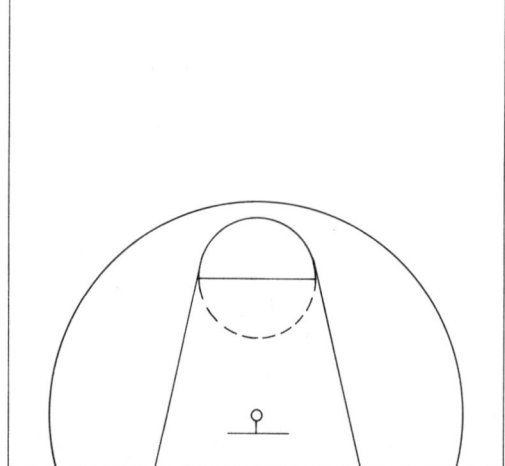

Abb. 136 Schneller Angriff 3:2, kombiniert mit Gleichzahlangriff 3:3

10. Schneller Angriff 4:2 und 4:3 mit Umkehr-spiel (Abb. 137)

Ablauf: 3 Spielergruppen zu je 4 Spielern. Das Üben wird so organisiert, daß jeweils 4 Spieler angreifen und 2 Spieler verteidigen. Nach Korberfolg bzw. Ballverlust der angreifenden Mannschaft erfolgt der Gegenangriff (Umkehrspiel) regelgerecht durch Einwurf hinter der Grundlinie (nach Korberfolg) oder hinter der Seitenlinie (Ballverlust). Der 1. Paß des Gegenangriffs muß zu Spieler 3 oder 4 erfolgen.

Methodischer Hinweis:
- Siegerermittlung durch Punktvergabe für erfolgreiche Angriffs- bzw. Abwehrleistungen der 3 Spielergruppen.

Varianten:
- Analog als Überzahlangriff: 4:3 mit Umkehrspiel
- Die angreifenden Spieler des vorangegangenen Angriffs verteidigen innerhalb des 3-Punkte-Raumes. Bei Ballgewinn sofortiger schneller Angriff zur Gegenseite.

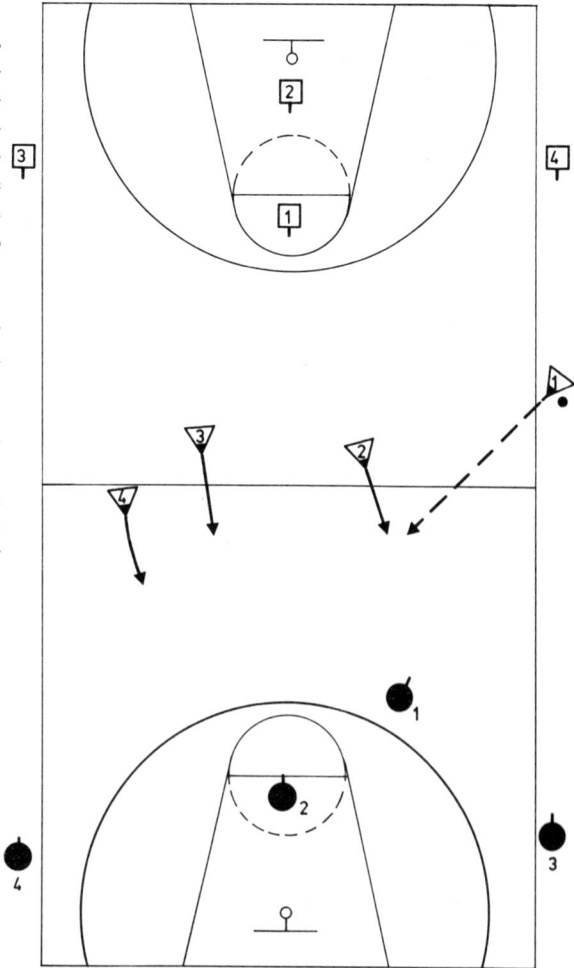

Abb. 137   Schneller Angriff 4:2 und 4:3 mit Umkehr-spiel

11. Abwehr des schnellen Angriffs in der Unterzahl: 2:3 oder 3:4 (Abb. 138)

Ablauf: Die zwei Abwehrspieler versuchen zunächst den Überzahlangriff der Spielergruppe A erfolgreich abzuwehren, danach wehren sie sofort den schnellen Angriff von Spielergruppe B am anderen Korb ab. Es folgt mit erneutem Korbwechsel die Abwehr des Angriffs von Spielergruppe C.

Methodische Hinweise:

Es wird empfohlen, daß die Abwehrspieler eine bestimmte Anzahl von Angriffen (z. B. 3 oder 6 Angriffe) oder eine bestimmte Zeit lang abwehren. Ein Wettbewerb zwischen verschiedenen Abwehr-Paaren bzw. zwischen Angreifern und Verteidigern schafft zusätzliche Motivation.

Varianten:

– Überzahlverhältnis: 4:3

– Gleichzahlverhältnisse: 2:2, 3:3; 4:4.

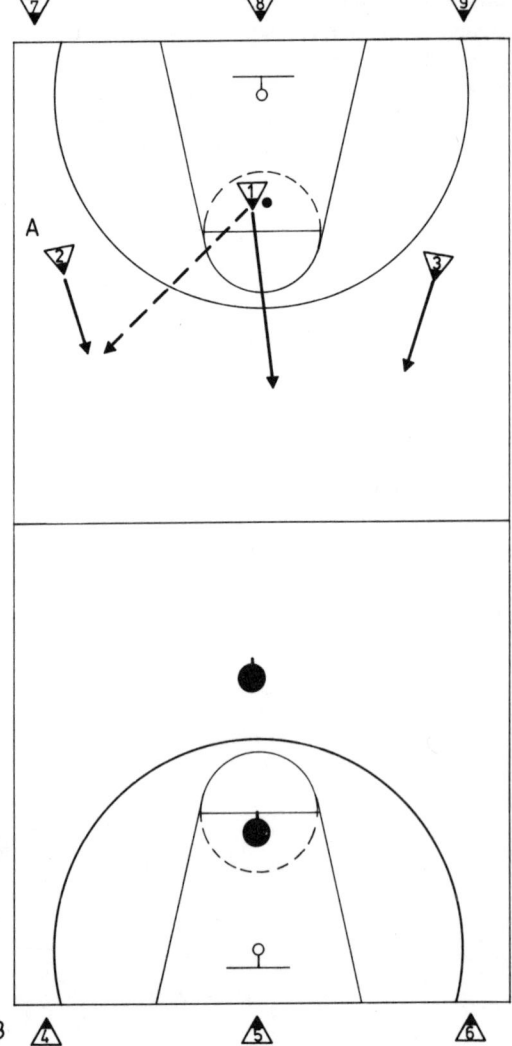

Abb. 138   Abwehr des schnellen Angriffs in der Unterzahl: 2:3 oder 3:4

12. Schneller Angriff 4:3 oder 4:4 mit 3 Mannschaften (Abb. 139)

Ablauf: Mannschaft A greift nach Rebound (Wurf vom Trainer) gegen Mannschaft B den gegnerischen Korb an. Trifft Mannschaft A, bleibt sie im Ballbesitz und spielt jetzt auf den anderen Korb, wo drei Spieler von Mannschaft C verteidigen. Solange A den Korb trifft, agiert sie als angreifende Mannschaft. Gelangt Mannschaft B oder C in Ballbesitz, gilt für sie das gleiche.

Von der verteidigenden Mannschaft pausiert jeweils ein Spieler am Spielfeldrand, der in das Spiel eingreift, sobald seine Mannschaft in Ballbesitz gelangt.

Methodische Hinweise:
– Nach erzieltem Korb erfolgt wie im Spiel Einwurf hinter der Grundlinie.
– Der Reboundspieler agiert als Nachläufer (Hänger). Die Spieler sollen so schnell wie möglich ihre Spuren (Mittelspur; Seitenspuren) einnehmen und danach sowohl geradlinig (Spuren halten) als auch diagonal laufen (in den Spuren kreuzen), um die Gegner zu verunsichern.

Varianten:
– Überzahlverhältnis: 4:2; 3:2
– Gleichzahlverhältnis: 2:2; 3:3

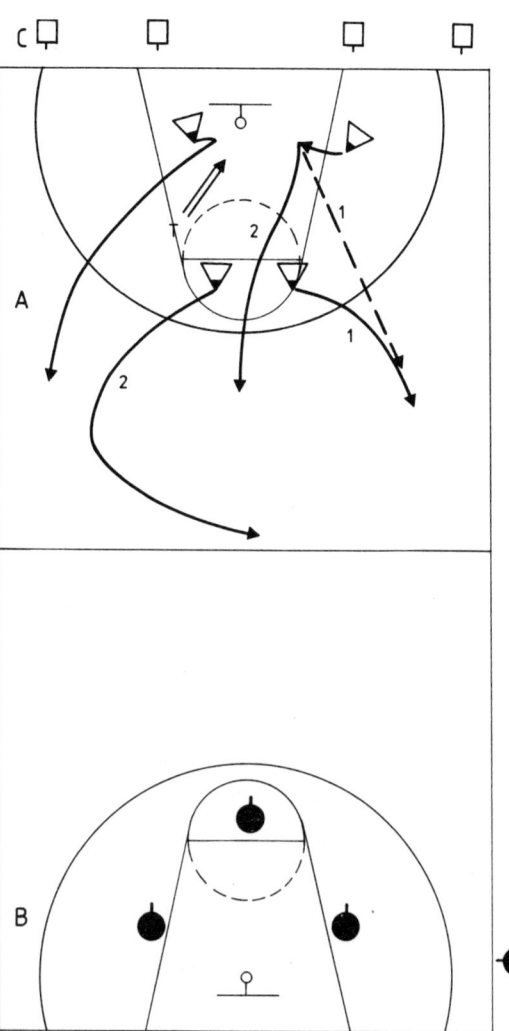

Abb. 139   Schneller Angriff 4:3 oder 4:4 mit 3 Mannschaften

13. Schneller Angriff mit Gleichzahlverhältnissen: Lösen der 3:3-Situation im korbnahen Raum (Abb. 140)

Ablauf: Nach schnellem Überwinden des Spielfeldes erhält der mittlere Angriffsspieler den Ball und beginnt ein Dribbling. Wird er angegriffen, paßt er den Ball zur rechten (oder linken) Seite und stellt eine Sperre beim linken Vorderspieler. Der freigesperrte Spieler läuft in Richtung Korb, der sperrende Spieler löst sich und bietet sich ebenfalls in Höhe der Freiwurflinie für eine Ballannahme an, um dann kurzzeitig ungedeckt auf den Korb werfen zu können.

3.2.2. Gruppentaktik des Positionsangriffs und dessen Abwehr

Gruppentaktische Angriffsverfahren werden im Positionsangriff vorrangig zur Vorbereitung des Angriffsabschlusses, aber auch zum Angriffsaufbau aus dem Rückfeld gegen eine Ganzfeldverteidigung angewendet. (vgl. Übersicht 35) Das abgestimmte Zusammenwirken von zwei oder drei Spielern hat das Ziel, die Einflußnahme durch die Abwehrspieler zeitweilig einzuschränken und einem Angriffsspieler einen möglichst unbedrängten Korbwurf zu ermöglichen.

Die gruppentaktische Ausbildung schließt sowohl nichtstandardisiertes Handeln als auch die Befähigung zum alternativen Lösen einer Spielsituation mittels eines oder mehrerer standardisierter Verfahren in Abhängigkeit vom gegnerischen Verhalten ein.

Für eine effektive Ausbildung gruppentaktischer Verfahren empfiehlt sich ein gestuftes methodisches Vorgehen, bis zum erfolgreichen Anwenden im Wettspiel (vgl. Übersicht 22: Methodische Leitlinie zur Ausbildung gruppentaktischer Angriffsverfahren).

Die Übungs- und Spielformen im Abschnitt 3.2.2. – mit Ausnahme des Teils Nichtstandardisiertes gruppentaktisches Handeln – wurden nach folgenden **methodischen Gesichtspunkten** ausgewählt:

– Hinzunahme eines Gegners (oder zweier Gegner), dessen Aktivität je nach Leistungsvermögen graduiert werden kann (eingeschränkt bis aktiv), so daß ein Überzahlverhältnis von 2:1 (bzw. 3:2) gewährleistet bleibt.

– Um die Anforderungen spielnaher zu gestalten, werden **zwei bzw. drei Gegner** eingesetzt, so daß sich **Gleichzahlverhältnisse** zwischen

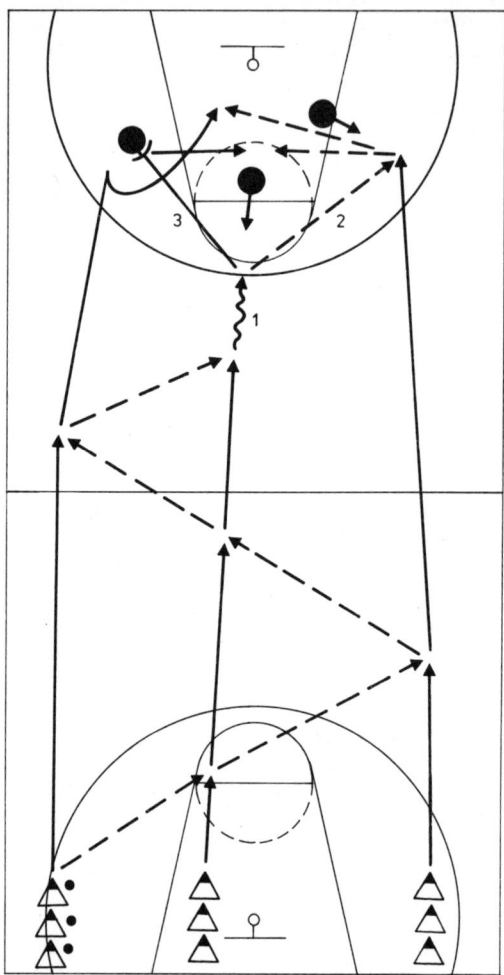

Abb. 140   Schneller Angriff mit Gleichzahlverhältnissen – Lösen der 3:3-Situation im korbnahen Raum

Angriffs- und Abwehrspielern (2:2 bzw. 3:3) ergeben. Auch hierbei ist zunächst eine eingeschränkte Abwehr möglich, die bis zur aktiven Abwehrtätigkeit zu steigern ist.
– Die Anwendung des Verfahrens ist auf andere Positionsgruppen und Spielfeldbereiche entsprechend zu übertragen.
– Das Vervollkommnen und Stabilisieren im Mannschaftsverband ist unerläßlich, um letztlich mit dem erlernten Verfahren im Wettspiel erfolgreich operieren zu können.

Durch das Anwenden gruppentaktischer **Abwehr**verfahren soll der Korberfolg des Gegners verhindert und die eigene Mannschaft in Ballbesitz gebracht werden. Diese Abwehraufgaben, die durch das zeitweilige koordinierte Zusammenwirken zwischen zwei und drei Spielern gelöst werden sollen, ergeben sich bei Gleichzahl-, Überzahl- und Unterzahlsituationen der Abwehrspieler (vgl. Übersicht 36).

Nichtstandardisiertes gruppentaktisches Handeln

Es werden Spielformen vorgestellt, die ein zweckmäßiges kollektives Zusammenwirken schulen, ohne daß zwingend standardisierte Verfahren angewendet werden müssen.

ÜBUNGS- UND SPIELFORMEN

1. Spielform 3:2 – ein Aufbauspieler und 2 Vorderspieler bzw. 2 Center (Abb. 141)

Ablauf: Der Aufbauspieler (zunächst ohne Gegenspieler) spielt den sich freilaufenden Vorder- oder Centerspielern den Ball zu, sobald sich dafür eine Möglichkeit bietet. Danach erhält er den Ball zurück. Es wird eine sehr aktive Abwehr gefordert, die das Ziel hat, eine Ballannahme zu erschweren bzw. zu verhindern sowie den Ball abzufangen.

Varianten: Veränderungen der Spielsituation: 3:3; 4:3; 4:4.

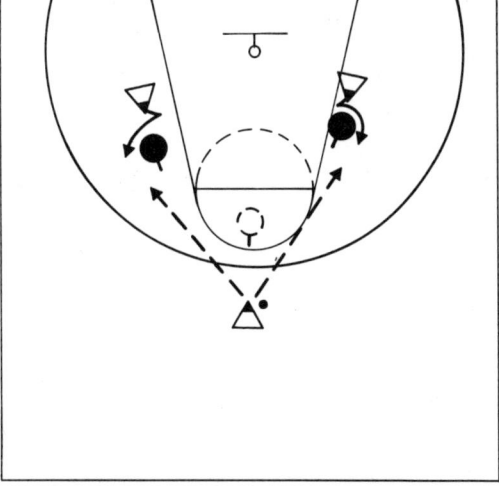

Abb. 141 Spielform 3:2 – ein Aufbauspieler und 2 Vorderspieler bzw. 2 Center

2. Spielform 2:2 (3:2) mit postiertem Zuspieler (Anspielpunkt) ohne und mit Gegner (Abb. 142)

Ablauf: Der in einem festgelegten Raum postierte Vorderspieler spielt den sich ständig freilaufenden Mitspielern den Ball so schnell wie möglich zu und erhält ihn sofort zurück. Aktive Abwehr erfordert das Anwenden von Finten ohne und mit Ballbesitz.

Varianten:
– Veränderungen der Spielsituation:
   2 gegen 1 mit einem Zuspieler ohne Gegner
   2 gegen 2 mit einem Zuspieler mit Gegner
   3 gegen 3 mit einem Zuspieler ohne Gegner
   3 gegen 3 mit einem Zuspieler mit Gegner
– Veränderung des Raumes für den Zuspieler (Anspielpunkt):
   Der Zuspieler agiert als Aufbauspieler außerhalb der 3-Punkte-Linie.
   Der Zuspieler agiert im und um den Freiwurfraum als Center.
– Anwenden von gruppentaktischen Verfahren wie „give and go", Abstreifen und Sperren.

Abb. 142   Spielform 2:2 (3:2) mit postiertem Zuspieler (Anspielpunkt)

3. Zwei Dreiergruppen greifen einen Korb gleichzeitig an (Abb. 143)

Ablauf: je Dreiergruppe ein Ball

Methodische Hinweise:
– Achtung, Übersicht! Rücksicht auf die Aktionen der anderen Gruppe nehmen!
– Wettbewerbe

Varianten:
– Gegenseitiges Stören im Rahmen der Spielregeln möglich
– zwei Vierergruppen
– drei Dreiergruppen
– Zuspiele innerhalb der Gruppen in bestimmter Reihenfolge.

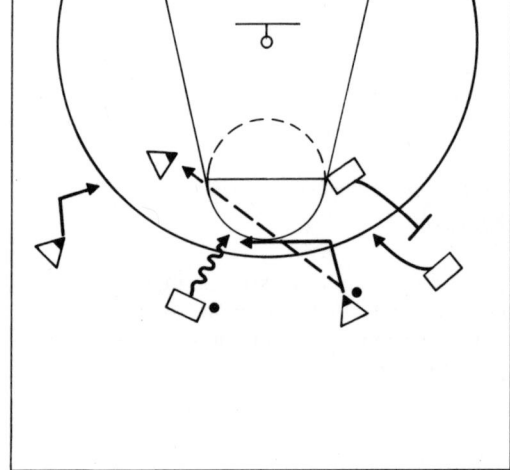

Abb. 143   Zwei Dreiergruppen greifen einen Korb gleichzeitig an

4. Vier Dreiergruppen greifen im Wechsel 2 Körbe an (Abb. 144)

Ablauf: Je Dreiergruppe ein Ball. Räumliche und zeitliche Abstimmung der Handlungen in und zwischen den Dreiergruppen. Beachtung der Handlungen der anderen Gruppen!

Methodische Hinweise:

– Vereinfachung, indem nur 2 oder 3 Dreiergruppen eingesetzt werden
– Hohe Anforderungen an die Wahrnehmungs- und Antizipationsfähigkeit.

Varianten:

– Hinzunahme je eines Gegners im Vor- und Rückfeld
– Temposteigerung durch Wettbewerb: Wer hat in einer bestimmten Zeit die meisten Treffer?
– Die Zuspiele innerhalb der Dreiergruppe müssen in einer bestimmten Reihenfolge (1 – 2 – 3 – 1 usw.) erfolgen.

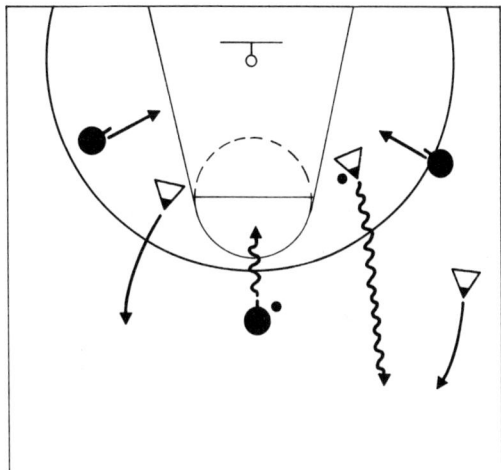

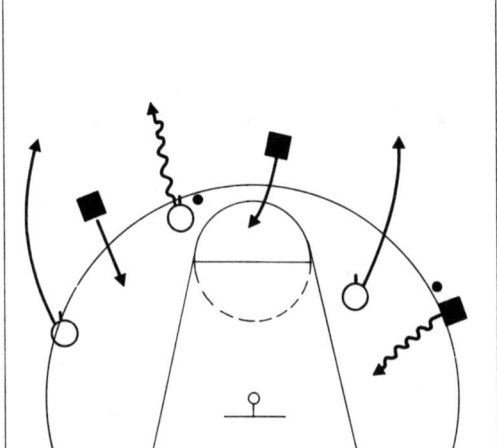

Abb. 144   Vier Dreiergruppen greifen im Wechsel zwei Körbe an

5. Zwei Vierergruppen an einem Korb mit 2 Bällen (Abb. 145)

Ablauf: Zwei Vierergruppen greifen mit je einem Ball den Korb an und verteidigen dabei gleichzeitig, das heißt, eine Mannschaft kann zeitweise zwei Bälle im Besitz haben. Der Gegner muß sich bemühen, seinen Ball so schnell wie möglich wieder zu erkämpfen.

Methodische Hinweise:
– Hohe Anforderungen an die Situationswahrnehmung und das Entscheidungsverhalten
– Wettbewerbe.

Varianten:
– Zwei Dreiergruppen
– Zwei Fünfergruppen.

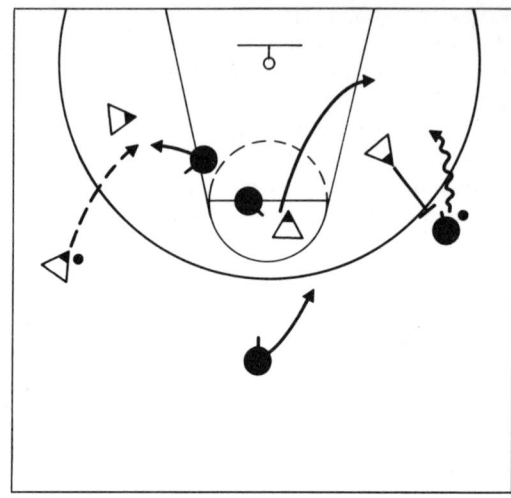

Abb. 145   Zwei Vierergruppen an einem Korb mit zwei Bällen

Freilaufen nach Ballabgabe und dessen Abwehr

Die Übersicht 37 weist verschiedene Formen des Freilaufens zur Ballannahme und deren Abwehrmöglichkeiten aus. Im Mittelpunkt der folgenden Übungsformen steht das Freilaufen nach Ballabgabe (Zuspiel) in eine andere Position mit erneuter Ballannahme („give and go" oder „Passen und Schneiden-zum-Korb" oder Doppelpaß). Das Prinzip des Verfahrens besteht darin, daß der Ballbesitzer – nachdem er einem Mitspieler, der sich zur Ballannahme angeboten hat, den Ball zugespielt hat – einen schnellen Antritt (Freilaufen) ausführt und dadurch der überraschte und durch eine Finte irritierte Abwehrspieler nicht so schnell folgen kann. Der freigelaufene Spieler erhält den Ball sofort wieder zugespielt und kann danach auf den Korb werfen.

Dieses Verfahren kann zwischen zwei Außenspielern und zwischen einem Außenspieler und einem Center von verschiedenen Spielfeldpositionen angewendet werden. Der Laufweg kann beim Freilaufen zur Ballannahme nach Finte innen oder außen in Abhängigkeit von der Spielsituation gewählt werden.

Freilaufen zur Ballannahme – Abwehr		
Freilaufen **ohne Ball** in der **eigenen** Position – Ballannahme des Zuspiels von einem Mitspieler	Freilaufen **ohne Ball** in eine **andere** Position – Ballannahme des Zuspiels von einem Mitspieler	Freilaufen nach **Ballabgabe** in eine andere Position – erneute Ballannahme („give and go"/ Passen und Schneiden)

zwischen Spielern gleicher und unterschiedlicher Positionsgruppen

zwischen zwei Außenspielern	zwischen einem Außenspieler und einem Center
● Aufbauspieler (Hinter-) – Flügelspieler (Vorder-)	● Aufbauspieler (Hinter-) – Center
● Aufbauspieler – Aufbauspieler	● Flügelspieler (Vorder-) – Center
● Flügelspieler – Flügelspieler	

Varianten in Abhängigkeit von den Spielsituationen

- Freilaufen durch Antritt ohne bzw. mit Anwenden von Finten
- Freilaufen nach innen und außen (rechts bzw. links); (Passen und Schneiden – zum Korb bzw. Passen und Schneiden – im Rücken)
- Zuspiel zum freilaufenden Spieler ohne bzw. mit Finten
- Freilaufen in verschiedenen Spielfeldräumen (Vorfeld; Rückfeld; Außenpositionen; zentrale Positionen)
- Freilaufen in verschiedenen Spielphasen (Vorbereitung des Angriffsabschlusses; Angriffsaufbau)
- Freilaufen in Verbindung mit weiteren gruppentaktischen Verfahren

Abwehr des Freilaufens zur Ballannahme	
durch Stören bzw. Verhindern	durch Ballgewinn infolge
– Stellungsspiel des Abwehrspielers (Ausweichen/am Gegner bleiben) – Stören/Verhindern des Zuspiels – Versperren des Weges zum Korb – Übernehmen	– Abfangen/Ablenken des Zuspiels – Abfangen/Ablenken des Balles vor der Ballannahme – Herausspielen des Balles vor dem Zuspiel – Herausspielen des Balles nach der Ballannahme

ÜBUNGS- UND SPIELFORMEN

1. Freilaufen nach Ballabgabe („give and go") und dessen Abwehr (Abb. 146 bis 150)

Ablauf:

- Freilaufen zwischen zwei Außenspielern (Aufbau-/Flügelspieler) ohne Gegner zur motorischen und taktischen Vorbereitung (Abb. 146)
- Freilaufen zwischen zwei Außenspielern mit eingeschränkter Gegenwehr: 2:1 (Minderzahl – passiv/halbaktiv/aktiv) (Abb. 147)
- Freilaufen zwischen zwei Außenspielern mit Gleichzahlverhältnissen: 2:2 (Gegner: halbaktiv/aktiv) (Abb. 148)
- Freilaufen zwischen einem Außenspieler (Aufbauspieler) und einem Center an der Freiwurflinie mit eingeschränkter und aktiver Gegenwehr (2:1; 2:2) (Abb. 149)
- Freilaufen zwischen einem Außenspieler (Aufbauspieler) und einem Center an der Seitenlinie der Gasse (Seitcenter) mit eingeschränkter und aktiver Gegenwehr (2:1; 2:2) (Abb. 150)

Varianten:

- Anwendung zwischen weiteren Spielerpaaren und von weiteren Spielfeldpositionen
- Anwendung auch beim Angriffsaufbau und beim schnellen Angriff.

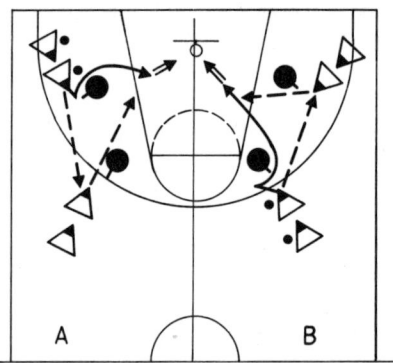

Abb. 148   Freilaufen nach Ballabgabe („give and go") und dessen Abwehr (3. Beispiel)

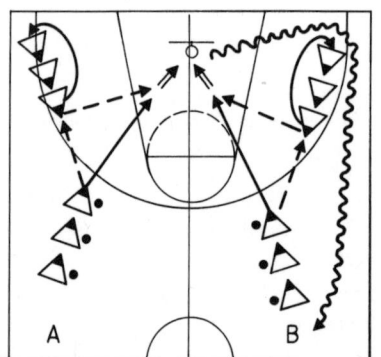

Abb. 146   Freilaufen nach Ballabgabe („give and go") und dessen Abwehr (1. Beispiel)

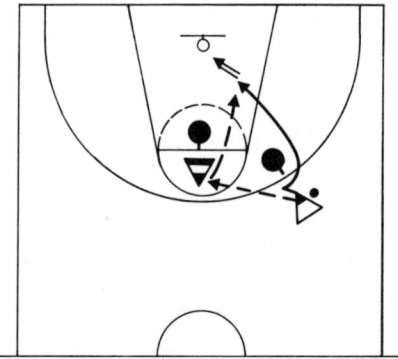

Abb. 149   Freilaufen nach Ballabgabe („give and go") und dessen Abwehr (4. Beispiel)

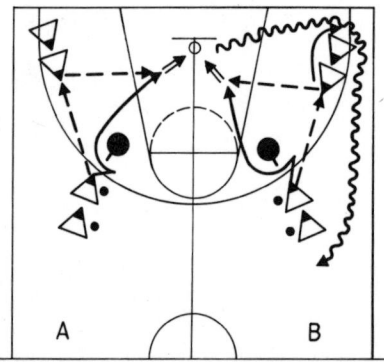

Abb. 147   Freilaufen nach Ballabgabe („give and go") und dessen Abwehr (2. Beispiel)

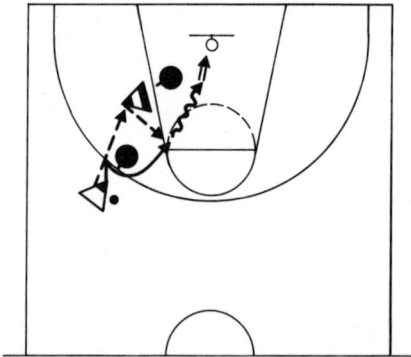

Abb. 150   Freilaufen nach Ballabgabe („give and go") und dessen Abwehr (5. Beispiel)

Abstreifen/Lösen und deren Abwehr

Das **Grundprinzip des Abstreifens** besteht darin, daß der Angriffsspieler so dicht an einem seiner Mitspieler vorbeiläuft, daß sein Abwehrspieler dadurch gehindert wird, ihm zu folgen. Während der Abwehrspieler versucht, dieses Hindernis zu umlaufen, hat sich der Angreifer solche Positionsvorteile verschafft, daß er zeitweilig ungedeckt agieren und z. B. ungehindert auf den Korb werfen kann.

Die Übersicht 38 weist die verschiedenen Formen des Abstreifens sowie Möglichkeiten von Abwehrmaßnahmen aus.
Bei Übernahme des „abstreifenden Angriffsspielers" durch den Abwehrspieler seines Mitspielers sollte sich der Mitspieler lösen und für ein Zuspiel anbieten, da er infolge des Lösens zeitweilig ungedeckt ist (Korbwurf).
Die Abwehrspieler sind anzuhalten, das beabsichtigte Abstreifen möglichst frühzeitig zu erkennen und durch Ausweichen, Versperren des Weges

Übersicht 38   Abstreifen und Abwehr des Abstreifens

Abstreifen – Abwehr	
Abstreifen durch Laufen (ohne Ballbesitz)	Abstreifen durch Dribbling
● am stehenden Mitspieler ohne und mit Ballübergabe / Zuspiel ● zwischen sich bewegenden Spielern ohne und mit Ballübergabe / Zuspiel	
zwischen Spielern gleicher und unterschiedlicher Positionsgruppen	
zwischen zwei Außenspielern ● Aufbauspieler (Hinter-) – Flügelspieler 　　　　　　　　　　　　　　(Vorder-) ● Aufbauspieler (guard) – Aufbauspieler ● Flügelspieler (forward) – Flügelspieler	zwischen einem Außenspieler und einem Center ● Aufbauspieler (Hinter-) – Center ● Flügelspieler (Vorder-) – Center

Varianten in Abhängigkeit von den Spielsituationen
– Abstreifen durch Kreuzen zweier Spieler – Abstreifen durch Entgegenlaufen (Weaving) zweier Spieler – Abstreifen durch Überholen eines Spielers – Abstreifen in Verbindung mit Finten – einfaches Abstreifen; fortlaufendes Abstreifen; doppeltes Abstreifen – Abstreifen in verschiedenen Spielfeldräumen (Vorfeld; Rückfeld; Außenpositionen; zentrale Positionen) – Abstreifen in verschiedenen Spielphasen (Vorbereitung des Angriffsabschlusses; Angriffsaufbau) – Abstreifen in Verbindung mit weiteren gruppentaktischen Verfahren (z. B. Lösen; Schirmstellen)

Abwehr des Abstreifens	
Stören bzw. Verhindern durch	Ballgewinn durch
– Stellungsspiel des Abwehrspielers 　(Ausweichen/Durchgleiten/am Gegner bleiben) – Übernehmen – Versperren des Weges	– Ball aus der Hand dribbeln – Ball wegschlagen – Fassen des Balles bei Ballübergabe – Abfangen bzw. Ablenken des Zuspiels

u. a. das Abstreifen zu verhindern und mögliche Fehler der Angreifer für einen Ballgewinn zu nutzen. Für das Erlernen der verschiedenen Formen des Abstreifens wird folgende **Reihenfolge** empfohlen:

– Abstreifen ohne und mit Ball (Dribbling) am stehenden Mitspieler
– Abstreifen zwischen zwei sich bewegenden Angriffsspielern ohne und mit Ballübergabe
– Abstreifen mit Lösen bei Übernahme, um dem abstreifenden Angriffsspieler ein alternatives Handeln zu ermöglichen.

Generell ist zunächst die gegnerische Einflußnahme einzuschränken (Minderzahl/halbaktiv). Nach dem Erlernen mehrerer Alternativlösungen im Angriff ist die Abwehr intensiv zu schulen.

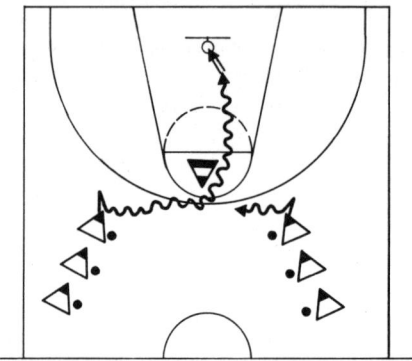

Abb. 151 Abstreifen mit Ball (Dribbling) am stehenden Mitspieler

ÜBUNGS- UND SPIELFORMEN

1. Abstreifen/Lösen und deren Abwehr (Abb. 151 bis 155)

Ablauf:

● Abstreifen mit Ball (Dribbling) am stehenden Mitspieler: **ohne Gegner** zur motorischen und taktischen Vorbereitung zwischen Aufbauspieler und Center (Vorcenter) (Abb. 151)

● Abstreifen mit Ball (Dribbling) am stehenden Mitspieler mit eingeschränkter Gegenwehr: 2:1 (Minderzahl – passiv/halbaktiv/aktiv) (Abb. 152)

● Abstreifen mit Ball (Dribbling) am stehenden Mitspieler mit Gleichzahlverhältnissen und Lösen: 2:2 (Gegner: halbaktiv/aktiv) (Abb. 153)

● Abstreifen ohne Ball am stehenden Mitspieler mit Gleichzahlverhältnissen und Lösen: 2:2 (Gegner: halbaktiv/aktiv) (Abb. 154)

● Abstreifen zwischen sich bewegenden Mitspielern (Dribbling) und Ballübergabe an den Mitspieler mit Gleichzahlverhältnissen und Lösen: 2:2 (Abb. 155)

Varianten: s. Übersicht 38

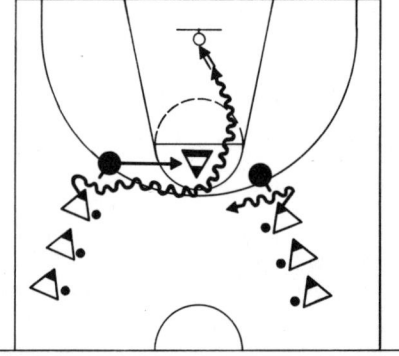

Abb. 152 Abstreifen mit Ball mit eingeschränkter Gegenwehr (2:1)

Abb. 153 Abstreifen mit Ball und Lösen (2:2)

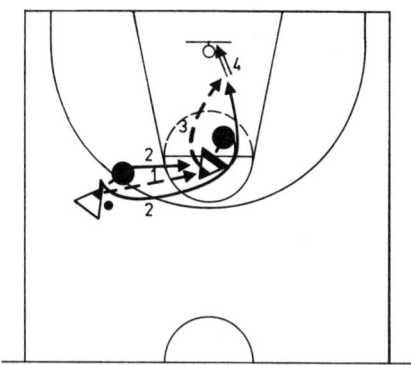

Abb. 154 Abstreifen ohne Ball am stehenden Mitspieler und Lösen (2:2)

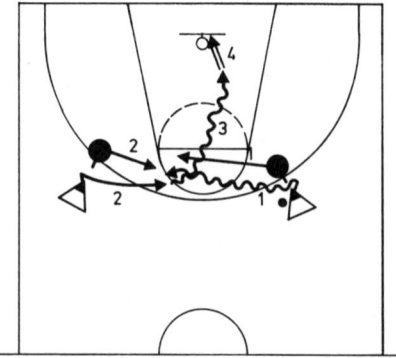

Abb. 155 Abstreifen zwischen sich bewegenden Mitspielern und Ballübergabe an den Mitspieler (2:2)

Kreuzen/Lösen und deren Abwehr

Das Kreuzen stellt eine besondere Form des Abstreifens (vgl. Übersicht 38) dar. Das Grundprinzip besteht darin, daß sich die Laufwege von zwei Angriffsspielern kreuzen, so daß sich die Abwehrspieler, die den Angreifern folgen wollen, gegenseitig behindern. Das Kreuzen kann durch Laufbewegungen von zwei Nichtballbesitzern bzw. durch einen dribbelnden und einen ohne Ball laufenden Spieler erfolgen. Besonders erfolgversprechend ist das Kreuzen vor einem stehenden drit-

ten Mitspieler (z. B. Center). Bei Übernahme eines oder beider sich kreuzender Angriffsspieler ergeben sich durch das Lösen des dritten Spielers (Center) und sein Anbieten für ein Zuspiel weitere Handlungsalternativen.

Die Abwehrmöglichkeiten sind ebenfalls in Übersicht 38 dargestellt. Je zeitiger die Abwehrspieler die Handlungsabsichten der Angriffsspieler erkennen (Antizipation), um so erfolgversprechender sind die Abwehrmaßnahmen. Durch ein antizipatives Abwehrspiel sollte versucht werden, die Positionsvorteile der Angreifer zu unterbinden.

1. Kreuzen/Lösen und deren Abwehr (Abb. 156 bis 161)

Ablauf:

● Kreuzen vor dem stehenden Center (Freiwurflinie) nach Zuspiel: *ohne Gegner* zur motorischen und taktischen Vorbereitung. Der Center übergibt oder spielt den Ball einem der zwei Aufbauspieler zu. Die Ausführung ist zu variieren. (Abb. 156)

Varianten:

– Der Center ist nicht postiert, sondern läuft erst nach Centerbewegungen in diese Position an der Freiwurflinie.

– Der Center übergibt den Ball nicht, sondern wirft nach Finte selbst auf den Korb (Sprungwurf). Alle Spieler setzen nach.

– Das Kreuzen kann auch durch ein Dribbling eingeleitet werden.

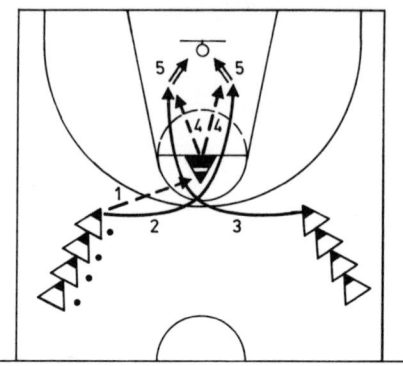

Abb. 156 Kreuzen vor dem stehenden Center nach Zuspiel

● Kreuzen vor dem Center (Freiwurflinie) nach Zuspiel mit eingeschränkter Gegenwehr: 3:2 (Minderzahl – passiv/halbaktiv/aktiv) (Abb. 157)

Varianten: wie bei Abbildung

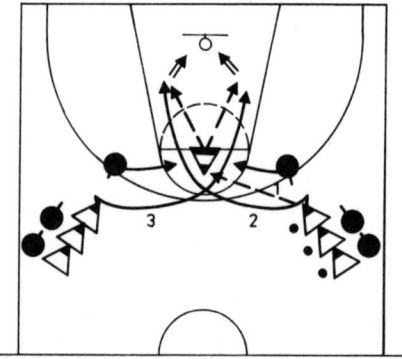

Abb. 157 Kreuzen vor dem Center nach Zuspiel (3:2)

● Kreuzen vor dem Center (Freiwurflinie) mit Gleichzahlverhältnissen: 3:3. Bei Übernahme durch den Abwehrspieler des Centers Zuspiel an den ungedeckten Aufbauspieler. (Abb. 158)

Variante:

Nach Übernahme des Ballbesitzers durch den Abwehrspieler des Centers Rückpaß an den ungedeckten Center, der auf den Korb wirft (Sprungwurf).

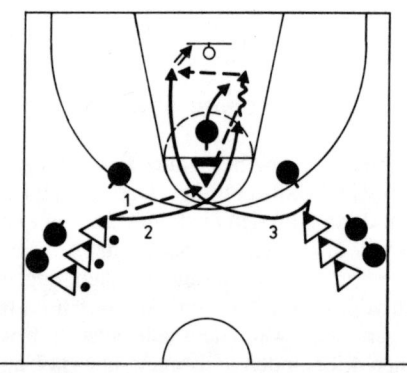

Abb. 158 Kreuzen vor dem Center (3:3)

● Aktive Abwehr gegen das Kreuzen vor einem Center mit Gleichzahlverhältnissen: 3:3; je nach Übernahme Nutzen der möglichen Angriffsalternativen. (Abb. 159)

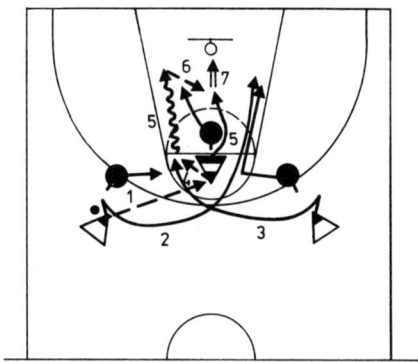

Abb. 159 Aktive Abwehr gegen das Kreuzen vor einem Center (3:3)

● Kreuzen vor dem Center an der Seitenlinie der Gasse mit Gleichzahlverhältnissen: 3:3. Bei Übernahme ergeben sich mehrere Alternativlösungen durch Zuspiele zwischen den Außenspielern nach dem Kreuzen bzw. durch den Rückpaß an den sich lösenden und anbietenden Center. (Abb. 160)

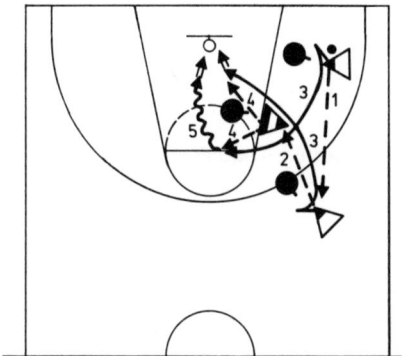

Abb. 160 Kreuzen vor dem Center an der Seitenlinie der Gasse (3:3)

● Abstreifen durch Kreuzen zweier Spieler mit Dribbling. (Abb. 161)
Übernimmt der Abwehrspieler von Nr. 1 nach dem Kreuzen und der Ballabgabe (Zuspiel) den Angreifer Nr. 2, kann sich der Spieler Nr. 1 lösen, zum Korb durchlaufen und für ein Zuspiel anbieten.
Varianten:
– Das Kreuzen kann auch zwischen Flügel- und Aufbauspieler erfolgreich angewendet werden.
– Abstreifen durch Kreuzen zweier Spieler ohne Ball. Das Zuspiel erfolgt von einem dritten Spieler entsprechend der Spielsituation (z. B. von einem Vorderspieler).

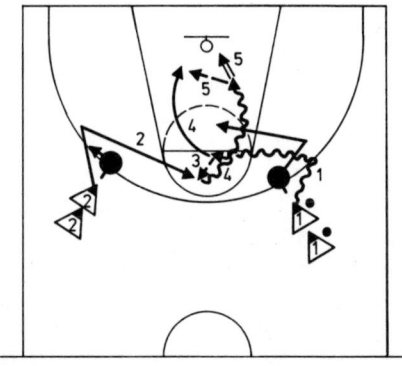

Abb. 161 Abstreifen nach Kreuzen zweier Spieler mit Dribbling

Schirmstellen/Lösen und deren Abwehr

Durch Schirmstellen (Wurfschirm) soll dem Ballbesitzer, der sich in mittlerer bis weiter Entfernung zum Korb befindet, ein ungestörtes Ausführen eines Korbwurfes (Sprungwurf/Wurf aus dem Stand) ermöglicht werden. Das geschieht, wenn der Werfer von einem vor ihm stehenden Mitspieler gegen seinen Abwehrspieler abgeschirmt wird. Günstige Situationen zum Schirmstellen entstehen beispielsweise als Alternativlösung zum Abstreifen am Mitspieler. Dabei weicht der Abwehrspieler einem stehenden oder entgegenlaufenden Angreifer aus und hinterläuft ihn, um nicht abgestreift zu werden. Diese Situation wird vom abstreifenden Angriffsspieler genutzt, indem er seine Fortbewegung vor dem Mitspieler stoppt.

Ist er als Dribbler bereits im Ballbesitz, kann er sofort werfen. Im anderen Falle erfolgt der Korbwurf nach vorheriger Ballübergabe durch den schirmstellenden Spieler. Das Schirmstellen kann gegen Mann- und Zonenverteidigung bei Würfen aus Halb- und Weitdistanz wirkungsvoll angewendet werden.

Als **Abwehrmaßnahmen** werden ein dichtes Am-Mann-Bleiben, ein Durchgleiten sowie das Stören bzw. Verhindern des Dribbelns, des Zuspiels und des Korbwurfes (schnelles Heraustreten) empfohlen.

Bei Übernahme des Werfers durch den Abwehrspieler des schirmstellenden Angreifers ist ein Lösen und Anbieten für ein Zuspiel erfolgversprechend.

ÜBUNGS- UND SPIELFORMEN

1. Schirmstellen/Lösen und deren Abwehr (Abb. 162 bis 167)

Ablauf:

● Schirmstellen durch den Center (Freiwurflinie) nach vorgetäuschtem Abstreifen durch einen Aufbauspieler (Nr. 1) zur motorischen und taktischen Vorbereitung – ohne Gegner; Handlungskette: Zuspiel – Beginn eines Abstreifens – Abstoppen vor dem Schirm – Ballübergabe – Korbwurf. (Abb. 162)

Varianten:

Von verschiedenen Positionen unter Anwendung unterschiedlicher Handlungsketten.

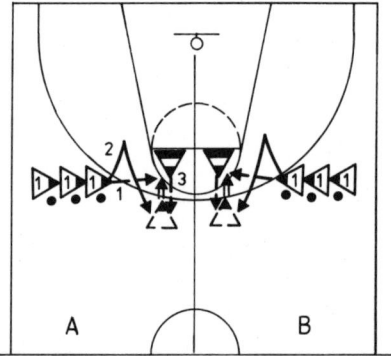

Abb. 162   Schirmstellen durch den Center nach vorgetäuschtem Abstreifen durch einen Aufbauspieler – ohne Gegner

● Ablauf wie Abb. 162, aber mit eingeschränkter Gegenwehr: 2:1 (Minderzahl – passiv/halbaktiv/aktiv); der schirmstellende Spieler ist zunächst an der Seitenlinie der Gasse postiert und stimmt seine Aktionen mit denen des Werfers zweckmäßig ab. Als mögliche Gegenmaßnahme bei aktiver Gegenwehr ist nach Lösen des Centers ein Zuspiel mit anschließendem Korbwurf erfolgversprechend. (Abb. 163)

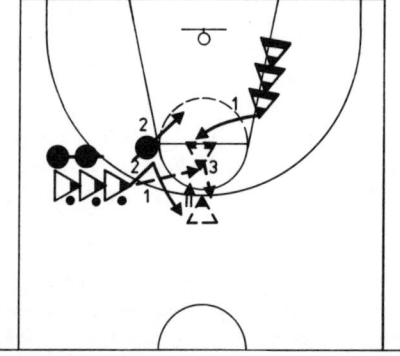

Abb. 163   Schirmstellen durch den Center nach vorgetäuschtem Abstreifen durch einen Aufbauspieler (2:1)

● Schirmstellen durch einen sich freilaufenden und an der Freiwurflinie zum Zuspiel anbietenden Center nach vorgetäuschtem Abstreifen durch einen Aufbauspieler (Nr. 1) mit Gleichzahlverhältnissen und Lösen: 2:2 (Gegner: halbaktiv/aktiv). (Abb. 164)

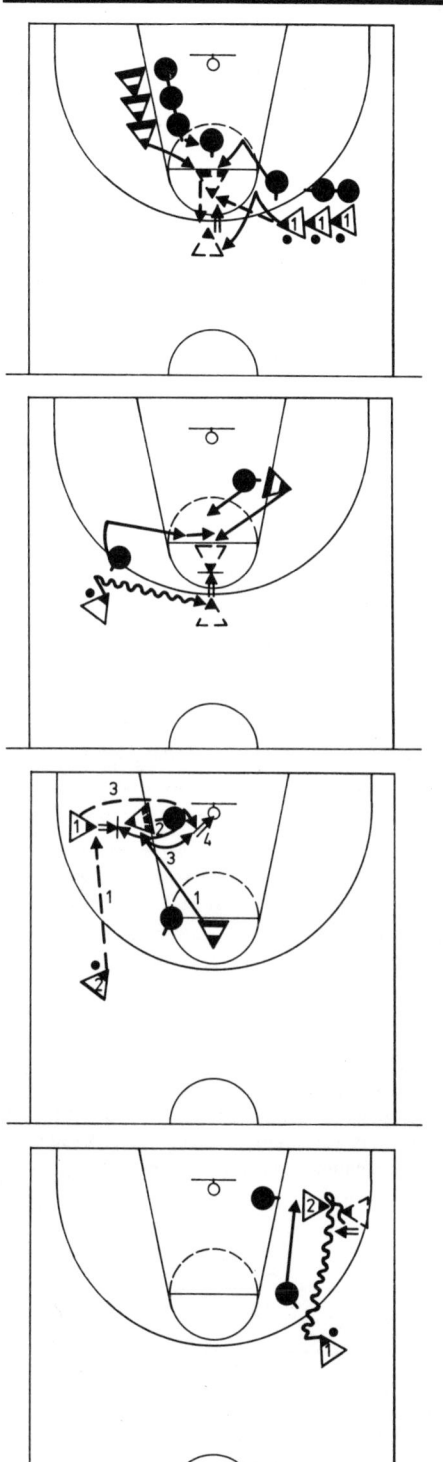

Abb. 164 Schirmstellen durch einen Center – Lösen (2:2)

● Schirmstellen nach Positionswechsel des Centers in Verbindung mit einem vorgetäuschten Abstreifen mittels Dribbling durch einen Aufbauspieler mit Gleichzahlverhältnissen und Lösen: 2:2. (Abb. 165)

Abb. 165 Schirmstellen durch den Center nach Positionswechsel – Lösen (2:2)

● Schirmstellen nach Positionswechsel des Centers bei einem Vorderspieler (Flügelspieler), der den Ball von einem Aufbauspieler (Nr. 2) zugespielt erhält. Durch das schnelle Heraustreten des Abwehrspielers zum Werfer (Nr. 1) wird der Korbwurf blockiert. Deshalb folgt nach sofortigem Lösen des schirmstellenden Centers ein Zuspiel (nach Finte) zu diesem, der dann auf den Korb wirft. (Abb. 166)

Abb. 166 Schirmstellen durch den Center nach Positionswechsel – Lösen

● Schirmstellen durch einen Vorderspieler, nachdem ein dribbelnder Aufbauspieler ein Abstreifen angetäuscht hat, abstoppt und über den Schirm (von Nr. 2) auf den Korb wirft. (Abb. 167)

Abb. 167 Schirmstellen durch einen Vorderspieler

Blocken (Sperren)/Lösen und deren Abwehr

Das Grundprinzip des Blockens (Sperrens) besteht darin, daß ein nichtballbesitzender Angriffsspieler zum Abwehrspieler eines seiner Mitspieler läuft und sich dort so postiert, daß er diesen daran hindert, seine Verteidigungsaufgabe zu erfüllen (z. B. regelgerechtes Versperren des Laufweges des Abwehrspielers bei einem Durchbruch seines Mitspielers). Beim Sperren kann eine frontale, seitliche oder auch eine Stellung mit dem Rücken (gute Übersicht) zum Abwehrspieler eingenommen werden. Übersicht 39 weist die verschiedenen Formen des Blockens sowie die Möglichkeiten von Abwehrmaßnahmen aus.

Es wird grundsätzlich zwischen direktem und indirektem Block unterschieden. Der **direkte Block** erfolgt für einen Ballbesitzer. Nachdem der Laufweg des Abwehrspielers in eine bestimmte Rich-

Übersicht 39   Blocken und Abwehr des Blockens

Blocken (Sperren) – Abwehr	
Direkter Block	Indirekter Block
zwischen Spielern gleicher und unterschiedlicher Positionsgruppen	
zwischen zwei Außenspielern	zwischen einem Außenspieler und einem Center
● Aufbauspieler (Hinter-) – Flügelspieler (Vorder-) ● Aufbauspieler – Aufbauspieler ● Flügelspieler – Flügelspieler	● Aufbauspieler (Hinter-) – Center ● Flügelspieler (Vorder-) – Center

Varianten in Abhängigkeit von den Spielsituationen
– einfacher und doppelter Block – mehrfacher und fortlaufender Block – Stellung des Blockenden zum Abwehrspieler mit der Körpervorderseite (frontal) bzw. mit der Körperrückseite – Blocken an der Innenseite bzw. Außenseite bezogen auf die Stellung des Abwehrspielers zur Spielfeldmitte – Blocken in Verbindung mit Finten – Blocken in verschiedenen Spielfeldräumen (Vorfeld/Rückfeld; Außenpositionen; zentrale Positionen) – Blocken in verschiedenen Spielphasen (Vorbereitung des Angriffsabschlusses; Angriffsaufbau) – Blocken in Verbindung mit weiteren gruppentaktischen Verfahren (z. B. Lösen aus dem Block; Schirm bei Übernahme durch den Gegner)

Abwehr des Blockens	
Stören bzw. Verhindern durch	Ballgewinn durch
– Stellungsspiel des Abwehrspielers (Ausweichen; Durchgleiten, am Gegner bleiben) – Übernehmen – Versperren des Laufweges	– Ball aus der Hand dribbeln – Abfangen bzw. Ablenken des Zuspiels

tung blockiert wurde, beginnt der Ballbesitzer (nach Finte) zu dribbeln. In Korbnähe kommt der Ballbesitzer bei richtiger Anwendung des direkten Blocks nach kurzem Dribbling zum unbedrängten Korbwurf. Das Zusammenwirken der beiden Angriffsspieler ist an keine bestimmte Position auf dem Spielfeld gebunden.

Das **Lösen aus dem Block** macht sich erforderlich, wenn der zum Korb durchbrechende Angreifer (Dribbling) vom Abwehrspieler des blockenden Spielers übernommen wird. Dabei löst sich der Angreifer vom abgesperrten Verteidiger mit einigen schnellen Schritten in eine freie Spielfeldposition in Richtung Korb, um angespielt werden und auf den Korb werfen zu können. Das Lösen sollte bei der Anwendung des direkten Blocks grundsätzlich gefordert werden, da dadurch die Hand-

lungsalternativen dieses gruppentaktischen Verfahrens erweitert werden.

Bei dem **indirekten** Block wirken in der Grundform drei Angriffsspieler zusammen. In der Regel leitet der Ballbesitzer das Verfahren mit einem Zuspiel zu einem günstig postierten Angreifer ein, um anschließend einen anderen in benachbarter Position stehenden Angreifer freizublocken. Der freigeblockte Spieler erhält den Ball anschließend zugespielt und kann sofort oder nach kurzem Dribbling auf den Korb werfen.

Wie beim direkten Block stellt auch hier das **Lösen aus dem Block** eine notwendige Folgehandlung dar, um insbesondere bei Übernahme des freigeblockten Spielers durch andere Abwehrspieler weitere Lösungsalternativen offenzuhalten.

ÜBUNGS- UND SPIELFORMEN

1. Direkter Block/Lösen und deren Abwehr (Abb. 168 bis 171)

Ablauf:

● Direkter Block zwischen zwei Außenspielern mit einem passiven Gegner zur motorischen und taktischen Vorbereitung.

Spieler Nr. 1: Zuspiel – Lauf mit Richtungsänderung – Block am Ballbesitzer – Lösen und Anbieten;

Spieler Nr. 2: Ballannahme – Finte/Umspielen (Dribbling) – Korbwurf. (Abb. 168)

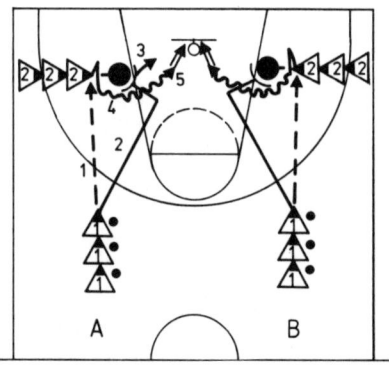

Abb. 168 Direkter Block zwischen zwei Außenspielern mit einem passiven Gegner

● Direkter Block zwischen zwei Außenspielern mit eingeschränkter und aktiver Gegenwehr sowie Lösen aus dem Block: 2:2 (Abb. 169)

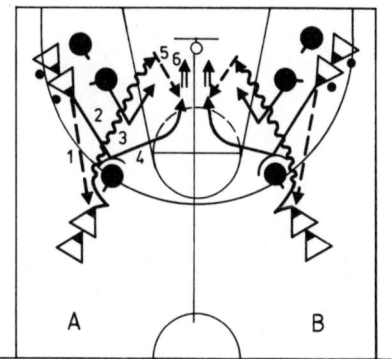

Abb. 169 Direkter Block zwischen zwei Außenspielern – Lösen

● Direkter Block am Aufbauspieler (Hinterspieler) durch den Center (Freiwurflinie) sowie Lösen aus dem Block. Nach Übernahme des dribbelnden Außenspielers durch den Abwehrspieler des Centers – Zuspiel zum Center, der sich nach der Sperre gelöst und zum Zuspiel in Korbnähe angeboten hat – Korbwurf. (Abb. 170)

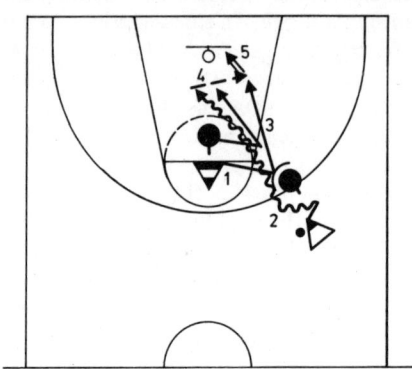

Abb. 170   Direkter Block am Aufbauspieler durch den Center – Lösen

● Direkter Block am Flügelspieler (Vorderspieler) durch den Center (Seitenlinie der Gasse) sowie Lösen aus dem Block. Nach Übernahme – Zuspiel zum Center – Korbwurf. (Abb. 171)

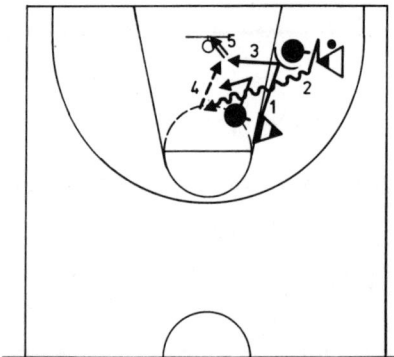

Abb. 171   Direkter Block am Flügelspieler durch den Center – Lösen

2. Indirekter Block/Lösen und deren Abwehr
(Abb. 172 bis 177)
Ablauf:
● Indirekter Block zwischen zwei Außenspielern (Aufbauspieler/Flügelspieler) und einem Center mit einem passiven Gegner zur motorischen und taktischen Vorbereitung: 3:1
Center: Zuspiel zu Nr. 2 – Block bei Spieler Nr. 1;
Spieler Nr. 1: nach Sperre durch Center – Finte – Freilaufen in Richtung Korb – Ballannahme – Korbwurf;
Spieler Nr. 2: Ballannahme – Zuspiel zum Korbwurf (Abb. 172)

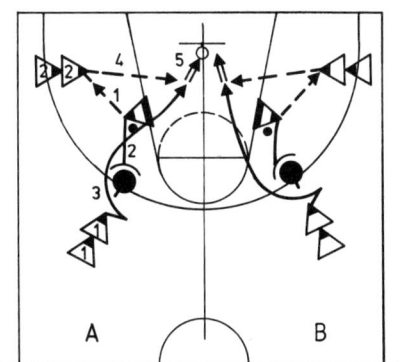

Abb. 172   Indirekter Block zwischen zwei Außenspielern und einem Center mit einem passiven Gegner (3:1)

● Indirekter Block zwischen zwei Aufbauspielern und einem Center mit eingeschränkter und aktiver Gegenwehr: 3:2 (Abb. 173)

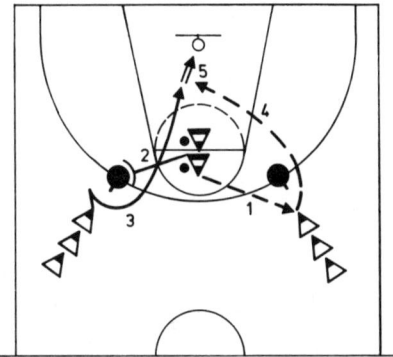

Abb. 173   Indirekter Block zwischen zwei Aufbauspielern und einem Center (3:2)

● Indirekter Block zwischen drei Außenspielern (Dreieck) mit Gleichzahlverhältnissen: 3:3 (Gegner: halbaktiv/aktiv) (Abb. 174)

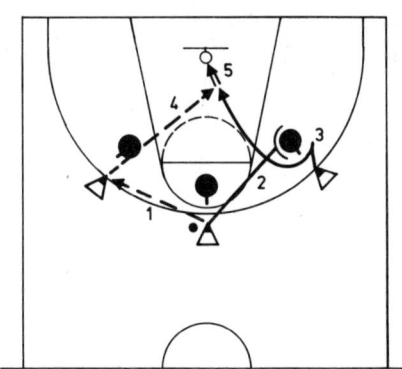

Abb. 174   Indirekter Block zwischen drei Außenspielern (Dreieck) (3:3)

● Ablauf wie in Abbildung, aber veränderte Spielpositionen (Abb. 175)

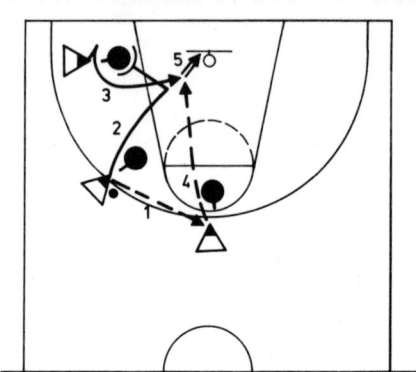

Abb. 175   Indirekter Block zwischen drei Außenspielern (Dreieck) (3:3)

● Indirekter Block am Aufbauspieler durch Center. Nach Übernahme des freigelaufenen Spielers Nr. 1 durch den Abwehrspieler des Centers Lösen aus dem Block und zum Zuspiel (von Nr. 2) in Richtung Korb anbieten – Korbwurf (Abb. 176)

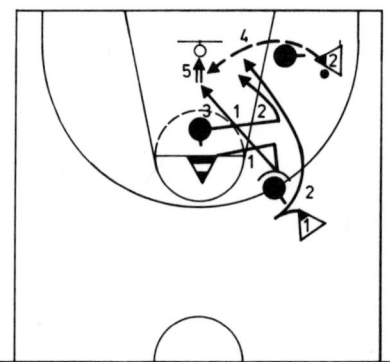

Abb. 176   Indirekter Block am Aufbauspieler durch den Center – Lösen

● Ablauf wie in Abbildung, aber der Block wird am Flügelspieler durch den Center gestellt. (Abb. 177)

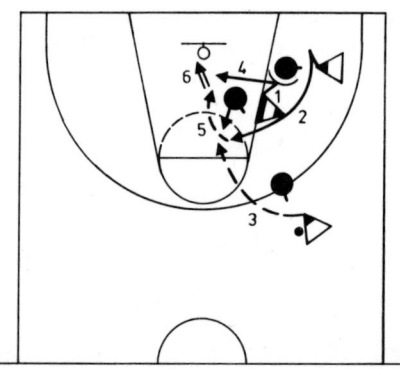

Abb. 177   Indirekter Block am Flügelspieler durch den Center – Lösen

Methodische Hinweise
für das direkte und indirekte Blocken:
- Es ist zunächst auf das richtige „Stellen" des Blocks und die zeitliche Abstimmung der Einzelhandlungen bzw. Handlungsketten aller beteiligten Spieler zu achten.
- Nach dem Erlernen des Blockens und Lösens aus dem Block mit graduierten gegnerischen Einwirkungen ist vor allem der Abwehr gegen das Blocken besondere Aufmerksamkeit zu widmen. Die Spieler sind zu befähigen, beabsichtigtes Blocken frühzeitig zu erkennen und durch entsprechendes Stellungsspiel (Ausweichen u. a.) das Blocken zu verhindern sowie durch Übernahme zeitweilige Positionsvorteile zu eliminieren.

Varianten für direktes und indirektes Blocken:
- Anwendung zwischen weiteren Spielerpaaren und weiteren Spielfeldpositionen
- Variieren der Ausführung des Blockens: frontal, mit dem Rücken bzw. seitlich zum Abwehrspieler
- Variieren der Stellung des Blocks (Innen- oder Außenseite), um vom Ballbesitzer situationsgemäße Handlungsketten zu fordern
- Das Blocken im Wechsel mit anderen gruppentaktischen Verfahren üben, um sowohl für die Angriffsspieler als auch Abwehrspieler erhöhte kognitive Anforderungen zu stellen. Dabei können zeitweilig bestimmte Spieler beauftragt werden, nach eigenem Ermessen verschiedene gruppentaktische Verfahren einzuleiten.

Rebounddreieck (Nachsetzdreieck) im Angriff und in der Abwehr

Das Nachsetzen (Rebound) wird sowohl von Angriffs- als auch Abwehrspielern angewendet, um nach erfolglosen Korbwürfen in Ballbesitz zu kommen (vgl. Abschnitt Korbwurf/Rebound...).
Zur Erhöhung der Wirksamkeit koordinieren dabei sowohl die Angriffs- als auch die Abwehrspieler ihre Handlungen in Form eines Nachsetzdreiecks.
Für die **Angriffsspieler** ist es zweckmäßig, daß zwei Angreifer (Center/Vorderspieler bzw. Flügelspieler) in die korbnahen Schrägpositionen gelangen und ein dritter Spieler versucht, im Zentrum der Freiwurfgasse eine günstige Reboundposition zu erlaufen. Um dem Aussperren durch den Abwehrspieler zu entgehen, müssen die Angreifer Richtungstäuschungen anwenden und versuchen, in die Innenposition zu gelangen.
Beim Rebounddreieck in der **Abwehr** wird versucht, während des Korbwurfes der Gegner eine Dreieckaufstellung im korbnahen Raum einzunehmen, dabei die Angreifer vom Korb möglichst auszusperren, sich selbst eine günstige Ausgangsposition für das Nachsetzen zu schaffen und den abprallenden Ball zu sichern, um möglichst sofort einen schnellen Angriff einzuleiten.

1. Rebounddreieck im Angriff und dessen Ab-wehr (178 bis 181)
Ablauf:
● 2:2 und Werfer (Abb. 178)
Ein Spieler wirft aus Weitdistanz auf den Korb
(nur Werfer). Die übrigen 4 Spieler üben das
Nachsetzen. Die Verteidiger versuchen, die An-
greifer auszusperren.
Varianten
– Der Werfer setzt seinem Wurf ebenfalls nach
– Rollenwechsel
– Es werden weitere Weitdistanzpositionen ein-
bezogen.

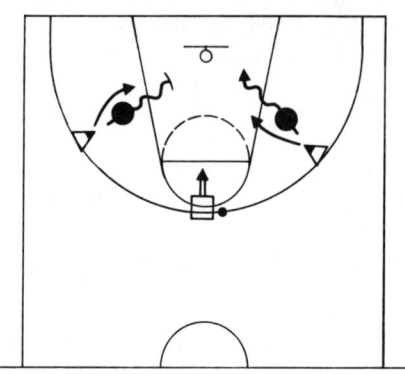

Abb. 178   Nachsetzen 2:2 und ein Werfer

● 3:2 (Abb. 179)
Drei Angreifer versuchen nach erfolgtem Korbwurf, unter Ausnutzung eines Rebounddreiecks
sich gegen zwei Abwehrspieler erfolgreich durchzusetzen und erneut auf den Korb zu werfen.
Wertung: Rebound der Angreifer: 1 Punkt; Korbwurftreffer: 1 Punkt; Rebound der Abwehrspieler: 2 Punkte.

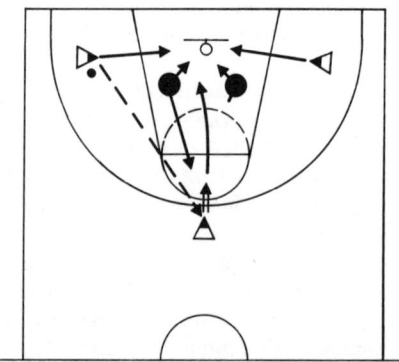

Abb. 179   Rebounddreieck im Angriff gegen zwei Abwehrspieler

● 3:3 ohne und mit Werfer (Abb. 180)
Die Angriffs- und Abwehrspieler sollen lernen,
sich beim Nachsetzen durchzusetzen. Gelingt das
den Angreifern, versuchen sie durch Korbwurf
zwei Punkte zu erzielen.
Varianten:
– Es werden je ein Werfer auf den Halbpositio-
nen postiert, die abwechselnd werfen. Sind die
Abwehrspieler beim Nachsetzen erfolgreich,
müssen sie sofort einen schnellen, genauen Paß
zu den Werfern spielen.
– Sind die Abwehrspieler beim Nachsetzen erfolgreich, schneller Angriff zum anderen Korb.

Abb. 180   Reboundübung 3:3 ohne und mit Werfer

● 3:3 mit schnellem Gegenangriff nach Rebound (Abb. 181)

3 Angreifer und 3 Verteidiger versuchen, nach erfolgtem Korbwurf erfolgreich nachzusetzen. Bekommen die Abwehrspieler den Rebound, passen sie schnell zu einem der beiden nicht am Nachsetzen beteiligten Spieler, um einen schnellen Angriff einzuleiten und zu spielen (5:4). Erkämpfen die Angriffsspieler den Ball, geht das Spiel so lange weiter, bis die Angreifer einen Korb erzielen oder die Abwehrspieler in Ballbesitz gelangen. Der Werfer übernimmt beim schnellen Angriff der Gegner Abwehrfunktion.

Varianten:

- Angreifer und Verteidiger führen ein regelgerechtes Spiel durch unter Beteiligung von 3 bis 5 Spielern mit einseitigen Überzahl- bis Gleichzahlverhältnissen, wobei die Feldkörbe gezählt und die erzielten Punkte bei den schnellen Angriffen einbezogen werden.
- Nachsetzdreieck nach Freiwürfen in Verbindung mit schnellem Gegenangriff (3:3; 4:4; 5:5).

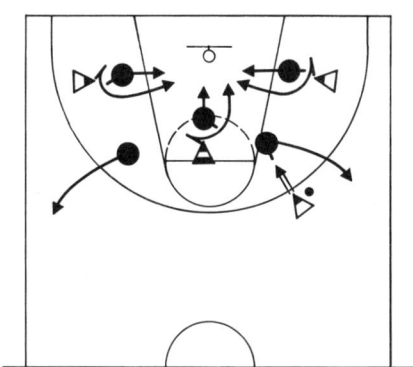

Abb. 181 3:3 mit schnellem Angriff nach Rebound

3.3. Formen für die mannschaftstaktische Ausbildung im Angriff und in der Abwehr

Das Ziel der mannschaftstaktischen Ausbildung besteht darin, alle Spieler einer Mannschaft zum zielorientierten, zweckmäßigen Zusammenwirken im Angriff und in der Abwehr unter ständiger Berücksichtigung des gegnerischen Verhaltens und des Wettspielverlaufes zu befähigen. Grundlage dafür sind die in der Spielkonzeption ausgewiesenen grundsätzlichen Festlegungen zur Spielweise und zum Spielsystem einer Mannschaft. Die Mannschaftstaktik, d. h. die Angriffs- und Abwehrsysteme, bildet das übergeordnete Regulativ für das Handeln der Spieler und ermöglicht ein abgestimmtes Spielverhalten im Mannschaftsverband. (vgl. Übersicht 20)

Als inhaltliche **Schwerpunkte für die mannschaftstaktische Ausbildung** sind zu nennen:

- Aneignung eines, später mehrerer Angriffs- und Abwehrsysteme sowie ihrer Varianten bei planmäßiger Anwendung individueller und gruppentaktischer Verfahren
- schwerpunktmäßiges Schulen der Spielphasen in Abhängigkeit von dem zu erlernenden Angriffs- und Abwehrsystem

- Ausprägen funktionsbezogener (spezieller) taktischer Verhaltensweisen (Positionsspezifik) im Mannschaftsverband unter Berücksichtigung der Spielphasen.

METHODISCHE HINWEISE

Da bereits mit Beginn der Ausbildung Übungsspiele auf zwei Körbe (geringere bis vollständige Spielerzahl) durchgeführt werden sollen, ist es notwendig, schon frühzeitig einfache mannschaftstaktische Verhaltensregeln zu vermitteln, um ein kollektives Zusammenwirken der Spieler zumindest in Ansätzen zu ermöglichen. Es sind die Grundprinzipien des gewählten Abwehrsystems (vorrangig Mannverteidigung), des schnellen Angriffs, der Grundformation im Positionsangriff und weitere einfache mannschaftstaktische Orientierungen zu erläutern und anzuwenden. Im Verlaufe der Ausbildung werden durch das zielgerichtete und planmäßige Schulen individueller und gruppentaktischer Grundsätze und Verfahren immer günstigere Voraussetzungen für ein zweckmäßiges, effektives mannschaftstaktisches Verhalten geschaffen.

Es werden zunächst die komplizierten Anforderungen im Wettspiel bewußt vereinfacht, dann aber schrittweise unter jeweiliger Akzentuierung des Angriffs oder der Abwehr den Wettspielbedingungen angenähert und mit fortschreitender Ausbildungsdauer über die Wettspielanforderungen hinausgehend unter verschiedenen Gesichtspunkten erschwert. (vgl. Übers. 19) Die aufgezeigten methodischen Aspekte stellen keine starren aufeinanderfolgenden Arbeitsschritte dar, sondern sind nach- und nebeneinander umzusetzen. Differenziertes und komplexes Üben sowie paralleles Anwenden im Spiel bilden eine methodische Einheit.

Die mannschaftstaktische Ausbildung umfaßt neben theoretischen Unterweisungen (Anwendung vielfältiger Anschauungsmittel sowie Spielbeobachtungen) hauptsächlich folgende **Formen**:

- wettspielnahe Übungs- und Spielformen im Mannschaftsverband auf einen Korb oder zwei Körbe
- Übungsspiele mit bestimmten Auflagen innerhalb der eigenen Mannschaft (vgl. Abschnitt 3.4.)
- Trainingsspiele mit spezifischen Festlegungen gegen andere Mannschaften (vgl. Abschnitt 3.4.).

Für den Schulsport werden für eine planmäßige Basketballausbildung folgende Angriffs- und Abwehrsysteme empfohlen, wobei zunächst das „freie", improvisierte Spiel bei Beachtung grundlegender taktischer Prinzipien überwiegt:

Angriff:

Schneller Angriff – Überzahlangriffe

Positionsangriff zunächst ohne Center, dann mit einem Center

Abwehr:

Mannverteidigung im Rückfeld und über das gesamte Spielfeld als dominierendes Abwehrsystem in allen Altersbereichen; Einführung in die Zonenverteidigung (2:1:2) in den oberen Klassenstufen.

3.3.1. Schneller Angriff und dessen Abwehr

Der schnelle Angriff als besonders attraktives und effektives Angriffsverfahren sollte das vorrangig anzustrebende Ziel der Angriffsführung einer Mannschaft sein. Durch schnelleres Überwinden des Spielfeldes als die Verteidiger soll eine zahlenmäßige Überlegenheit gegen eine noch nicht formierte und organisierte Abwehr erzielt werden, um günstige Möglichkeiten für einen Korbwurf, möglichst aus Nahdistanz, zu schaffen. Unter mannschaftstaktischem Aspekt ist vor allem die Abstimmung der Aktivitäten sowie die Funktionsverteilung aller fünf Spieler erforderlich. Schnelle Angriffe können situationsabhängig in verschiedenen Varianten gespielt werden. Grundlegende Orientierungen zur Kennzeichnung und damit für das Erlernen und Vervollkommnen von schnellen Angriffen und deren Abwehr sind in den Übersichten 40 und 41 dargestellt.

Unter methodischem Aspekt (vgl. Übersicht 19) sollen folgende **Schwerpunkte** hervorgehoben werden:

● Generell sind Überzahlangriffe aus verschiedenen Ausgangspositionen anzustreben. Es bestehen aber auch Erfolgsaussichten bei schnellen Angriffen mit Gleichzahl- und Unterzahlverhältnissen, wenn sich die Abwehr noch nicht organisiert hat, so daß freie Aktionsräume genutzt werden können.

Schneller Angriff	
Überzahlangriffe	Gleichzahlangriffe (Abwehr noch nicht organisiert)

Phasen des schnellen Angriffs		
Einleitung des Angriffs nach Ballgewinn oder Ballzuspruch (Ballsicherung)	Angriffsaufbau (Ballvortrag)	Vorbereitung und Durchführung des Angriffsabschlusses (Korbwurf)
Ausgangsposition: – Ballgewinn nach erkämpften Bällen im Spiel (Rebound; Sprungball u. a.) – Einwurf von der Grundlinie – Einwurf von der Seitenlinie **Einleitungsphase:** – schneller öffnender 1. Paß nach außen oder zur Mitte – Tempodribbling (Lösen vom Gegner)	Schnelles Überwinden des Spielfeldes (Mittelfeldes) durch Kurz- oder Langpaßangriff ohne oder mit Dribbling	– Lösen der Überzahl- bzw. Gleichzahlsituationen im korbnahen Raum – Abschluß durch Korbwürfe aus Nah- bzw. Mitteldistanz

Staffelung des schnellen Angriffs		
1. Welle (1. Angriffslinie)	2. Welle (2. Angriffslinie)	3. Welle (3. Angriffslinie)
– Realisierung des „primären Schnellangriffs" durch „Angriffsspitzen" (1 bis 3 Tempospieler) – Nutzen der drei Längsbahnen (Spuren) – zwei Außenbahnen (Seitenspuren) und eine Innenbahn (Mittelspur) – Anspiel der 2. Welle	– Realisierung des „sekundären Schnellangriffs" durch „ein oder zwei Nachläufer" (Hänger/Trailer) – Anspielmöglichkeit für Spieler der 1. Welle	– Realisierung durch 5. Spieler (Safetyman/Feuerwehrmann); meist der Rebounder bzw. Einwerfer – „Nachläufersicherung" der 2. Welle gegen Ballverlust und Gegenangriff – Anspielmöglichkeit

Varianten in Abhängigkeit von der Spielsituation
– Variable Gestaltung der Phasen und Staffelung des Angriffs – Anwenden verschiedener individueller und gruppentaktischer Handlungen und Verfahren – Abbruch des schnellen Angriffs und Übergang zum Positionsangriff – unterschiedliche und wechselnde Funktionsverteilung der Spieler – Anwenden weiterer Formen: Fünf-Spuren-Schnellangriff; verzögerter 2.-Welle-Schnellangriff

Übersicht 41   Kennzeichnung der Abwehr des schnellen Angriffs

Abwehr des schnellen Angriffs		
nach Prinzipien der Mannverteidigung		nach Prinzipien der Raumverteidigung
Abwehr der Angriffseinleitung	Abwehr des Angriffsaufbaus	Abwehr der Vorbereitung des Angriffsabschlusses und des Anschlusses (Korbwurf)
– Stören bzw. Verhindern der Angriffseinleitung – Abwehrmaßnahmen gegen Ballbesitzer zur Verzögerung des Angriffs – günstige Gestaltung des Rückzugs	– Stören, Verzögern bzw. Stoppen des Angriffs im Mittelfeld – Ballgewinn durch eigene Aktivitäten bzw. durch Nutzung von Fehlleistungen der Angreifer – Sicherung von Gleichzahlverhältnissen – Besetzen gefährdeter Positionen – Versuche zur Formierung der Abwehr	– Besetzen der gefährdetsten Räume im korbnahen Raum – Kontaktsuche und Kooperation mit Mitspielern – Gegnerverteilung und Aktivitäten, um den Angriff zu stören, zu verzögern, zu stoppen bzw. um den Angriffsabschluß zu verhindern – Formieren und Organisieren der Abwehr im System
Individuelle und kollektive situationsbedingte Handlungen in den verschiedenen Spielfeldzonen zur Abwehr der 1. Welle (Angriffsspitzen), der 2. Welle (Nachläufer) bzw. 3. Welle mit dem Ziel der erfolgreichen Verhinderung der Einleitung und Durchführung eines schnellen Gegenangriffs		

● Die in der Übersicht 40 ausgewiesenen Phasen und Staffelungen des schnellen Angriffs sind sowohl akzentuiert als auch komplex zu schulen. In Abbildung 182 wird beispielhaft ein typischer schneller Angriff mit drei Angriffsspitzen/Tempospieler (1. Welle) und 2 Nachläufern/Trailern (2. Welle) unter Nutzung der drei (gedachten) Längsbahnen des Spielfeldes (Seitenspuren/Mittelspur) dargestellt.

● Es sind zunächst die Überzahlverhältnisse für die angreifende Mannschaft besonders günstig zu gestalten, da alle Spielhandlungen unter hohem Zeitdruck mit möglichst geringen Fehlleistungen realisiert werden sollen.

● In zunehmendem Maße sind die gegnerischen Einflußmöglichkeiten (Anzahl, Aktivitätsgrad) zu verstärken sowie die individuellen als auch kollektiven Abwehrhandlungen akzentuiert zu schulen. Eine besonders wichtige Aufgabe besteht darin, den korbnahen Raum bei den häufig auftretenden Unterzahlverhältnissen zu verteidigen. Die Abbildungen 183 und 184 weisen aus, wie sich zwei bzw. drei Abwehrspieler in Korbnähe formieren sollten. Bei dem Unterzahlverhältnis 2:3 übernimmt einer der hintereinander formierten Abwehrspieler die Abwehraufgaben gegen den ballbesitzenden Spieler, während der andere den Raum zwischen Korb und den übrigen Angreifern verteidigt. (vgl. Abb. 183) Bei drei Abwehrspielern ist es günstig, eine flexible Dreiecksformation einzunehmen. (vgl. Abb. 184).

● Die Abbildungen 185 bis 190 (S. 170) weisen grundlegende Lösungsvarianten für die Vorbereitung und Durchführung des Angriffsabschlusses im korbnahen Raum aus.

● Trotz prinzipieller Abstimmung und Funktionsverteilung zwischen den fünf Spielern einer Mannschaft sollte kein starres Schema, sondern grundlegende, situationsabhängige Orientierungen vermittelt werden. Dabei ist im Angriff und in der Abwehr ständig ein optimales Entscheidungsverhalten zu fordern, da nur auf diese Weise längerfristig Erfolgsaussichten bestehen.

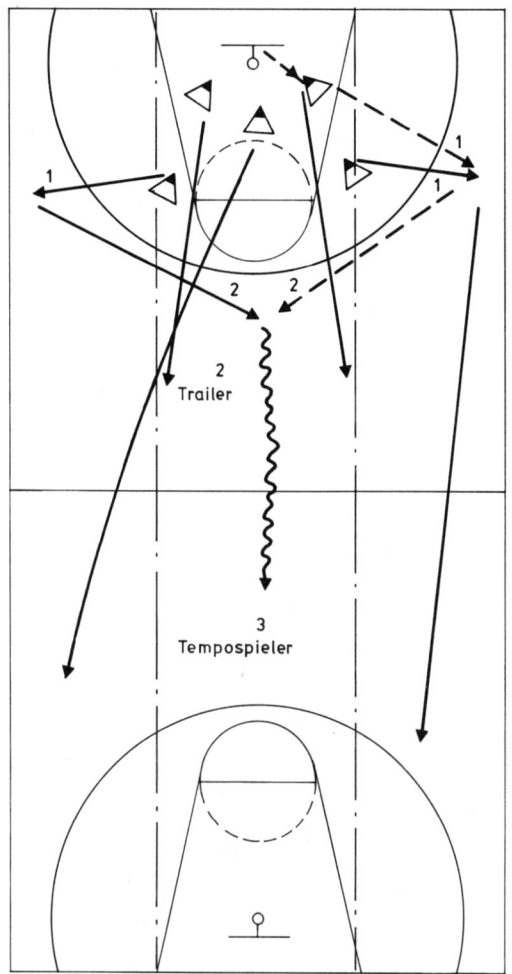

Abb. 182 Schneller Angriff mit drei Angriffsspitzen und zwei Nachläufern

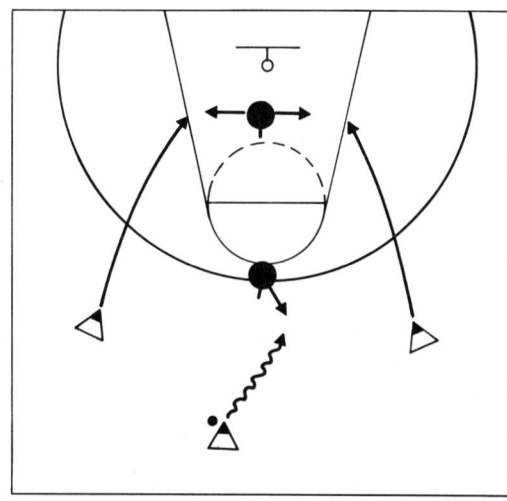

Abb. 183 Abwehrformation gegen Überzahlangriffe (2:3)

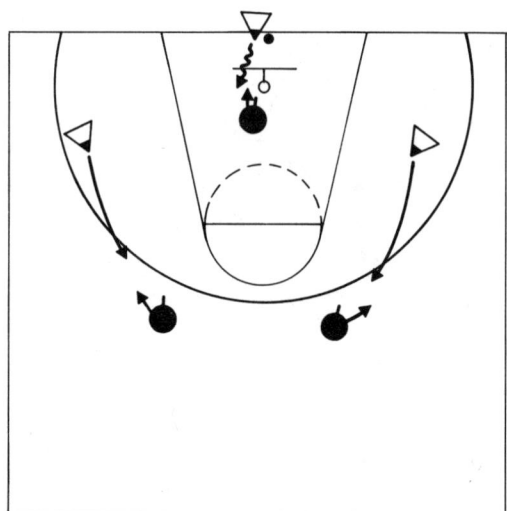

Abb. 184 Dreiecksformation zur Abwehr des Angriffsabschlusses

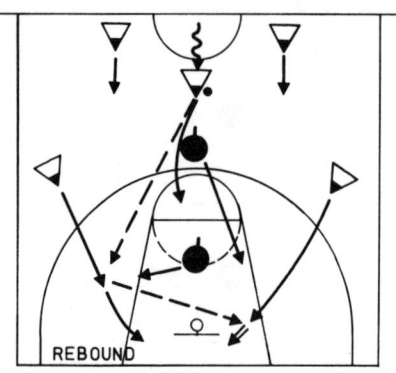

Abb. 185 Angriffsabschluß im korbnahen Raum
(Variante 1)

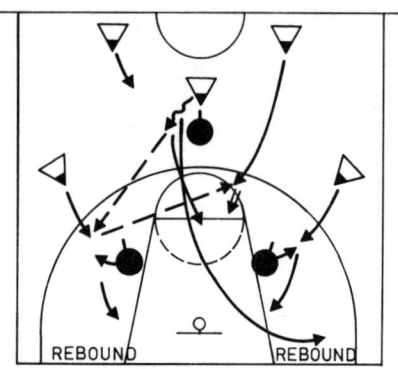

Abb. 188 Angriffsabschluß im korbnahen Raum
(Variante 4)

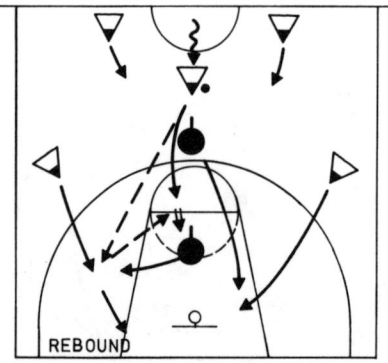

Abb. 186 Angriffsabschluß im korbnahen Raum
(Variante 2)

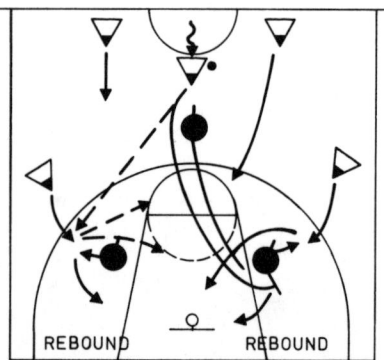

Abb. 189 Angriffsabschluß im korbnahen Raum
(Variante 5)

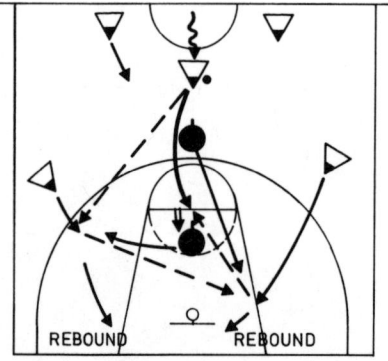

Abb. 187 Angriffsabschluß im korbnahen Raum
(Variante 3)

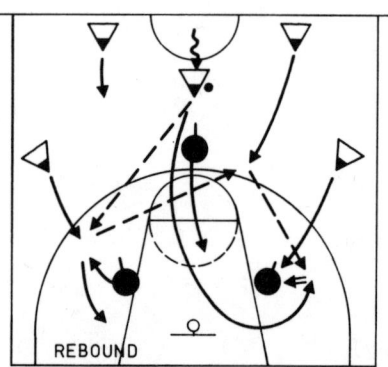

Abb. 190 Angriffsabschluß im korbnahen Raum
(Variante 6)

Empfehlungen für Wettbewerbe:
- Punkteverteilung für erfolgreiche bzw. mißlungene Angriffs- und Abwehrhandlungen: Fehltreffer beim Korbwurf: minus 1; Ballverlust vor dem Korbwurf: minus 2; gelungene Abwehraktion: plus 2 u. a.
- Ermitteln der Angriffseffektivität: Anzahl der Angriffe im Verhältnis zu den Korbwurftreffern.

ÜBUNGS- UND SPIELFORMEN

1. Umkehrspiel – Überzahlangriff über Verbinder mit Nachläufer: ohne und mit Gegnern in der Unterzahl (Abb. 191)
Ablauf: Nr. 5 wirft auf den Korb, um das Defensivrebound zu ermöglichen. Nr. 3 und 4 setzen nach. Nr. 1 und 2 laufen zur jeweiligen Außenlinie als Verbinder. Entsprechend der Seite des Rebounderfolgs erfolgt der öffnende Paß. Der andere potentielle Verbinder (Nr. 2) läuft als zweiter Verbinder in die Mittelbahn. Spieler Nr. 4, der im Rebound den Ball nicht erkämpft hat, besetzt als Tempoläufer die Bahn auf der ballfreien schwachen Seite. Paß vom ersten Verbinder zum zweiten Verbinder. Der weitere Angriffsaufbau erfolgt mit Tempodribbling oder weiteren Pässen. Beim Angriffsabschluß situatives Anwenden einer der möglichen Lösungsvarianten.
Methodische Hinweise:
- Die 3 Tempospieler sollten die vorgegebenen Laufwege in den Bahnen beibehalten, um durch den breit auseinandergezogenen Angriff die Abwehrtätigkeit zu erschweren.
- Nachdem die taktischen Prinzipien ohne Gegner realisiert wurden, ist das Üben in Verbindung mit einem bzw. mehreren Gegnern fortzusetzen.
- Von vorgegebenen Abschlußlösungen ausgehend, wird ein optimales situatives Lösen gefordert.
Varianten:
- Variationen beim Umkehrspiel und bei der Eröffnung des Angriffs.
- Die gegnerische Einflußnahme erfolgt bereits ab Mittellinie.

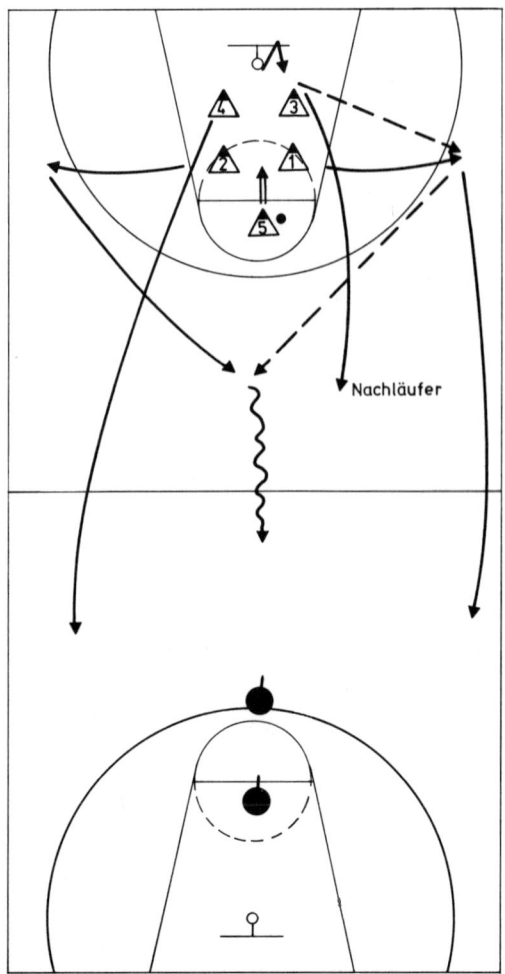

Abb. 191 Umkehrspiel – Überzahlangriff über Verbinder mit Nachläufer

2. Überzahlangriff – Erlernen der taktischen Prinzipien für die Lauf- und Ballwege sowie ihrer alternativen Lösungsvarianten unter hohen Zeitdruckbedingungen – ohne und mit Gegnern in der Unterzahl (Abb. 192)

Ablauf: Die Spieler nehmen Aufstellung in den Räumen einer 2:1:2-Zonenverteidigung (Spieler 1 und 2 sind kleinere Spieler, d. h. Aufbauspieler; Spieler 3, 4 und 5 sind größere Spieler, d. h. Center bzw. Flügelspieler).

Nr. 1 oder 2 werfen auf den Korb, um das Nachsetzen zu ermöglichen. Das Nachsetzen und der 1. (öffnende) Paß bilden eine Einheit.

Methodische Hinweise:

– Nach dem Erlernen und Anwenden der entsprechenden taktischen Prinzipien Betonung von alternativen Lösungsvarianten zur optimalen Realisierung des schnellen Angriffs.

– Erhöhen der Zeitdruckbedingungen und Korbwurfeffektivität. Beispiel: In 2 Minuten sind 12 Körbe zu erzielen (Differenzierung nach Leistungsvermögen erforderlich).

Varianten:

– Hinzunahme von einem bzw. mehreren Gegnern im Vor- und Rückfeld.

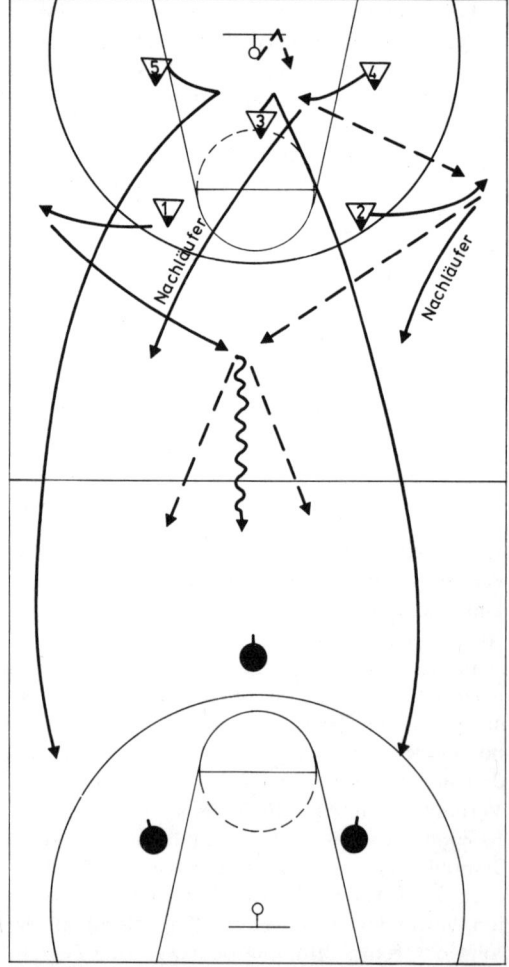

Abb. 192 Überzahlangriff – Erlernen der taktischen Prinzipien für die Lauf- und Ballwege sowie ihrer alternativen Lösungsvarianten unter hohem Zeitdruck

3. Überzahlangriff 5:0 im Wechsel mit 5:3 – Abwehr in der Unterzahl (Abb. 193)

Ablauf: 1. Angriff: 5:0 bei Einhaltung vorgegebener Laufwege (rechts/links/Mitte). Inzwischen nehmen 3 Spieler der 2. Mannschaft Verteidigungsaufstellung am nahe liegenden Korb ein. Der 2. Angriff (Rückweg) erfolgt mit einem Überzahlverhältnis von 5:3.

Methodische Hinweise:
Die Spielsituationen (Überzahl/Gleichzahl/Unterzahl – vgl. Varianten) sind nach mehreren Durchgängen bzw. jedes Mal zu verändern. Im 1. Fall ist das optimale Lösen annähernd gleicher Spielsituationen anzustreben, während im 2. Fall höhere Anforderungen an die Situationswahrnehmung, -antizipation, das Entscheidungsverhalten und die motorische Ausführung der Spielhandlungen gestellt werden. Handlungsschnelligkeit, -genauigkeit und -richtigkeit sind gleichermaßen auszuprägen.

Varianten:
– Realisierung des 2. Angriffs (Rückweg) bei Einbeziehung eines bzw. mehrerer Gegner: 5:1; 5:2; 5:4
– Durchführung des schnellen Angriffs bei Anwendung unterschiedlicher Ausgangssituationen (Einwurf an den Seitenlinien; nach Freiwurf; Rebound u. a.).

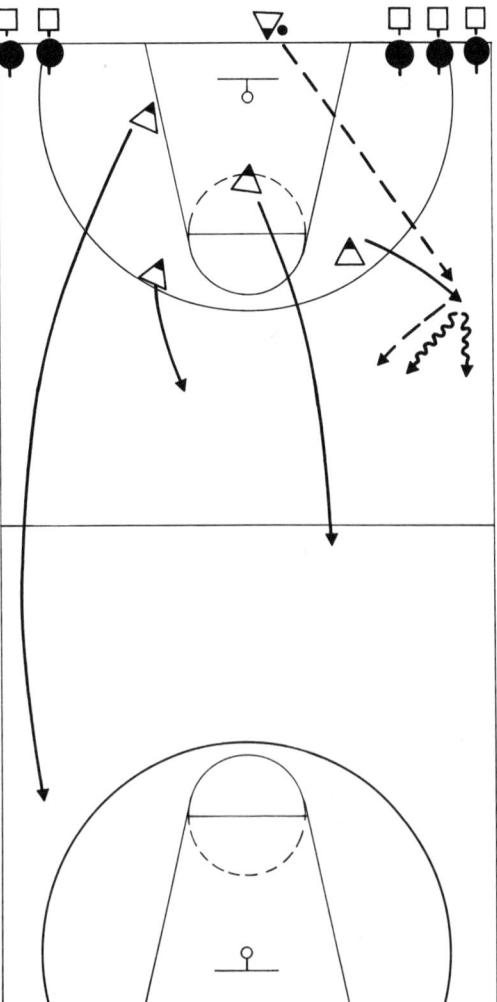

Abb. 193   Überzahlangriff 5:0 im Wechsel mit 5:3 – Abwehr in der Unterzahl

4. Überzahlangriff 5:3 mit 3 Spielergruppen: Abwehr in der Unterzahl (Abb. 194)

Ablauf: Eine Mannschaft greift in ständigem Wechsel gegen zwei an verschiedenen Körben verteidigende Spielergruppen zu je 3 Spielern an.

Methodische Hinweise:

– Im Lernprozeß können zeitweilige Akzentuierungen zugunsten des Angriffs bzw. der Verteidigung gefordert werden.

– Wettbewerbe zwischen den Gruppen:

   a) Bei 3 Fünfergruppen: Wer erzielt 6 Treffer in der kürzesten Zeit?

   b) Hat zuerst die angreifende Mannschaft 6 Korbtreffer (Punkte) erzielt oder eine der Verteidigungsgruppen 3 Bälle erkämpft?

   c) Tempozwang: Jeder Angriff wird zeitlich begrenzt (Stoppuhr). Die Angreifer haben die Zielstellung von 6 Treffern – bei Überschreiten der Zeitvorgabe neuer Angriff zur anderen Seite, oder ein vierter Verteidiger betritt des Feld.

   d) Erfolgszwang: Zielstellung 6 Treffer. Die angreifende Mannschaft hat nur einen Korbwurfversuch. Bei Fehltreffer neuer Angriff zur anderen Seite.

   e) Konditioneller Aspekt: Erhöhung der Zieltrefferzahl bzw. der Übungszeit.

Varianten:

– Überzahlangriffe 5:2 oder 5:4, danach Wechsel der Gruppen

– Ständiges Variieren der Aufgabe:

   1. Angriff nach links   – 5:1

   2. Angriff nach rechts   – 5:2

   3. Angriff nach links   – 5:3

   4. Angriff nach rechts   – 5:4

   5. Angriff nach links   – 5:5

   evtl. mit Zeitlimitierung kombinieren.

– Angriffseinleitung ebenfalls gegen Verteidigung.

   Die Verteidiger haben die Aufgabe, den neuen Angriff bis zur 6,25-m-Linie oder bis zu einer bestimmten Linie in der Halle zu stören. Dabei sind verschiedene Varianten möglich (nur 1, 2 oder alle 3 Verteidiger stören).

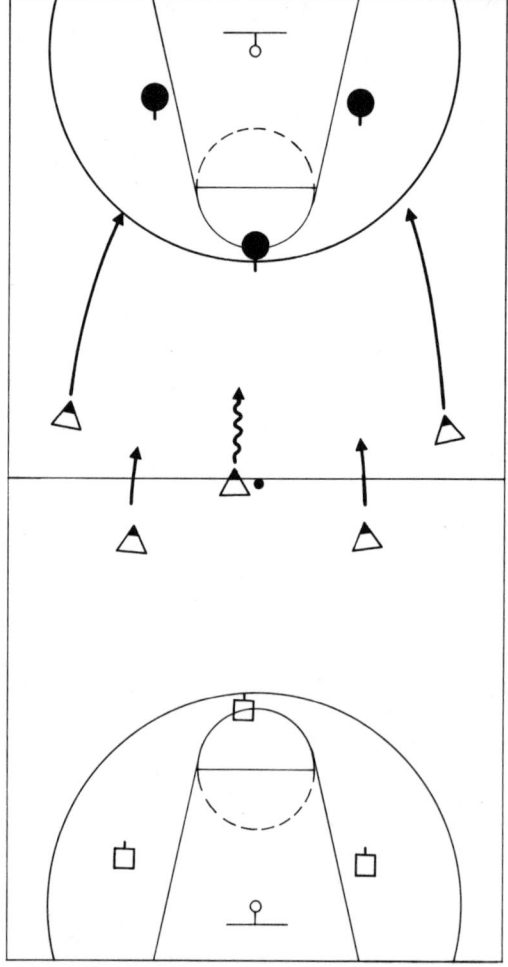

Abb. 194   Überzahlangriff 5:3 mit 3 Spielergruppen – Abwehr in der Unterzahl

5. Überzahlangriff 5:2 im Wechsel mit 5:5 unter Einbeziehung von 3 Mannschaften (Abb. 195)

Ablauf: 1. Angriff: 5:2; 2. Angriff (Rückweg): 5:5 als durchgängiges Prinzip. Folgende Reihenfolge der Mannschaften bzw. Spielergruppen wird empfohlen:

1. Angriff: 5 Spieler der Mannschaft A gegen 2 Spieler von B
2. Angriff: 5 Spieler der Mannschaft B gegen 5 Spieler von A
3. Angriff: 5 Spieler der Mannschaft B gegen 2 Spieler von C
4. Angriff: 5 Spieler der Mannschaft C gegen 5 Spieler von B
5. Angriff: 5 Spieler der Mannschaft C gegen 2 Spieler von A

Von der jeweils ausscheidenden Mannschaft laufen 3 Spieler zur gegnerischen Grundlinie und jeweils 2 Spieler in Höhe der eigenen Freiwurflinie. Der Angriffsbeginn erfolgt jeweils entsprechend der Spielsituation:

– Einwurf hinter der Grundlinie nach Korberfolg des Gegners
– direkter Start im Feld nach erkämpften Bällen im Spiel, bei Würfen oder Rebound
– Einwurf an der Seitenlinie nach technischen Fehlern.

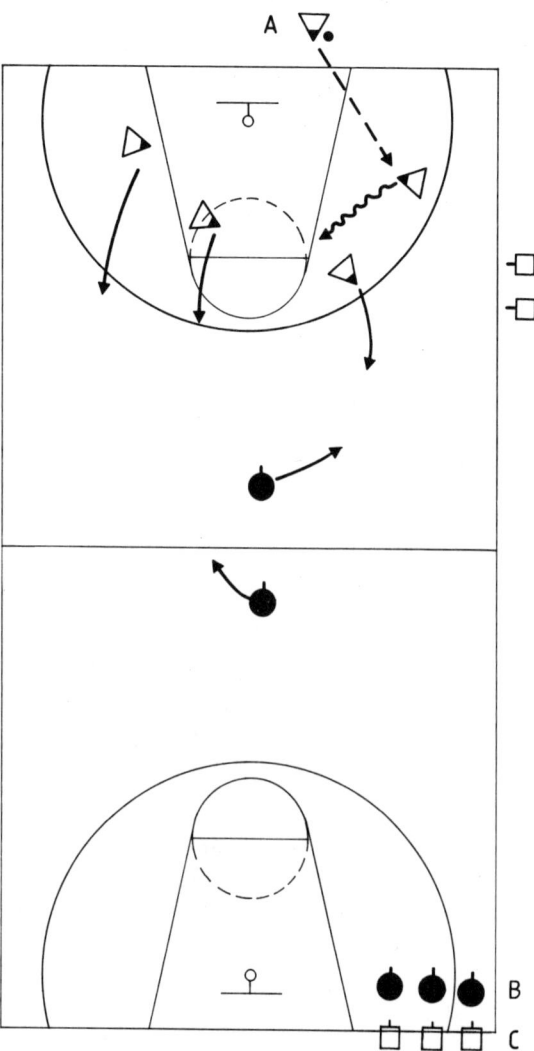

Abb. 195   Überzahlangriff 5:2 im Wechsel mit 5:5 unter Einbeziehung von 3 Mannschaften

3.3.2. Positionsangriff und dessen Abwehr

Der Positionsangriff ist anzuwenden, wenn es der gegnerischen Mannschaft gelungen ist, ihre Abwehr zu organisieren, oder wenn das Spiel verzögert werden soll.

Die Übersicht 42 vermittelt einen orientierenden Überblick über die Angriffssysteme, die positionsspezifischen Funktionen der Spieler und die Spielphasen im Positionsangriff.

Nach der Grundaufstellung der Spieler in den Angriffspositionen unterscheidet man zwischen Center- und Außenspielerpositionen (vgl. Abbildung 6), die entsprechend den positionsspezifischen Funktionen der Spieler weiter differenziert werden. Die Abbildungen 196 bis 199 stellen Grundformationen der Angriffssysteme ohne und mit Centerspielern dar.

Der Positionsangriff ist durch einen sicheren Spielaufbau charakterisiert und kann von allen Spielfeldbereichen aus, in denen eine Mannschaft in Ballbesitz gelangt, gespielt werden. Nach Überwinden des Spielfeldes nehmen die Spieler entsprechend dem gewählten Angriffssystem bestimmte Spielfeldpositionen in Nähe des gegnerischen Korbes ein und verfolgen das Ziel, den Raum um den Korb für die Vorbereitung und den Abschluß des Angriffs durch einen Korbwurf effektiv zu nutzen (Einschränkung durch 3-Sekunden-Regel) und dem Gegner die Abwehr zu erschweren. Unter Berücksichtigung des Abwehrsystems des Gegners wird durch abgestimmtes

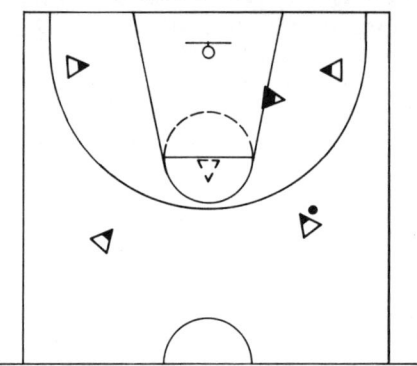

Abb. 197   Angriffssystem mit einem Center

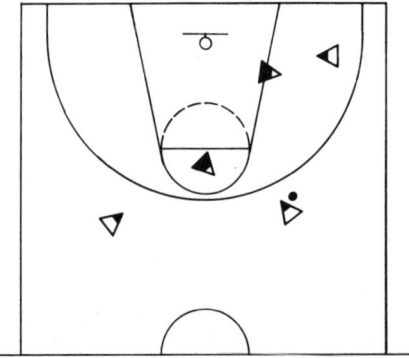

Abb. 198   Angriffssystem mit zwei Centern

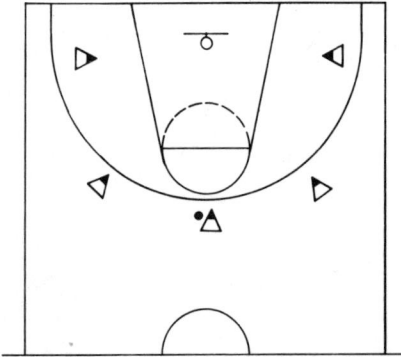

Abb. 196   Angriffssystem ohne Center

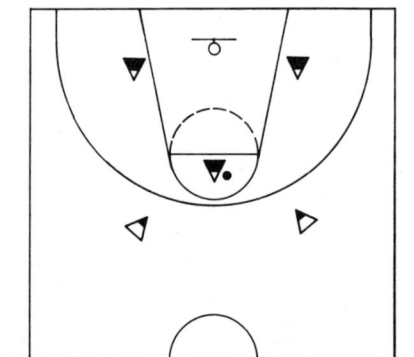

Abb. 199   Angriffssystem mit drei Centern

176

Positionsangriff

Angriffssystem(e) ohne und mit Centerspielern

5 Außenspieler	(5:0)
4 Außenspieler mit 1 Center	(4:1)
3 Außenspieler mit 2 Centern	(3:2)
2 Außenspieler mit 3 Centern	(2:3)

Positionsspezifische Funktionen der Spieler und Grundaufstellungen	

Centerpositionen:
  Vorcenter (post)
  Seitcenter
  Brettcenter
	Außenspielerpositionen:
	  Aufbau-/Hinterspieler/guard
	  Flügel-/Vorderspieler/forward

Mögliche Grundaufstellungen unter Berücksichtigung der Spielpositionen: 2/3; 2/1/2; 1/3/1; 1/4; 1/2/2

Phasen des Positionsangriffs	
Angriffsaufbau	Vorbereitung und Durchführung des Angriffs- abschlusses
– Nach Ballgewinn und Verzicht bzw. Abbruch eines schnellen Angriffs sicheres Überwinden des Spielfeldes durch Dribbling bzw. Zuspiel ohne bzw. mit gegnerischen Einwirkungen – Einnehmen der Angriffspositionen in Nähe des gegnerischen Korbes entsprechend dem gewählten Angriffssystem gegen eine formierte Abwehr	– Vorbereitung des Angriffsabschlusses durch Angriffskombination bei Berücksichtigung des Abwehrsystems des Gegners (Zusammenspiel mit improvisiertem oder geplantem Verlauf) – Korbwurf nach individuellem oder gruppentaktischem Lösen der Spielsituation

Variable Gestaltung des Positionsangriffs in Abhängigkeit vom Abwehrsystem des Gegners und des Spielverlaufs

– Wahl und Wechsel des Angriffssystems (Systemwechseltaktik) während eines Spieles bzw. verschiedener Spiele
– Wahl und Wechsel der Grundaufstellungen im Positionsangriff (Positionswechseltaktik)
– Situatives Nutzen und planmäßiges Schaffen lösungsreifer Spielsituationen durch individuelles bzw. gruppentaktisches alternatives Handeln
– Positionsangriffe gegen wechselnde Abwehrsysteme

und organisiertes Zusammenwirken der Spieler versucht, günstige Bedingungen für einen taktisch begründeten Wurf aus mittleren oder weiten Entfernungen oder für einen Durchbruch mit abschließendem Nahwurf zu erreichen. Dabei wird durch eine entsprechende Grundaufstellung und zusätzliche Laufbewegungen bewußt eine „starke" Seite (Ballseite) und eine „schwache" Seite geschaffen. Das Ziel einer Überlagerung auf der starken Seite besteht darin, durch gruppentaktische Verfahren (Sperren/Blocken; Abstreifen; Schirmstellen) die Abwehr planmäßig in ungünstige Situationen zu bringen. Auf der schwachen Seite verfolgen die Spieler die Absichten, ihren Gegner zu binden, im Bedarfsfall anspielbar zu sein und gegebenenfalls das 1:1-Spiel zu ermöglichen.

Trotz der dargestellten Angriffssysteme und Grundaufstellungen und der damit verbundenen Bindung an bestimmte Positionen und Handlungen ist eine hohe Flexibilität der Angreifer anzustreben. Nicht ein starres Systemspiel, sondern ein situationsangemessenes Handeln unter Berücksichtigung der Prinzipien des Positionsangriffs sollte das Ziel der Ausbildung sein.

Die Abwehr gegen den Positionsangriff kann nach unterschiedlichen Prinzipien erfolgen (Übersicht 43). Man unterscheidet zwischen Mannverteidigung, Zonenverteidigung (Ball-Raum-Verteidigung) und kombinierter Verteidigung.

In den auf den Seiten 180/181 folgenden Abbildungen 200 bis 208 werden zur Veranschaulichung beispielhaft ausgewählte Grundaufstellungen der Abwehrsysteme bzw. ihrer Varianten dargestellt.

Mannverteidigung (Abb. 200 bis 202)
- Mannverteidigung im Rückfeld gegen Angriffssystem ohne Center (5:0) (Abb. 200)
- Komplexverteidigung gegen Angriffssystem mit einem Center (4:1) (Abb. 201)
- Preßverteidigung gegen Angriffssystem mit einem Center (4:1) (Abb. 202)

Zonenverteidigung (Abb. 203 bis 207)
- 2:1:2-Zone (Abb. 203)
- 2:3-Zone (Abb. 204)
- 3:2-Zone (Abb. 205)
- 1:2:2-Zone (Abb. 206)
- Pressing-Zone (Abb. 207)

Kombinierte Verteidigung
- 2:2-Zone + 1 (Mannverteidigung) (Abb. 208)

METHODISCHE HINWEISE

● Um die Spieler zu einer planmäßigen Anwendung des Positionsangriffs im Spiel zu befähigen, werden zu Beginn der Ausbildung zunächst nur ein (für den Alters- und Leistungsbereich geeignetes) Angriffs- und ein Abwehrsystem ausgewählt und in Verbindung mit einer entsprechenden Kenntnisvermittlung systematisch geübt. Dabei erfolgt eine parallele Ausbildung des jeweiligen Angriffssystems in Verbindung mit dem gewählten Abwehrsystem, allerdings mit betonter zeitweiliger Akzentuierung des Angriffs bzw. der Abwehr unter Anwendung entsprechender methodischer Maßnahmen (vgl. Übers. 15 Methodische Leitlinie). In der Regel werden zunächst für den Angriff im Vergleich zu den Wettspielanforderungen Erleichterungen geschaffen (ohne Gegner bzw. verminderte Anzahl von Gegnern; eingeschränkte Aktivität der Abwehrspieler), die planmäßig abgebaut und bis zu besonders erschwerten Bedingungen (einseitige Unterzahlverhältnisse; Spiel ohne Dribbling usw.) gewandelt werden können.

● Nachdem im Rahmen eines Angriffs- bzw. Abwehrsystems durch Erweiterung der individuellen und gruppentaktischen Voraussetzungen die Möglichkeiten des alternativen Lösens der Angriffs- und Abwehrsituationen vorangetrieben wurden, werden in Abhängigkeit vom Leistungsvermögen der Mannschaft weitere Systeme bzw. Varianten mit dem Ziel eingeführt, sie im Wettspiel entsprechend den Erfordernissen variabel und erfolgreich anwenden zu können.

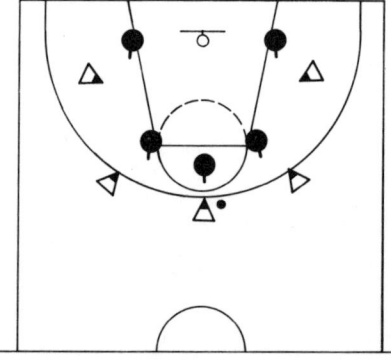

Abb. 200 Mannverteidigung im Rückfeld gegen Angriffssystem ohne Center (5:0)

Übersicht 43   Kennzeichnung der Abwehr gegen den Positionsangriff

Abwehr des Positionsangriffs

Systeme der Mannschaftsabwehrtaktik und Grundaufstellungen

Mannverteidigung (Mann-Mann-Verteidigung)	Zonenverteidigung (Ball-Raum-Verteidigung)	Kombinierte Verteidigung
● Mannverteidigung im Rückfeld bzw. über das gesamte Spielfeld ● Komplexverteidigung ● Preßverteidigung – Halbfeld – gesamtes Spielfeld	● Zonenverteidigung in Korbnähe Grundaufstellungen: 2:1:2; 3:2; 2:3; 1:3:1; 1:2:2; 2:2:1-Zone ● Pressing-Zone – Halbfeld – gesamtes Spielfeld	Zonenverteidigung + Mannverteidigung ● Viererzone + 1 Spieler (2:2; 1:2:1; 1:3; 3:1 u.a.) ● Dreierzone + 2 Spieler (2:1; 1:2; 3:0)

Abwehrphasen gegen den Positionsangriff

Abwehr des Angriffsaufbaus	Abwehr der Vorbereitung und Durchführung des Angriffsabschlusses
Nach Ballverlust folgende Alternativen: – sofortiges Zurückziehen und Formieren der Abwehr durch Einnehmen der Abwehrpositionen am eigenen Korb, ohne den Angriffsaufbau des Gegners zu stören – aktives Stören beim Überwinden des Spielfeldes – sofortiges sehr aktives Bemühen nach Ballverlust, um schnell wieder in Ballbesitz zu gelangen (Beispiel: Preßverteidigung)	– Nach Einnehmen der Abwehrpositionen Kontaktaufnahme zu Mitspielern und Gegenspielern – Zusammenspiel im vereinbarten Abwehrsystem mit dem Ziel, durch individuelle und gruppentaktische Abwehrhandlungen günstige Situationen für den Korbwurf zu verhindern und möglichst schnell wieder in Ballbesitz zu gelangen

Variable Gestaltung der Abwehr gegen den Positionsangriff **in Abhängigkeit vom Angriffssystem des Gegners** und vom Spielverlauf

– Wahl und Wechsel des Abwehrsystems während eines Spiels (Systemwechseltaktik) bzw. verschiedener Spiele – Wahl und Wechsel der persönlichen Gegenspieler bzw. der Grundaufstellungen im Abwehrsystem – situatives Lösen der Abwehraufgaben durch antizipatives individuelles und gruppentaktisches Handeln

● Es ist anzustreben, daß eine Mannschaft ihre Abwehr sowohl nach den Prinzipien der Mann-, der Zonen- als auch der kombinierten Verteidigung organisieren kann.

● Die positionsspezifische Spezialisierung im Rahmen der Mannschaftstaktik sollte, auf einer universellen Grundausbildung basierend, auf ein nicht zu einseitiges Spezialrepertoire ausgerichtet sein, das sowohl die Spezifik der Spielerpositionen als auch die individuellen Leistungsvoraussetzungen des Spielers berücksichtigt.

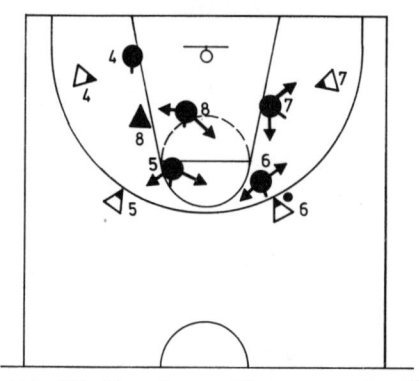

Abb. 201 Komplexverteidigung gegen Angriffssystem mit einem Center (4:1)

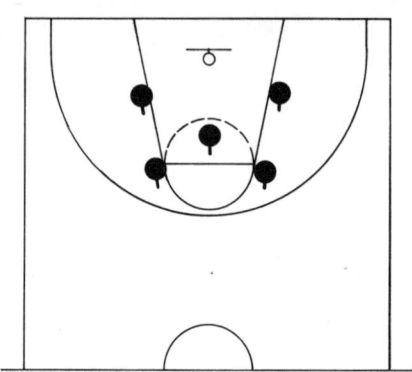

Abb. 203 2:1:2-Zone

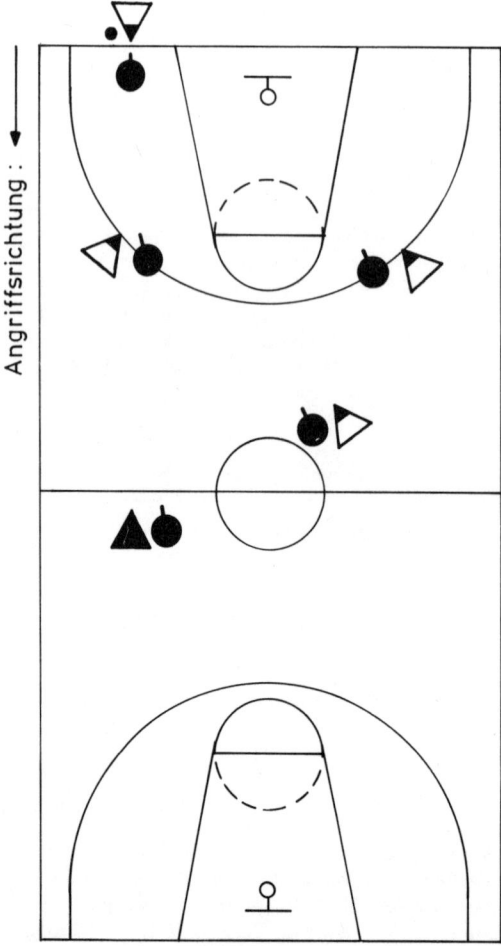

Angriffsrichtung :

Abb. 202 Preßverteidigung gegen Angriffssystem mit einem Center (4:1)

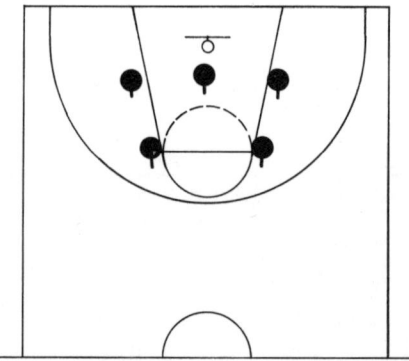

Abb. 204 2:3-Zone

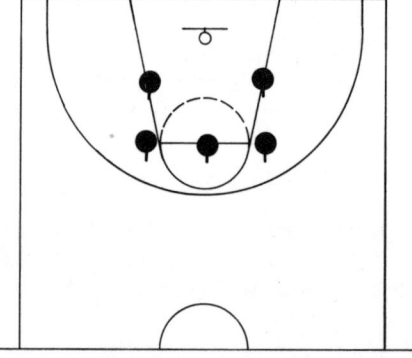

Abb. 205 3:2-Zone

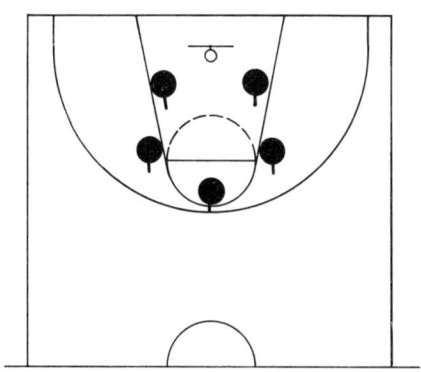

Abb. 206   1:2:2-Zone

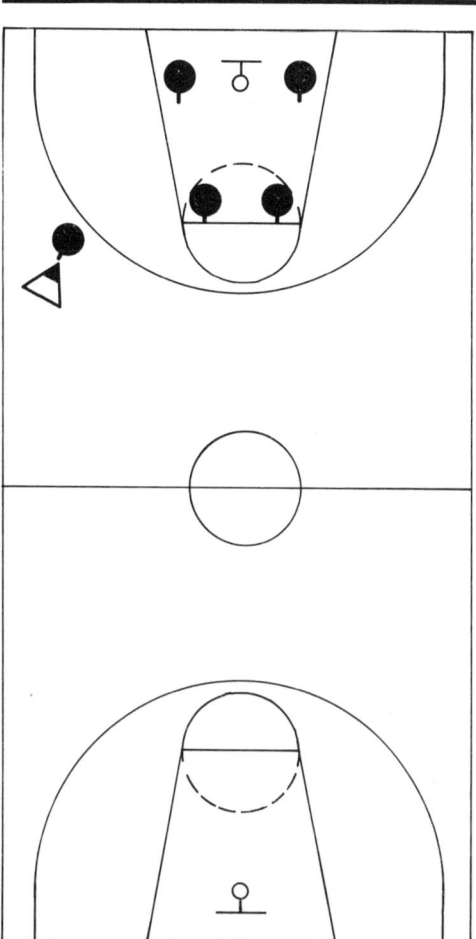

Abb. 208   2:2 Zone + 1 (Mannverteidigung)

2 : 2 - Zone

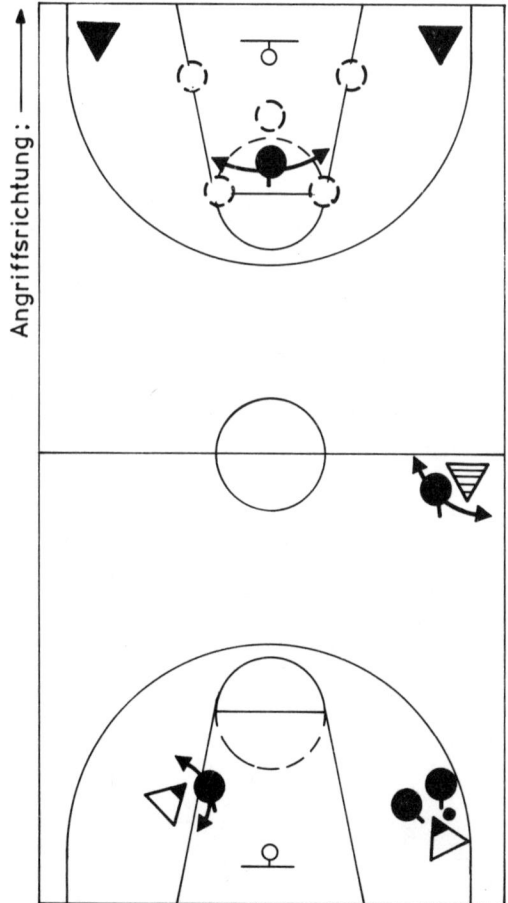

Pressing - Zone (Ganzfeld)

Abb. 207   Pressing-Zone

Angriffsrichtung:

Positionsangriff gegen Mannverteidigungssysteme

Bei der **Mannverteidigung** übernimmt jeder Abwehrspieler die persönliche Verantwortung für einen bestimmten Angriffsspieler. Dabei kann in der Abwehr nach unterschiedlichen Grundsätzen gespielt werden:

– *Sicherung des eigenen Korbes* durch Formieren der Abwehr in der und um die Freiwurfgasse durch Anwenden der Komplexverteidigung (vgl. Abb. 201) bzw. bei Anfängern durch die Mannverteidigung im Rückfeld (vgl. Abb. 200)

– Ausrichtung auf *schnellen Ballgewinn* durch besonders aktives Bedrängen der Angriffsspieler bereits beim Angriffsaufbau – Preßverteidigung (vgl. Abb. 202) bzw. bei Anfängern Mannverteidigung über das gesamte Spielfeld.

Komplexverteidigung (vgl. Abb. 201): Dieses Abwehrsystem ist dadurch gekennzeichnet, daß die Abwehrspieler neben der Verteidigung in bezug auf einen Gegenspieler verstärkt kollektive Abwehraufgaben in Korbnähe zu übernehmen haben. Dadurch sollen vor allem das Centerspiel der Angreifer, die individuellen Durchbrüche sowie die Korbwürfe von Nah- und Halbdistanz eingeschränkt werden. Der jeweilige Ballbesitzer ist eng zu decken, um einen Korbwurf aus Weit- und Halbdistanz bzw. einen Durchbruch zum Korb zu verhindern und ein Zuspiel zu erschweren. Die übrigen Abwehrspieler behalten ihre Position in Korbnähe bei und orientieren sich entsprechend ihrer Stellung zum Ballbesitzer darauf, Zuspiele zu verhindern oder den Verteidiger des Ballbesitzers bei der Abwehr von Durchbrüchen zum Korb zu unterstützen.

Preßverteidigung (vgl. Abb. 202): Bei diesem auf Ballgewinn ausgerichteten, aktivsten Abwehrsystem ist nach Ballverlust sofort der persönliche Gegenspieler anzunehmen und über das gesamte Spielfeld dicht zu decken. Dabei sollen die Fortbewegungsmöglichkeiten der Angreifer eingeschränkt, das Ab- und Anspielen in jeder Richtung durch Abschirmen der Zuspiellinie erschwert sowie die Entwicklung eines planmäßigen Kombinationsspiels gestört werden. Durch Doppeln soll der Ballbesitzer zu Fehlhandlungen veranlaßt werden.

Beim **Positionsangriff gegen Mannverteidigung** sind folgende **taktische Maßnahmen** hervorzuheben:

– Freilaufen und Positionswechsel
– Durchbruch 1:1
– variables Anwenden gruppentaktischer Verfahren (give and go; Abstreifen; Kreuzen; Sperren; Schirmstellen u. a.)
– Raumaufteilung durch Angriffe über die starke und die schwache Seite (Abb. 209)

Zur Veranschaulichung wird in den Abbildungen 210 bis 215 beispielhaft die Wirkungsweise der Funktionsgruppen im Positionsangriff dargestellt. Dabei wurden folgende Zuordnungen vorgenommen:

Spieler Nr. 1: Aufbauspieler (Guard)
Spieler Nr. 2 und Nr. 3: Flügelspieler (Forward)
Spieler Nr. 4 und Nr. 5: Center.

Abb. 209 Raumaufteilung durch Angriffe über die starke und die schwache Seite

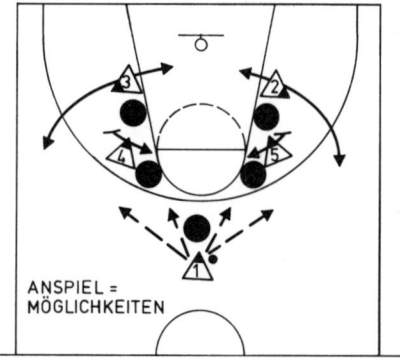

Abb. 210 Wirkungsweise der Funktionsgruppen im Positionsangriff gegen Mannverteidigung (Beispiel 1)

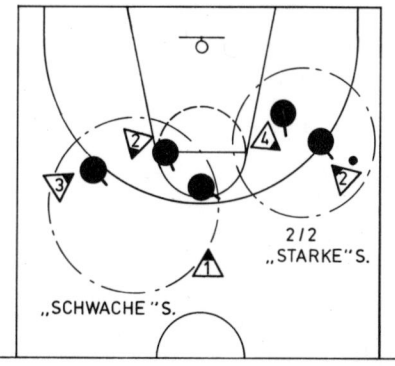

Abb. 211 Wirkungsweise der Funktionsgruppen im Positionsangriff gegen Mannverteidigung (Beispiel 2)

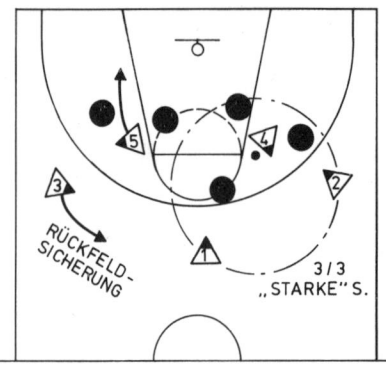

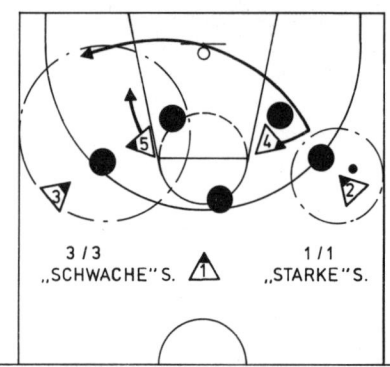

Abb. 212 Wirkungsweise der Funktionsgruppen im Positionsangriff gegen Mannverteidigung (Beispiel 3)

Abb. 213 Wirkungsweise der Funktionsgruppen im Positionsangriff gegen Mannverteidigung (Beispiel 4)

Abb. 214 Wirkungsweise der Funktionsgruppen im Positionsangriff gegen Mannverteidigung (Beispiel 5)

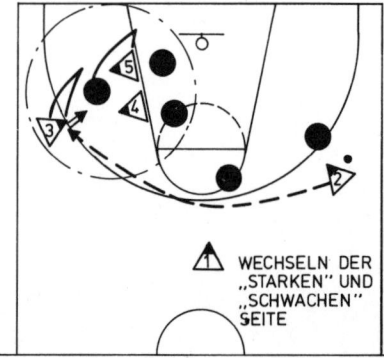

Abb. 215 Wirkungsweise der Funktionsgruppen im Positionsangriff gegen Mannverteidigung (Beispiel 6)

Die Abbildungen 216 bis 218 informieren über Prinzipien der **Mannverteidigung gegen Positionsangriff**, die bei den folgenden **Übungs- und Spielformen** anzuwenden sind.

– „Schließen" der Seite, an der keine Hilfe durch einen Mitspieler möglich ist (am Ballbesitzer) (Abb. 216)
– Angriff von mehreren Verteidigern in „kritischen Zonen" (am Ballbesitzer) (Abb. 217)
– Verteidigung der Anspielseite in der korbnahen Zone (Abb. 218/219)
– Kollektives Sichern des korbnahen Raumes (Abb. 220)

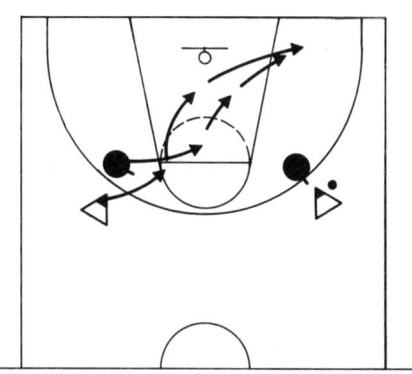

Abb. 218   Verteidigung der Anspielseite in der korbnahen Zone (Variante 1)

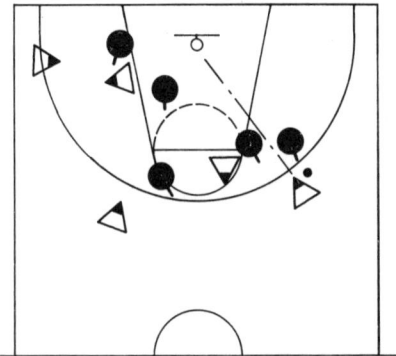

Abb. 216   „Schließen" der Seite, an der keine Hilfe durch einen Mitspieler möglich ist

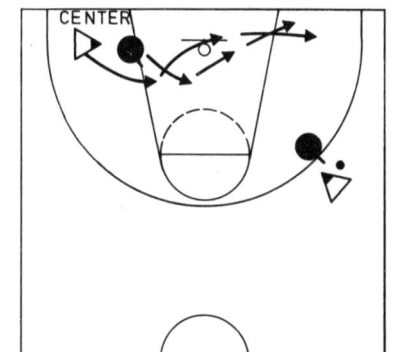

Abb. 219   Verteidigung der Anspielseite in der korbnahen Zone (Variante 2)

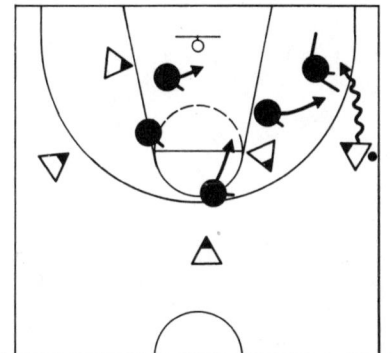

Abb. 217   Angriff von mehreren Verteidigern in „kritischen Zonen" (am Ballbesitzer)

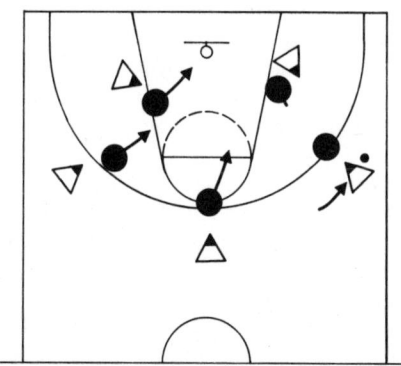

Abb. 220   Kollektives Sichern des korbnahen Raumes

1. 5:0 zum Erlernen räumlicher und zeitlicher Interaktionen im Mannschaftsverband

Ablauf: 3 bis 4 Fünfer-Mannschaften greifen im Wechsel auf beide Körbe (ohne Verteidiger) bis zum Korberfolg an. Sie üben eine vorgegebene Mannschaftstaktik. Alle Teams müssen die Bewegungen der übrigen Mannschaften berücksichtigen. Wettbewerbe zwischen den Mannschaften möglich.

Methodischer Hinweis:
Zur Vorbereitung kann zunächst mit mehreren Dreier- und Vierergruppen geübt werden.

Varianten:
– Zwei Mannschaften greifen ständig mit je einem Ball auf einen Korb an.
– Wie oben, aber jede Mannschaft übt gleichzeitig Angriffs- und Abwehrfunktionen aus. Bei dieser Form kann eine Mannschaft zeitweise im Besitz von 2 Bällen sein.

2. 5:5 – Hinterlaufen und dessen Abwehr (Backdoor) (Abb. 221)

Ablauf: Aufbauspieler Nr. 1 dribbelt Richtung Vorcenter. Flügelspieler Nr. 3 kommt entgegen. Danach 2:2-Arbeit zwischen Nr. 1 und Nr. 3. Die Verteidiger, die der zu erwartenden 2:2-Situation begegnen wollen, werden durch ein „Hinterlaufen" von Nr. 3 und Paß von Nr. 1 zu Nr. 3 überrascht. Auf der Gegenseite wird analog geübt. Nachsetzen und Paß über den Vorcenter auf die Aufbaupositionen der anderen Seite.

Methodische Hinweise:
– Als Vorstufe kann ohne Gegner an einem Korb mit je einem Ball rechts und links gearbeitet werden, danach können halbaktive Verteidiger einbezogen werden.
– Bei aktiven Verteidigern sind alternative Lösungen bei gleicher Ausgangssituation zu fordern (Rückpaß zum Center u. a.). Die Verteidigung versucht mit Blickkontrolle und ergänzendem Fingerkontakt am Gegner, dem Hinterlaufen rechtzeitig zu begegnen.

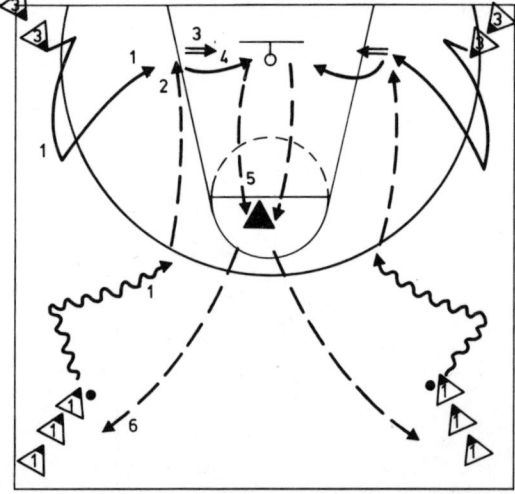

Abb. 221 5:5. Hinterlaufen und dessen Abwehr („Backdoor")

3. 5:5 – „give and go" und Abwehr (Abb. 222)
Ablauf: Spieler 2 paßt zu Spieler 4. Spieler 4 paßt
zum Center 5. Give and go zwischen Spieler 4 und
Center 5. Auf der Seite ohne Ball arbeiten Spieler
1 und 3 zusammen. Sie hindern ihre Verteidiger
durch ihre Aktivitäten, unterm Korb auszuhelfen.
Spieler 3 läuft während des give and go in den
Raum an der Freiwurflinie und ist ein möglicher
Anspielpartner.
Methodische Hinweise:
– Üben ohne Gegner, dann mit halbaktivem und
   aktivem Gegner
Zunächst können zwei Dreiergruppen (rechts/
links) an einem Korb ohne Gegner üben.
Variante:
Give and go von anderen Ausgangspositionen.

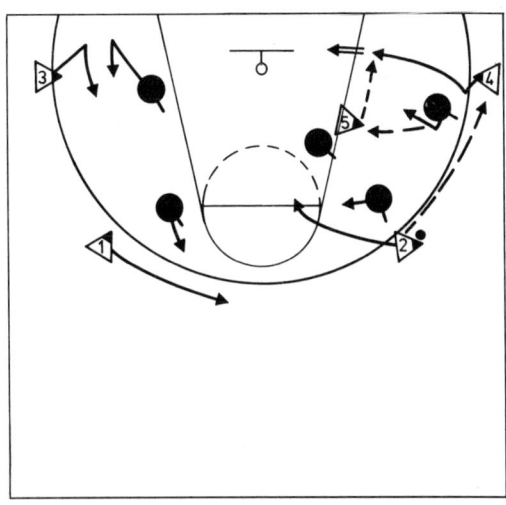

Abb. 222   5:5. „give and go" und dessen Abwehr

4. 5:5 – Kreuzen am Vorcenter und dessen Abwehr (Abb. 223 und 224)

Ablauf: Paßspiel zwischen den beiden Aufbauspielern Nr. 1 und Nr. 2. Paß zum Vorcenter Nr. 5. Aufbauspieler 1 und 2 laufen nach Finte zum Kreuzen in Richtung Center 5. Sie streifen an diesem ohne Ballübergabe ab und verlassen die Gasse auf der Gegenseite in Richtung Eckposition. Gleichzeitig laufen die Spieler 3 und 4 zur Rückfeldsicherung auf die ehemaligen Positionen 1 und 2. (Abb. 223)

Paß von 5 zu 1. Weiter wie beschrieben.

Methodische Hinweise:

– Auf das Timing der Handlungen von 1 und 2 sowie 3 und 4 achten.
– Bei jedem dritten Angriff wird der Ball übernommen. Der ballübernehmende Spieler dribbelt aus der Gasse zur Eckposition und paßt zur Aufbauspielerposition. Später wird bei jedem Angriff der Ball übernommen.
– Bei jedem dritten Angriff, später bei jedem Angriff, wird der Ball von den abstreifenden Spielern vom Center übernommen und der Korb angegriffen. Der andere setzt nach und paßt den Ball auf die Aufbauspielerposition.
– Es werden Verteidigungsspieler in die Übung einbezogen, die zuerst halbaktiv, später aktiv agieren.
– Die Verteidiger versuchen, durch „Sinken" dem Block auszuweichen.

Varianten:

1. Veränderung der Ausgangsposition der Spieler.
   Beispiel: Der Center befindet sich an der Gassenseite. Aufbauspieler und Flügelspieler kreuzen an einer Seite.
2. Aufstellung wie 1. Variante, der Ball befindet sich jedoch auf der Seite ohne Center. Das Kreuzen erfolgt ohne Ball zur Ballseite hin. (vgl. Abb. 224)

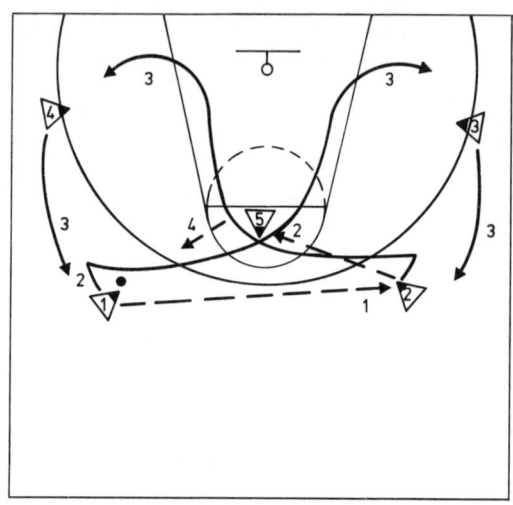

Abb. 223 5:5. Kreuzen am Vorcenter und dessen Abwehr

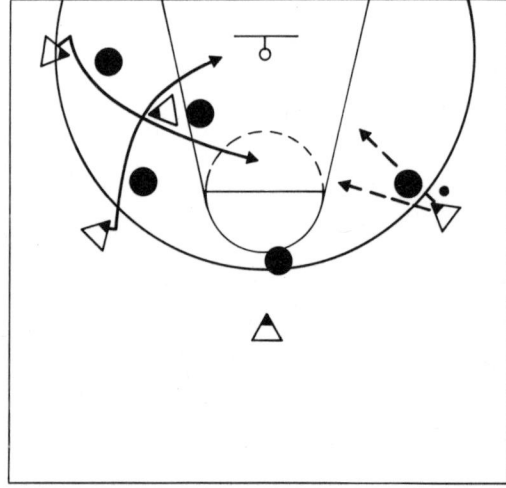

Abb. 224 5:5. Kreuzen am Seitcenter ohne Ball und dessen Abwehr

5. 5:5 – Abstreifen bzw. Schirmstellen und dessen Abwehr (Abb. 225 und 226)

Ablauf: Flügelspieler Nr. 5 beendet einen Versuch, sich am Gassenrand freizulaufen. Aufbauspieler Nr. 2 dribbelt nach Dribbelfinte auf Nr. 5 zu und versucht, seinen Verteidiger an der Grundlinienseite an Nr. 5 abzustreifen.

– Im Falle eines erfolgreichen Abstreifens ohne Übernahme erfolgt ein Korbleger.
– Im Falle einer Übernahme von Verteidiger 5 löst sich Angreifer 5 nach innen und erhält das Zuspiel von Nr. 2. Spieler 5 schließt den Angriff ab.
– Läßt sich Verteidiger 5 „sinken" und Verteidiger 2 schlüpft (swith) durch die Lücke zwischen Angreifer 5 und Verteidiger 5, dann bleibt Angreifer 2 im Schirm von Angreifer 5 stehen und schließt den Angriff mit Halbdistanzwurf ab.

Ein oder zwei weitere Spieler versuchen nachzusetzen. Spieler 1 und eventuell 3 sichern das Rückfeld gegen einen Konterangriff.

Methodische Hinweise:
– Üben ohne Gegner, evtl. mit je einem Ball auf jeder Seite
– Üben mit Verteidiger 2, aber ohne Verteidiger 5
– Üben mit Verteidiger und Favorisieren einer Lösung
– Üben mit besonderer Betonung der Verteidigerteamarbeit (Übernahme, swith).

Varianten:
Üben mit verschiedenen Spielergruppen und unterschiedlichen Grundaufstellungen.

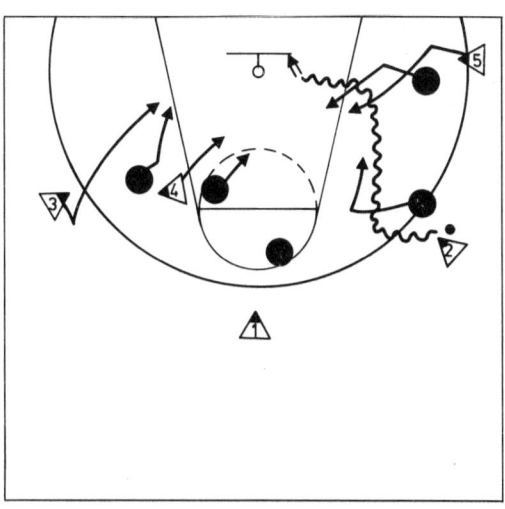

Abb. 225 5:5. Abstreifen am Flügelspieler und dessen Abwehr

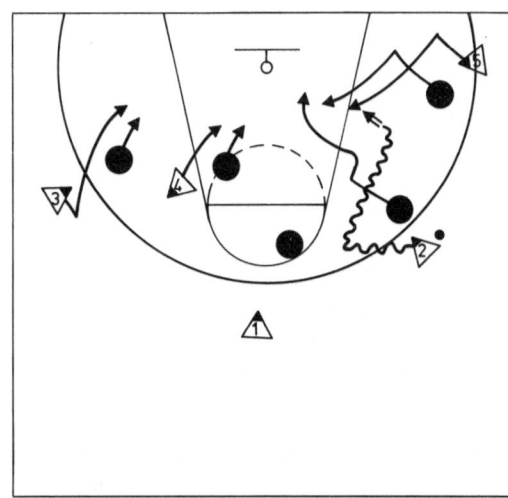

Abb. 226 5:5. Schirmstellen nach versuchtem Abstreifen

6. 5:5 – Blocken/Lösen und dessen Abwehr in Zweierfunktionsgruppen (Abb. 227)

Ablauf: Auf der Ballseite („starken" Seite) blockt Centerspieler Nr. 5 beim Spieler Nr. 3 an der Außenseite. Spieler 3 bricht in Richtung Korb durch. Spieler 5 löst sich aus dem Block und bietet sich für ein Anspiel an. Spieler 3 schließt den Angriff je nach Reaktion der Verteidigung mit Nahwurf, Stoppen – Sprungwurf ab oder spielt Nr. 5 zu, der seinerseits den Angriff abschließt. Gleichzeitig agieren die Spieler 2 und 4 auf der ballfreien („schwachen") Seite ohne Ball mit Block. Ihr Ziel ist es, in Räumen zum Anspiel zur Verfügung zu stehen, die bei den Aktionen der Spieler 3 und 5 nicht benötigt werden.

Methodischer Hinweis:
Üben ohne Gegner, mit halbaktiven Gegnern, mit aktiven Gegnern mit alternativen Lösungen

Varianten:
Üben mit anderen Aufstellungsformen und Ausgangspositionen.

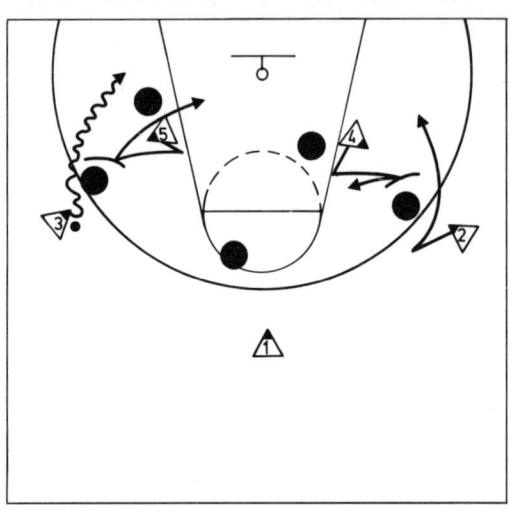

Abb. 227   5:5. Blocken/Lösen in Zweierfunktionsgruppen

7. 5:5 – Indirekter Block (Sperre) und dessen Abwehr (Abb. 228)

Ablauf: Spieler 3 paßt zu Center 5 und dieser zu Spieler 1. Spieler 5 stellt nach Abspiel einen Block beim Verteidiger von Nr. 3. Spieler 3 lenkt den Gegner mit einer Finte vom Block ab und läuft nach Ausnutzen der Blockwirkung in die Gasse. Spieler 5 „löst" den Block und bietet sich an. Ballbesitzer 1 kann je nach Stellung und Verhalten der Verteidiger von Nr. 3 und Nr. 5 die Angreifer 3 oder 5 anspielen. Spieler 4 setzt nach.

Methodische Hinweise:
– Beginn der Übung mit zwei Dreiergruppen rechts und links vom Korb
– Üben ohne Verteidiger und mit Einbeziehen von Abwehrspielern
– Üben der Verteidiger, dem Block auszuweichen. Situatives Lösen der Angreifer fordern.

Varianten:
Üben zwischen verschiedenen Spielerpositionen und in verschiedenen Aufstellungen.

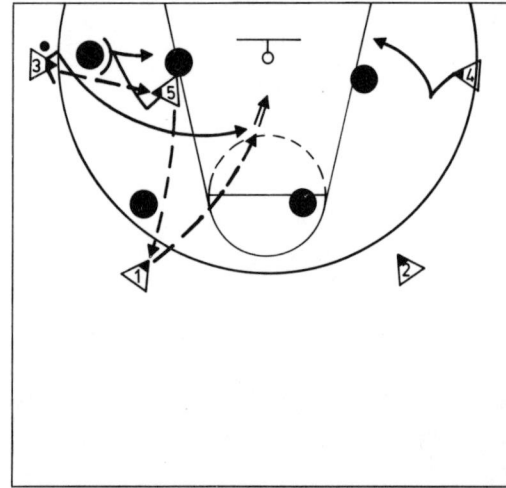

Abb. 228   5:5. Indirekter Block (Sperre) und dessen Abwehr

8. 5:0 und 5:5 im Wechsel (Abb. 229)

Ablauf: 5 Spieler der Mannschaft A greifen Korb II ohne Verteidiger (5:0) an. Sie üben vereinbarte mannschaftstaktische Spielzüge. Nach erfolgreichem Angriff greifen diese Spieler am Korb I gegen die Mannschaft B an (5:5). Sobald B in Ballbesitz gelangt, erfolgt von B, wettkampfgerecht eingeleitet (z. B. Einwurf von der Grundlinie nach Korberfolg; Einwurf von der Seitenlinie nach Fehler von A usw.), ein Angriff 5:0 auf Korb II usw.

Methodische Hinweise:

– Man kann für den Angriff 5:0 die Zeit limitieren.

– Bei dem Angriff 5:0 können zwei bis drei erfolgreiche Abschlüsse mit verschiedenen taktischen Verfahren verlangt werden.

– Je nach Ausbildungsstand und Zielstellung kann anstatt des „5:5" mit 5:3 oder 5:4 gespielt werden. Die an der Verteidigung zeitweilig nicht beteiligten Spieler postieren sich hinter der Grundlinie.

– Als Übung für die Verteidigung kann der Angriff auf Korb I auch in 4:5 (erleichternd) oder 6:5 (erschwerend) vorgenommen werden.

– Im Leistungsbereich kann am Korb II an Stelle 5:0 auch 5:3 gespielt werden.

Variante:

Diese Übungsform ist auch gegen Zonenverteidigung anwendbar.

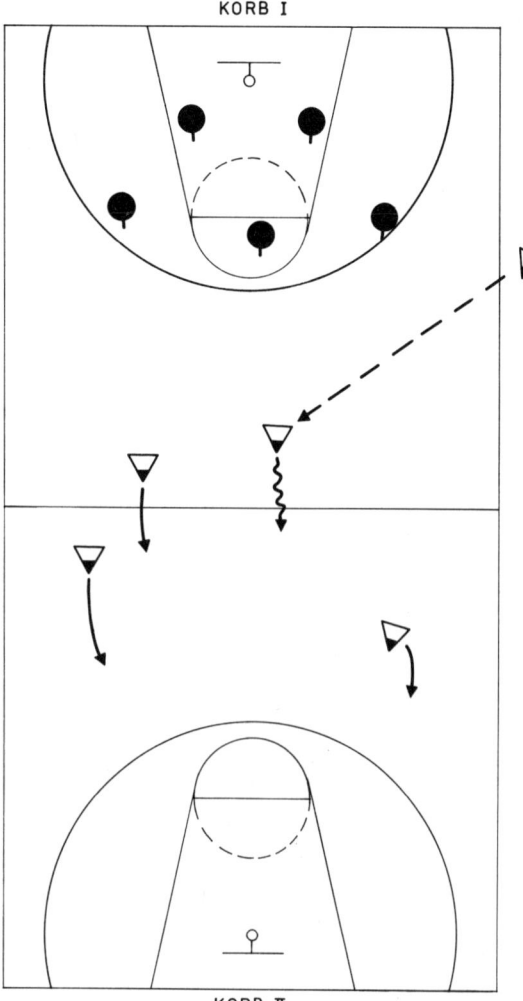

KORB I

KORB II

Abb. 229   5:0 und 5:5 im Wechsel

9. 5:5-Reboundangriff und Abwehr (Abb. 230)

Ablauf: Die Angreifer 1 und 2 haben nur einen gemeinsamen Verteidiger 1/2. Die Angreifer 3 und 5 kooperieren ohne Ball und binden damit die Aufmerksamkeit ihrer Abwehrspieler. Angreifer 1 und 2 spielen sich den Ball zu. Sobald einer der beiden eine freie 3-Punkte-Wurfposition hat, wirft er auf den Korb. Angreifer und Verteidiger 3 und 5 setzen nach. Erhalten die Verteidiger den Ball, müssen sie ihn zu 1 oder 2 passen. Verteidiger 1/2 versucht abzuwehren. Erhalten die Angreifer den Ball, versuchen sie, gegen aktive Abwehr einen Korb zu erzielen.

Methodische Hinweise:
– Die Übung kann als Wettkampf ausgetragen werden. Ein Zuspiel zu 1 oder 2 zählt 1 Punkt, ein Korberfolg 2 Punkte. Welche Mannschaft hat zuerst 10 Punkte? Danach Rollentausch.
– Es ist vorteilhaft, den Angreifern 3 und 5 nach Ballgewinn *eine* weitere Aktion vor dem Korbwurf zu gestatten (Dribbelschlag oder Zuspiel zwischen 3 und 5).
– Es wird bei allen Korbwürfen nachgesetzt, auch bei Würfen von 1 und 2.

Varianten:
– Spiel zwischen zahlenmäßig unterschiedlichen Gruppen bei geänderter Zählweise.
– Die Treffer von 1 und 2 werden in die Rechnung einbezogen.
– Im Falle des erfolgreichen Verteidigungsnachsetzens können von Angreifer 3 und 5 und Verteidiger 1/2 abgefangene Bälle sofort wieder auf den Korb geworfen werden (d. h. wie ein Angriffsnachsetzen).
– Als erschwerend kann eingeführt werden, daß nur solche Bälle im Spiel bleiben, die nach dem Wurf von 1 oder 2 nicht den Boden berührt haben.
– Dieses Spiel ist auch gegen Zonenverteidigung möglich.

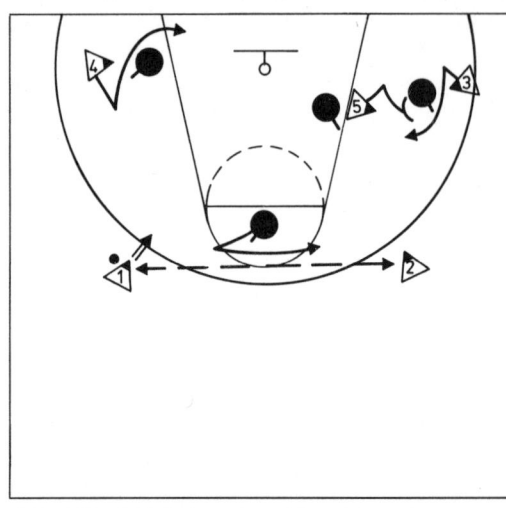

Abb. 230   5:5. Reboundangriff und Abwehr

10. Überzahlangriff gegen Preßverteidigung über das gesamte Spielfeld (Abb. 231 bis 233)

Beschreibung der Aufstellung:
Nr. 1 führt den Einwurf an der Grundlinie außerhalb des Gassenbereiches aus. Spieler 2 und 3 agieren individuell oder unter Nutzung gruppentaktischer Verhaltensweisen in Nähe der Freiwurflinie mit dem Bestreben, sich freizulaufen und für ein Zuspiel anzubieten. Spieler 4 (1. Center) ist in der Nähe des Mittelkreises und Spieler 5 (2. Center) am gegnerischen Freiwurfkreis postiert. (vgl. Abb. 231 bis 233)

Ablauf (Abb. 231): Einwurf von 1 zu 2 (möglichst auf der Einwurfseite) oder zu 3. Nr. 4 läuft nach Finte zur Ballseite in Richtung Mittellinie und erhält nach Möglichkeit den Paß. Nr. 5 läuft gleichzeitig, entgegengesetzt zu 4, zur Seitenlinie. Gelingt es, den Ball in die mittlere Spielfeldzone zu 4 (oder als Variante zu 3 am Mittelkreis) zu spielen, versuchen 3, 4 und 5 einen Überzahlangriff. Situatives Lösen, je nach Stellung und Aktionen der Verteidiger. Nr. 1 bleibt zur Sicherung immer hinter dem Ball!

Variante: „Rückpaß" (Abb. 232)
Kann Nr. 2 oder Nr. 3 den Ball nicht zu Nr. 4 in die mittlere Spielfeldzone (außen) spielen, wird der Paß zu Nr. 1 zurückgegeben. Als Signalwort wird „Rückpaß" gerufen. In diesem Falle läuft Nr. 4 von der Mitte außen in die Mitte zurück und damit dem Ball entgegen. Nr. 5 führt die gleiche Bewegung im Vorfeld aus. Der Paß erfolgt von Nr. 1 zu Nr. 4 und möglichst zu Nr. 5. Nr. 2 und 3 laufen im schnellsten Tempo rechts und links außen nach vorn. Nr. 5, 2, 3 versuchen einen Überzahlangriff.

Variante: „Center" (Abb. 233)
Kann Nr. 1 den Ball nicht ins Spiel bringen, ruft Nr. 1 das Signalwort „Center". Paß von Nr. 1 zu Nr. 4 und weiterer Ablauf wie Variante „Rückpaß"

Methodische Hinweise:
– Üben aller drei Varianten ohne Ball
– Spiel mit Gegner nach Einwurf an der Grundlinie, an der Seitenlinie sowie nach Verteidigungsrebound.

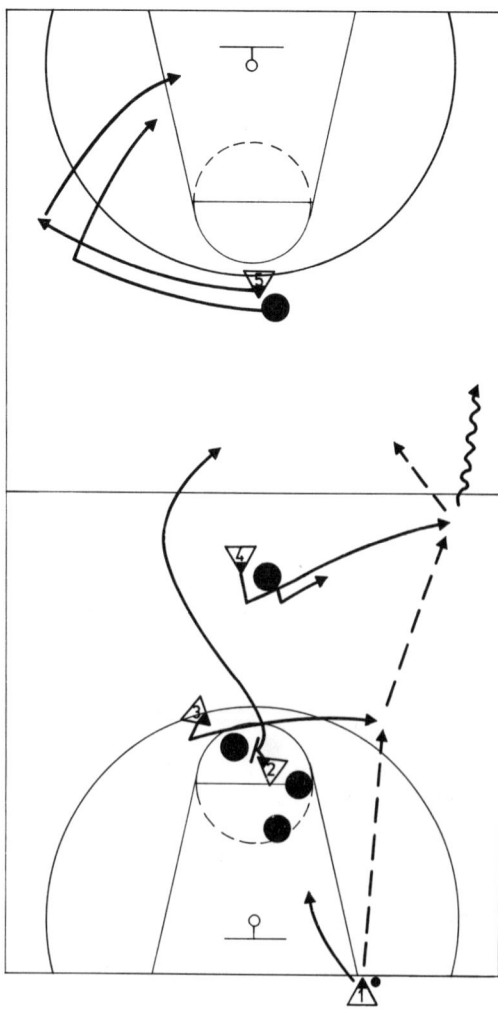

Abb. 231 Überzahlangriff gegen Preßverteidigung über das gesamte Spielfeld

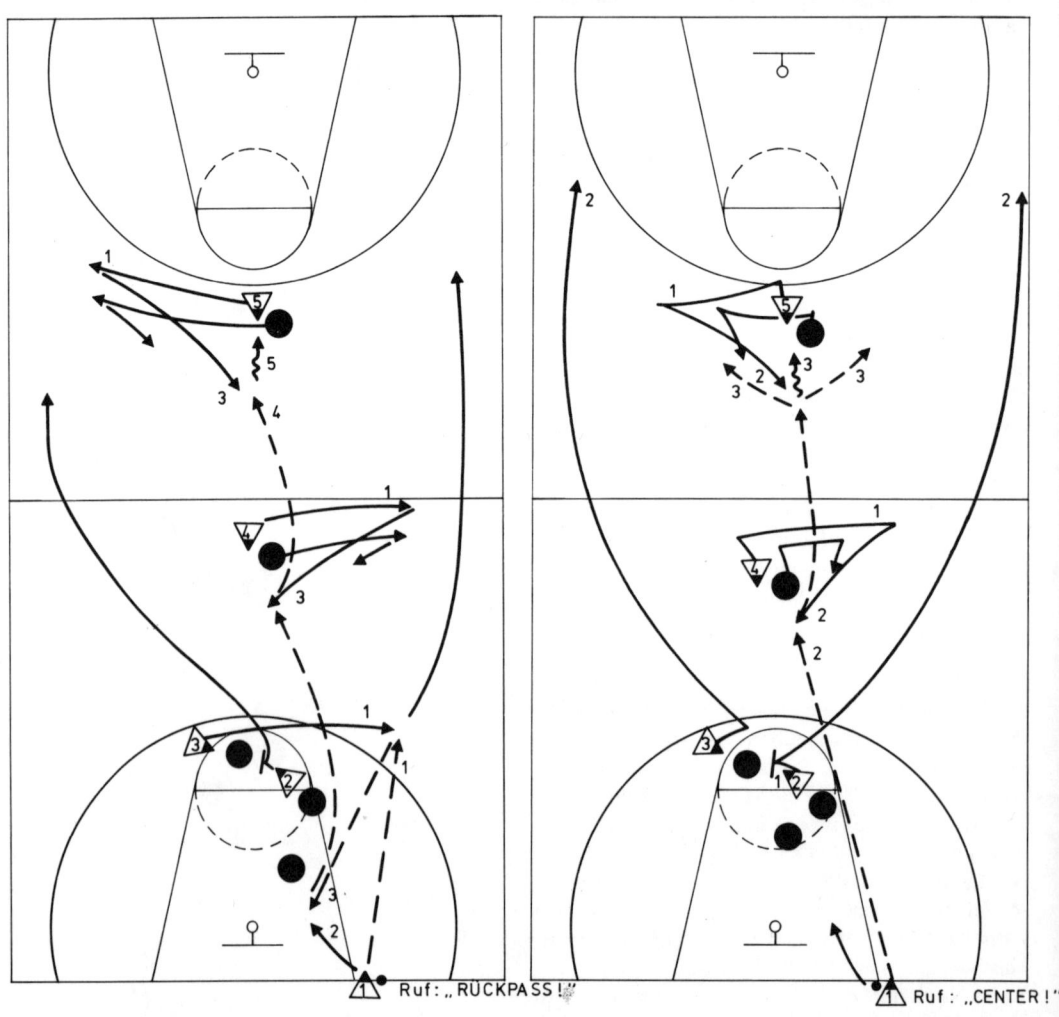

Abb. 232 Überzahlangriff gegen Preßverteidigung über das gesamte Spielfeld – Variante „Rückpaß"

Abb. 233 Überzahlangriff gegen Preßverteidigung über das gesamte Spielfeld – Variante „Center"

11. 5:5:5 auf zwei Körbe (Abb. 234)

Ablauf: Drei „Fünfer" A, B, C greifen wechselseitig 5:5 auf beide Körbe an.

Methodische Hinweise:

– Diese Übung ist für schnellen Angriff nicht geeignet.
– Das Umkehrspiel zur Einleitung des schnellen Angriffs bzw. für dessen Verzögerung (aus Sicht der Verteidigung) kann geübt werden, wenn die angreifende Partei, bei Ballverlust, im 6,25-m-Raum verteidigen darf.

Varianten:

– Um ein längeres Üben an einem Korb zu gewährleisten, kann bis zu 3 Treffern bzw. 3 erkämpften Bällen gespielt werden, ehe der Gegenangriff auf den anderen Korb erfolgt.
– Diese Spielform ist auch bei Zonenverteidigung geeignet.
– Durch unterschiedliche Spielerkonstellationen können die Bedingungen für den Angriff erleichtert (5:4) oder erschwert werden (5:6).

Analog können die Anforderungen bei der Abwehr verändert werden.

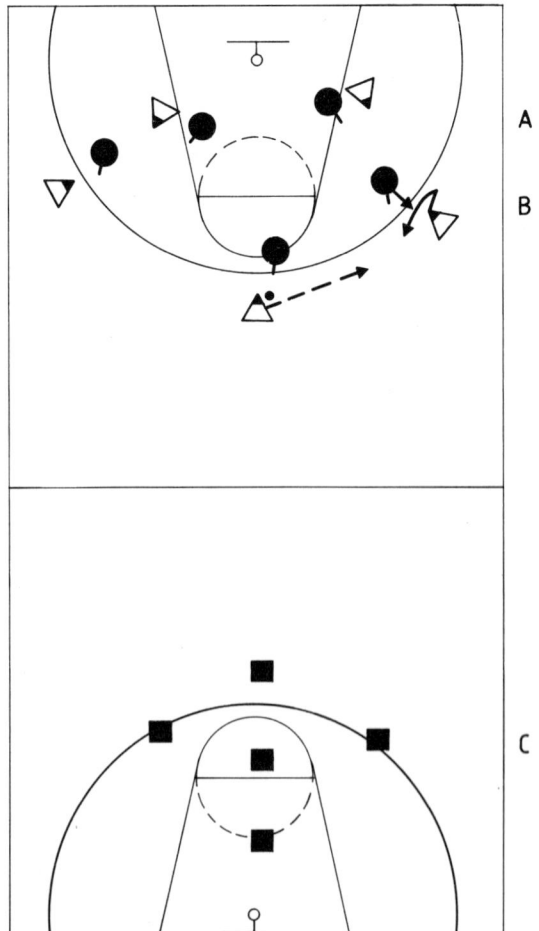

Abb. 234   5:5:5 auf zwei Körbe

195

Positionsangriff gegen Zonenverteidigung

Bei der Zonenverteidigung ist jeder Abwehrspieler für einen bestimmten Spielfeldbereich (Zone) verantwortlich. Dort hat er gegen jeden Angriffsspieler, der sich in diesem Spielfeldbereich aufhält, entsprechende Abwehrmaßnahmen auszuführen. Für eine effektive Gestaltung der Zonenverteidigung ist ein gut koordiniertes, kollektives Handeln aller Spieler einer Mannschaft erforderlich. Dabei richtet sich die Verteidigungsaktivität in den jeweiligen Zonen nach der Ballsituation und den Positionen sowie Laufrichtungen der Angriffsspieler. (Abb. 235 und 236)

Als Vorteile der Zonenverteidigung sind das starke Sichern des korbnahen Raumes (Abb. 237), die günstige Ausgangsposition für das Rebound sowie das kollektive Ausgleichen individueller Abwehrschwächen zu nennen. Spielfeldecken oder „Nahtstellen" der Zonenverteidigung sind zum „Doppeln" geeignet. (Abb. 238)

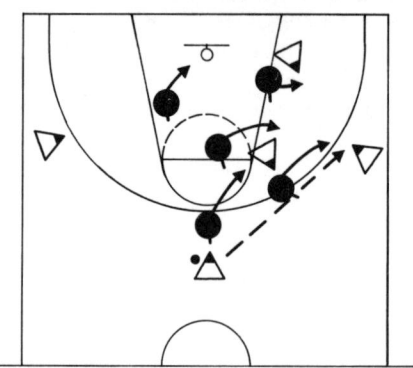

Abb. 236   Zonenverteidigung (vgl. Abb. 235)

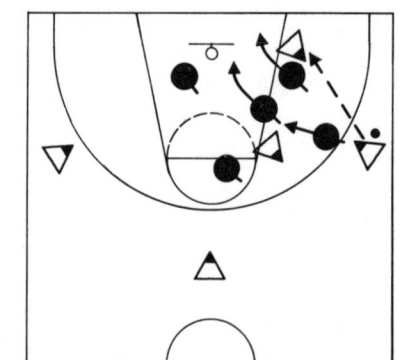

Abb. 237   Sichern des korbnahen Raumes

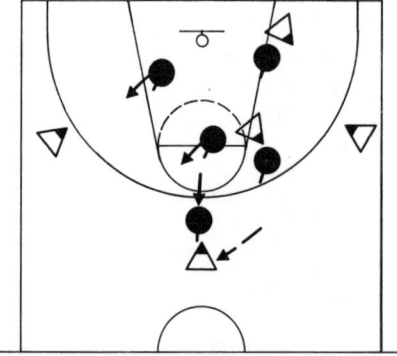

Abb. 235   Zonenverteidigung

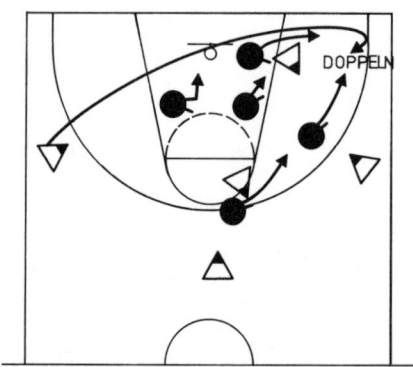

Abb. 238   Doppeln

Zonenverteidigung in Korbnähe (vgl. Abb. 203 bis 206):
Bei diesem Abwehrsystem werden nach Ballverlust festgelegte Positionen (Grundaufstellungen) vor dem eigenen Korb eingenommen (vgl. Übersicht 43). Innerhalb dieses Verantwortungsbereiches (Zone) eines Abwehrspielers werden eindringende Angreifer nach den Prinzipien der Mannverteidigung abgewehrt. Wechselt ein Angreifer von dem „Zonenbereich" des einen Verteidigers in den eines anderen, übernimmt dieser die Abwehraufgaben. Die Bewegungen des Balles haben entscheidenden Einfluß auf die Bewegungen der Spieler innerhalb der Grundformation der Zone, die sich vorrangig nach den Ballbewegungen ausrichten. Dabei ist eine hohe Verteidigungsaktivität am Ballbesitzer (Wurf-, Zuspiel-, Durchbruchverteidigung) zu realisieren.

Pressing-Zone (vgl. Abb. 207):
Dieses Abwehrsystem ist auf sofortigen Ballgewinn ausgerichtet, deshalb wird bereits der Angriffsaufbau des Gegners gestört. Die Abwehrmaßnahmen bei Anwendung der Pressing-Zone basieren auf folgenden **Prinzipien**:
● Es wird keine personelle Verantwortung festgelegt, nach Ballverlust wird sofort eine bestimmte Aufstellungsform im Ganzfeld oder Halbfeld (2:1:1:1; 2:2:1; 3:1:1 u. a.) eingenommen.
● Der ballbesitzende Angreifer soll durch besonders aktive Abwehr von zwei Verteidigern (Doppeln) in eine ungünstige Angriffsposition gezwungen werden (Halteball; ungenaue Zuspiele u. a.).
● Deshalb ist es erfolgversprechend, gegen Pressing-Zone sehr schnell anzugreifen (Dribbling, schnelle Pässe), um die im Vorfeld doppelnden Verteidiger zu überspielen und im Vorfeld Überzahlverhältnisse herzustellen, die schnell zu nutzen sind (schneller Angriff).
● Die Pressing-Zonen-Verteidigung geht bei Annäherung an den eigenen Korb meist in eine Zonenverteidigung (vgl. Abb. 205) über.

Beim Positionsangriff gegen Zonenverteidigung
sind folgende taktische **Maßnahmen** hervorzuheben (Abb. 239 bis 248):

● Schnelle Paßfolgen mit oftmaligem Ansatz zum Distanzwurf, um die Verteidiger aus der stabilen Zonenverteidigung hervorzulocken (Abb. 239)

● Durch geeignete Angriffsaufstellungen und Überlagerungen der Angreifer werden Überzahlverhältnisse in den deckungsschwachen Räumen der Zonenverteidigung angestrebt. (Abb. 240 und 241)

● Nutzen individueller Möglichkeiten in den Schwachstellen („Nahtstellen") der Zonenverteidigung (Weitwürfe ohne und mit Schirm; Dribbling – Sprungwurf u. a.) (Abb. 242)

● Nach Korbwurf folgt Angriffsrebound und Angriffssicherung, um schnelle Angriffe des Gegners abfangen zu können.

Zur Veranschaulichung werden in den Abbildungen 243 bis 248 typische Varianten und Lösungsalternativen des Positionsangriffs gegen die Zonenverteidigung 2:1:2 dargestellt.

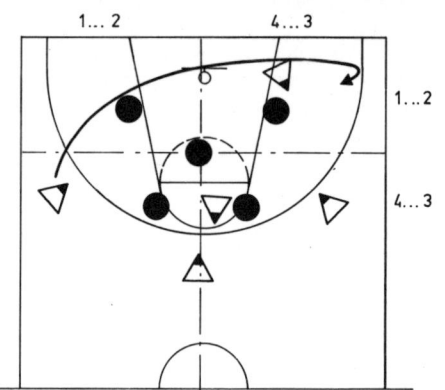

Abb. 240 Schaffen von Überzahlverhältnissen gegen Zonenverteidigung durch Verlagerung von Angreifern

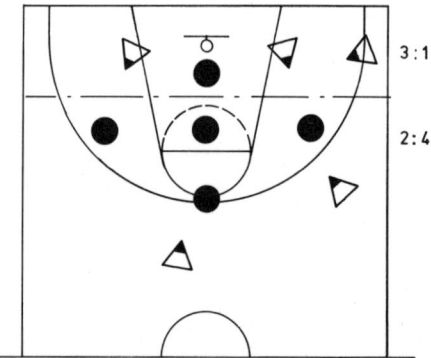

Abb. 241 Schaffen von Überzahlverhältnissen gegen Zonenverteidigung durch geeignete Angriffsaufstellungen

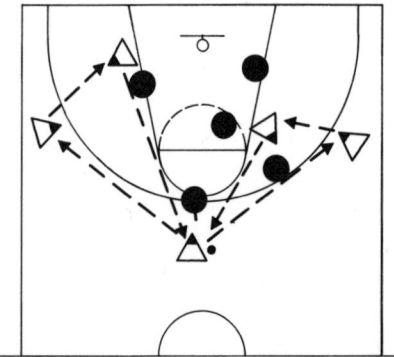

Abb. 239 Schnelle Paßfolgen gegen Zone

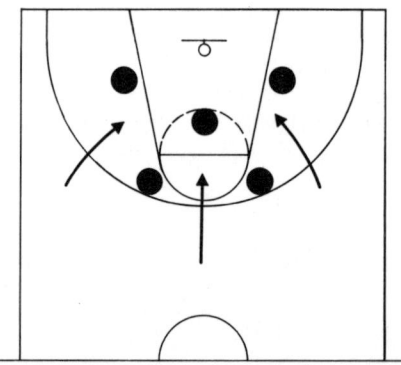

Abb. 242 Schaffen von Überzahlverhältnissen gegen Zonenverteidigung durch das Nutzen von Schwachstellen der Zonenverteidigung

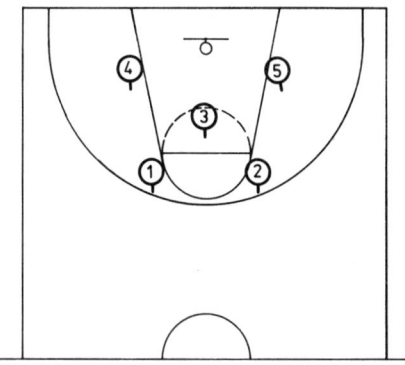

Abb. 243 Positionsangriff gegen 2:1:2 Zone
(Variante 1)

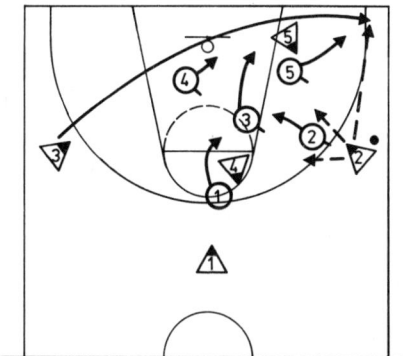

Abb. 246 Positionsangriff gegen 2:1:2 Zone
(Variante 4)

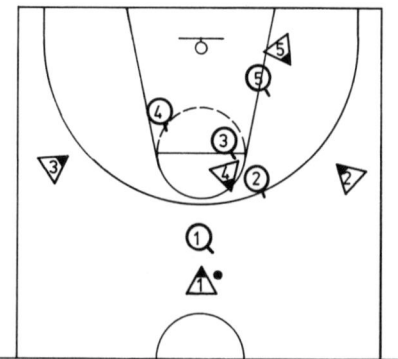

Abb. 244 Positionsangriff gegen 2:1:2 Zone
(Variante 2)

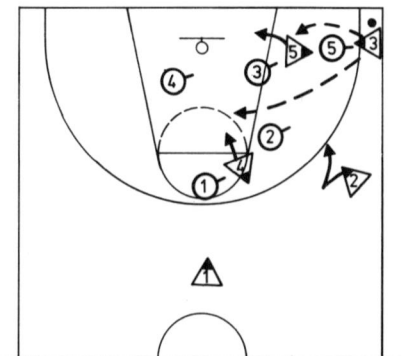

Abb. 247 Positionsangriff gegen 2:1:2 Zone
(Variante 5)

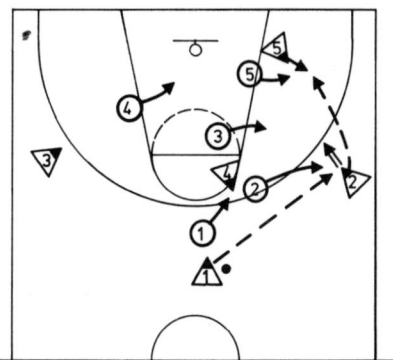

Abb. 245 Positionsangriff gegen 2:1:2 Zone
(Variante 3)

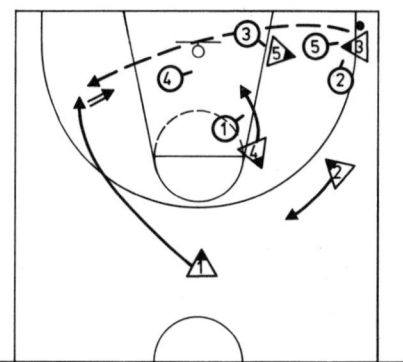

Abb. 248 Positionsangriff gegen 2:1:2 Zone
(Variante 6)

1. Vorbereitendes Spiel für das Erlernen von Grundaufstellungen in der Zonenverteidigung (Abb. 249)

Ablauf: Zwei Kastenteile werden unter den Körben aufgestellt. Auf Signal dribbeln alle Angriffsspieler in Richtung Korb und versuchen, ihre Bälle im Kastenteil abzulegen. Auf das gleiche Signal laufen alle Abwehrspieler in eine vereinbarte Zonenaufstellung und versuchen, durch Abwehraktionen das Ablegen der Bälle zu verzögern bzw. zu verhindern. Wettbewerb und Rollenwechsel.

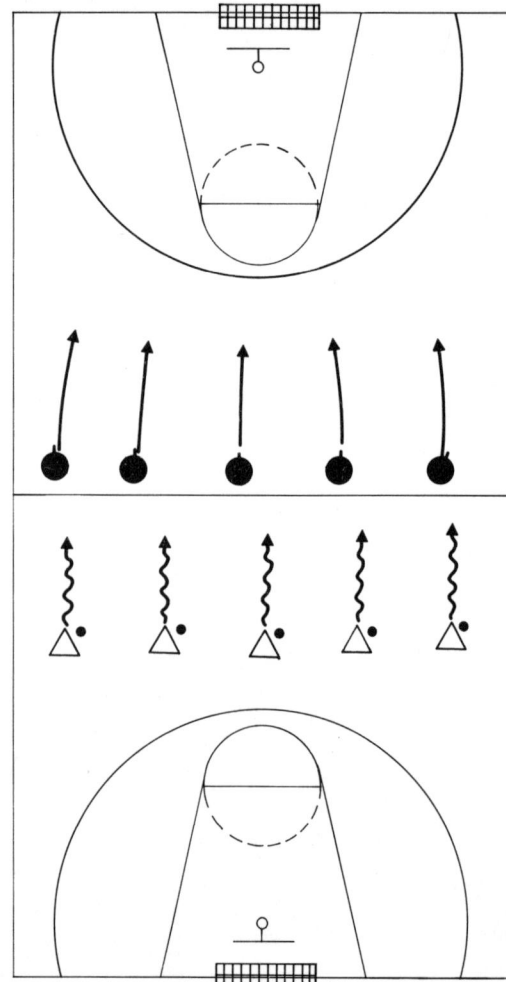

Abb. 249   Spiel zum Erlernen der Grundaufstellungen in der Zonenverteidigung

2. Einzelangriff gegen Zonenverteidigung: 1:5 (Abb. 250)

Ablauf: 3 Angreifer haben je einen Ball. Sie versuchen, abwechselnd in die Zone einzudringen. Wettbewerb.

Methodische Hinweise:
– Die Verteidiger 4 und 5 dirigieren verbal die Zonenverteidigung.
– Verteidiger, die den Ball gewonnen haben, werfen ihn in den Raum außerhalb der 3-Punkte-Zone zum erneuten Angriff.

Variante:
Es können zwei Fünfermannschaften am Korb I und II verteidigen. 6 bis 9 Spieler mit je einem Ball greifen im Wechsel die Körbe an.

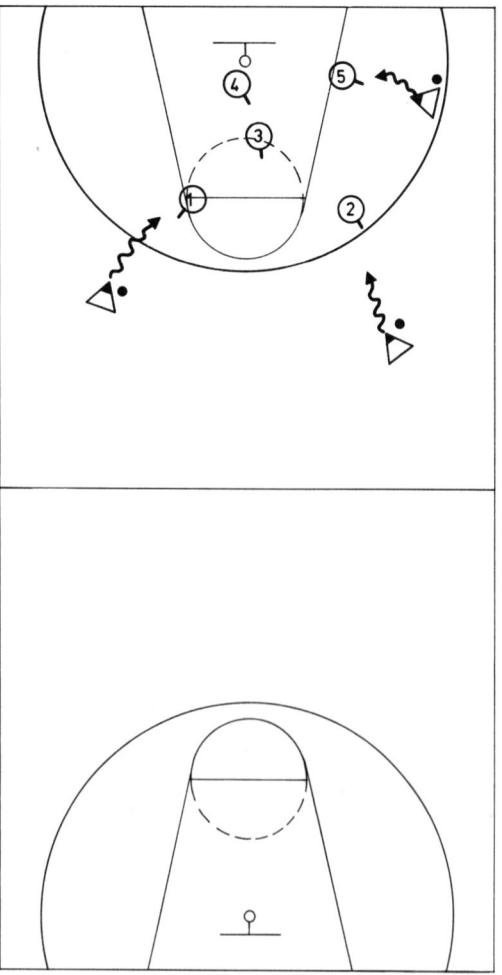

Abb. 250 Einzelangriff gegen Zonenverteidigung (1:5)

3. Centeranspiele im Positionsangriff gegen Zonenverteidigung in Unterzahl: 5:4 (Abb. 251)

Ablauf: 5 Angreifer spielen sich den Ball zu und versuchen, möglichst oft den Center anzuspielen. 4 Verteidiger versuchen, dies zu verhindern bzw. zu verzögern (Spiel mit Zeitlimit).

Methodische Hinweise:
– Zur Erleichterung kann mit der 3-Sekunden-Regel gespielt werden.
– Wettbewerb: Die Zahl der erfolgreichen Centeranspiele in einer begrenzten Zeit entscheidet.

Varianten:
– Neben den Centeranspielen (2 Punkte) werden auch die übrigen Zuspiele (1 Punkt) bewertet, um die Verteidigung stärker zu fordern.
– Spielform mit Korbangriff: Spieler Nr. 5 darf nur aus dem Sprungballkreis an der Freiwurflinie werfen. Die Treffer werden doppelt bewertet.
– Einbeziehen von 2 Bällen.

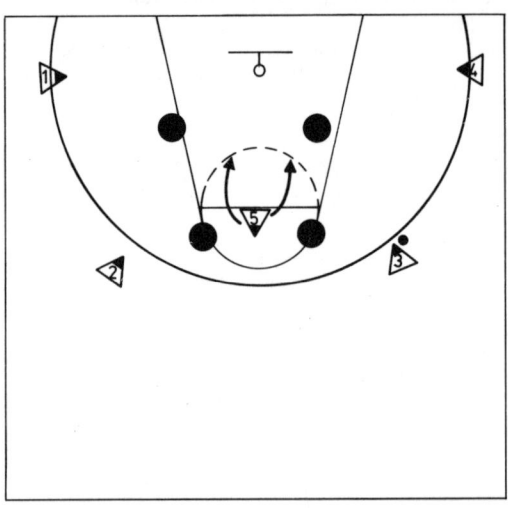

Abb. 251 Centeranspiele im Positionsangriff gegen Zonenverteidigung in Unterzahl (5:4)

4. Zonenverteidigung unter erschwerten Bedingungen: 4:5 (Abb. 252)

Ablauf: 4 Verteidiger gegen 5 Angreifer. Die Verteidiger haben Abwehraktivitäten in größeren Wirkungsbereichen zu bewältigen.

Methodischer Hinweis:
Der Aktionsradius eines Angreifers könnte zunächst eingeschränkt werden (z. B. nur Angriff aus dem Freiwurfkreis).

Varianten:
Anwenden verschiedener Zonenaufstellungsformen.

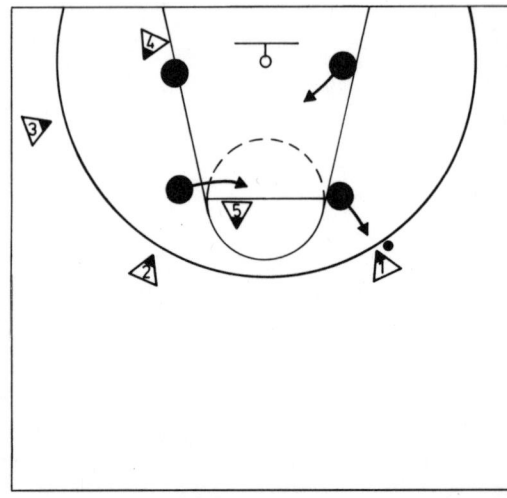

Abb. 252 Zonenverteidigung unter erschwerten Bedingungen (4:5)

5. Zonenverteidigung mit Wechsel der Grundaufstellung: 5:5:5 (Abb. 253)

Ablauf: Drei Mannschaften greifen wechselseitig 5:5 auf beide Körbe an. Jede Mannschaft verteidigt in einer anderen Grundformation. Wettbewerb.

Methodische Hinweise:

– Jede Mannschaft verteidigt zunächst in der gleichen Grundformation (z. B.: 2:1:2 oder 1:3:1).

– Jede Mannschaft wechselt bei jedem gegnerischen Angriff die Zonenaufstellung.

Varianten: (vgl. Spielform 11 auf S. 195)

Es wird im Wechsel Zonenverteidigung und Mannverteidigung gespielt.

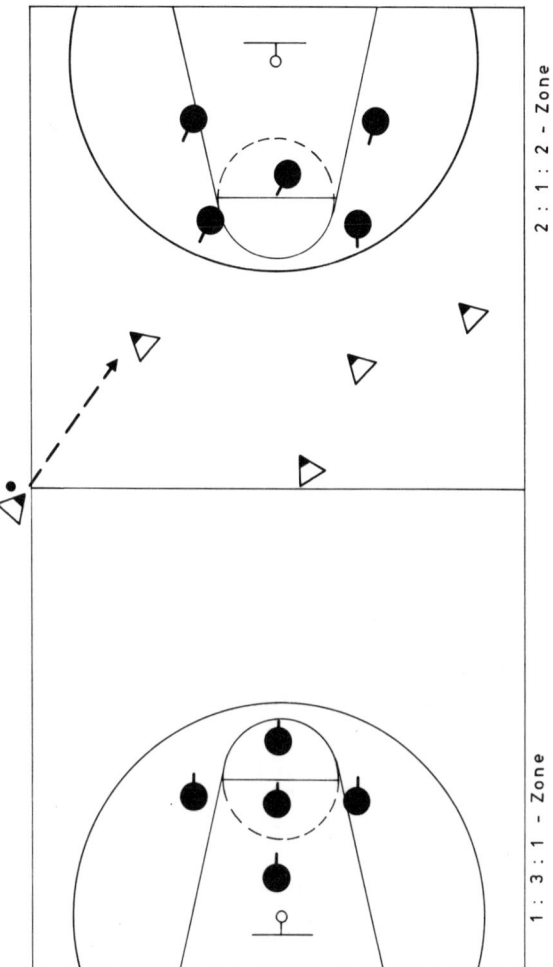

Abb. 253   Zonenverteidigung mit Wechsel der Grundaufstellung (5:5:5)

Spezielle Kombinationen beim Einwurf und Sprungball und deren Abwehr

ÜBUNGS- UND SPIELFORMEN

1. Einwurf im Vorfeld gegen Mannverteidigung und dessen Abwehr – „Dreierreihe" (Abb. 254)

Ablauf: Angreifer 2 ist der technisch beste Spieler – Angreifer 3 der beste Werfer, die Angreifer 4 und 5 sind Center. Nr. 1 paßt den Ball ins Feld zu 2. 3 tritt aus der Dreierreihe. 4 und 5 schließen sofort die Lücke. Paß von 2 zu 3. 3 wirft auf den Korb.

Verteidigungsempfehlung:
Verteidiger 1 agiert vor der Freiwurflinie und arbeitet mit Übernahme.

Varianten:
– Nr. 2 paßt zu 1, falls sich 1 unter dem Korb in Wurfposition befindet.
– Nur 2 paßt zu 1 vor der Dreierreihe, falls Verteidiger 1 zu schnell „gesunken" ist (z. B. Einwurf ist dem Gegner bekannt).
– Nr. 2 paßt zu 3. Gegen 3 wird durch Übernahme oder fehlerhaftes Schließen der Lücke verteidigt, dann folgt Paß von 2 zu 4 oder 5, die sich in der Gasse anbieten.
– Nur 2 paßt zu 3. Wird gegen 3 wie oben verteidigt, blockt Angriffsspieler 5 bei Verteidiger 3, so daß Spieler 3 in Richtung Freiwurflinie durchbrechen kann.

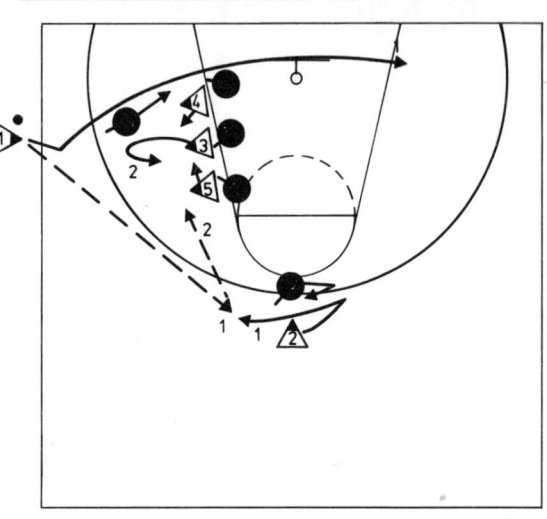

Abb. 254 Einwurf im Vorfeld gegen Mannverteidigung und dessen Abwehr – „Dreierreihe"

2. Einwurf im Vorfeld gegen Mannverteidigung und dessen Abwehr (Abb. 255)

Ablauf: Angreifer 3 ist ein technisch guter Spieler; Angreifer 5 – ein Center; Angreifer 2 – ein möglichst großer, starker Angriffsspieler.
Nr. 2 blockt Verteidiger 3, 3 läuft sich frei und erhält den Paß von 1; Nr. 2 löst sich aus dem Block und streift an 4 ab. Paß von 3 zu 2. Rückfeldsicherung durch 1.

Verteidigungsempfehlung:
„Sinken" – Verteidiger 3 versucht dem Block auszuweichen. Verteidiger 4 läßt den Verteidiger von 2 durch eine Lücke zwischen sich und Angreifer 4 „schlüpfen".

Varianten:
– Nr. 3 paßt zu 5 und 5 zu 2.
– Nr. 3 paßt zu 5, und 5 greift den Korb an.
– Nr. 1 wirft ein und läuft selbst zum Korb.
– Nr. 3 paßt zu 1 oder über 5 zu 1.

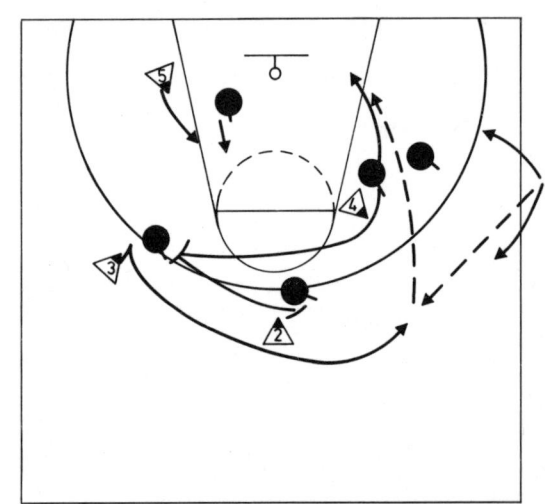

Abb. 255 Einwurf im Vorfeld gegen Mannverteidigung und dessen Abwehr

3. Einwurf von der Grundlinie gegen Preß-Verteidigung und dessen Abwehr (Abb. 256)

Ablauf: Angreifer 1 führt den Einwurf an der Grundlinie außerhalb der begrenzten Zone aus. Angreifer 2 und 3 blocken die Verteidiger von Spieler 4 und 5, so daß sich Angreifer 4 und 5 zum Ball hin freilaufen können.

Die den Block auflösenden Angreifer 2 und 3 bieten sich für ein Zuspiel in Feldmitte bzw. im Vorfeld an.

Abwehrempfehlung:
Gute Übernahme beim Block.

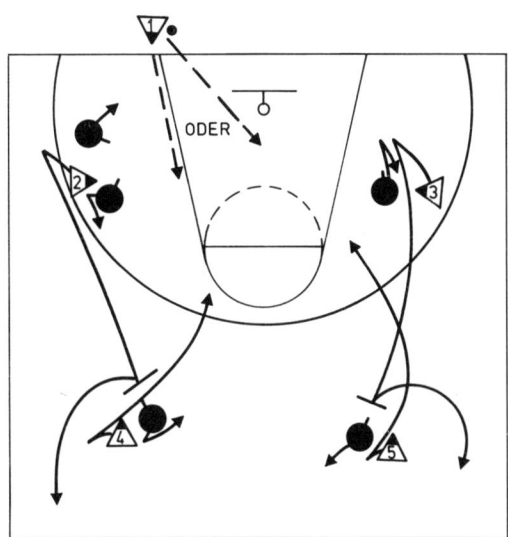

Abb. 256 Einwurf von der Grundlinie gegen Preß-Verteidigung und dessen Abwehr

4. Einwurf von der Grundlinie und dessen Abwehr (Abb. 257)

Ablauf: Angreifer 1 führt den Einwurf an der Grundlinie außerhalb der begrenzten Zone aus. Angreifer 3 und 4 blocken für die Verteidiger von Nr. 2 und 5, so daß sich die Angreifer 2 und 5 zur Ballannahme freilaufen können. Die sich aus dem Block lösenden Angreifer 3 und 4 bieten sich für ein Zuspiel im Mittel- und Vorfeld an.

Abwehrempfehlung:
Gute Übernahme beim Block.

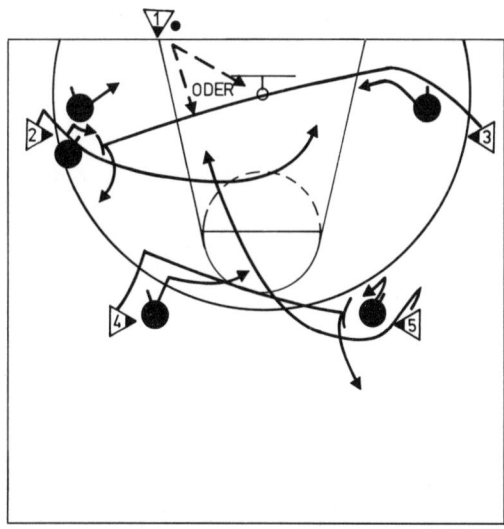

Abb. 257 Einwurf von der Grundlinie und dessen Abwehr

5. Sprungbälle mit Zielgenauigkeitsanforderungen (Abb. 258)

Ablauf: Der Trainer oder sein Assistent werfen die Bälle. Die „Sprungballpartner" kämpfen um den Ball und versuchen, ihren Mitspieler A bzw. B im jeweiligen Zielrechteck anzuspielen.

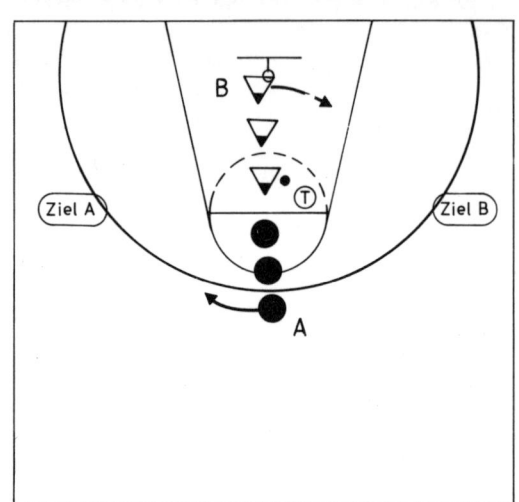

Abb. 258 Sprungbälle mit Zielgenauigkeitsanforderungen

6. Sprungballkombination am Mittelkreis (Abb. 259)

Ablauf: Ziel: Überzahlangriff; Angreifer 5 erkämpft den Sprungball, schlägt ihn zu Nr. 4 in den freien Raum. 4 paßt zu 1 in die Mittelzone. Angreifer 4, 2, 1 versuchen, ein Überzahlverhältnis zu erreichen und zum Korberfolg zu gelangen.

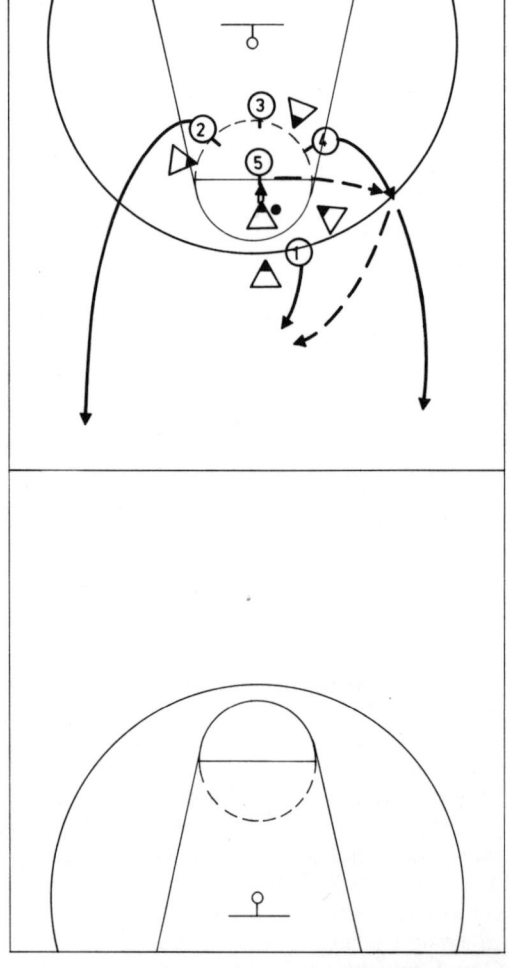

Abb. 259 Sprungballkombination am Mittelkreis

3.4. Übungs- und Trainingsspiele

Parallel zur Ausbildung technisch-taktischer, konditioneller, koordinativer und psychischer Leistungsvoraussetzungen durch Übungs- und Spielformen ist der Entwicklung der komplexen Spielfähigkeit durch das Spiel selbst von Anfang an größte Aufmerksamkeit zu widmen. Für die Ausprägung der Spielfähigkeit nehmen die Übungs- und Trainingsspiele aufgrund ihrer wettspielnahen, komplexen Anforderungen sowie ihrer hohen stimulierenden Wirkung eine Schlüsselfunktion ein. Weiterhin vermitteln sie Spielenden und Lehrenden Rückkopplungen über das erreichte Leistungsniveau sowie die erzielten Leistungsfortschritte der Mannschaft und der Spieler und damit wichtige Informationen über die Wirksamkeit des Trainings bzw. Unterrichts.

Übungsspiele sind methodisch gelenkte Spiele im Rahmen einer Mannschaft (Schulklasse, Sport- oder Trainingsgruppe), die nach dem gültigen Regelwerk oder unter Veränderung der Spielregeln durchgeführt werden. Spielunterbrechungen ermöglichen eine häufige pädagogische Einflußnahme (DÖBLER, H., u. a.: Grundbegriffe..., S. 209). In Abhängigkeit vom Leistungsniveau und von spezifischen Zielstellungen sind zu unterscheiden:
– Übungsspiele unter erleichterten Bedingungen
– Übungsspiele unter wettspielähnlichen Bedingungen
– Übungsspiele unter speziell erschwerten Bedingungen.

Trainingsspiele werden gegen andere Mannschaften meist unter Anwendung der verbindlichen Regeln ausgetragen. Zur Realisierung spezifischer Zielstellungen werden die Gegner vorrangig nach folgenden Gesichtspunkten ausgewählt:
– Mannschaften mit geringerem Leistungsniveau
– Mannschaften mit annähernd gleichem Leistungsniveau
– Mannschaften mit höherem Leistungsniveau.

Durch den Einsatz von Schiedsrichtern und eines Kampfgerichtes kann der offizielle Charakter des Spiels zur gezielten Wettkampfvorbereitung betont werden. Andererseits sind aber auch spezielle Vereinbarungen mit der gegnerischen Mannschaft (und den Schiedsrichtern) möglich, wie z. B. Veränderungen der Spielzeit, veränderte Angriffszeitbegrenzung (25 s/20 s), Spielerwechsel ohne Unterbrechung des Spiels u. a.

Die **Zielstellungen** bei der Durchführung von Übungs- und Trainingsspielen können sehr vielfältig sein.

Hervorzuheben sind folgende **Schwerpunkte**:
– Anwenden, Erproben, Variieren und Stabilisieren der erlernten Angriffs- und Abwehrsysteme bis zur Durchsetzung und variablen Gestaltung der Spielkonzeption;
– Anwenden und Stabilisieren gruppentaktischer Angriffs- und Abwehrverfahren bis hin zur Übertragung spezieller taktischer Aufgaben für einzelne Spieler;
– Erproben und Einspielen von Spielern auf bestimmten bzw. verschiedenen Mannschaftspositionen;
– Realisierung einer spielspezifischen Belastungsgestaltung;
– Nutzung des Spiels als psychologisch-pädagogischer Prozeß zur Förderung der Spielfreude, des sozialen Verhaltens und der Selbststeuerung in kritischen Situationen (Fouls; Fehlentscheidungen des Schiedsrichters u. a.);
– Einbeziehen möglichst vieler äußerer und spielinhärenter, wettspieladäquater Anforderungen in ihrer Verbindung mit psychischen Wettkampfeigenschaften und konditionellen Leistungsfaktoren.

3.4.1. Übungsspiele unter erleichterten Bedingungen

Um Spielern mit geringen Spielerfahrungen (Anfänger; junge Basketballspieler) oder sonstige Interessenten möglichst schnell ein „richtiges" Basketballspiel auf zwei Körben zu ermöglichen, können die Anforderungen eines regelgerechten Spiels so vereinfacht werden, daß der Freizeitsportler oder Anfänger zunächst relativ einfache und überschaubarere Spielsituationen vorfindet. Dennoch *sollten* trotz der Vereinfachungen *die Grundstruktur und die für das Basketballspiel typischen Spielphasen erhalten bleiben*:
– Spielaufbau und Abwehr des Spielaufbaus
– Vorbereitung des Angriffsabschlusses und Korbwurf
– Absicherung des korbnahen Raumes und Abwehr von Korbwürfen
– Umkehrphasen von Angriff zur Abwehr und umgekehrt.

Die Anforderungen im Rahmen der Übungsspiele unter erleichterten Bedingungen sind entsprechend des Alters und des Leistungsvermögens zu differenzieren:

1. Spiele mit Vereinfachungen der Regeln
z. B. Einbeziehen nur weniger Hauptregeln, die schrittweise erweitert werden; Reduzierung der Spielzeit; geringere Entfernungen der Torwurflinie und der Weitwurflinie; Korbring von oben getroffen zählt einen Punkt; Berücksichtigung des Mini-Basketballspiels bei 8- bis 12jährigen

2. Spiele mit veränderten Spielerzahlen
- Reduzierungen: 3 gegen 3 bzw. 4 gegen 4 auf zwei Körbe,
- Einseitige Überzahlverhältnisse: 5 gegen 3 bzw. 5 gegen 4

3. Spiele ohne taktische Vorgaben
„Freies" Spielen ohne spezielle Aufgabenstellungen im Angriff und in der Abwehr

4. Spiele gegen schwächere Gegner zur Realisierung mannschaftstaktischer Grundorientierungen (schneller Angriff; Positionsangriff ohne Center; Mannverteidigung).

3.4.2. Übungs- und Trainingsspiele unter wettkampfähnlichen Bedingungen

Bei diesen Spielen werden die äußeren und die spielinhärenten Bedingungen eines Wettspiels weitgehend simuliert. Deshalb bleiben die Spielregeln meistens unverändert. Auf Spielunterbrechungen wird weitgehend verzichtet. Zur Erhöhung der Effektivität dieser Spiele formuliert der Trainer **akzentuierte Aufgaben**, die von den Spielern bewußt umzusetzen sind und ausgewertet werden sollten.

Im folgenden wurden aus der Fülle der Möglichkeiten einige Schwerpunkte ausgewählt, wobei der Einsatz von differenzierten Spielanalysen wünschenswert wäre:

● *Spiele mit konkreten mannschaftstaktischen Vorgaben gegen schwächere, gleich starke bzw. stärkere Mannschaften*
- Planmäßiges Schulen des (der) erlernten Angriffssystems(e) zunächst gegen ein festgelegtes Abwehrsystem, dann im Wechsel gegen mehrere Abwehrsysteme; das gleiche Prinzip ist beim Stabilisieren von Abwehrsystemen anzuwenden
- Erlernen der Systemwechseltaktik im Angriff und in der Abwehr sowohl innerhalb eines Spiels als auch bei verschiedenen Spielen

- Flexibilität in der Spielweise in Abhängigkeit von der taktischen Konzeption, den Stärken und Schwächen der gegnerischen Mannschaft, dem Spielstand usw.
- Einbau neu erlernter gruppentaktischer Verfahren in die Mannschaftstaktik
- Erzielen einer hohen (vorher vereinbarten) Angriffseffektivität der Mannschaft und jedes einzelnen Spielers bei Reduzierung von Fehlleistungen (Ballverluste; taktische Fehlleistungen)

● *Spiele unter Berücksichtigung positionsspezifischer Aspekte*
- Erproben und Einspielen von Spielern unter positionsspezifischer Sicht (neu hinzugekommene Spieler; Veränderungen; Erweiterungen) zur Ausprägung eines stabilen Spezialrepertoires
- Universeller Einsatz der Spieler im Mannschaftsverband unabhängig von ihren positionsspezifischen Eignungen und bisherigen Funktionen, um das universelle Grundkönnen zu verbessern

● *Gestaltung der Übungs- und Trainingsspiele unter dem Aspekt der Steigerung der Trainingsbelastung*
- Spiele gegen starke Gegner; Anwenden hoch belastender Angriffs- und Abwehrsysteme
- Wiederaufbau und Verbesserung des Trainingszustandes von Spielern nach Trainingspausen bzw. Verletzungen

● *Spiele zum freudbetontem Ausgleich und zur psychischen Regenerierung.*

3.4.3. Übungs- und Trainingsspiele unter erschwerten Bedingungen

Nach Erreichen eines entsprechenden Ausbildungsstandes können die Spielanforderungen so gestaltet werden, daß sie bei Berücksichtigung ausgewählter Zielaspekte über den Wettspielanforderungen liegen. Ansatzpunkte bieten hierbei die Erhöhung des Belastungsumfanges, der Belastungsintensität und des Schwierigkeitsgrades der Spielhandlungen, um hochbelastende Spielbedingungen zu schaffen.

1. Zielaspekt: Kondition
- Verlängerung der Spielzeit (je Halbzeit; Spiel mit drei bzw. vier Halbzeiten)
- Spiele mit verschiedenen Gegnern (2. Halbzeit gegen eine „frische" Mannschaft; zwei Spiele hintereinander gegen verschiedene Gegner);

- Spiel mit reduzierten Spielerzahlen (4:4 oder 3:3);
- Spiel mit Reduzierung der Spielpausen (ohne Ausführung der Freiwürfe; „fliegende" Spielerwechsel u. a.);
- Spiel mit stark belastenden taktischen Forderungen (z. B. Ganzfeldverteidigung);
- Spiel gegen eine Mannschaft mit sechs Spielern;
- Spiel mit zusammengebundenen Füßen, so daß sich die Spieler nur hüpfend fortbewegen können;
- Turniere ohne größere Pausen zwischen den einzelnen Spielen.

2. Zielaspekt: individuelles technisch-taktisches Handeln
- Korbwürfe, Dribblings oder/und einhändige Zuspiele sind nur mit der „schwächeren" Hand erlaubt.
- Zur Erhöhung der Korbwurfpräzision wird mit verkleinernden Ringeinsätzen gespielt.
- Vorgabe von bestimmten Wurftechniken bzw. Wurfentfernungen (z. B. Sprungwürfe; Würfe außerhalb des Freiwurfraumes oder der 6,25-m-Linie).
- Ein Spieler wird ständig oder im korbnahen Raum von zwei Gegenspielern gedeckt.
- Bei jedem Regelverstoß wird ein Korbwurftreffer abgezogen.
- Bei gelungener Wurfabwehr, erfolgreichem Rebound oder anderweitig erkämpften Bällen wird ein Punkt (oder zwei Punkte) zum Spielergebnis hinzugezählt.
- Es wird mit unterschiedlichen Bällen gespielt, die im Wechsel zum Einsatz kommen.

3. Zielaspekt: kollektiv-taktisches Handeln
- Spiele gegen einen überlegenen Gegner innerhalb des gleichen Alters- bzw. Leistungsbereiches, aber auch zwischen verschiedenen Bereichen (jüngere gegen ältere, leistungsstärkere Mannschaften; weibliche gegen männliche Mannschaften; jüngere männliche gegen ältere, leistungsstärkere weibliche Mannschaften)
- Spiele gegen einen Gegner mit zahlenmäßiger Überlegenheit (z. B. 4:5 oder 5:6)
- Spiele mit veränderter Zählweise
  a) Gegen schwächere oder gleich starke Mannschaften zählt jeder Korbwurftreffer nur einen Punkt.
  b) Korbwurftreffer zählen nur nach Anwendung bestimmter gruppentaktischer Verfahren (z. B. nach Blocken) oder zählen bei Erfüllung

bestimmter Anforderungen doppelt (z. B. nach erfolgreichen schnellen Angriffen).
- Spiele mit und gegen ausgeprägte Systemwechseltaktik und Spielrhythmusgestaltung
- Spiele mit und gegen häufiges „fliegendes" Wechseln der Spieler
- Spiel einer Mannschaft gegen zwei Mannschaften gleichzeitig, die an je einem Korb mit unterschiedlichen Abwehrsystemen verteidigen
- Spiele mit Verkürzung der 30-Sekunden-Regel auf 25 bzw. 20 Sekunden
- Spiele zur Erhöhung des Spieltempos und der Spielübersicht mit eingeschränktem Handlungsrepertoire (ohne Dribbling; nur ein Dribbelschlag; ohne Zweikontaktrhythmus u. a.)
- Spiele mit 4 Körben, d. h., jede Mannschaft kann auf zwei Körbe (Einbeziehen eines zusätzlichen Seitenkorbes) angreifen. Dabei werden hohe Anforderungen an die Abwehr der Mannschaften gestellt.
- Kurzspiele in einem Turnier und dadurch ständig wechselnde Gegner.

4. Zielaspekt: spezielle psychologische Vorbereitung und Anpassung an schwierige Bedingungen
- Simulation möglicher zu erwartender ungünstiger Wettkampfbedingungen wie negativer Zuschaueraktionen; Lärm; Fehlentscheidungen von Schiedsrichtern; körperlich hart (und unfair) spielende Gegner u. a.
- Spiele bei ungünstigen Hallen-, Boden- und Witterungsverhältnissen (auch im Freien) sowie mit Bällen, die mit Mängeln behaftet sind
- Spiele mit bestimmten Folgen für die Spieler bei technisch-taktischen Fehlleistungen bzw. Regelübertretungen
  a) sofortiges (fliegendes) Auswechseln (z. B. Fehltreffer; Schrittfehler; der persönliche Gegenspieler erzielt einen Korb u. a.)
  b) zusätzliches Training bis hin zur Nichtnominierung,
- Spiel mit dem Ziel, in einer bestimmten Zeit Spielrückstände aufzuholen bzw. in einer bestimmten Zeit eine vorher vereinbarte Trefferanzahl zu erreichen
- Spiel nach physischer bzw. psychophysischer Ermüdung
- Üben des Endkampfverhaltens bei Korbführung, Korbgleichstand oder Korbrückstand
- zeitweiliges Spiel mit zwei Bällen

Es ist darauf hinzuweisen, daß die akzentuierte Erhöhung der Anforderungen eines Zielaspektes gleichzeitig auch erhöhte Anforderungen an die anderen stellt.

3.5. Formen zur Vervollkommnung spezieller koordinativer Fähigkeiten

Obwohl das Basketballspiel selbst aufgrund seiner Gesamtstruktur (situative Mannschaftssportart; kleines Spielfeld; direkte gegnerische Einwirkung; Foul- und Zeitregeln u. a.) besonders geeignet ist, koordinative Fähigkeiten zu entwickeln, ist ihre gezielte und planmäßige Ausbildung erforderlich, um den Spielanforderungen immer besser gerecht werden zu können. Ein hohes koordinatives Leistungsniveau gewährleistet ein beschleunigtes und auch qualitativ besseres Erlernen der spielmotorischen Fertigkeiten, unterstützt die situationsgerechte, wettspieladäquate Anwendung des Technikrepertoires und mindert die Gefahr von Verletzungen.

Übersicht 44 weist diejenigen koordinativen Fähigkeiten aus, die für das Basketballspiel beson-

Übersicht 44   Spezielle koordinative Fähigkeiten

Räumliche Orientierungs- fähigkeit (OF)	↔	Motorische Umstellungs- fähigkeit (UF)	↔	Komplexe Reaktions- fähigkeit (RF)	↔	Kinästhetische Differenzierungs- fähigkeit (DF)	↔	Motorische Kopplungs- fähigkeit (KF)

Komplexe und akzentuierte (differenzierte) Ausbildung der koordinativen Fähigkeiten

Veränderung der Bewegungsausführung
- Veränderung der Fortbewegungsart, der Bewegungsrichtung, des Krafteinsatzes und des Tempos bei der Ausführung technischer Fertigkeiten
- spiegelbildliches bzw. widergleiches Ausführen von Bewegungen (z. B. Würfe mit der schwächeren Hand)
- Variieren von Körperstellungen, aus denen bzw. in denen bestimmte Fertigkeiten ausgeführt werden (z. B. Zuspiele, Dribbling, im Sitzen, Liegen, Kniestand u. a.)

Veränderungen der äußeren Bedingungen
- Einsatz von Bällen unterschiedlicher Größe, unterschiedlichen Gewichts bei Zuspielen, Korbwürfen und Dribblings
- Üben mit veränderten Spielfeldabmessungen und Spielregeln
- Einbeziehen zusätzlicher Geräte bei der Bewegungsausführung (Trampolin, Hürden, Bänke, Seile, Kästen sowie spezielle Trainingshilfsgeräte)
- Einsatz von Mehrballübungen
- Trainieren unter verschiedenen Witterungs- und Hallenbedingungen

Kombinieren von Bewegungsfertigkeiten
- sukzessives Kombinieren (nacheinander) von Fertigkeiten (Zuspiele und Korbwürfe nach Drehungen, Sprüngen, Rollen u. a.)
- simultanes Kombinieren (gleichzeitig) von Fertigkeiten (Dribbling mit zwei Bällen u. a.)

Variationen der Informationsgebung
- Veränderungen der Art der Informationsgebung
- Informationen einschränken bzw. Ausschalten (z. B. Dribbelbrille)

Üben unter Zeitdruck
- Ausführung des Bewegungsablaufes in der kürzesten Zeit
- höchstmögliche Anzahl von Übungswiederholungen je Zeiteinheit

Üben nach konditioneller Vorbelastung

Kombination dieser Variationsmöglichkeiten

ders bedeutsam sind. Eine Niveauerhöhung wird gewährleistet, indem, vom vorhandenen koordinativen Leistungsniveau ausgehend, ständig steigende höhere Anforderungen gestellt werden. Die Grundlage für die Ausprägung spezieller koordinativer Fähigkeiten bilden die Bewegungsfertigkeiten des Basketballspiels. Dabei sind sowohl durch variiertes Anwenden der Spielhandlungen als auch durch Üben unter ungewohnten Bedingungen hohe Anforderungen an die Bewegungssteuerung zu stellen. Die Übersicht 44 weist diesbezügliche Empfehlungen aus (vgl. ZIMMERMANN, S. 121/123). Durch das Kombinieren der angeführten Variationsmöglichkeiten ergeben sich weitere erhöhte und veränderte koordinative Anforderungen, die für die Spieler wiederum relativ neuartige und ungewohnte Bedingungen schaffen.

METHODISCHE HINWEISE

● Eine gezielte Niveauerhöhung des koordinativen Leistungsniveaus ist sowohl durch vielfältige komplexe als auch differenzierte Anforderungen voranzutreiben. Eine anzustrebende akzentuierte Ausprägung einzelner koordinativer Fähigkeiten ist allerdings nur bedingt möglich, da die anzuwendenden Übungs- und Spielformen häufig mehrere koordinative Fähigkeiten gleichzeitig beanspruchen. Bei den folgenden Übungsbeispielen wird jeweils die vorrangig auszubildende koordinative Fähigkeit hervorgehoben.
● Es ist in allen Ausbildungsetappen ein zielgerichtetes, systematisches Training der koordinativen Fähigkeiten zu empfehlen. Besonders bedeutsam ist die koordinative Fähigkeitsentwicklung (allgemeine und spezielle koordinative Fähigkeiten) im Kinder- und Jugendbereich, da durch die günstigen biologischen Voraussetzungen in diesem Alter besonders wirksame Entwicklungsmöglichkeiten bestehen.
● Kurzzeitiges Trainieren (Zeit, Anzahl, Wiederholungen) mehrerer verschiedenartiger Übungen in einer Trainingseinheit ist günstiger als längeres Üben weniger Übungen. Dabei empfiehlt es sich, koordinativ schwierigere Übungen im Wechsel mit leichteren Übungen durchzuführen (psychische Überbeanspruchung und Konzentrationsabfall vermeiden).

● Die folgende Auswahl an Übungs- und Spielformen soll Anregungen vermitteln, sich selbständig weitere Formen auszudenken, um auch unter diesem Aspekt die Ausbildung abwechslungsreich und freudbetont zu gestalten. Bei einer Vielzahl der Übungs- und Spielformen des technisch-taktischen Trainings werden gleichzeitig die koordinativen Fähigkeiten vervollkommnet. Durch Verändern bzw. Variieren ist die Wirksamkeit noch zu erhöhen.

1. Ballannahme/Ballabgabe – räumliche Orientierungsfähigkeit (KF, DF, RF, UF)

Übung 1: Zweierlaufen mit ganzer Drehung nach dem Abspiel
Varianten:
- Drehung links- oder rechtsherum
- Zuspieltechniken variieren (beidhändig, rechte, linke Hand) und Abstände verändern
- Zuspiele nur im Sprung (ohne Zweitaktrhythmus)
- unterschiedliche Bälle
- zwei Gruppen üben in entgegengesetzter Richtung (Steigerung bis zum Fünferlaufen)
- in jeder Spielfeldhälfte agiert ein Abwehrspieler
- Einbeziehung von Korbwürfen.

Übung 2: Zuspiele in mehreren Gruppen in einem Spielfeld (Abb. 260)
Ablauf: Je Gruppe (2, 3, 4 oder 5 Spieler) ein Ball; beliebige Zuspiele und Ortsveränderungen innerhalb der Gruppe in einem Spielfeld
Varianten:
- Zahl der Gruppen und der Größe des Spielfeldes (z. B. gesamtes oder halbes Spielfeld) verändern
- Zuspielreihenfolge festlegen (z. B. Nr. 1 – 2 – 3 – 1 usw.)
- ohne oder mit Dribbling
- die Körbe einbeziehen
- gegenseitiges Behindern durch Abwehrhandlungen.

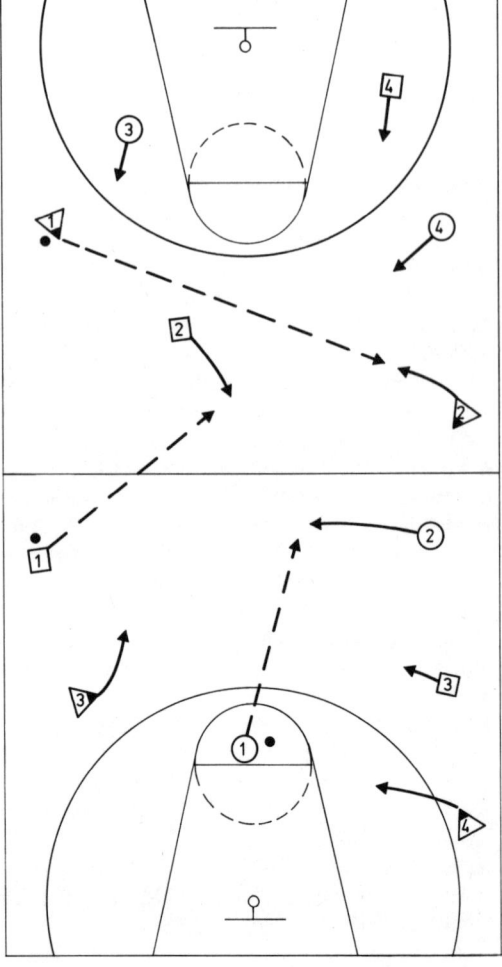

Abb. 260 Zuspiele in mehreren Gruppen in einem Spielfeld

Übung 3: Parteiball nach Nummern – 5:5 (Abb. 261)

Zuspiele in festgelegter Reihenfolge (1–2–3–4–5–1– usw.). Jede Mannschaft versucht, in einer bestimmten Zeit (2 min) so viele Zuspiele innerhalb der Mannschaft wie möglich zu erzielen; Mannverteidigung.

– Verändern der Spieleranzahl innerhalb einer Gruppe (3 oder 4 Spieler)
– Verändern der Spielfeldgröße

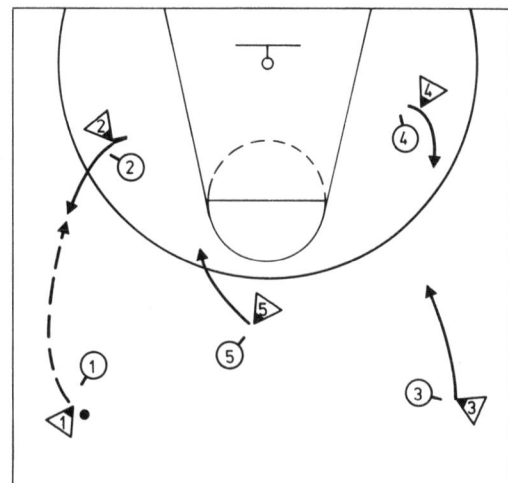

Abb. 261 Parteiball nach Nummern (5:5)

2. Dribbling – räumliche Orientierungsfähigkeit (DF, UF, RF)

Übung 1: Haschespiel: Einer fängt einen mit Dribbling (Abb. 262)

Ablauf: Es werden Paare gebildet. Jeder hat einen Ball, und alle dribbeln gleichzeitig. Ein Partner muß den anderen dribbelnderweise einholen und abschlagen, danach erfolgt Rollenwechsel.

Varianten:

– Es darf nur mit der rechten oder linken Hand gedribbelt werden
– Verändern der Größe des Spielfeldes

Übung 2: Haschespiel: Jeder gegen jeden mit Dribbling

Ablauf:

Jeder hat einen Ball, und alle dribbeln gleichzeitig. Wer hat in einer bestimmten Zeit die meisten Punkte (Abschläge) erzielt, ohne dabei den eigenen Ball zu verlieren?

Varianten:

– Der Punkt zählt nur, wenn z. B. der Abschlag auf der Schulter oder dem Fuß erfolgte.
– Der Punkt zählt nur, wenn der Ball weggeschlagen wurde.

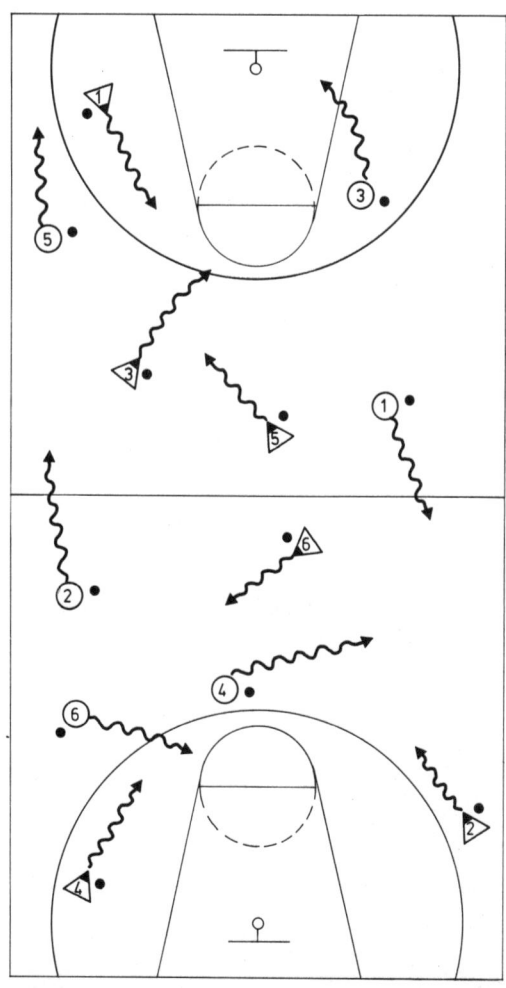

Abb. 262 Einer fängt einen mit Dribbling

3. Korbwurf – räumliche Orientierungsfähigkeit (DF, UF)

Übung 1: Dribbling – Korbwurf
Ablauf: Während des Zweikontaktrhythmus eine ganze Drehung ausführen (Einzelarbeit)
Varianten:
– Drehung links- und rechtsherum
– verschiedene Korbwurftechniken (beidhändig, rechte Hand, linke Hand)
– verschiedene Richtungen und Entfernungen zum Korb
– Korbwürfe nach Zuspiel und Ballannahme im Laufen (ohne Dribbling).

Übung 2: Dribbling – Korbwurf mit Handzeichen: Während des Zweikontaktrhythmus Umgucken – je nach Handzeichen Korbwurf oder Zuspiel zum Mitspieler (Abb. 263)
Ablauf: (s. Abb. 263)
Der Übungsleiter steht an der Freiwurflinie (im Rücken des Dribbelnden). Hebt er nach dem letzten Dribbelschlag die Hand, bedeutet das Korbwurf. Hebt er die Hand nicht, bedeutet das Zuspiel zum Mitspieler.
Varianten:
– verschiedene Korbwurftechniken, -richtungen und -entfernungen
– der „zeichengebende" Übungsleiter (Spieler) verändert ständig seine Position
– der Mitspieler, dem der Paß zugespielt wird, verändert (ständig) seine Position
– Wettbewerbe.

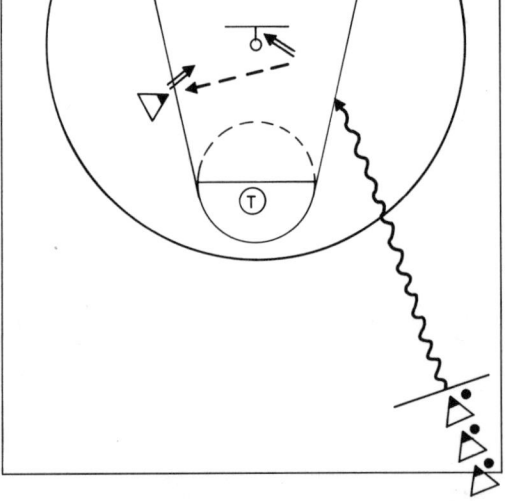

Abb. 263   Dribbling – auf Handzeichen Korbwurf oder Zuspiel zum Mitspieler

4. Spielformen (Zuspiel/Dribbling/Korbwurf) – räumliche Orientierungsfähigkeit (DF, KF, UF, RF)

Übung 1: Drei (zwei) Gruppen spielen gleichzeitig auf einen oder zwei Körbe
Ablauf: Jede Gruppe (2, 3, 4 oder 5 Spieler) hat einen Ball und versucht, unabhängig von den anderen Gruppen Körbe zu erzielen
Varianten:
– ohne oder mit Dribbling
– einem Korbwurfversuch müssen mehrere Zuspiele (z. B. 3, 4 oder 5) vorausgegangen sein
– gegenseitiges Behindern durch Abwehrhandlungen
– Wettbewerbe.

Übung 2: Basketball auf zwei Körbe nach Nummern
Ablauf: Regelgerechtes Basketballspiel zwischen zwei Mannschaften mit 5, 4 oder 3 Spielern, wobei die Zuspielreihenfolge vorher festgelegt wurde.

5. Ballannahme/Ballabgabe – motorische Umstellungsfähigkeit (OF, RF, KF, DF)

Übung 1: Spielformen mit einseitigen Unterzahlverhältnissen ohne Korbbezug: 2:3; 3:4; 4:5; 3:5; 4:6
Varianten:
– mit Korbbezug, d. h. auf einen oder auf zwei Körbe
– Unterzahlverhältnisse der Abwehrspieler (= Umstellungsfähigkeit bei Abwehrhandlungen
– Veränderungen der Spielfeldgröße.

Übung 2: Centeranspiele von Außenspielern – der Center wird von zwei Abwehrspielern gedeckt (Abb. 264)
Varianten:
– Der Centerspieler agiert gegen drei Abwehrspieler.
– Die Außenspieler werden ebenfalls manngedeckt.

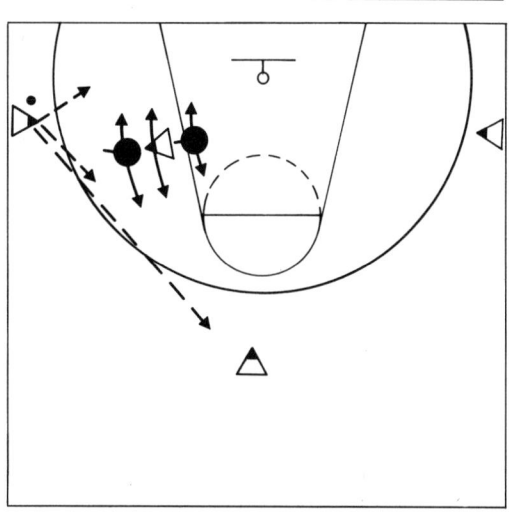

Abb. 264   Centeranspiele von Außenspielern

6. Dribbling – motorische Umstellungsfähigkeit (OF, RF, DF)
Ablauf: Ein Spieler agiert gegen zwei Abwehrspieler in einem bestimmten Spielfeld: ohne oder mit Anspielpunkt (Abb. 265)
Varianten:
– ein oder zwei Anspielpunkte
– ohne oder mit Korbbezug
– Veränderungen des Spielfeldes (z. B. halbes Längsfeld).

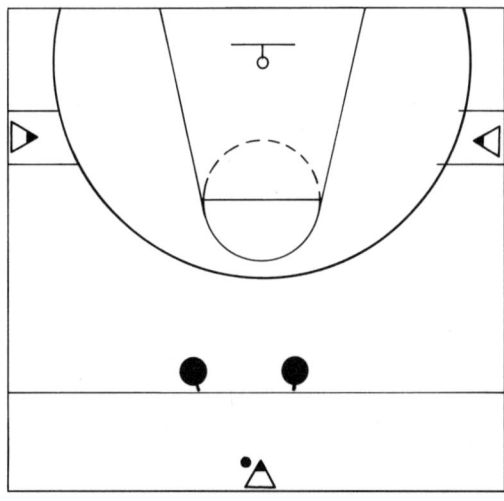

Abb. 265   Ein Angreifer gegen zwei Abwehrspieler mit zwei Anspielpunkten

7. Spielformen (Zuspiel/Dribbling/Korbwurf) – motorische Umstellungsfähigkeit (OF, RF, DF, KF)

Übung 1: Basketball mit dem Rugby-Ball
Variante:
Veränderung der Spielerzahlen

Übung 2: Basketball auf 4 Körbe (Abb. 266)
Jede Mannschaft greift auf 2 Körbe an und verteidigt 2 Körbe.
Varianten:
– Einbeziehung räumlich unterschiedlicher
  Körbe
– Spiel ohne Dribbling
– Spiel mit 2 Bällen

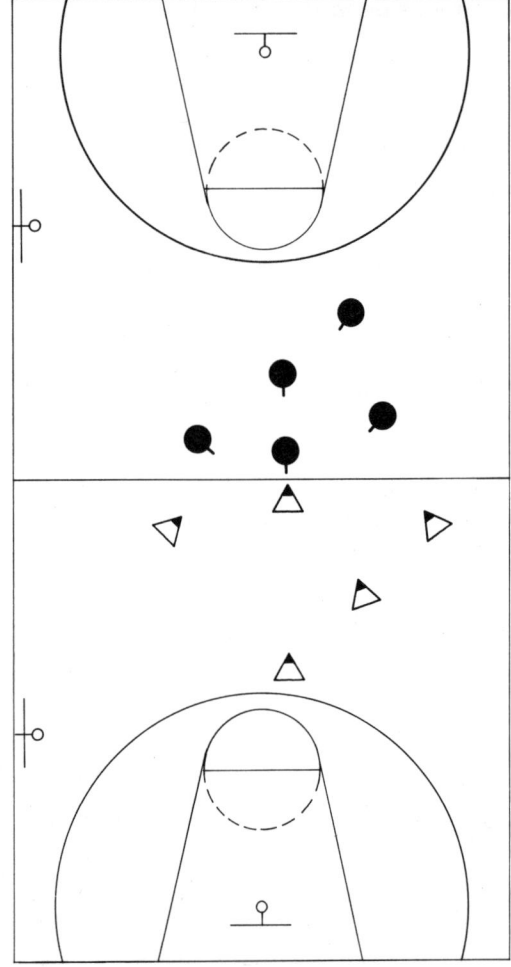

Abb. 266   Basketball auf 4 Körbe

8. Ballannahme/Ballabgabe – komplexe Reaktionsfähigkeit (UF, DF, OF, KF)

Übung 1: Zuspiele gegen unebene Wände (Sprossenwand) sowie Spielbrett/Ring und sofortiges Fangen des Balles (Rebound) im Stand oder Sprung (ohne Bodenkontakt des Balles)
Einzel- oder Partnerarbeit

Übung 2: Parteiball in kleinen Spielfeldern mit Gleichzahlverhältnissen und leichteren Bällen: 2:2; 3:3; 4:4
Varianten:
– ohne Dribbling
– häufiges Wechseln der Ballgrößen
– Wettbewerb: Welche Mannschaft hat in 1 min (2 oder 3 min) die meisten Zuspiele?

Übung 3: Zuspielübungen innerhalb einer Gruppe mit mehreren Bällen
im Stand und in der Bewegung
Varianten:
– „Sechseckwechsel" (Abb. 267). Nach der Ballabgabe (beidhändiger Druckwurf) erfolgt ein sofortiger Positionswechsel auf die gegenüberliegende Position. Es sind zwei Bälle im Einsatz.
– Zwei Fünfergruppen sind auf dem Spielfeld ständig in der Bewegung; dabei spielt sich jede Gruppe zwei Bälle ständig in beliebiger Reihenfolge zu.

Varianten:
– Verändern der Anzahl der Spieler und der Spielfeldgröße
– ohne und mit einem Dribbelschlag
– ohne Zweikontaktrhythmus und Dribbling

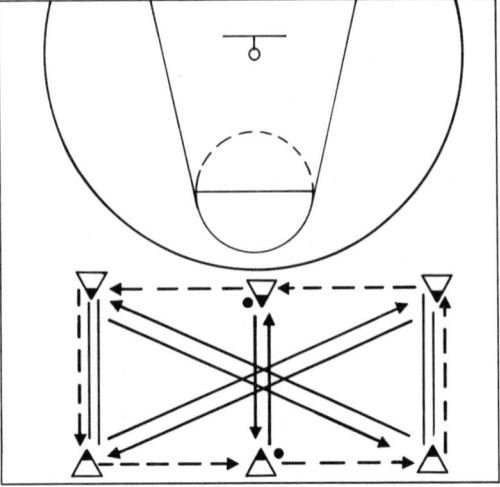

Abb. 267 „Sechseckwechsel"

9. Dribbling – komplexe Reaktionsfähigkeit (OF, DF, UF, KF)

Übung 1: „Schattenspiele" im Dribbling
Ablauf: A dribbelt variantenreich vor B, der die Handlungen von A schnell – ebenfalls dribbelnd – nachzuvollziehen hat
Varianten:
– Dribbeln (rechte und linke Hand) mit Nachstellschritten, Hopserlauf, über und um Hindernisse; Armkreisen mit dem freien Arm; Antritt – Stoppen – Hinsetzen – Aufstehen; Drehungen (im Stand, in der Hocke), Handwechsel vor und hinter dem Körper u. a.

Übung 2: Antritt – Kampf um den Ball – Dribbling – Korbwurf
Ablauf: A wirft den Ball beliebig ins Spielfeld; A und B starten gleichzeitig und kämpfen um den Ball; der Ballbesitzer dribbelt zu irgendeinem Korb und wirft; der Nichtballbesitzer wehrt ab und versucht, in Ballbesitz zu gelangen. Wettbewerb.

10. Spielformen (Zuspiel/Dribbling/Korbwurf) – komplexe Reaktionsfähigkeit (OF, DF, UF, KF)

Übung 1: Basketballspiel mit einem leichteren Ball (Fußball/Volleyball/Handball u. a.)
Varianten:
– geringere Spielerzahlen
– Variationen der Zuspielanforderungen und des Dribblings.

Übung 2: Basketballspiel mit zwei Bällen gleichzeitig
Varianten:
– Benutzen leichterer bzw. unterschiedlicher Bälle
– Reduzieren der Spielerzahl: 4:4 oder 5:4.

11. Zuspiele unter ungewohnten Bedingungen - kinästhetische Differenzierungsfähigkeit (OF)
Form des Übens: Einzel- bzw. Partnerarbeit – Verwenden unterschiedlicher Bälle
Übung 1: A in Rückenlage, Ball in Hochhalte – Ball beim Aufrichten B zuwerfen; B behält seine Position bzw. verändert diese ständig
Übung 2: A in Rückenlage, Ball zwischen den Füßen – Anheben der Beine und B den Ball mit den Füßen zuwerfen; B verändert ständig seine Position
Übung 3: A in Rückenlage, Beine angehockt – zugeworfenen Ball mit den Füßen über unterschiedliche Entfernungen zurückstoßen

Übung 4: A und B in Bauchlage – Gesicht zueinander; Druckwurfzuspiel
Übung 5: A im Grätschstand – Ball von hinten durch die gegrätschten Beine dem Partner zuspielen
Übung 6: A wirft B den Ball unter den erhobenen Oberschenkel zu
Übung 7: Einzelarbeit: Werfen des Balles nach oben und Fangen hinter dem Rücken
Übung 8: Zuspiel von hinten über den Rücken
Übung 9: Rückhandzuspiel rechts und links im Stand und in der Bewegung

12. Variable Zuspiele paarweise – kinästhetische Differenzierungsfähigkeit (OF, UF, AF)
Form des Übens: Partnerarbeit mit einem Ball
Ablauf: Paarweises Zuspielen unter Nutzung des gesamten Spielfeldes mit ständigen Veränderungen der Entfernung, der Laufrichtung und -geschwindigkeit
Varianten:
Verwenden unterschiedlicher Bälle (Hand-, Volley-, Tennis- und Softbälle).

13. Dribbling unter ungewohnten Bedingungen – kinästhetische Differenzierungsfähigkeit (RF, UF, KF)
Form des Übens: Einzelarbeit – rechte und linke Hand
Übung 1: Grätschstand: Umdribbeln der Beine in Form einer Acht ohne Blickkontrolle
Übung 2: Dribbeln im Stand und mit geringer Fortbewegung bei geschlossenen Augen
Übung 3: Dribbeln im Stand und in der Fortbewegung mit zunehmenden Tempoanforderungen mit „Dribbelbrille", die keine Blickkontrolle zuläßt
Übung 4: Dribbeln im Stand und in der Fortbewegung mit sehr verschiedenen Bällen
Übung 5: Dribbeln in Verbindung mit Rückwärts- und Seitwärtslaufen; mit Drehungen, im Sitzen und Liegen, mit Handwechsel vor und hinter dem Körper im schnellen Lauf.

14. Dribbling mit zwei Bällen gleichzeitig – kinästhetische Differenzierungsfähigkeit (RF, UF, KF, OF)
Form des Übens: Gruppenarbeit – jeder agiert mit zwei Bällen
Ablauf: Dribbling mit zwei Bällen am Ort und in der Fortbewegung
Varianten:
– Erhöhung des Dribbeltempos (Wettbewerb); Tempowechsel; in Verbindung mit Stoppen

- Richtungsänderungen (vorwärts, rückwärts, seitwärts; Drehungen)
- Dribbling asynchron (1. Ball hoch; 2. Ball tief)
- mit zwei unterschiedlichen Bällen
- Dribbling mit der Hand und dem Fuß gleichzeitig
- Dribbling vor dem Körper mit der rechten Hand sowie hinter dem Körper mit der linken Hand und umgekehrt.

15. Korbwürfe unter ungewohnten Bedingungen – kinästhetische Differenzierungsfähigkeit (OF, KF, UF)
Form des Übens: Einzel- bzw. Partnerarbeit
Korbwürfe mit ständigem Wechsel der Ausgangspositionen: Sitzen, Stand, Sprung, Absprung von einem Kasten; Absprung von einem Minitramp (Abb. 268)
Varianten:
- Entfernung verändern
- Wurftechniken variieren
- unterschiedliche Bälle verwenden
- Wurfpositionen wechseln.

Abb. 268   Korbwürfe mit Absprung von einem Minitramp

16. Korbwürfe nach dem Einzelwurfprinzip (ständiges Variieren der Anforderungen) unter Verwendung von Ringeinsätzen und unterschiedlichen Bällen
Form des Übens: Einzel- bzw. Partnerarbeit
Bei jedem Korbwurf ist die Technik, Entfernung und Richtung zu variieren (vor allem die wurfschwächere Hand einbeziehen)
Varianten:
- Würfe aus dem Stand, mit beidbeinigem Absprung, nach Dribbling und nach Ballannahme im Laufen
- Würfe frontal zum Korb bzw. nach vorangegangener Drehung.

17. Laufen in Verbindung mit ungewohnten Armtätigkeiten – motorische Kopplungsfähigkeit (OF, RF, UF, DF)

Form des Übens: Einzel- bzw. Partnerarbeit
Übung 1: Laufen mit Umkreisen des Balles in Hüfthöhe oder Kniehöhe
Varianten:
– im Stand
– Umkreisen rechts- bzw. linksherum
Übung 2: Laufen mit Dribbeln durch die Beine von der rechten zur linken Seite (rechte Hand) und umgekehrt
Übung 3: Laufen und dabei hinter dem Rücken dribbeln, während des Laufens durch die Beine nach vorn dribbeln
Übung 4: Paarweises Zuspiel (Zweierlaufen) mit zwei Bällen gleichzeitig
Varianten:
– direkte Zuspiele in verschiedenen Höhen und Entfernungen
– A: direktes Zuspiel; B: indirektes Zuspiel
– zwei unterschiedliche Bälle verwenden
– Ballannahme und Ballabgabe im Sprung
– im Stand; im Kniestand in Verbindung mit einhändiger Ballannahme/Ballabgabe.

18. Dribbling in Verbindung mit Zielzuspiel – motorische Kopplungsfähigkeit (OF, RF, DF)
(Abb. 269)

Form des Übens: Einzelarbeit
Ablauf: Auf Signal wirft der Spieler im beidhändigen Druckwurf in das „Zielviereck", fängt den zurückspringenden Ball und umdribbelt den 1. Ständer, wirft erneut auf das Ziel, umdribbelt den 2. Ständer (immer mit der Außenhand). Wettbewerb: Wer hat innerhalb von 60 s die meisten Punkte beim Zielzuspiel erreicht?

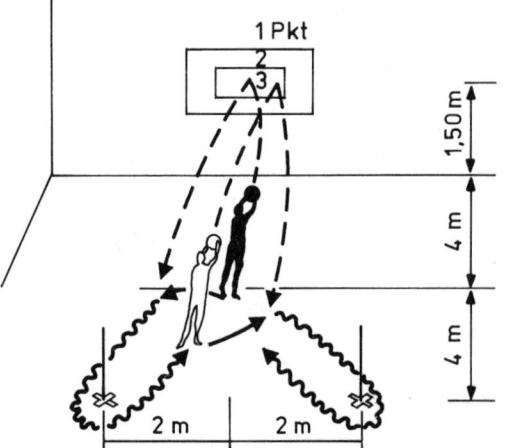

Abb. 269   Dribbling in Verbindung mit Zielzuspiel

19. Weitwürfe mit Rebound unter Zeitdruck – motorische Kopplungsfähigkeit (OF, DF, RA, UF) (Abb. 270)

Form des Übens: Einzelarbeit
Ablauf: Der Spieler steht außerhalb der 6,25-m-Linie (Entfernung je nach Leistungsvermögen). Auf Pfiff wirft er von dort auf den Korb. Bei Korbwurftreffer (2 Punkte) nimmt er sofort den Ball auf und dribbelt zu einer beliebigen Position außerhalb des Wurfkreises und wirft erneut. Trifft er nicht, wird ein Nahwurf (1 Punkt) gewährt, wenn es gelingt, den Ball anzunehmen, bevor er Bodenkontakt hatte. Wettbewerb: Wer hat in einer bestimmten Zeit (1, 2 oder 3 Minuten) die meisten Punkte erzielt?

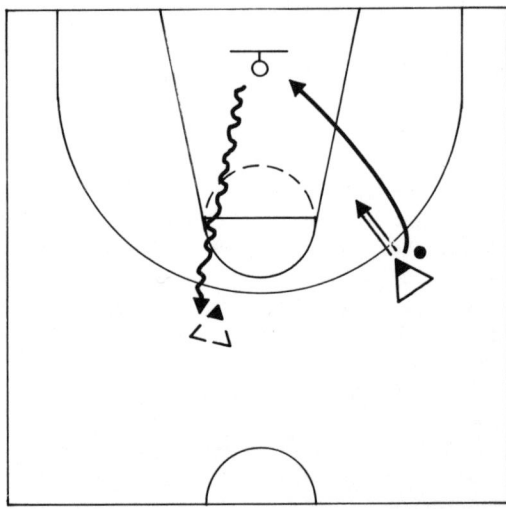

Abb. 270   Weitwürfe mit Rebound unter Zeitdruck

20. Stationsbetrieb zur koordinativen Vervollkommnung

Die Spieler üben an verschiedenen Stationen, an denen eine bestimmte Anzahl von Übungswiederholungen auszuführen sind. Danach erfolgt der Wechsel zur nächsten Station.

Beispiel für einen Stationsbetrieb (Abb. 271)

1. Station: Dribbling und Korbwurf. Während des Zweikontaktrhythmus ganze Drehung um die Körperlängsachse

2. Station: Ball beidhändig vor dem Kopf halten und fallen lassen. Hinter dem Rücken in die Hände klatschen und den Ball auffangen, bevor er auf den Boden fällt

3. Station: Slalomdribbling mit zwei Bällen um fünf Medizinbälle (Abstand: 2 m). Einen Ball mit der Hand dribbeln und gleichzeitig den zweiten am Fuß führen

4. Station: Zuspiel an die Sprossenwand und Annahme ohne Bodenberührung des Balles (Abstand: 3 m)

5. Station: Bumerangdribbling um fünf Medizinbälle (Abstand: je 5 m)

6. Station: Ball hochwerfen; Rolle vorwärts auf der Matte und Ball fangen, bevor er den Boden berührt. Dribbling zum Korb und Wurf

7. Station: Fortlaufend zwei Bälle gleichzeitig mit der rechten und linken Hand an die Wand spielen und fangen

8. Station: Mit dem Rücken zum Korb stellen, Ball durch die gegrätschten Beine spielen, sich drehen, Ball auffangen und auf den Korb werfen

9. Station: Sprünge einbeinig oder beidbeinig am Ort, gleichzeitig den Ball dribbeln

10. Station: Ball vorrollen, nach der Ballaufnahme zum Korb dribbeln und Korbwurf. Während des Zweikontaktrhythmus den Ball um den Körper führen

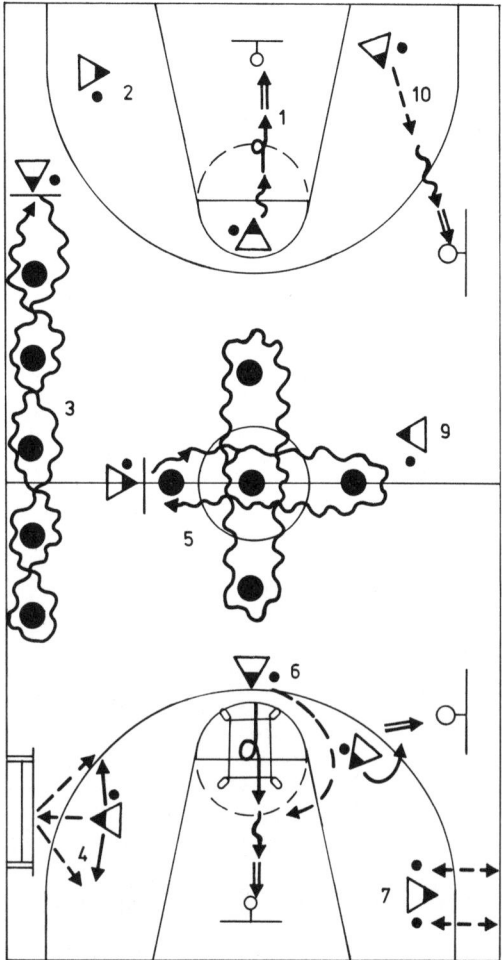

Abb. 271   Stationsbetrieb zur koordinativen Vervollkommnung

3.6. Formen zur Vervollkommnung spezieller konditioneller Fähigkeiten

Innerhalb der Struktur der komplexen Spielleistung besitzen die konditionellen Fähigkeiten Voraussetzungscharakter. Sie dienen vorrangig der (zentral-nerval gesteuerten) energetischen Absicherung der Wettspielanforderungen.

Auf der Grundlage **allgemeiner** konditioneller Fähigkeiten sind für das Basketballspiel **spezifische** konditionelle Fähigkeiten auszuprägen, deren quantitative und qualitative Anforderungen aus der Wettspielcharakteristik abzuleiten sind. Daraus ergibt sich, daß nicht die Maximierung, sondern die Optimierung der konditionellen Fähigkeiten in enger Verbindung und Wechselwirkung mit technischen, taktischen und psychischen Anforderungen die Zielorientierung darstellt. Im Vorteil ist der Spieler, der seine gut ausgeprägten konditionellen Leistungsvoraussetzungen im gesamten Spielverlauf unter Berücksichtigung der Spielsituationen immer wieder erfolgreich einsetzen kann (individuelle Handlungsfähigkeit). Charakteristisch ist das breite Spektrum sehr verschiedener Erscheinungs- und Wirkungsformen von Kraft-, Schnelligkeits- und Ausdauerfähigkeiten sowie ihrer vielfältigen Verflechtungen untereinander und mit anderen Leistungsfaktoren. Die Übersicht 45 weist diejenigen speziellen konditionellen Fähigkeiten aus, für die beispielhaft ausgewählte Übungs- und Spielformen angeboten werden.

Insgesamt ist darauf hinzuweisen, daß die Ausprägung der wettspielspezifischen konditionellen Leistungsfähigkeit sowohl durch akzentuierte (differenzierte) als auch kombinierte und komplexe Trainingsanforderungen unter Anwendung zielbezogener Trainingsmittel und Trainingsmethoden erfolgt. Die Mehrzahl der in den vorangegangenen Kapiteln ausgewiesenen Übungs- und Spielformen können bei entsprechender Akzentuierung und Belastung zur Vervollkommnung spezifischer konditioneller Fähigkeiten Anwendung finden (vgl. Abschn. 3.1. bis 3.4.).

METHODISCHE HINWEISE
● **Schnellkraft/Schnellkraftausdauer** (azyklische Bewegungen)
Die für Ballabgaben, Korbwürfe, Sprünge und Beinbewegungen in der Abwehr und im Angriff benötigten Schnellkraftfähigkeiten werden vorrangig mit folgenden **Methoden** entwickelt:

Schnellkraft: Wiederholungsmethode
Belastungsdosierung: kleine Serien (4 bis 10 Wiederholungen); submaximale und maximale Intensität; vollständige Erholungspausen (2 bis 5 min); keine bzw. geringe Zusatzlasten; in den Erholungspausen: Lockerungs- und Entspannungsübungen.
Schnellkraftausdauer: intensive Intervallmethode
Belastungsdosierung: Intensität submaximal; häufigere Wiederholungen; Pausen unvollständig. Bei einer akzentuierten Entwicklung der Kraft können die gewählten Zusatzlasten (z. B. Medizinbälle) größer bzw. bei Akzentuierung der Schnelligkeit geringer (leichtere Bälle) als unter Wettspielbedingungen sein.

● **Schnelligkeit/Schnelligkeitsausdauer** (zyklische Bewegungen)
Die für die typischen Laufleistungen des Basketballspielers im Angriff und in der Abwehr (ohne und mit Ball; Antritte über unterschiedliche Entfernungen, in Verbindung mit Tempowechsel, Richtungsänderungen und Stoppen u. a.) benötigten Schnelligkeitsfähigkeiten werden vorrangig mit folgenden **Methoden** entwickelt:
Antrittsschnelligkeit (Start- und Beschleunigungsfähigkeit): Wiederholungsmethode
Belastungsdosierung: maximale Intensität; Streckenlänge bis 30 m; 6 – 8 Wiederholungen; Pausen vollständig (3 bis 6 min); in den Erholungspausen Übungen zur Entwicklung der Beweglichkeit; Ballgymnastik, Korbwürfe aus dem Stand.
Antrittsschnelligkeitsausdauer: intensive Intervallmethode
Belastungsdosierung: Intensität submaximal; häufigere Wiederholungen; Pausen unvollständig.

● **Komplexe Ausbildung mehrerer verschiedener konditioneller Fähigkeiten im Wechsel** (azyklische und zyklische Bewegungen)
Neben der akzentuierten Ausbildung einzelner konditioneller Fähigkeiten ist die gleichzeitige Vervollkommnung mehrerer verschiedener allgemeiner und spezieller konditioneller Fähigkeiten in einer Trainingseinheit erforderlich. Dazu eignen sich besonders das Kreis- und Stationstraining. Als **Methoden** bieten sich die extensive und intensive Intervallmethode und die Dauerleistungsmethode an.

Übersicht 45   Spezielle konditionelle Fähigkeiten

Kraftfähigkeiten azyklische Bewegungen	↔ Schnelligkeitsfähigkeiten zyklische Bewegungen	↔ Ausdauerfähigkeiten azyklische und zyklische Bewegungen
Schnellkraft/ Schnellkraftausdauer ● **Wurfkraft** beidhändig/einhändig ● **Sprungkraft** beidbeinig/einbeinig ● **spezielle Beinkraft** Abwehrstellung und Bewegungen in der Abwehrstellung	**Antrittsschnelligkeit/ Antrittsschnelligkeitsausdauer** – aus dem Stand/nach vorangegangenen Bewegungen – ohne Ball/mit Ball **Bremsschnelligkeit/ Bremsschnelligkeitsausdauer** – plötzliches Abstoppen der Laufbewegung – ohne Ball/mit Ball	**Mehrere verschiedene konditionelle Fähigkeiten kombiniert** – aerobe Energiebereitstellung – anaerobe Energiebereitstellung – Grenzbereich zwischen aerober und anaerober Energiebereitstellung

Wettspielspezifische Ausdauer

    – Ausdauer für ein Wettspiel ohne Leistungsabfall
    – Turnierausdauer

Akzentuierte (differenzierte) und komplexe Ausbildung der spezifischen konditionellen Fähigkeiten (in Verbindung mit technischen und taktischen Anforderungen)

Akzentuierte Ausbildung
– einzelner konditioneller Fähigkeiten
   (z. B. Sprungkraft; Wurfkraft; Antrittsschnelligkeit u. a.)
– komplexer konditioneller Fähigkeiten
   (z. B. Sprungkraftausdauer; Antrittsschnelligkeitsausdauer u. a.)
– kombinierter konditioneller Fähigkeiten
   (z. B. Sprung- und Wurfkraft bei Sprungwürfen aus weiten Entfernungen; Antritts- und Bremsschnelligkeit bei Antritten und plötzlichem Abstoppen ohne und mit Ball u. a.)

Komplexe Ausbildung mehrerer verschiedener konditioneller Fähigkeiten im Wechsel
(z. B. Sprungkraft – Wurfkraft – Antrittsschnelligkeit – spezifische Beinkraft u. a. und deren Ausdauer)

Komplexe Ausbildung der wettspielspezifischen konditionellen Fähigkeiten unter Anwendung wettspielähnlicher bzw. wettspieladäquater komplexer Anforderungen und Belastungen
(Spielausdauer/Turnierausdauer)
– geringere Anforderungen und Belastungen als das Wettspiel
– wettspieladäquate Anforderungen und Belastungen
– (zeitweilig) höhere Anforderungen und Belastungen als das Wettspiel

Anwenden von Trainingsmitteln und Trainingsmethoden entsprechend der spezifischen Zielstellung unter Berücksichtigung des Alters, des Leistungsvermögens, des Trainingszustandes und weiterer Faktoren

● **Wettspielspezifische Ausdauer**
Sie äußert sich in der Widerstandsfähigkeit des Spielers gegenüber Ermüdung beim Anstreben hoher Spielleistungen über die gesamte Spielzeit in Wettspielen und Turnieren (Turnierausdauer). Sie gewährleistet das Erreichen einer optimalen Spielintensität und hat starken Einfluß auf die Wettspielleistung insgesamt, die Belastungsverträglichkeit bis hin zur Wiederherstellung.
Die Ausbildung der wettspielspezifischen Ausdauer fordert sowohl wettspielnahe Trainingsbelastungen (Spielformen, Spielausschnitte; Übungs- und Trainingsspiele) als auch den gezielten Einsatz von Wettspielen.
Zur Orientierung bieten sich folgende **Methoden** an: extensive Spielmethode (auf aerobe Energiebereitstellung ausgerichtet); intensive Spielmethode (auf anaerobe bzw. den Grenzbereich zwischen aerober und anaerober Energiebereitstellung ausgerichtet) und Wettkampfmethode.

3.6.1. Formen zur Vervollkommnung der Schnellkraft und Schnellkraftausdauer (azyklische Bewegungen)

WURFKRAFT/WURFKRAFTAUSDAUER (BEIDHÄNDIG/EINHÄNDIG)

1. Ballabgaben und Ballannahmen über weite Entfernungen mit dem Basketball unter Anwendung beidhändiger und einhändiger Zuspieltechniken (Langpässe)
Form des Übens: paarweise im Stand
Varianten:
– Verwenden von Medizinbällen bzw. leichten Bällen
– Steigerung der Entfernungen und des Zuspieltempos
– paarweise im Laufen: mit vorgegebenen Laufwegen (Zweierlaufen) bzw. selbst zu wählenden Laufwegen (im bezug auf Richtung, Entfernung, Geschwindigkeit) und Zuspieltechniken
– paarweise im Sitzen.

2. Ballabgaben und Ballannahmen gegen die Wand (ohne Bodenkontakt des Balles)
Form des Übens: Einzelarbeit im Stand bzw. im Sitzen

Varianten:
– Steigerung der Entfernungen und des Zuspieltempos
– Verbinden mit Zielgenauigkeitsanforderungen durch Markierungen
– Wettbewerbe:
Wer erreicht die weiteste Zuspielentfernung? Wer erreicht in einer bestimmten Zeit (z. B. 30 s) die meisten Wandberührungen?

3. Korbwürfe unter Anwendung verschiedener Korbwurftechniken aus mittleren und großen Entfernungen (bei hinreichend gefestigter Technik)
Form des Übens: Partnerarbeit: Werfer und Zuspieler (auf richtige Ausführung achten)
Varianten:
– Der Werfer behält die Position bei und wirft in Serien, mit der gleichen Technik
– Der Werfer verändert bzw. variiert ständig die Position, die Korbwurfentfernung und Korbwurftechnik
– Korbwürfe mit leichteren oder schwereren Bällen als der Basketball
– Korbwürfe aus dem Sitzen
– Wettbewerbe (Entfernung/Korbwurfeffektivität).

4. Übungen zur Vervollkommnung der Fingerkraft
– Den Basketball mit beiden Händen mehrere Sekunden fest zusammendrücken
– Je einen Tennisball in der linken und rechten Hand bis zur Ermüdung „kneten"

SPRUNGKRAFT/SPRUNGKRAFTAUSDAUER (BEIDBEINIG/EINBEINIG)

5. Sprünge mit beidbeinigem Absprung in Korbnähe aus dem Stand und nach Anlauf mit Stoppen in Verbindung mit Armtätigkeiten: ohne Ball, Rebound und Korbwürfe
Form des Übens: Einzelarbeit
Der Übende steht frontal zum Spielbrett und führt folgende Übungen aus:

Übung 1: Sprünge mit beidbeinigem Absprung aus dem Stand – Berühren einer Markierung am Spielbrett, des Korbnetzes oder des Korbringes mit einer Hand oder beiden Händen; dasselbe mit dem beidhändig geführten Ball bzw. in Verbindung mit Korbwürfen (einhändiger oder beidhändiger Korbwurf von oben)

Varianten:
– Sprünge mit beidbeinigem Absprung nach Auftaktschritt (rechts oder links)
– Sternschritt – beidbeiniger Absprung
– Dribbling – Abstoppen – beidbeiniger Absprung

Übung 2: Ball aus dem Stand ans Brett werfen – Rebound (Nachsetzen) erneuter Absprung beidbeinig – Korbwurf;
Übung 3: Der Absprung erfolgt mit einem Bein nach vorangegangenem Auftaktschritt bzw. Anlauf

6. Sprünge mit einbeinigem Absprung (rechts und links) in Verbindung mit Korbwürfen: Nahwürfe (verschiedene Korbwurftechniken)
Form des Übens: Einzelarbeit/Partnerarbeit

Übung 1: Dribbling – Zweikontaktrhythmus mit großem Raumgewinn – Nahwurf mit einbeinigem Absprung
Varianten:
Verschiedene Richtungen zum Korb; Entfernung zwischen letztem Dribbelschlag und Korb steigern (Wettbewerb)

Übung 2: Ballannahme im Lauf (Sprung) nach Zuspiel vom Partner, dann wie Übung 1

Übung 3: Bei der Ballannahme Überspringen eines Hindernisses (Bank, Kasten, Hürde u. a.), dann wie Übung 1 (Abb. 272)

Abb. 272   Ballannahme im Sprung über ein Hindernis

7. Sprünge mit Ballannahme und Ballabgabe bzw. Ballannahme und Korbwurf in einer Flugphase
Form des Übens: Partnerarbeit

Übung 1: paarweise hohe Zuspiele im Stand (Druckwurf) oder in der Fortbewegung; die Ballannahme und Ballabgabe erfolgt während der Flugphase eines Sprunges

Übung 2: paarweise üben frontal zum Spielbrett oder an der Wand: Spieler A wirft den Ball ans Brett (Wand), Spieler B muß den Ball im Sprung annehmen und sofort in der Luft wieder gegen das Brett werfen usw.
Varianten:
Wie Übung 2, mit Korbwechsel (Dribbling) zur anderen Seite
- Statt des Fangens und Werfens wird der Ball gepritscht.
- Einzelarbeit: Der Spieler pritscht den Ball von der linken Seite über den Korb zur rechten Seite, läuft dorthin und pritscht ihn wieder nach links usw.

Übung 3: Fangen vom Brett abprallender Bälle (Einzel- oder Partnerarbeit) im Sprung und sofortiger Korbwurf in der gleichen Flugphase

8. Sprungwürfe und Rebound
Form des Übens: Einzel- und Partnerarbeit

Übung 1: Sprungwurf mit anschließendem Rebound und erneutem Sprungwurf ohne Dribbling
Varianten:
- Nach dem Rebound ein oder zwei Dribbelschläge in unterschiedliche Richtungen und erneuter Sprungwurf, so daß von ständig wechselnden Positionen geworfen wird
- Der Ballbesitzer spielt den Ball im Bogen nach vorn (Selbstvorlage), Nachlaufen, Ballannahme im Sprung, Landung, Sprungwurf

Übung 2: Hohes Zuspiel an den sich freilaufenden Mitspieler, Ballannahme im Sprung, beidbeinige Landung, sofortiger Sprungwurf, Rebound; bei erfolglosem Korbwurf: Nahwurf – Zuspiel zum Mitspieler – erneutes Freilaufen usw. (Abb. 273)
Varianten:
- Das Freilaufen und Anbieten erfolgt von verschiedenen Richtungen/Positionen zum Korb.
- Es werden zwei „Zuspieler" mit 2 Bällen eingesetzt, so daß der Werfer Sprungwürfe in schneller Folge zu absolvieren hat. Dabei kann die Ausgangsposition beibehalten oder ständig variiert werden.

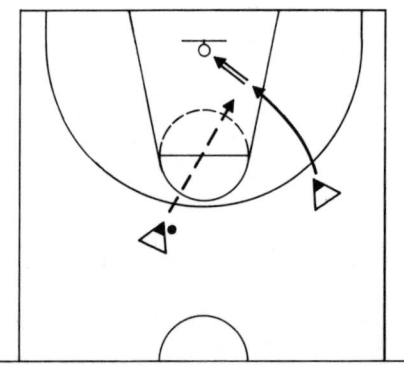

Abb. 273   Sprungwurf – Rebound – Spiel

9. Sprungwürfe und Sprungwurfabwehr (Abb. 274)

Form des Übens: Partnerarbeit

Ablauf: Spieler 1 paßt zu Spieler 2, läuft seinem Paß hinterher und versucht, den Sprungwurf durch Sprungwurfabwehr zu verhindern bzw. zu erschweren. Nach dem Wurf holt Nr. 1 den Ball und spielt ihn wieder zu Nr. 2 usw.; Rollenwechsel

Varianten:

Veränderung der Entfernungen und Positionen

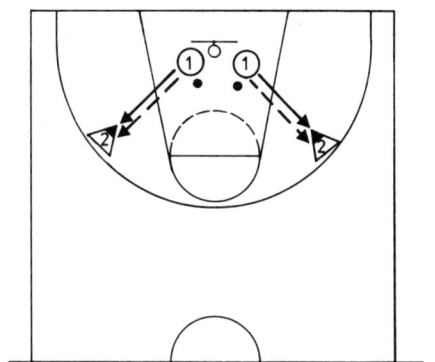

Abb. 274   Sprungwürfe und deren Abwehr als Partnerübung

10. Niedersprünge mit anschließendem Korbwurf oder Zuspiel an einen Mitspieler

Form des Übens: Einzelarbeit/Partnerarbeit

Ablauf: Niedersprung von einem Kasten mit Ballbesitz, Landung beidbeinig mit sofortigem Absprung und Sprungwurf

Varianten:

– Steigerung der Höhe der Absprungstelle
– Nach der Landung: Nahwürfe (ohne oder mit Zweikontaktrhythmus) oder Zuspiele im Sprung (an die Wand oder zum Partner).

11. Basketballspiel auf zwei Körbe mit zusammengebundenen Füßen, so daß eine Fortbewegung nur durch Schlußsprünge möglich ist

12. Beinarbeit in der Abwehrhaltung (Nachstellschritte/Gleitschritte) in verschiedene Richtungen: rückwärts, seitwärts, vorwärts

Form des Übens: Gruppen- bzw. Einzelarbeit (auf gebeugte Beine achten)

Varianten:

– *Gruppenarbeit*: der Übungsleiter zeigt die entsprechenden Richtungen an; die Hände umfassen die Kniekehlen oder die Fußgelenke von außen.

– *Japan-Test* (Abb. 275): Der Spieler steht in tiefer Abwehrhaltung an einer Begrenzungslinie und bewegt sich mit Nachstellschritten seitwärts zwischen zwei Linien (Abstand 3 m und mehr) hin und her, um sie im Wechsel mit der jeweiligen Hand oder dem Fuß zu berühren. Wieviel Berührungen schafft er in einer bestimmten Zeit (z. B. 30 s)?

Variante: Hände umfassen Kniekehlen bzw. Fußgelenke, oder es wird ein Medizinball flach über dem Boden mitgeführt.

– *Beinarbeit im Viereck* (Abb. 276): Auf Pfiff absolviert der Spieler auf vorgegebenen Wegen mit Nachstellschritten in tiefer Abwehrhaltung die Richtungsänderungen und berührt jeweils die Medizinbälle (Entfernung z. B. 5 m) mit einer Hand. Es wird die Zeit gestoppt, die der Spieler z. B. für 12 Ballberührungen (3 Durchläufe) benötigt.

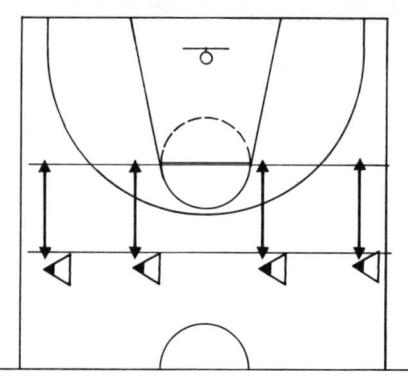

Abb. 275   Japantest

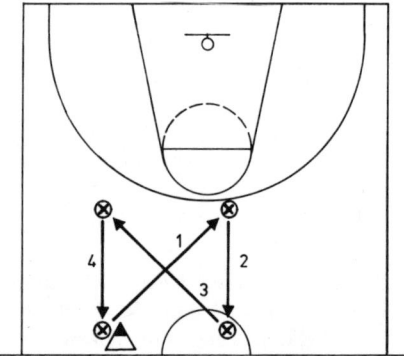

Abb. 276   Beinarbeit im Viereck

13. Beinarbeit in der Abwehrhaltung bei 1:1-Situationen: Angriffsspieler ohne und mit Ballbesitz (Dribbling)

Ablauf:

Entsprechend den Angriffshandlungen des Angreifers hat der Abwehrspieler taktisch begründete Beinarbeit in Verbindung mit Armtätigkeiten auszuführen.

Varianten:

– Verschiedene Breite und Länge des zur Verfügung stehenden Aktionsraumes

– Verhinderung bzw. Erschweren des Freilaufens des Angreifers ohne Ball

– Abwehrhandlungen gegen einen dribbelnden Angriffsspieler

– ohne und mit Korbbezug.

3.6.2. Formen zur Vervollkommnung der Schnelligkeitsfähigkeiten (zyklische Bewegungen)

ANTRITTSSCHNELLIGKEIT/ANTRITTS-
SCHNELLIGKEITSAUSDAUER

**1. Antrittsübungen aus verschiedenen Ausgangs-
stellungen über kurze Entfernungen: ohne und
mit Ball** (Dribbling)
Ablauf: Die Spieler stehen an der Endlinie nebeneinander in Bereitschaftsstellung und laufen oder
dribbeln auf ein Signal so schnell wie möglich zur
Mittellinie.
Varianten:
– Ausgangsstellung variieren: Hockstand;
  Strecksitz; Bauchlage; Kniestand; Stand rücklings; Sternschritt u. a.
– unterschiedliche Streckenlängen wählen (Freiwurflinie; Endlinie u. a.)
– Spielformen: Schwarz-Weiß; Nummernwett-
  läufe; Gruppenwettläufe u. a.

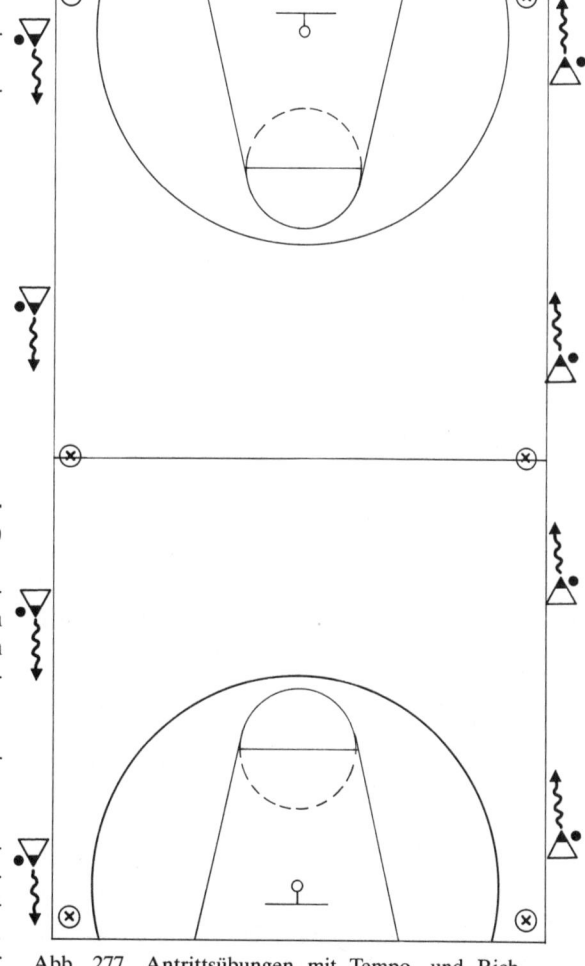

**2. Antrittsübungen mit Tempo- und Richtungs-
änderungen – ohne Ball und mit Ball (Dribbling)**
(Abb. 277)
Ablauf: Die Spieler umdribbeln das Spielfeld (halbes Spielfeld) im mittleren Tempo. Nach einem
akustischen oder optischen Signal erfolgt ein
schneller Antritt bis zum nächsten Mal (Spielfeld-
ecke).
Varianten:
– Änderung der Dribbelrichtung auf Signal oder
  an festgelegten Spielfeldmarkierungen
– Handwechsel an den Wendepunkten
– Wettbewerb: „Sechstagerennen" – 2 Mannschaften nehmen an entgegengesetzten Spielfeldecken in Reihe Aufstellung. Auf Pfiff umdribbeln sie das Spielfeld so lange, bis der 1.
  Spieler einer Mannschaft den letzten Spieler
  der anderen Mannschaft eingeholt (abgeschlagen) hat.

Abb. 277 Antrittsübungen mit Tempo- und Richtungsänderungen

3. Antrittsübung mit nachfolgendem 1:1-Spiel
(Abb. 278)
Form des Übens: Partnerarbeit
Ablauf: Auf ein Signal laufen beide Spieler nach
dem Ball (Mittellinie). Wer ihn erkämpft hat,
dribbelt zum gegenüberliegenden Korb und wirft,
der andere versucht abzuwehren.
Varianten:
– Mannschaftswettbewerb: Welche Mannschaft
  hat nach einer bestimmten Anzahl von Durchgängen die meisten Treffer?
– Paarweise Aufstellung an der gleichen Endlinie: Der Ball wird vom Übungsleiter ins Spielfeld gerollt oder geworfen. Beide kämpfen um
  den Ball und spielen 1:1 auf den Korb.

**4. Antrittsübungen in Verbindung mit Zuspielen,
Dribbling und Korbwürfen** (vgl. insbesondere
Abschnitt 3.2.1.)

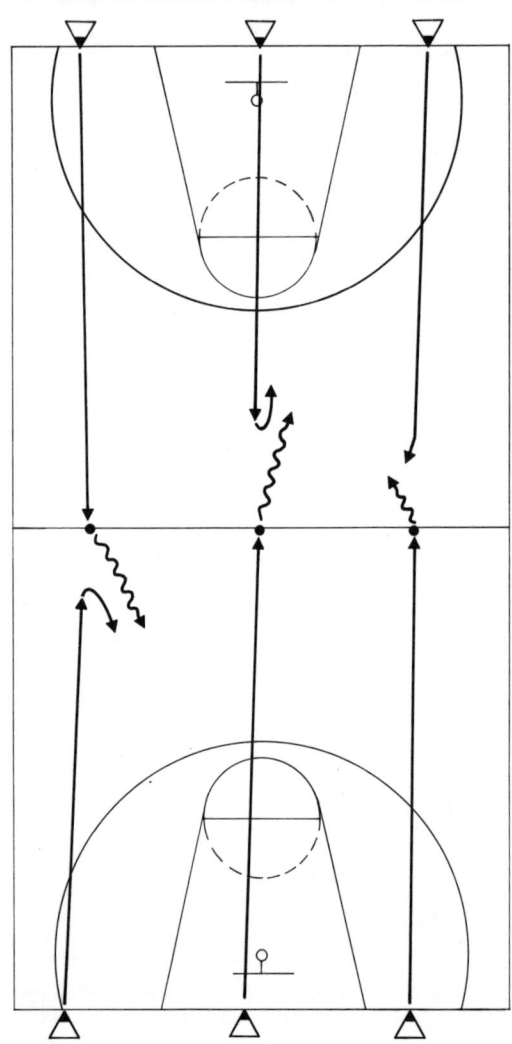

Abb. 278 Antrittsübungen mit nachfolgendem
1:1-Spiel

BREMSSCHNELLIGKEIT/BREMSSCHNEL-
LIGKEITSAUSDAUER

**5. Stoppen nach schnellen Läufen ohne und mit
Ball** (Dribbling)

**6. Stoppen nach schnellen Läufen in Verbindung
mit der Ballannahme (auch im Sprung) – ohne und
mit Sternschritt**
Form des Übens: Partnerarbeit

**7. Stoppen nach schnellem Dribbling mit an-
schließendem Zuspiel an einen Mitspieler, der
fest postiert ist**
Variante: Der Partner wechselt fortlaufend seine
Position

**8. Stoppen nach schnellem Dribbling mit an-
schließendem Korbwurf** (z. B. Sprungwürfe)
Varianten: verschiedene Wurfarten, verschiedene
Entfernungen und Richtungen zum Korb

3.6.3. Konditionelle Vervollkommnung durch die komplexe Ausbildung mehrerer verschiedener konditioneller Fähigkeiten im Wechsel

1. Beispiel: Kreistraining nach festgelegter Zeit (Abb. 279)
Es sind an den einzelnen Stationen in einer festgelegten Zeit so viele vorgegebene Übungen wie möglich zu absolvieren. Durch Punktezählung an jeder Station (schriftlich fixieren) kann eine Gesamtpunktzahl für jeden Teilnehmer ermittelt werden (Vergleichsmöglichkeiten und Motivation für Steigerungen).
Ablauf:
1. Station: Druckwurf beidhändig an die Wand – Entfernung 4 m. 1 Punkt = jeder von der Wand zurückgeprallte und ohne Bodenberührung gefangene Ball.
2. Station: Nahwürfe an einem „Seitenkorb" – Wurfart beliebig. Dribbling erlaubt. 1 Punkt = jeder Treffer (ohne Schrittfehler).
3. Station: „Japantest" zwischen zwei Linien – Abstand 3 m. Mit Nachstellschritten in tiefer Schwerpunktlage (Verteidigungs-Beinbewegung) ist jeweils ein Medizinball flach über den Boden auf die andere Seite zu transportieren. Der Ball muß dabei jeweils die Linie berühren. 1 Punkt = jedes Berühren der Linie mit dem Medizinball nach Durchqueren der 3-m-Strecke.
4. Station: Dribbling – Korbwurf zwischen den beiden „Längskörben" – Beginn an der Mittellinie – Wurfart beliebig. Jeder Korbwurftreffer = 5 Punkte.
5. Station: Slalomdribbling um 6 Medizinbälle – Abstand 3 m. Rückweg geradlinig dribbeln. 1 Punkt = jede Wendung an Umkehrpunkt (Längsbahn).
6. Station: Schlußsprünge über eine Turnbank (möglichst ohne Nachfedern). 1 Punkt = jeder Sprung über die Bank.
Varianten:
– Belastungsdauer kürzer als Erholungsdauer (z. B. 20 s Üben – 30 s Pause; zwischen 1. und 2. Durchgang 3 bis 5 min Pause)
– Belastungsdauer gleiche Zeit wie Erholungsdauer (z. B. 30 s Üben – 30 s Pause; 1 bis 3 Durchgänge)
– Belastungsdauer länger als Erholungsdauer.
Die Anforderungen sind dem Alter und Leistungsvermögen anzupassen. Es können auch andere Übungen einbezogen werden.

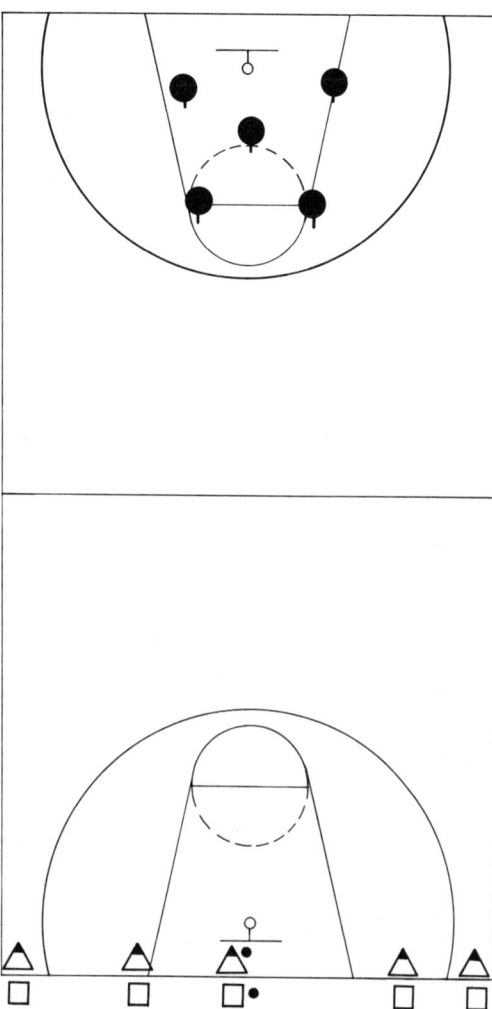

Abb. 279   Kreistraining (1. Beispiel)

2. Beispiel: Kreistraining in kürzester Zeit (Abb. 280)

Es wird die Zeit gestoppt, die ein Spieler benötigt, um die an den einzelnen Stationen festgelegte Übungsanzahl auszuführen. Zwischen den Stationen sollen möglichst keine Pausen eingelegt werden. Gesamtumfang: 1 bis 3 Durchgänge. Die Anforderungen sind dem Alter und Leistungsvermögen der Übenden anzupassen.

1. Station: Beidbeinige Niedersprünge von einem Kasten im Wechsel mit beidbeinigem Aufspringen auf einen gegenüberstehenden Kasten. Aufgabe: 10 Sprünge.

2. Station: Dribbling – Korbwurf mit der rechten Hand. Es muß um den Sprungkreis herumgedribbelt werden. Aufgabe: 5 Korbwurftreffer.

3. Station: Bauchlage – Medizinball in Hochhalte. Abstand zur Wand 1,50 m – Aufrichten des Oberkörpers – beidhändiger Wurf. Aufgabe: 10 Wandberührungen.

4. Station: Medizinballviereck 5 m x 5 m. Der Spieler läuft Strecke 1 vorwärts, berührt mit der Hand den Medizinball, läuft Strecke 2 rückwärts (Nachstellschritte) bis zum nächsten Medizinball, Ballberührung, Strecke 3 vorwärts, Ballberührung, Strecke 4 rückwärts, Ballberührung. Aufgabe: 20 Ballberührungen.

5. Station: Stufentreten – Der Spieler stellt das eine Bein auf den Kasten (etwa 50 cm hoch) und drückt sich mit dem anderen Bein kräftig ab bis zur Streckung des gebeugten Beines, dann zurück zur Ausgangsstellung. Aufgabe: 20 Streckungen rechtes Bein, 20 links.

6. Station: Dribbling – Korbwurf mit der linken Hand (s. Station 2).

7. Station: Rückenlage – Medizinball in Hochhalte: Taschenmesser. Medizinball berührt die Beine. Aufgabe: 10 Beinberührungen.

8. Station: Dribbling rechts bis zur Markierungslinie (5 m) – Stoppen (Ball muß einmal die Linie berührt haben) – Richtungsänderung – Dribbling links zurück – Stoppen usw. Aufgabe: 10 Richtungsänderungen.

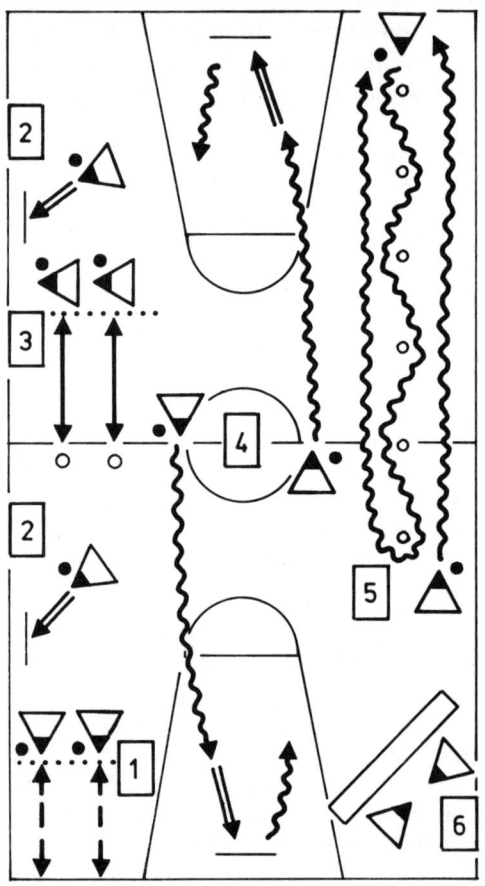

Abb. 280   Kreistraining (2. Beispiel)

3.6.4. Wettspielspezifische Ausdauer

WETTSPIELNAHE SPIELFORMEN/SPIEL-
AUSSCHNITTE (vgl. Abschnitt 3.3.)

1. Spielformen mit reduzierten Spielerzahlen auf
einen Korb und auf zwei Körbe: 1:1; 2:2; 3:3
**2. Spielformen mit einseitigen Überzahl- bzw.
Unterzahlverhältnissen** auf einen Korb und zwei
Körbe: 3:2; 4:2; 4:3
**3. Spielformen auf einen Korb mit drei bis vier
Mannschaften** (Abb. 281)
− Die jeweils verteidigende Mannschaft verbleibt
eine festgelegte Zeit in der Abwehr (z. B. 10
min), danach Wechsel. Welche Mannschaft hat
die meisten Körbe erzielt? Welche Mannschaft
hat am erfolgreichsten verteidigt?
− Jede Mannschaft übernimmt nach ihrem Angriff die Abwehraufgaben, d. h., es erfolgt ein
ständiger Wechsel.
**4. Spiel mit drei Mannschaften gleichzeitig auf
dem Spielfeld:** 2:2:2; 3:3:3; 4:4:4; 5:5:5
5. „Jede Mannschaft spielt auf zwei Körbe"
(Längs- und Seitenkorb, so daß vier Körbe insgesamt einbezogen werden) bei reduzierter bzw.
voller Spielerzahl
6. „Jeder spielt auf jeden Korb" bei Einbeziehung von zwei Mannschaften (reduzierte oder
volle Spielerzahl) und zwei Körben (normales
Spielfeld).

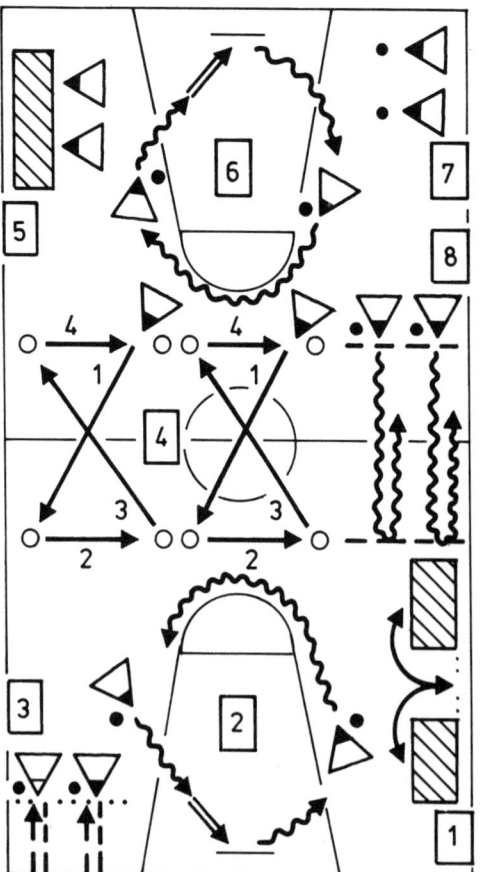

Abb. 281   Angriff auf einen Korb mit drei Mannschaften

ÜBUNGS- UND TRAININGSSPIELE (vgl. Abschnitt 3.4.)

**1. Übungs- und Trainingsspiele vorrangig zur
Entwicklung der aeroben Energiebereitstellung**
(geringere Spielintensität)
Varianten:
− ohne Spielerwechsel;
− Verzicht auf bzw. Verkürzung der Auszeiten
und Halbzeitpause;
− ohne Ausführen von Freiwürfen (dafür Punktvergabe);
− Spiel ohne schnelle Angriffe;
− Spiel mit Überzahlverhältnissen (5:4; 6:5);
− Verlängerung der Spielzeit (Steigern auf 3 bzw.
4 Halbzeiten).

2. Übungs- und Trainingsspiele vorrangig zur Entwicklung der anaeroben bzw. des Grenzbereiches zwischen aerober und anaerober Energiebereitstellung (hohe Spielintensität).

Varianten:
– Verkürzte Spielzeiten bei besonders belastenden taktischen Forderungen (schnelle Angriffe; Ganzfeldverteidigung)
– Dribbelverbot
– Reduzierung der 30-Sekunden-Regel auf 25 oder 20 s
– Spiel mit Unterzahlverhältnissen (4:5)
– Spiel mit verringerter Spielerzahl (4:4)
– Verlängerung der Spielzeit bei reduzierter Spielerzahl
– häufiges Auswechseln; mehrere Auszeiten.

3. Übungs- und Trainingsspiele in Turnierform
– Akzentuierungen entsprechend der Zielstellung (Spielzeiten; Pausenlänge; Anzahl der Spiele; Leistungsstärke der Gegner u. a.)

4. Basketball im Freizeitbereich

Ein Basketballtrainer oder -übungsleiter gilt in seinem Umfeld zu Recht als Basketballexperte schlechthin. Von ihm erwartet man unbesehen, daß er auch für das Basketballspiel im Freizeitbereich kompetent ist. Daß er bei sich bietenden Anlässen die Anleitung basketballinteressierter Gruppen übernehmen kann, ist er nicht nur seinem Ruf schuldig, sondern gehört zweifellos auch zu seinem Selbstverständnis als ein Exponent des Basketballsports.

Anliegen dieses Kapitels ist es, dem Basketballtrainer bzw. -übungsleiter, dem Sportlehrer oder Sportlehrerstudenten ein gewisses Rüstzeug für sein, wenn auch meist eher zufälliges Wirken auf diesem Feld zu vermitteln.

Das Basketballspiel bietet vielfältige Möglichkeiten, um dem wachsenden Bedürfnis nach sportlicher Betätigung in geselliger Form Rechnung zu tragen. Im „Freizeit-Basketball" sollte vor allem die Freude am Spiel in einer Gruppe (Mannschaft), die ein gemeinsames Ziel verfolgt (Spielgedanke) und gemeinsam handelt, gefördert werden. Bedeutsam für die Teilnahme ist vor allem das „Mit-Spielen", das „Sicheinbringen" (Kommunikation/Kooperation/Interaktion), aber auch das „Gegeneinander", das „Kräftemessen" im unmittelbaren Vergleich zu einer anderen Gruppe. Der immer wieder ungewisse Ausgang in der „spielerisch-ernsten Betätigung" schafft Anreiz, Spannungsmomente, individuelle und kollektive Erfolgs- und Mißerfolgserlebnisse, die jung und alt in ihren Bann ziehen.

Basketball kann nicht nur im Spitzen- und Leistungssport, sondern auch im Freizeitbereich mit einfachen Grundregeln unabhängig von Alter und Geschlecht auf Freiplätzen oder in Hallen gespielt werden. Unter Berücksichtigung des Alters und Leistungsvermögens können die Regeln großzügig gehandhabt (z. B. Schrittregeln) bzw. eingeschränkt werden (z. B. Zeitregeln; Rückspiel; Regeln in Verbindung mit der 6,25-m-Linie u. a.). Die Foulregeln sollten prinzipiell beibehalten werden, um ein faires Verhalten im Spiel zu fordern. Durch Spiele ohne Schiedsrichter und durch selbständiges Handheben bei Fouls kann das „Fair-play" weiter gefördert werden. Bei Einsatz eines Schiedsrichters sollte er seine Entscheidungen, falls erforderlich, erklärend begründen.

Bei Kindern und Anfängern ist folgende veränderte Zählweise möglich:

– 2 Punkte: Korbwurftreffer von einer Position innerhalb des Freiwurfraumes
– 3 Punkte: Korbwurftreffer von einer Position außerhalb des Freiwurfraumes
– 1 Punkt: Korbwurftreffer bei Freiwurf
– 1 Punkt: Korbwürfe, bei denen der Korbring von oben getroffen wird.

Im Freizeitbereich kann das Basketballspiel in Abhängigkeit von den Interessen und Wünschen sehr verschiedener Gruppen unterschiedlich genutzt werden. Abgesehen von planmäßig und zielstrebig trainierenden Mannschaften sind folgende Möglichkeiten hervorzuheben:

1. Basketball als organisiertes Freizeitspiel für Jugendliche und Erwachsene

Es bietet solchen Spielern und Spielerinnen Gelegenheit zu intensiver Trainingsbelastung und zu Wettspielen, die kein unmittelbares Interesse an einer systematischen Leistungssteigerung haben. Die Teilnehmer sind in der Regel in einem Verein organisiert und trainieren und spielen ein- bis zweimal in der Woche. Dabei besteht die Möglichkeit, gelegentlich „Freundschaftsspiele" gegen andere Mannschaften auszutragen oder sich am Wettspielbetrieb der unteren Klassen zu beteiligen.

2. Mini-Basketball – ein Spiel für Kinder von 7 bis zu 12 Jahren

Das Bestreben, die Werte des Basketballspiels auch für die Kinder zu nutzen, die immer früher den Erwachsenen nachzueifern beginnen, führte zur Anpassung der Spielbedingungen an die Voraussetzungen der Jüngsten, damit sie möglichst schnell Erfolgserlebnisse haben und sich mit Begeisterung diesem Spiel widmen.

So können Kinder des gleichen Alters und Geschlechts, aber auch unterschiedlichen Alters und Geschlechts (z. B. 9/10 Jahre oder 11/12 Jahre) der gleichen Trainingsgruppe bzw. Mannschaft angehören.

Bei Freundschafts- und Wettspielen sollte die Mannschaft aus mindestens 10 Spielern bestehen, die **alle** zum Einsatz kommen müssen. Wir empfehlen, daß jeder Spieler oder jede Spielerin mindestens ein Spielviertel durchspielt und ein Spielviertel Auswechselspieler ist.

Folgende **Mini-Basketball-Regeln** sind hervorzuheben:

- Niedrigere Körbe (2,60 m); kleinere Spielbretter (1,20 m x 0,90 m);
- leichterer Ball (Gewicht: 450 bis 500 g; Umfang: 68 bis 73 cm);
- Entfernung der Freiwurflinie: 4 m vom Spielbrett entfernt;
- keine 3-Punkte-Linie oder 3-Punkte-Zone;
- Spielzeit: 2 Halbzeiten zu jeweils 20 min; Halbzeitpause: 10 min; jede Halbzeit ist in zwei Spielviertel von jeweils 10 min unterteilt, mit einer Spielpause von je 2 min Dauer;
- Spielerwechsel: Während der ersten drei Spielviertel muß jeder Spieler mindestens ein Spielviertel von 10 min und darf höchstens zwei Spielviertel spielen, so daß jeder Spieler während der ersten drei Spielviertel auch Auswechselspieler ist. Vor Ablauf der ersten drei Viertelzeiten sind Spielerwechsel nur in den Pausen zwischen Viertel- und Halbzeiten möglich. Im 4. Spielviertel kann jeder Mannschaft auf Antrag des Übungsleiters eine Auszeit von einer Minute gewährt werden. In diesen Auszeiten können die Spieler ausgewechselt werden.
- Spielfeldabmessungen: 28 m x 15 m; sie können den Bedingungen angepaßt werden, so daß z. B. unter Nutzung der Seitenkörbe zwei Mini-Spiele in einem großen Basketballspielfeld durchgeführt werden können.
- Spielergebnis: Es kann auch unentschieden enden.

Bei Turnieren oder anderen Veranstaltungen ist es möglich und auch zu empfehlen, die teilnehmenden Mannschaften aufzulösen und neu zusammenzustellen (z. B. durch Los u. a.), damit der Grundgedanke des „Miteinander" stärker als das „Gegeneinander" die Spielfreude bei den Kleinen bestimmt. Weiterhin wird empfohlen, die Wettspiele durch weitere Formen sportlicher und kultureller Betätigung zu ergänzen, um insgesamt für die Kinder vielfältige und schöne Erlebnisse zu schaffen. Dabei können sowohl basketballspezifische als auch andere sportliche Wettbewerbe und Formen zur Anwendung kommen.

3. Basketball-Mixed-Formen für „jedermann"

In jüngster Zeit haben sich interessante Formen herausgebildet, um den persönlichen und breit gefächerten Interessen derjenigen, die in der Freizeit gemeinsam Sport treiben wollen, z. B. in der Familie, besser zu entsprechen. Dabei steht die freudvolle Freizeitgestaltung in spielerischer Form im Vordergrund.

Die Bedingungen der Spieldurchführung sollten der Mannschafts- und Leistungsstärke angepaßt werden. Ein angemessener Körpereinsatz ist von den Teilnehmern zu fordern. Die Spiele und Turniere können je nach Leistungsvermögen nach regulären oder mit (stark) vereinfachten Regeln ausgetragen werden. Die Mannschaftsstärke kann 6, 5, 4 oder 3 Spieler/Spielerinnen betragen.

Als *Beispiele für gemischte Mannschaften* sind zu nennen:

- weibliche und männliche Erwachsene oder Jugendliche oder Kinder (z. B. Angehörige eines Betriebes, eines Vereins; Studentensport; Schulsport; Urlaubs- und Freizeitzentren; ehemalige Spieler u. a.)
- Erwachsene und Jugendliche gemischt
- Ehepaare gegen Ehepaare (z. B. 4:4)
- Eltern mit schulpflichtigen Kindern
- Kinder oder Jugendliche mit einem Elternteil
Hierbei ergeben sich zeitweilig oder über einen längeren Zeitraum vielfältige Möglichkeiten, die auch im Wechsel mit anderen Sportarten Interesse finden können.

4. Basketballspezifische Wettbewerbe bei Veranstaltungen

Bei der Organisation von Veranstaltungen der verschiedensten Art (Sportfeste, Spielfeste, Camps, Mini-Jamborees, Wettbewerbe in Urlaubs- und Freizeitzentren u. a.) können zur freudvollen Betätigung auch basketballspezifische Übungen oder basketballähnliche Spiele genutzt werden.

Zur Anregung sollen folgende Beispiele dienen, die als Einzel- oder Gruppenwettbewerbe (Mannschaftswettbewerbe) durchgeführt werden können:

1. Korbwurf-Wettbewerbe:
Freiwürfe, Nahwürfe; Würfe aus mittleren und weiten Entfernungen (aus dem Stand; Sprung; nach Dribbling)
- Wer erzielt von einer bestimmten Anzahl von Korbwürfen die höchste Trefferzahl (z. B. von 12 Freiwürfen)?

– Wer erzielt eine bestimmte Anzahl von Korbwurftreffern in der kürzesten Zeit?
– Wer erreicht in einer bestimmten Zeit die höchste Anzahl von Korbwurftreffern? (z. B. Wer erreicht in 30 s an einem Korb die meisten Treffer?)
– Wer erzielt die höchste Serie von Korbwurftreffern hintereinander?

2. Zuspiel-Wettbewerbe:
– Basketball-Weitwurf (beidhändiger Druckwurf/Schrittstellung): Von zwei oder drei Versuchen wird die größte Weite gewertet.
– Tempozuspiele an die Wand: Der Spieler steht z. B. 3 m von der Wand entfernt (Bodenmarkierung). Wieviel Wandberührungen werden in 30 s (45 s) erzielt?
– Tempozuspiele paarweise: Zwei Spieler stehen sich in einer festgelegten Entfernung gegenüber. Welches Paar erreicht in 30 s (60 s) die meisten Zuspiele, oder welches Paar hat zuerst 30 (40 oder 50) Zuspiele erreicht?
– Zielzuspiele an die Wand (vgl. Abb. 269)
  Der Spieler steht 4 m (3 m) von der Wand entfernt (Bodenmarkierung) und soll in 30 s so oft wie möglich das Zielrechteck (z. B. 25 cm x 50 cm; Höhe vom Fußboden: 1,50 m) treffen. Wer erzielt die meisten Treffer?

3. Dribbel-Wettbewerbe (rechte und linke Hand):
ohne und mit Einbeziehen von Richtungsänderungen und Hindernissen; Slalomdribbling
– Wer durchläuft eine Strecke in der kürzesten Zeit?
– Wer erreicht in einer bestimmten Zeit die höchste Anzahl von zurückgelegten Strecken?
– Wer hat bei der Erfüllung einer bestimmten Aufgabe die wenigsten Fehler zu verzeichnen? (z. B. beim Dribbeln mit zwei Bällen oder mit Dribbelbrille)

4. Spielformen – Wettbewerbe
Kapitän-Ball mit zwei Mannschaften
Anstatt auf den Korb zu werfen, ist dem „Kapitän" der Ball zuzuspielen, der jeden gefangenen Ball fortlaufend laut zählt. Die Kapitäne stehen jeweils auf einem Hocker (oder Kasten), die auf die entsprechenden Freiwurflinien gestellt wurden. Der dazugehörige Innenraum des Sprungkreises darf von keiner Mannschaft betreten werden.

3:3 auf einen Korb
Nach Ballgewinn muß erst (ohne Abwehr) bis zur Mittellinie zurückgespielt werden, bevor ein neuer Angriff beginnt, um ständige Ballungen unter dem Korb zu vermeiden. Ausnahme: Ballgewinn nach Korbwurftreffer des Gegners. Weitere Spielformen sind dem Kapitel 2 und dem Abschnitt 3.4.1. zu entnehmen.

Literaturverzeichnis

ANDRESEN, R. (Hrsg.): Beiträge zur Sportspielforschung. Czwalina, Ahrensburg, 1986

BIRD, L.; BISCHOFF, J.: Bird on Basketball. Addison-Wesley Publishing Company, New York, 1987

BLUMENTHAL, E.: In Spielen kooperieren lernen. In: Ztschr. Grundschule für die Grundstufe des Schulwesens, 22 (1990) 1, S. 28 – 30

BLUMENTHAL, E.: Kooperative Bewegungsspiele. Hofmann, Schorndorf, 1987

BREMER, D.; PFISTER, J.; WEINBERG, P. (Hrsg.): Gemeinsame Strukturen großer Spiele. Putty Verlag, Wuppertal, 1981

BUCHER, W. (Hrsg.): 1006 Spiel- und Übungsformen im Basketball. Hofmann, Schorndorf, 1986

COUSY, B.; POWER, F.: Basketball. Concepts and Techniques. Allyn and Bacon Inc., Boston, 1983

DELTOW, B.; HERCHER, W.; KONZAG, G., u. a.: Basketball. Sportverlag, Berlin, 1981

Deutscher Basketball-Verband: Mini-Basketball-Regeln. Berlin, 1988

Deutscher Basketball-Bund e. V.: Offizielle Basketball-Regeln für Männer und Frauen, 1990

DIETRICH, K.; DÜRRWÄCHTER, G.; SCHALLER, H.-J.: Die Großen Spiele. Putty Verlag, Wuppertal, 1982

DIETRICH, K.; LANDAU, G. (Hrsg.): Beiträge zur Didaktik der Sportspiele. Teil I: Spiel in der Leibeserziehung. Hofmann, Schorndorf, 1976

DIETRICH, K.; LANDAU, G. (Hrsg.): Beiträge zur Didaktik der Sportspiele. Teil II: Sportspiel – Analysen, Interpretationen, Folgerungen. Hofmann, Schorndorf, 1977

DIETRICH, K.; LANDAU, G. (Hrsg.): Beiträge zur Didaktik der Sportspiele. Teil III: Sportspiel im Unterricht. Hofmann, Schorndorf, 1977

DÖBLER, H. U. E.: Kleine Spiele. Volk und Wissen, Berlin, 1986

DÖBLER, H.: Abriß einer Theorie der Sportspiele (Lehrheft zum Lehrgebiet Theorie der Spiele). DHfK, Leipzig, 1984

DÖBLER, H.; MAINKA, H.; WITT, A.: Zur Spielfähigkeit und zu Aspekten eines leistungswirksamen Spielverhaltens. Theorie und Praxis der Körperkultur, 38 (1989) 5, S. 323 ff.

DÖBLER, H.; SCHNABEL, G.; THIESS, G.: Grundbegriffe der Sportspiele. Sportverlag, Berlin, 1989

DÖBLER, H.; STAPELFELD, W.: Leistungs- und Trainingsstruktur des Basketballsports. Lehrheft 4 zum Lehrgebiet Theorie und Methodik des Trainings der Sportarten Fußball, Handball, Volleyball, Basketball, Kleine Spiele – Spezialausbildung. DHfK, Leipzig, 1989

GLETTNER, R.: Zur Lehrweise gruppentaktischer Angriffsverfahren – dargestellt am Beispiel des „Freilaufens nach Zuspiel" (give and go) im Basketball. Körpererziehung, 35 (1985) 2/3, S. 80 – 85

HAGEDORN, G.; NIEDLICH, D.; SCHMIDT, G.: Basketball – Handbuch. Bartels & Wernitz, Berlin, 1980

HAGEDORN, G.; NIEDLICH, D.; SCHMIDT, G.: Basketball – Handbuch. Theorie – Methoden – Praxis. Rowohlt Verlag, Reinbek, 1985

HAGEDORN, G.; SCHMIDT, G.: Mini-Basketball. Bartels & Wernitz, Berlin, 1979

HAGEDORN, G.: Sportspiele – Forschungsgegenwart und Zukunft der Praxis. In: Leistungssport, 20 (1990) 4, S. 5 – 7

HAGEDORN, G.: Training im Mannschaftsspiel. Theorie und Praxis der Sportspiele. Bd. 4., Berlin, 1981

HAGEDORN, G.; VOLPERT, W.; SCHMIDT, G.: Der Schnellangriff im Basketball. Wiss. Trainingsplanung, Bd. 2., Limpert Verlag, Frankfurt/M., 1972

HANSON, D.: Basketball. New Jersey, 1972

HERCHER, W., u. a.: Basketball. Sportverlag, Berlin, 1973

HOHMANN, A.: Zur Struktur der komplexen Sportspielleistung. (Diss.). 1985, Ahrensburg

HOHMANN, A.; BRACK, R.: Theoretische Aspekte der Leistungsdiagnostik im Sportspiel. In: Leistungssport. Münster, 13 (1983) 2, S. 5 – 10

KONZAG, G., u. a.: Übungsformen für die Sportspiele. Sportverlag, Berlin, 1979

KONZAG, G.: Theoretische Aspekte der sportlichen Spieltätigkeit und Schlußfolgerungen für die Ausbildung in den Sportspielen. Martin-Luther-Universität, Halle, 1980

Konzag, G. (Hrsg.): Zur Objektivierung, Bewertung und Optimierung sportlicher Leistungen, Leistungsvoraussetzungen und Lernprozesse mit Ableitungen für die Sportlehrerausbildung. Martin-Luther-Universität. Wiss. Beiträge, Halle, 1990/16 (E 100)

KONZAG, G.: Objektivierung kognitiver Leistungsvoraussetzungen von Sportspielern. In: Leistungssport, 20 (1990) 4, S. 17 – 22

KONZAG, I.: Theoretische Grundlagen und methodische Aspekte der technisch-taktischen Ausbildung in den Sportspielen. In: Körpererziehung, 31 (1981) 5, S. 202 – 216

KONZAG, I. (Hrsg.): Theoretische und methodische Aspekte der technisch-taktischen Ausbildung in den Sportspielen im Schulsport. Martin-Luther-Universität, Halle-Wittenberg. Beiträge, 1984/22 (U 1)

KONZAG, I.: Zur Basketballausbildung im außerunterrichtlichen Sport – Methodische Aspekte der mannschaftstaktischen Ausbildung. In: Körpererziehung, 34 (1984) 12, S. 506 – 513

KONZAG, I.: Zur Lehrweise der Technik in den Sportspielen. In: Körpererziehung, 35 (1985) 2/3, S. 73 – 79

KONZAG, I. (Hrsg.): Sportspiele. – Schulmethodische Probleme – methodisch-praktische Übungen. Berlin, 1988

KONZAG, I.: Kognition im Sportspiel – Herausforderung an den Ausbildungsprozeß im Nachwuchsbereich. In: Leistungssport, 20 (1990) 4, S. 11 – 16

KONZAG, I.; STÖBER, K.: Basketball in der Schule. Volk und Wissen, Berlin, 1983

KÖHLER, I.: Basketball – Schülersport. Sportverlag, Berlin, 1982

KOZOCSA, I.: Basketball Lehrbuch (Bd. 1). Methodik der Technik mit Übungsformen für Schule und Verein. CD Verlagsgesellschaft, Stuttgart, 1979

KOZOCSA, I.: Basketball Lehrbuch (Bd. 2). Methodik der Vortaktik mit Übungsformen für Schule und Verein. CD Verlagsgesellschaft, Stuttgart, 1982

KOZOCSA, I.: Basketball Lehrbuch (Bd. 3). Methodik der Taktik mit Übungsformen für Schule und Verein. CD Verlagsgesellschaft, Böblingen, 1985

KRÜGER, A.; NIEDLICH, D.: 200 neue Basketball-Drills. Schriftenreihe zur Praxis der Leibeserziehung und des Sports. Hofmann, Schorndorf, 1982

KRÜGER, A.; NIEDLICH, D.: 100 Ballspiel-Fertigkeitstests. Hofmann, Schorndorf, 1985

KUNATH, P.: Der sportliche Leistungsbegriff. Theorie und Praxis der Körperkultur, 17 (1968) Beiheft, Teil 2, S. 114 ff.

LINDEBERG, T.: Basketball – Spiel und Lehrweise. Verlag Fiskultura i Sport, Moskau, 1971

MIKES, J.: Basketball – Fundamentals. Leisure Press, Champaign, Illinois, 1987

NEUMANN, H.: Basketball-Grundschule – Einfache und komplexe Übungsformen. Hofmann, Schorndorf, 1978

NEUMANN, H.: Richtig Basketball spielen. BLV, München, 1982

NIEDLICH, D.: 100 Taktik-Drills im Basketball. Schriftenreihe zur Praxis der Leibeserziehung und des Sports. Bd. 1865, Hofmann, Schorndorf, 1987

PÖHLMANN, R.: Motorisches Lernen. Sportverlag, Berlin, 1986

PRUDEN, V.: A Conceptual Approach to Basketball. Leisure Press, Champaign, Illinois, 1987

ROTH, K.-D.: Taktik im Sportspiel (Diss.). Bielefeld, 1987

SCHELLENBERGER, H. (Hrsg.): Psychologie im Sportspiel. Sportverlag, Berlin, 1981

SCHMIDT, W.: Kognitionspsychologische Grundlagen der Spielfähigkeit im Fußballsport. In: Sportunterricht. Schorndorf, 36 (1987) 6, S. 226 – 230

SCHNABEL, G.: Leistungsstruktur, Trainingsstruktur und ihr Zusammenhang. Medizin und Sport, 21 (1981) 9 u. 10, S. 257 ff. u. S. 318 ff.

SHELJASKOW, G.: Basketball. Verlag Medizin und Sport, Berlin, 1975

SMITH, D.: Basketball – Multiple Offense and Defense. Englewood Cliffs: Prentice-Hall. Inc. 1981

STEINHÖFER, D.: Basketball in der Schule. Spielend geübt – übend gespielt. Bartels & Wernitz, Berlin, 1982

STIEHLER, G.; KONZAG, I.; DÖBLER, H.: Sportspiele (Hochschullehrbuch). Sportverlag, Berlin, 1988

STÖCKER, G., u. a.: Schulspiel Basketball – Vom Spielen zum Spiel. Schriftenreihe zur Praxis der Leibeserziehung und des Sports. Hofmann, Schorndorf, 1978

STRAUBE, A., u. a.: Basketball – Anleitung für den Übungsleiter. Sportverlag, Berlin, 1989

TEODORESCU, L.; FREDESCU, T.; VARILESCU, L.: Basketball. Verlag Sport-Touristik, Bukarest, 1979

THOMAS, G.: Spielformen und vorbereitende Spiele. In: Konzag, G., u. a.: Übungsformen für die Sportspiele. Sportverlag, Berlin, 1979

VARY, P.: 1006 Spiel- und Übungsformen im Basketball. Hofmann, Schorndorf, 1986

WALDOWSKI, L.: Basketball – Training, Technik, Taktik. Rowohlt-Verlag, Reinbek, 1987

Zeichenerklärung

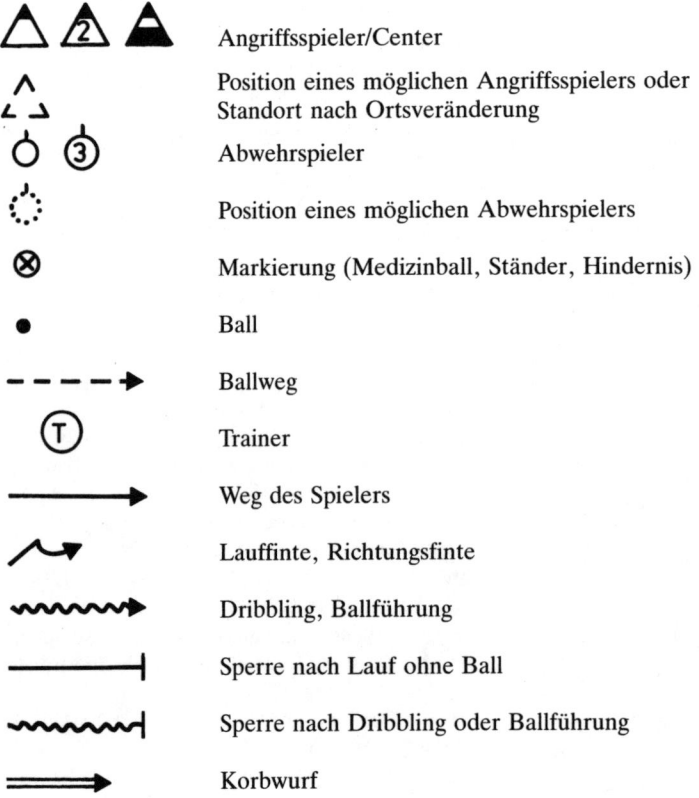

△ ②̲ ▲	Angriffsspieler/Center
∧ ⌐⌐	Position eines möglichen Angriffsspielers oder Standort nach Ortsveränderung
○ ③	Abwehrspieler
⋮⋮	Position eines möglichen Abwehrspielers
⊗	Markierung (Medizinball, Ständer, Hindernis)
●	Ball
– – – ➤	Ballweg
Ⓣ	Trainer
⟶	Weg des Spielers
∿➤	Lauffinte, Richtungsfinte
∿∿∿➤	Dribbling, Ballführung
⊢	Sperre nach Lauf ohne Ball
∿∿∿⊣	Sperre nach Dribbling oder Ballführung
⟹	Korbwurf